Hermann Abert
Musik im Mittelalter

SEVERUS

Abert, Hermann: Musik im Mittelalter

Hamburg, SEVERUS Verlag 2014
Nachdruck der Originalausgabe von 1905

ISBN: 978-3-86347-788-2
Druck: SEVERUS Verlag, Hamburg, 2014

Der SEVERUS Verlag ist ein Imprint der Diplomica Verlag GmbH.

Bibliografische Information der Deutschen Nationalbibliothek:
Die Deutsche Nationalbibliothek verzeichnet diese Publikation in der Deutschen Nationalbibliografie; detaillierte bibliografische Daten sind im Internet über http://dnb.d-nb.de abrufbar.

© **SEVERUS Verlag**
http://www.severus-verlag.de, Hamburg 2014
Printed in Germany
Alle Rechte vorbehalten.

Der SEVERUS Verlag übernimmt keine juristische Verantwortung oder irgendeine Haftung für evtl. fehlerhafte Angaben und deren Folgen.

SeveruS

DIE MUSIKANSCHAUUNG DES MITTELALTERS
UND IHRE GRUNDLAGEN

VON

HERMANN ABERT

Vorwort.

In vorliegender Schrift soll der erste Versuch zu einer zusammenfassenden Darstellung aller der Anschauungen gemacht werden, welche das ausgehende Altertum, und in enger Verbindung damit das beginnende Mittelalter der Tonkunst entgegenbrachten. Der Schwierigkeiten, mit denen die Musikwissenschaft gerade in dieser Epoche zu kämpfen hat, ist sich der Verfasser in vollstem Maſse bewuſst; handelt es sich doch hier um eine Kunst, deren Denkmäler uns verloren sind und nach menschlichem Ermessen wohl auch verloren bleiben werden. Nur aus dem Widerhall, den diese Kunst in den Herzen der Zeitgenossen weckte, vermögen wir uns eine Vorstellung von ihrem innersten Wesen zu bilden; wir befinden uns hier also in einer ähnlichen Lage, wie der altgriechischen Musik gegenüber. Aber selbst dieser Abglanz der wirklichen Kunst ist für die Musikforschung immer noch wichtig genug, sofern sie eben nur das Bewuſstsein in sich lebendig erhält, daſs sie nicht allein ihr eigenes Haus auszubauen, sondern auch stetige Fühlung mit der allgemeinen Geistes- und Kulturgeschichte zu halten hat.

Gerade die Geschichte der musikalischen Ästhetik aber ist es, der die Erfüllung dieser zweiten Aufgabe besonders obliegt. Nichts wäre mehr verfehlt, als von ihr die Grundlagen einer systematischen modernen Ästhetik erwarten zu wollen. Dafür liefert uns gerade die Periode, welche den Gegenstand der vorliegenden Untersuchungen bildet, den vollgültigsten Beweis. Trotzdem aber ist die Geschichte der Musikästhetik bisher von der Forschung über Gebühr vernachlässigt worden. Denn sie ist nicht allein für den Musikforscher, sondern auch für den Historiker und den Psychologen von gröſster Wichtigkeit. Lehrt sie uns doch die geistigen Strömungen kennen, die einer Kunstepoche ihr bestimmtes, charakteristisches Gepräge verleihen. Es genügt nicht, die Kunstwerke selbst zu analysieren, um ein allseitiges Bild von dem künstlerischen Leben einer bestimmten Periode zu gewinnen, sondern wir müssen auch das Publikum kennen lernen, für das jene Künstler schufen; wir müssen zu ergründen suchen, welches Empfinden dieses Publikum dem Kunstwerk entgegenbrachte und was es von seinen schaffenden Künstlern erwartete.

Die Bezeichnung „Mittelalter" möchte der Verfasser vom musikhistorischen Standpunkt aufgefaſst wissen, d. h. als die Zeit des einstimmigen, unbegleiteten Gesanges. Und auch innerhalb dieses Zeitabschnittes soll nicht etwa eine Ästhetik des voll ausgebildeten gregorianischen Gesanges gegeben werden. Den Gegenstand des vorliegenden Werkes bilden vielmehr in erster Linie jene frühesten Zeiten des Werdens, des Überganges vom Altertum ins Mittelalter, des Kampfes der ersten christlichen Kirche um ihr neues Musikideal.

Wir stehen hier vor einer Kunstepoche, die an ungelösten Problemen besonders reich ist. Theologische, philosophische und rein musikalische Fragen kreuzen sich fortwährend. Völlige Klarstellung aller dieser verwickelten Verhältnisse wird vom Verfasser billigerweise niemand erwarten; seine Absicht war vielmehr nur, die Blicke der wissenschaftlichen Welt auf dieses noch ziemlich brach liegende Gebiet zu lenken und den ἔρως zu weiteren Forschungen zu wecken.

Halle a. S., im September 1905.

H. Abert.

Inhalt.

	Seite
Einleitung	1
Erstes Kapitel. Die musikalische Ästhetik des ausgehenden Altertums	19
Zweites Kapitel. Die Kirchenväter	69
Drittes Kapitel. Die Theoretiker	129
A. Die christlich-ästhetischen, von den Kirchenvätern übernommenen Betrachtungen	144
B. Das Erbe des klassischen Altertums bei den Theoretikern	149
C. Die auf dieser Grundlage aufgebaute Symbolik der Theoretiker	168
Viertes Kapitel. Psalmodie und Hymnodie. Die Instrumente	194
Fünftes Kapitel. Die empirische Ästhetik. Tonarten- und Melodiebildungslehre	224
Register	267

Einleitung.

Es gibt in der Musikgeschichte wohl kaum ein Gebiet, das eine solche Anzahl von ungelösten Problemen aufweist wie die Periode des frühen Mittelalters. Die Anfänge der christlichen Musik, ihr Verhältnis zur altgriechischen nebst allen daraus entspringenden Fragen — alles dies bildet noch heute den Gegenstand heifsen Streites unter den Forschern, eines Streites, der einen um so bedenklicheren Charakter trägt, als er mehr mit Hypothesen als mit Beweisen geführt zu werden pflegt. Nirgends macht es sich fühlbarer als gerade hier, dafs die Musikwissenschaft nicht gleich den übrigen Disziplinen auf eine Arbeitsleistung von mehreren Jahrhunderten zurückblicken kann, denn auch heutzutage mufs sie sich zunächst noch damit begnügen, mit dem seit Jahren gerade auf jenem Gebiete aufgehäuften Legendenstoff aufzuräumen, ehe sie ihrer eigentlichen Aufgabe näher treten kann. Und selbst dann wird sie sich bei unserer noch keineswegs an allen Punkten gesicherten Kenntnis von der mittelalterlichen Musiktheorie und vor allem bei dem Mangel an praktischen Tondenkmälern aus jener frühesten Zeit äufserster Vorsicht befleifsigen müssen.

Und doch vermöchte die Musikwissenschaft gerade auf diesem Gebiete den Beweis zu führen, dafs sie im Kreise der Disziplinen, die sich die Erforschung des menschlichen Geistes- und Kulturlebens zum Ziele gesetzt haben, ein unentbehrliches Glied ist. Von dem entscheidenden Umschwung im Leben der Geister, den das Christentum hervorrief, konnte die Musik allein nicht unberührt bleiben. Sie hatte in der griechisch-römischen Welt eine herrschende Stellung eingenommen und erhielt nunmehr von der neuen Religion gleichfalls einen festen Platz im Gottesdienste angewiesen. Ja, noch weit mehr: die Musik wurde der Boden des Geisteskampfes. Der Nachdruck, den die frühesten Kirchenväter gerade auf die Musikübung legen, der Eifer, mit dem sie die weltliche Musik als Blendwerk des Teufels brandmarken und dafür den Ernst und die Reinheit der christlichen Tonkunst hervorheben, zeigt zur Genüge, welch hochbedeutende Rolle die Tonkunst in jenen denkwürdigen Zeiten des Umschwungs spielte. Von den bildenden Künsten, Malerei, Plastik und Architektur, verlautet in jenen frühesten Schriften nur sehr spärliche Kunde, die Musik dagegen taucht immer und immer wieder auf, und der mit allem Eifer geführte Kampf um die „wahre" Tonkunst wird für den aufmerksamen Betrachter geradezu zum Spiegelbild des Widerstreits der mannigfachen geistigen und kirchlichen Strömungen jener Tage. Während somit die antike Musik bereits seit längerer Zeit in eine Epoche äufserlichen Virtuosentums eingetreten war und nur noch spärliche eigene Blüten zeitigte, erwuchsen der Tonkunst aus ihrer Stellung innerhalb der christlichen Kirche neue Aufgaben, deren Lösung weit über das musikalische Ideal des Altertums hinausführen sollte.

Die geschichtliche Entwicklung kennt keine Sprünge. Auch von der altgriechischen Musik laufen die Fäden hinüber ins Mittelalter. Insbesondere die Theorie hält mit erstaunlicher Zähigkeit an dem antiken Erbe fest, selbst noch zu einer Zeit, da die praktische Musik bereits längst ihre eigenen Pfade wandelte. Der Konflikt zwischen Theorie und Praxis war schliefslich unvermeidlich, er endete mit der endgültigen Beseitigung der antiken Theoreme. Aber die Anfänge dieser Entwicklung sind noch in dichtes Dunkel gehüllt. Die überwiegende Anzahl der Forscher hat den rückwärts führenden Weg eingeschlagen und aus den Erzeugnissen späterer, bekannter Jahrhunderte und deren Vergleichung mit der altgriechischen Tonkunst Rückschlüsse auf die Beschaffenheit jener frühmittelalterlichen christlichen Musik gezogen.[1]) Sie gelangten dabei zu dem Endresultat, dafs die christliche Musik im Abendland wie im Morgenland unmittelbar aus dem altgriechischen Tonsysteme hervorgegangen und somit als die natürliche Fortsetzung der antiken Tonkunst zu betrachten sei. Dieses Resultat fand um so bereitwilligere Zustimmung, als

---

[1]) So namentlich in letzter Zeit Gevaert in seiner „Mélopée antique dans le chant de l'église latine", Gand 1895.

es sich ohne viele Mühe mit den traditionellen Berichten über die Tätigkeit eines Ambrosius und Gregor in Einklang bringen ließ.¹) Allein die Nachrichten von der Einführung der Tonarten durch Ambrosius bezw. Gregor stammen aus verhältnismäßig sehr später Zeit. Sie gehen nämlich nicht über Marchettus von Padua zurück.²) Bei den früheren und namentlich bei den frühesten Schriftstellern findet sich trotz Fétis ³) kein einziges stichhaltiges Zeugnis dafür. Die Forschung tut daher gut daran, sich dieser stark nach willkürlicher Geschichtskonstruktion schmeckenden Nachrichten überhaupt zu entschlagen und sich lediglich auf die Untersuchung der zeitgenössischen Quellen zu beschränken. Denkmäler praktischer Musik, die uns allein einen sicheren Aufschluß über die Anfänge jener christlichen Tonkunst zu geben vermöchten, besitzen wir aus den allerersten Jahrhunderten nicht. Darin liegt eine weitere Mahnung zur Vorsicht. Was gewänne die zukünftige Forschung für ein Bild von der Musik des 19. Jahrhunderts, wenn ihr diese nur aus unseren theoretischen Werken bekannt wäre? Das Verhältnis ist bei der frühmittelalterlichen Musik ein ganz ähnliches wie bei der altgriechischen. Von ihr besitzen wir zwar seit neuerer Zeit eine kleine Anzahl praktischer Denkmäler, wir besitzen ferner eine ganze Masse theoretischer Schriften. Und trotzdem ist es bis auf den heutigen Tag noch nicht gelungen, ein klares und plastisches Bild von dem Wesen und der Technik dieser verschollenen Kunst zu geben. Dagegen ermöglicht uns ihre in ihrer ganzen Systematik vollständig erhaltene musikalische Ästhetik einen Einblick in die Anschauungen, welche die führenden Geister des griechischen Volkes der Tonkunst entgegenbrachten, in die Art und Weise, wie sie sich mit deren Grundfragen auseinanderzusetzen pflegten. Und eben diese Theorie hat dem Wandel der Zeiten länger und

---

[1]) Die legendenhafte Tradition von den musikalischen Neuerungen dieser Männer, die auch heute noch in den Augen vieler fundamentale Geltung besitzt, bildet eine merkwürdige Parallele zu den Berichten der Alten von den musikalischen καταστάσεις eines Terpander, Thaletas u. a. Beide gingen hervor aus dem Bestreben, die Gliederreihe einer langen Entwicklung an einen berühmten Namen anzuknüpfen. Vgl. aus der späteren Zeit das Beispiel des Guido von Arezzo.

[2]) Und auch dieser nennt keine Namen, sondern spricht nur von *quatuor modi, tropi sive toni primitus adinventi, ... sed propter ascensum et descensum ... in alios quatuor divisi* (Lucidar. XI, cap. 2 init.).

[3]) Biogr. univers. I, 85.

erfolgreicher standgehalten, als die gesamte technische Seite der antiken Musik.

Ähnlich, dem Prinzip nach wenigstens, verhält es sich mit der Musik des frühen Mittelalters. Auch hier fehlen die eigentlichen Tondenkmäler, während die theoretische Seite durch eine grofse Anzahl von Schriften vertreten ist. Auch hier sehen wir alsbald in den frühesten Zeiten Ansätze zu einer musikalischen Ästhetik emporkeimen, die für unsere Kenntnis der damaligen Musikübung um so gröfsere Bedeutung besitzen, als sie grofsenteils aus der Praxis des täglichen Lebens herausgewachsen sind.

Für die Beurteilung der gesamten mittelalterlich-kirchlichen Musikästhetik ist von entscheidender Wichtigkeit die Tatsache, dafs alle die Sätze, die sich unmittelbar aus der zeitgenösischen Praxis heraus ergaben, nicht von musikalischen Fachleuten, sondern von den Männern der Kirche aufgestellt worden sind. Wie in Griechenland die Philosophen und nicht die Musiker die eigentliche Kunstlehre geschaffen hatten, so wurden für das Mittelalter die Kirchenväter die Begründer der musikalischen Ästhetik. Sie sind die einzigen, die in steter Berührung mit der praktischen Musikübung standen und deren Bedürfnissen ihre Lehren anpafsten, während die eigentliche zünftige Musiktheorie noch bis tief ins Mittelalter hinein den unfruchtbaren Ballast der antiken Lehre mit sich herumschleppte. Sie sind zugleich die einzigen, die uns Kunde geben von dem gewaltigen Kampfe, den die aufblühende christliche Tonkunst mit der untergehenden heidnischen zu bestehen hatte, einem Kampfe, der seine Spuren der mittelalterlichen Ästhetik noch auf Jahrhunderte hinaus aufgeprägt hat. Die Fäden, welche die Geschichte der Tonkunst mit der allgemeinen Kulturgeschichte verknüpfen, treten in ihren Schriften mit besonderer Deutlichkeit hervor, und mit Staunen erkennen wir, wie unter allen Künsten gerade die Musik dazu berufen war, die Geisteskämpfe jener bewegten Zeit wiederzuspiegeln. Die Wichtigkeit, welche die Kirchenväter gerade musikalischen Fragen beimessen, beweist zur Genüge, dafs die Tonkunst in der ältesten christlichen Kirche durchaus keine so untergeordnete Rolle spielte, wie viele anzunehmen geneigt sind. Der Feuereifer, mit dem sie die Reinheit der christlichen Tonkunst vor allen Einflüssen weltlicher Natur zu schützen bestrebt sind, ist der beste Beleg für das Interesse, das man in kirchlichen Kreisen an der Musik und ihrer Pflege nahm.

So liegt denn der Hauptwert dieser Schriften darin, dafs sie von Männern herrühren, die sich nicht mit blofser theoretischer Spekulation abgaben, sondern stets die praktischen Bedürfnisse ihrer Gemeinden vor Augen hatten. Die meisten unter ihnen waren im Vollbesitze aller ihrer Zeit überhaupt erreichbaren Bildung und somit auch mit der altgriechischen Musiklehre auf das Innigste vertraut. Sie knüpfen denn auch zumeist, namentlich in musikästhetischen Fragen, an die antike Tradition an. Allein es ist kein sozusagen mechanisches Weiterspinnen der alten Lehren, wie bei den Theoretikern, sondern ein selbständiges Verarbeiten und Ausbauen des gegebenen Stoffes, dem das Bestreben zu Grunde liegt, das hier Erworbene für die eigene musikalische Praxis fruchtbar zu machen. Es ist erstaunlich, mit welcher Gründlichkeit diese Männer fast ohne Ausnahme das Wesen und die Wirkungen der Musik und ihre gottesdienstliche Bedeutung behandeln. Für die Geschichte der musikalischen Ästhetik sind ihre Schriften darum eine Quelle allerersten Ranges, denn hier ruhen tatsächlich die Grundlagen aller der Anschauungen über Macht und Bedeutung der Tonkunst, welchen die Kirche bis tief in die neuere Zeit hinein gehuldigt hat und zum grofsen Teile noch huldigt. Was dies bedeutet, ermifst man leicht, wenn man erwägt, dafs im Mittelalter lange Jahrhunderte hindurch die Musik der Kirche überhaupt die einzige anerkannte Art von Tonkunst war. Wer es daher unternimmt, über die musikalische Ästhetik des Mittelalters Untersuchungen anzustellen, der mufs unbedingt, ehe er an die eigentlichen Theoretiker herantritt, zuerst sich aus den zahllosen, in den Werken der Kirchenschriftsteller zerstreuten ästhetischen Notizen ein klares zusammenhängendes Bild konstruieren. Denn hier schöpft er aus der lebendigen Quelle des praktischen Lebens, während er dort sich nur allzuhäufig durch Schutt und Moder der Theorie hindurcharbeiten mufs.

Es ist eine allgemein anerkannte Tatsache, dafs die musikalische Theorie der Praxis zumeist in sehr bedeutender zeitlicher Entfernung zu folgen pflegt. Dies Verhältnis mufs sich natürlich in den Perioden am empfindlichsten fühlbar machen, wo die Tonkunst so grundsätzliche Wandlungen durchzumachen hatte, wie eben in der frühchristlichen Epoche. Hier war die Theorie noch lange nicht an der trennenden Kluft angelangt, als die praktische Musik sie bereits längst übersprungen hatte. Dazu kam noch ein weiteres Moment: die alte heidnische Kunst verfügte über ein festeingewurzeltes theoretisches System, das der jungen christlichen noch gänzlich fehlte. Man fühlte zunächst auch kein Bedürfnis darnach, denn jene sozialen Schichten, aus denen sich die ersten Christengemeinden rekrutierten, waren wohl der praktischen Musikübung, nicht aber theoretischer Spekulation zugänglich. Erst als die neue Religion auch in die Kreise der Gebildeten zu dringen begann, stellte sich das Bedürfnis ein, auch ihre gottesdienstliche Musik in ein theoretisches System zu bringen, und man tat den verhängnisvollen Schritt, den neuen Wein in die alten Schläuche zu giefsen und die neue Kunst, so gut es eben gehen wollte, in den Schraubstock der altgriechischen Theorie einzuspannen. Das Übel war um so gröfser, als bei dem rapiden Verfall der antiken Musik in den letzten Zeiten des Altertums auch die Theoretiker, die sich das Mittelalter zu seinen Hauptvorbildern erkor, Cassiodor, Boëthius und Genossen, sich bereits selbst nicht mehr über das Wesen der eigentlichen griechischen Musik vollständig im Klaren waren und nicht selten groben Mifsverständnissen und Irrtümern anheimfielen. Gerade diese Schriften nahm das Mittelalter gläubigen Herzens als unerschütterliche Grundlage der musikalischen Theorie überhaupt hin, und ihre Verfasser, namentlich Boëthius, haben mit der Zeit geradezu den Rang von Musikheiligen erhalten. Es dauerte geraume Zeit, bis man sich des gewaltigen Unterschiedes zwischen der lebendigen Kunstübung und diesen alten Theoremen bewufst ward, und so fest war die antike Tradition eingewurzelt, dafs man sie auch dann noch als mafsgebend in den Vordergrund stellte und die gewagtesten und erzwungensten Ausdeutungen zu Hilfe nahm, nur um die geheiligte alte Tradition mit der Praxis in Einklang zu bringen. Es gibt in der gesamten Musikgeschichte keinen Zeitabschnitt, in dem das Mifsverhältnis zwischen Theorie und Praxis einen so hemmenden und verderblichen Einflufs ausgeübt hat, wie gerade im Mittelalter, dessen Kunstlehren die antiken Schatten wie böse Dämonen auf dem Nacken sitzen. Das Bild der mittelalterlichen Musiktheorie ist darum im grofsen und ganzen kein sehr erfreuliches, denn hier hat der moderne Forscher wie nirgends sonst das niederdrückende Bewufstsein, von der eigentlichen musikalischen Praxis oft meilenweit entfernt zu sein und dafür mit allerhand unfruchtbaren theoretischen Spekulationen abgespeist zu werden.

Es ist natürlich ohne weiteres klar, daſs uns die Werke dieser Männer, so wichtig sie auch, als die hauptsächlichsten Vorbilder der mittelalterlichen Musiktheorie, für die Geschichte der musikalischen Kunstlehre sein mögen, über die Beschaffenheit der ältesten christlichen Tonkunst nur in bescheidenem Maſse Aufschluſs zu geben imstande sind. Denn ihre Forschungen beziehen sich zum groſsen Teil auf die grundverschiedene antike Musik, wie sie denn auch aus keinen andern als antiken Quellen schöpfen.

Dennoch ist auch diese antikisierende Richtung in der Theorie im Laufe des Mittelalters nicht vollständiger Erstarrung anheimgefallen, sondern hat sich nach verschiedenen Richtungen hin als entwicklungsfähig erwiesen. Der Grund davon liegt darin, daſs die überwiegende Mehrzahl dieser Theoretiker selbst geistlichen Standes war und somit trotz ihrem Respekte vor der Theorie des klassischen Altertums sich der Einwirkung der zeitgenössischen Musik doch nicht ganz zu entziehen vermochte. Dazu kam, daſs die musikalischen Lehren der frühesten Kirchenväter, eines Ambrosius, Augustin u. A. sehr früh kanonische Geltung erlangten und für die Klöster, die Hauptstätte der musikalischen Bildung im Mittelalter, maſsgebend wurden. Damit sickerte denn so manches Bächlein von dem lebendigen Quell zeitgenössischer Kunstübung auch in den Schutt der antiken Tradition hinüber und rief hier ein merkwürdig schillerndes Chaos ins Leben, das der wissenschaftlichen Forschung oft genug nicht geringe Schwierigkeiten bereitet. Blieb auch für die Grundlagen, die Lehre vom Tonsystem und seiner Einteilung, die griechische Theorie als maſsgebend bestehen, so gelangte man doch daneben in einigen Zweigen, zumal in der Lehre von der Melodiebildung, bald zu neuen lebenskräftigen Theorien. Auch auf dem Gebiete der Ästhetik beginnt sich neben vielem toten Gestrüpp langsam aber sicher ein neues Leben zu regen, man beginnt sich der Eigenart dieser neuen Kunst bewuſst zu werden und ihren ästhetischen Grundlagen nachzuspüren. Hier war zugleich das einzige Gebiet, worin sich das antike Erbe, selbst in seiner arg vergröberten und verzerrten Gestalt, noch als segensreich erwies. Die hohe Lehre von der gewaltigen ethischen Macht der Tonkunst, die die groſsen Philosophen dem griechischen Volke gepredigt hatten, war zwar schon in der römischen Kaiserzeit stark verwässert und namentlich von einem Wust allegorisierender und mystischer Theoreme fast ganz überwuchert worden. Wiederum ist es das Verdienst der Kirchenväter, vor allen Augustins, auf den Kern jener Lehren hingewiesen zu haben, wenn sie auch freilich in den Anschauungen ihrer Zeit allzutief befangen waren, als daſs ihnen eine vollständige Regeneration jener Theorie hätte gelingen können.

Auch die Theoretiker befassen sich mit Vorliebe mit ästhetischen Fragen. Auch sie schlieſsen sich durchaus an die antike Tradition an. Allein die Quellen, woraus sie schöpfen, sind keineswegs die Schriften der alten Philosophen selbst, sondern die Arbeiten ihrer neupythagoreischen und neuplatonischen Nachfolger auf der einen und jene damals so beliebten, einen Extrakt des gesamten damaligen Wissens in populärer Form darbietenden Handbücher und Enzyklopädien auf der anderen Seite. Wohl ist auf diese Weise manch goldnes Wort der Alten ins Mittelalter hinübergerettet worden, aber im wesentlichen — und dies gilt ganz besonders von der ästhetischen Seite — lehnen sich Männer wie Boëthius, Cassiodor u. A. an die Gedankensphäre der Neupythagoreer an, die sich ja ebenfalls, getreu ihren älteren Vorbildern, mit ganz besonderer Vorliebe musikalischen Untersuchungen widmeten.

Damit aber berühren sich die mittelalterlichen Theoretiker, welche diese Quellen benützten, wiederum mit den Kirchenvätern, die, je mehr das Christentum sich auch in den oberen Gesellschaftsschichten verbreitete, um so engere Fühlung mit den letzten philosophischen Systemen des Altertums, dem neupythagoreischen und vor allem dem neuplatonischen, zu gewinnen suchten. Galt es doch für sie, die Heilswahrheiten des Christentums auch dem Verstande als allgemeingültige Tatsachen zu erweisen und zu begründen. Daſs das damalige Christentum mit dem Neuplatonismus die engsten Beziehungen einging, ist ein allseitig bekanntes Faktum. Uns kann es hier natürlich nur darauf ankommen festzustellen, inwieweit auch die musikalischen Anschauungen des Mittelalters von jenen antiken Lehren in Mitleidenschaft gezogen worden sind.

Die alte Philosophie hatte hinsichtlich der Musik sowohl die Inhaltsästhetik als die Formalästhetik gekannt und beide Richtungen vollständig systematisch durchgebildet. Die Formalästhetik, die aller Wahrscheinlichkeit nach von den Sophisten ausging und uns nur in stark vergröberter Form aus späteren Autoren, wie Philodem und Sextus Empiricus, bekannt ist,¹) fand zwar bei den nüchternen Römern grofsen Anklang, trat aber am Ende des Altertums vollständig in den Hintergrund. Für die frühchristliche Musik aber, die lediglich den Zwecken des Gottesdienstes zu dienen hatte und den rein ästhetischen Musikgenufs auf das Strengste verpönte, war sie vollends unbrauchbar. Sie scheidet daher von vornherein aus unserer Betrachtung aus. Eine formalistische Musikästhetik, wie sie die Alten gekannt und für die Neuzeit Kant begründet hat, fehlt dem Mittelalter vollständig.

Anders verhielt es sich mit der Inhaltsästhetik der Alten, die in der Lehre vom „Ethos", d. h. von den moralischen Wirkungen der Töne und Rhythmen, ihren Gipfelpunkt erreichte. Sie enthielt Elemente, die sich mit den Anforderungen des Mittelalters an die Musik vollständig deckten und von den mafsgebenden Männern auch ohne weiteres übernommen wurden. Aber ehe wir diesen selbst näher treten, müssen wir zuerst die Grundfrage zu beantworten suchen: welchen Zweck verfolgte die mittelalterliche Musikästhetik überhaupt? welche Anschauungen hatten jene Männer, welche die Pflege der Musik als integrierenden Bestandteil des Gottesdienstes betrachteten, von ihrem eigentlichen Wesen, und was erwarteten sie von ihr?

Hier zeigt sich nun alsbald ein ganz gewaltiger prinzipieller Unterschied gegenüber den Vorstellungen und Lehren des Altertums und zwar ein Unterschied zu Ungunsten der Musik. Im Altertum hatte die Tonkunst alle ihre Schwesterkünste in der allgemeinen Wertschätzung weit überflügelt. In der Blütezeit des griechischen Volkes galt sie geradezu als ein Grundpfeiler aller staatlichen und gesellschaftlichen Ordnung und, was noch weit wichtiger ist, sie wurde Staat und Gesellschaft gegenüber nicht allein als dienende Kunst betrachtet, sondern sie stand auch als freie Kunst in höchstem Ansehen. Man trieb in Griechenland Musik nicht allein um seinen Charakter zu stählen und ein sittlich besserer Mensch zu werden, sondern ebensowohl um ihrer selbst, um des ästhetischen Genusses willen.²)

In schärfstem Kontraste dazu steht die Musikästhetik des Mittelalters. Ihr oberster Grundsatz lautet: Die Musik darf

---

[1] Vgl. meine „Lehre vom Ethos in der griechischen Musik", Leipzig, Breitkopf & Härtel 1899, S. 27 ff.
[2] Vgl. Aristoteles' Lehre von der $διαγωγή$ Polit. VIII, 5 p. 1339, b, 11 c. 7.

niemals Selbstzweck sein, sondern sie empfängt ihren Wert einzig und allein als Dienerin der Kirche, als Verkündigerin der Ehre und des Wortes Gottes. Damit stimmt denn auch vollständig überein, daſs für die reine Instrumentalmusik, die während der letzten Jahrhunderte des Altertums unter den Händen der Virtuosen einen solchen Aufschwung genommen hatte, in der frühesten christlichen Tonkunst kein Raum vorhanden war.

Aber nicht genug damit, daſs man der Musik als selbstständiger Kunst alle Berechtigung absprach, auch als dienendes Glied des Kultus spielte sie eine überaus bescheidene Rolle. Es geht ein strenger asketischer Zug von Anbeginn an durch diese gesamte Musikästhetik hindurch: man kannte die Macht der Tonkunst über die Gemüter sehr wohl und wollte darum keineswegs auf sie verzichten, und dennoch suchte man gerade ihre sinnliche Seite soviel wie möglich in den Hintergrund zu drängen, ja überhaupt wegzuleugnen. Nicht wenigen galt die Musik geradezu als ein notwendiges Übel, als ein gewisser Notbehelf, um die Schwachen und Lässigen zur Aufnahme des Wortes Gottes gefügiger zu machen. Ja, in einigen Zeugnissen wird die Notwendigkeit der Heranziehung der Musik zum Gottesdienst aus Gründen rein praktischer Natur abgeleitet.

Die ausschlieſsliche Aufgabe der Tonkunst im frühchristlichen Gottesdienst ist aber das Kommentieren des Bibelworts. Es handelt sich also bei all diesen Theorien lediglich um Gesangsmusik und zwar um eine Gesangsmusik zunächst von allerprimitivster Art. Das auf den Rahmen eines Tetrachords beschränkte Tonmaterial der ältesten Psalmodie bot der Musik zur Entfaltung ihrer Wirkungen nur einen sehr geringen Spielraum; es war im Grunde genommen nur eine um einige Grade nach dem Melodischen hin gesteigerte Deklamation, allerdings eine Deklamation von jener ganz eigenartigen, faszinierenden Wirkung. Der zu Grunde liegende Text war denn auch durchaus die Hauptsache. Die Musik dagegen erkannte man nur insoweit an, als sie geeignet erschien, seinen Ideen- und Empfindungsgehalt der Gemeinde deutlich zu Gemüte zu führen.

So sehen wir denn in jenen ältesten Zeiten die Anschauungen merkwürdig hin und her schwanken. Auf der einen Seite geringschätzendes Dulden der Tonkunst im Kultus, auf der andern aber die stetig im Steigen begriffene Anerkennung ihrer Macht über die Gemüter. Eine eigentliche musikalische Ästhetik konnte sich naturgemäfs erst dann entwickeln, als infolge des immer stärkeren Eindringens konzentischer Elemente die der Musik günstige Anschauung zum Siege gelangte. Und gerade hier bot die Musikethik des Altertums einen erwünschten Anknüpfungspunkt dar.

Freilich, die antike Ethoslehre in ihrer ungetrübten Reinheit zu erkennen, das war nur einzelnen führenden Geistern, vor allen Augustin, beschieden. Er war zugleich der einzige, der auf ihre Grundlagen, nämlich auf die Lehre von den Wechselbeziehungen zwischen musikalischer Bewegung und Seelenbewegung[1]) zurückgriff. Aus ihr leitete er denn auch, getreu der antiken Theorie, die Fähigkeit der Musik ab, die Herzen der Menschen zum Guten oder zum Schlechten zu lenken. Und wiederum ganz nach dem Vorbild der Alten zieht auch er daraus für die Praxis die Konsequenzen.

Allein von hier ab gehen antike und mittelalterliche Theorie auseinander. Die antike Ethoslehre wird zwar vom Mittelalter in der Lehre von der *moralitas artis musicae* beibehalten, aber sie wird zugleich in christlichem Sinne umgedeutet. Die Alten, Platon und Aristoteles voran, hatten die ethischen Wirkungen der Musik den Interessen des Staatswesens dienstbar zu machen gesucht, im Mittelalter dagegen trat an die Stelle des Staates die Kirche. Und zwar wurde hier der kirchliche Beruf der Tonkunst mit weit nachdrücklicherer Energie und Exklusivität betont als im Altertum der politische. Bei den Alten hatte sie aufser ihrer staatlichen Stellung auch im privaten und gesellschaftlichen Leben eine ganz hervorragende Rolle gespielt. Dies fiel im Mittelalter vollständig weg: eine weltliche Tonkunst wurde neben der geistlichen nicht anerkannt. Der Grund dieser hochwichtigen, die gesamte mittelalterliche Musikästhetik beherrschenden Anschauung liegt aber nicht sowohl in der ganz allgemeinen Hinneigung des Mittelalters zur Askese, zur Abkehr von den Dingen dieser Welt, sondern er entsprang zunächst den praktischen Verhältnissen während jener ersten Jahrhunderte, nämlich der Gegnerschaft gegen die längst in rapidem Verfalle begriffene heidnische Tonkunst. Die griechische Musik war ihrem hohen Berufe längst entfremdet; wenn sie an die Öffentlichkeit trat, so geschah es durchaus im Dienste entweder eines leeren, äufser-

---

[1]) Vgl. „Lehre vom Ethos" S. 48 f.

lichen Schaugepränges oder gar niedriger Sinnenlust. Es war darum kein Wunder, wenn jene Streiter der Kirche, denen derartige Veranstaltungen natürlich vor allem andern ein Greuel waren, zugleich auch der damit verbundenen Musik den Krieg bis aufs Messer ankündigten und dagegen ihre eigene Musik als das einzig wahre Heilmittel den Gläubigen ans Herz legten. So ist denn ihre Kunstlehre von Anbeginn an ein Produkt leidenschaftlichster Polemik, die keine Versöhnung mit der Kunst der Vergangenheit kennt. Wie verschieden ist doch dieses Bild von der Entwicklungsgeschichte der griechischen Kunstlehre! Hier ein friedlicher, langsam und sicher bis zu Aristoteles, dem krönenden Schlußsteine, fortschreitender Aufbau, dort von Anfang an erbitterter Kampf und Streit, worin die sachliche Erwägung nicht selten von der Stimme der Leidenschaft übertönt wird und zelotische Einseitigkeit gar häufig das Wort behält.

Die natürliche Folge davon war, daß die „wahre", d. h. die kirchliche, Musik auch von solchen Kirchenvätern vor „Auswüchsen" ängstlich geschützt wurde, die der Tonkunst sympathisch gegenüberstanden und unter andern Verhältnissen wohl geneigt gewesen wären, ihr zur Entfaltung ihrer Wirkungen einen breiteren Spielraum zu vergönnen. Allein unter diesen Umständen lag es wie ein schwerer Bann auf der Musik und ihrer Entwicklung. Wohl ist es der lebendigen Kunst nach hartem Kampfe gelungen, diese Fesseln zu sprengen, allein in der Theorie erhielt jene Anschauung der ältesten Kirchenfürsten von der natürlichen Gegnerschaft zwischen geistlicher und weltlicher Musik sehr bald dogmatische Geltung, sie pflanzte sich durch das gesamte Mittelalter hindurch fort und entsandte ihre letzten Nachwirkungen bis in die allermodernste Zeit hinein.

Natürlich verschwanden mit dieser Verkirchlichung der antiken Ethoslehre aus ihr alle Elemente, die sich auf die Musik als freie Kunst und auf den „ästhetischen Kunstgenuß" im modernen Sinne bezogen. An die Stelle der mannigfaltigen Erscheinungsformen, in denen die ethische Macht der Musik sich für das Altertum geoffenbart hatte, tritt nunmehr im Mittelalter eine einzige, die ihren Ursprung aus dem mittelalterlichen Geiste ganz offenkundig an der Stirne trägt, nämlich die Anschauung von der durch die Musik zu erzeugenden *compunctio cordis*, der reuigen Zerknirschung des Sünders, also der Seelenverfassung, die dem Menschen allein die Erkenntnis der christlichen Heilswahrheiten und den Genuſs der göttlichen Gnadenmittel ermöglicht. Die Begründung dieser Lehre erfolgt, sofern eine solche überhaupt versucht wird, durchaus auf der Grundlage der antiken Ethostheorie; inhaltlich freilich unterscheidet sie sich von dieser ebenso grundsätzlich wie die antike Weltanschauung von der des Mittelalters überhaupt.

Aber auch noch nach einer andern Richtung hin sehen wir die mittelalterliche Musikästhetik eine Anleihe beim Altertum machen. Allerdings sind dies Theorien, die in ihren ersten Ansätzen zwar ebenfalls in die Blütezeit der griechischen Kunstlehre zurückreichen, aber zu wirklicher Bedeutung und systematischer Ausbildung erst am Ende des Altertums gelangt sind.

Bereits die alten Pythagoreer waren durch ihre Theorie von der Zahl als dem Urgrund aller Dinge darauf geführt worden, über die Bedeutung der Zahlen für die menschliche Seele auf der einen und für die Musik auf der andern Seite eingehende Untersuchungen anzustellen. Sie waren dabei zu dem Resultat gelangt, daſs sowohl die Bewegungen der Seele als auch die musikalischen Bewegungen durchaus von der Zahl beherrscht werden. Die zahlenmäſsige Identität dieser beiden Arten der Bewegung wurde für sie der Ausgangspunkt ihrer Ethoslehre.[1]) Allein sie waren noch weitergegangen. Sie stellten die Herrschaft der Zahl und damit auch der musikalischen Harmonie nicht allein für die irdischen Verhältnisse, sondern für das gesamte Weltall fest, vor allem für die Bewegung der Gestirne, und gelangten so zu ihrer bekannten Theorie von der Harmonie der Sphären.

Die Grundlagen dieser ganzen Lehre waren ursprünglich rein mathematischer Natur. Allein bereits mit der Hereinziehung der Musik trat ein zweites, symbolisierendes Element hinzu. Die Harmonie des Weltalls galt ihnen ohne weiteres als die Oktave[2]), denn sie waren naiv genug zu glauben, daſs was ihr Ohr in der Oktave höre, dasselbe sei wie das, was ihr Auge bei der Beobachtung der Gestirne erblicke[3]). Auf diese Weise entstand die poetische Vorstellung von der Siebenzahl der Planeten

---

[1]) Vgl. hiezu und zum folgenden „Lehre vom Ethos" S. 5 ff.
[2]) Vgl. Aristox. Mus. II, 36: τῶν ἑπταχόρδων ἃ ἐκάλουν ἁρμονίας. Nicom. Harm. Intr. I, 16: οἱ παλαιότατοι ... ἁρμονίαν μὲν καλοῦντες τὴν διὰ πασῶν u. öfter.
[3]) Vgl. Plat. Resp. VII, 530 D.

als dem goldenen himmlischen Heptachord, als der Lyra der Musen.[1]

Diese symbolisierende Tendenz der pythagoreischen Musiktheorie erhielt noch weitere Nahrung durch die Neigung, aus den einzelnen Zahlenverhältnissen bestimmte Begriffe, wie Gerechtigkeit, Vernunft, Meinung, Ehe usw. abzuleiten.[2] Es war nicht mehr als natürlich, daſs in derartige symbolisch-allegorische Tifteleien, die bereits von den alten Pythagoreern mit Vorliebe gepflegt wurden, auch die Tonverhältnisse mit hereingezogen wurden, galten sie doch als der vollkommenste Ausdruck der Zahlenverhältnisse überhaupt.

So bildete sich denn bereits im Altertum eine merkwürdige Art von musikalischer Ästhetik — die Bezeichnung mag mir der Einfachheit halber gestattet sein — heraus, eine Ästhetik, die statt klarer und wissenschaftlicher Erforschung der inneren Gesetze der Tonkunst mit allerhand auſsermusikalischen Elementen symbolischer, mystischer und allegorischer Natur operierte. Freilich, die eigentliche klassische Musikästhetik der Griechen hielt sich von dieser Richtung fast durchweg fern, um so üppiger schoſs sie dagegen um das Ende des Altertums ins Kraut, und dieser Umstand wurde die Ursache, warum gerade ihr von der mittelalterlichen Theorie eine so groſse und verhängnisvolle Rolle zuerteilt wurde. Ihre hauptsächlichste Pflegestätte erhielt sie schlieſslich in der Lehre der Neupythagoreer und Neuplatoniker. Da gerade diese Lehre für die gesamten musikalisch-ästhetischen Anschauungen des Mittelalters grundlegende Bedeutung gewonnen hat, so werden wir sie in einem besonderen Abschnitt näher zu würdigen haben.

Aber auch die rein mathematischen Errungenschaften der Pythagoreer und ihrer Nachfolger wurden von der mittelalterlichen Musiktheorie übernommen, ja sie nehmen bei manchen Theoretikern einen ganz unverhältnismäſsig groſsen Raum ein. Den modernen Betrachter muten diese oft endlosen arithmetischen Auseinandersetzungen so fremd an wie jene symbolischen Spielereien; allein sie haben wenigstens das vor jenen voraus, daſs sie sich durchaus auf dem Boden rein musikalischer Verhältnisse bewegen. Der Grund ihrer Bevorzugung aber liegt darin,

---

[1] Aristot. bei Porphyr. Vit. Pythag. 41.
[2] S. Zeller, Philosophie der Griechen I, 1 (5. Aufl.), S. 390 ff.

dafs man bereits am Ausgang des Altertums damit begonnen hatte, die Musik mit Geometrie, Arithmetik und Astronomie zum Quadruvium zusammen zu spannen. Dadurch geriet sie, was weiterhin sehr charakteristisch für die gesamte mittelalterliche Musikauffassung ist, mit einem Male aus dem Gebiet der Künste in das der Wissenschaften. Damit gelangte sie nun zwar, rein äufserlich genommen, in der offiziellen Wertschätzung zu weit höheren Ehren als die übrigen Künste, ihr eigenstes Wesen dagegen ging bei dieser Unterordnung unter mathematische Gesichtspunkte vollständig leer aus. Wir werden sehen, wie sich gerade diese Auffassung von der Musik als einer Wissenschaft der ganzen Entwickelung während des Mittelalters wie ein Bleigewicht an die Fersen gehängt und namentlich der Herausbildung einer eigentlichen Ästhetik lange Zeit hindernd im Wege gestanden hat. Denn eine solche war ja überhaupt erst möglich, wenn ihr an Stelle der unfruchtbaren antiken Theorien die Praxis des täglichen Lebens zu Grunde gelegt wurde.

Aus all dem bisher Gesagten geht hervor, dafs es um die musikalische Ästhetik des Mittelalters, wenigstens zu dessen Beginn, sehr trübe bestellt ist. Von einem geschlossenen Systeme, wie es das Altertum aufzuweisen hatte, kann hier gar keine Rede sein; das verhinderte schon der von gänzlich verschiedenen Voraussetzungen ausgehende und deshalb unüberbrückbare Gegensatz zwischen den Männern der Praxis und denen der Theorie. Jene haben in heifsem Streite mit der heidnischen Tonkunst den Grundstein zu einer speziell christlichen Mnsikauffassung gelegt und dabei von der antiken Ethoslehre alles herübergerettet, was für ihre Zwecke brauchbar war. Ihre Autorität als Kirchenväter hat ihren Lehren auf Jahrhunderte hinaus dogmatische Geltung verschafft, selbst in den Punkten, deren Bedeutung im Wandel der Zeiten allmählich hinfällig geworden war, wie z. B. dem verhängnisvollen Gegensatz zwischen Geistlich und Weltlich in der Tonkunst.

Die aus der Praxis hervorgegangene Kunstlehre dieser Männer trägt einen ausgesprochen polemischen und asketischen Charakter.

Eine zweite Reihe ästhetischer Betrachtungen schliefst sich unmittelbar an die antike Tradition an. Sie überträgt dabei ohne weiteres eine Lehre, die aus dem Geiste der griechischen Musik heraus geboren war, auch auf die völlig anders geartete christliche und benutzt dabei obendrein noch Quellen wie Cassiodor und Boëthius, in deren Schriften die Vorstellungen vom eigentlichen Wesen der altgriechischen Tonkunst bereits nicht unerheblich getrübt sind. Die hier zu Grunde liegende Lehre ist wesentlich neupythagoreischen und neuplatonischen Ursprungs; aus ihr stammen:

1. Die Lehre von der Musik als einer Wissenschaft;
2. einige vergröberte Reste der antiken Ethostheorie;
3. die rein arithmetische Behandlung der musikalischen Elemente;
4. die Ausdeutung der Musik in theologischem, metaphysischem und naturphilosophischem Sinn; die Vorliebe für Allegorie, Symbolik und allerhand Kabbalisterei.

Diese Lehre war der eigentliche Hemmschuh für die Weiterentwickelung der musikalischen Theorie im Mittelalter. Einen gewaltigen Aufwand an Scharfsinn rief der immer wieder erneute Versuch hervor, die praktische Musik mit den Lehrsätzen der antiken Musik in Einklang zu bringen, selbst als mit dem Aufkommen der Mehrstimmigkeit das Band zwischen beiden endgültig zerrissen war. Eine Ästhetik aber vollends, die diesen Namen wirklich verdient hätte, konnte auf diesem Boden überhaupt nicht gedeihen. Der wirklich triebkräftige Teil jener Lehre, die antike Musikethik, erstarrte hier sehr bald zu einem ganz allgemein gehaltenem farblosen Phrasentume, das durch stereotyp wiederkehrende Anekdoten und Legenden einen wunderlichen Aufputz erhielt. Die übrigen Sätze dieser Lehre aber, die sich aus der Anschauung von der Musik als einer Wissenschaft ergaben, und von denen namentlich die Symbolik aus der christlichen Mystik neue Nahrung erhielt, hatten mit der Kunst als solcher nichts zu tun. Sie bildeten keine Ästhetik, sondern gewissermaßen nur das Surrogat einer Ästhetik. Trotzdem spielen sie gerade bei den Grundfragen der mittelalterlichen Theorie eine so gewichtige Rolle, daß sich die Geschichte der mittelalterlichen Ästhetik ihrer näheren Untersuchung nicht entziehen kann. Zumal die symbolisch-allegorische Ausdeutung der musikalischen Elemente nahm einen Aufschwung, dessen Nachwirkungen sich in einzelnen Anschauungen bis in die Zeiten Bachs fortpflanzten.

Es hat geraume Zeit hindurch gedauert, bis sich unter diesem Wust wieder die ersten Ansätze einer wirklich künstlerischen Anschauung musikalischer Dinge regten. Zum Glücke gab es auch unter den Theoretikern neben der grofsen Zahl eingeschworener Gräzisten Männer, welche die Fühlung mit der lebendigen Kunstpraxis ihrer Zeit noch nicht verloren hatten. Durch alle derartigen Schriften geht ein merkwürdiger Zwiespalt. Auf der einen Seite wirkt die Macht der antiken Tradition nach, auf der anderen ergeben sich, zumal nach dem Aufkommen der Tonarten und dem Eindringen konzentischer Elemente in die Kirchenmusik, ästhetische Beobachtungen über Melodiebildung, die durchaus der zeitgenössischen Kunstübung entstammen. Diese Bewegung setzt mit Aurelianus Reomensis ein und führt bereits bei Odo zu Untersuchungen von einer Selbständigkeit und einem Feinsinn des künstlerischen Urteils, die den Beobachter in Erstaunen setzen. Erst von hier an kann man von einer kunstmäfsigen Ästhetik der uns bekannten mittelalterlichen Tonkunst, d. h. des gregorianischen Gesangs reden. Was es freilich mit der Stellung der Musik im täglichen Leben des Volkes für eine Bewandtnis hatte, darüber ist uns keine auch nur annähernde Vorstellung möglich, denn die weltliche Tonkunst jener Periode ist uns, dank der ablehnenden Haltung der Kirche, vollständig verloren. Mag auch im Verlaufe des Mittelalters so manche Anregung von ihr auf die offizielle kirchliche Kunst ausgegangen sein — denn die Geistlichkeit suchte zu Zeiten in ihrem eigenen Interesse engere Fühlung mit dem Volke —, die weltliche Tonkunst als solche wurde auch von den Theoretikern konsequent ignoriert, und vollends die ästhetischen Lehren wurden durchweg der Praxis der kirchlichen Kunst entnommen.

Immerhin aber machen jene Ansätze zu einer wirklich zeitgemäfsen Ästhetik dem künstlerischen Urteil und Geschmack jener mittelalterlichen Theoretiker alle Ehre und strafen die oft gehörte Behauptung Lügen, als habe das Mittelalter überhaupt keine Ästhetik im modernen Sinne gekannt. Sie sind denn auch nicht ohne Einwirkung auf die Folgezeit geblieben, denn auf ihrer Grundlage erhob sich in der Zukunft das stolze Gebäude der Ästhetik des gregorianischen Gesangs, ein System, worin sich Theorie und Praxis in solch vollendeter Weise decken, dafs es späteren Zeiten mit Fug und Recht als Vorbild vorgehalten werden kann. Konservative und fortschrittliche Elemente vereinigten sich hier in der glücklichsten Weise: vom Altertum übernahm man, was von seiner Theorie sich unter den veränderten Verhältnissen allein als lebenskräftig erwies, nämlich die Lehre vom Ethos. Sie wurde, nach dem Vorbild der ersten Kirchenväter in christlich-kirchlichem Sinne umgedeutet, zur Grundlage der gesamten Ästhetik. Allein für ihren weiteren Ausbau im einzelnen wurde die musikalische Praxis selbst maſsgebend. Sie erzeugte aus sich eine Theorie, die in langsamem aber sicherem Fortschreiten sich mehr und mehr von der antiken Tetrachorden- und Symphonienlehre emanzipierte und ihre eigenen Wege einschlug.

Freilich war diese Emanzipation das Werk von nahezu einem Jahrtausend. In den ersten Jahrhunderten war die gräzisierende Richtung noch durchaus tonangebend. Sie beeinfluſste sogar, wie wir sehen werden, selbst die Lehre der Kirchenväter, so sehr sie auch gegen die heidnische Tonkunst selbst eiferten. Das Aufkommen der christlichen Musik bezeichnet einen der gewaltigsten Einschnitte in der Musikgeschichte, und es war nicht mehr als selbstverständlich, daſs auch die ästhetischen Anschauungen in entscheidender Weise davon beeinfluſst wurden. Es folgte zunächst eine Periode der Gärung und des Übergangs, innerhalb deren die neue Kunst sich ihre Kunstlehre unter gewaltigen Kämpfen und Irrungen erst schaffen muſste. Der erste und folgenschwerste Irrtum aber war, daſs man in der Praxis zwar alsbald neue Wege einschlug, in der Theorie dagegen sich noch Jahrhunderte lang an den Strohhalm der antiken Theorie anklammerte.

Allein gerade derartige Perioden werdender Neubildungen sind es, die das Interesse der wissenschaftlichen Forschung am stärksten reizen. Und gerade die vorliegende bietet ein doppeltes Interesse, da gerade die Musik hier innerhalb der gesamten geistigen Umwälzung eine besonders hervorragende Rolle spielt. Der Kampf um das neue Musikideal steht dermaſsen im Vordergrunde der allgemeinen Geisteskämpfe jener bewegten Zeiten, daſs jedes allgemeine Kulturbild, das an ihm achtungslos vorübergeht, eine empfindliche Lücke aufweisen muſs.

Erstes Kapitel.
Die musikalische Ästhetik des ausgehenden Altertums.

Im ersten vorchristlichen Jahrhundert bahnt sich in der griechischen Philosophie eine Wandlung an, welche auch die Anschauungen über das Wesen und die Aufgabe der Künste, insbesondere der Musik, von Grund aus verändern sollte. Es entstanden teils gleichzeitig, teils unmittelbar nach einander und unter beständiger gegenseitiger Wechselwirkung drei Systeme, deren Kunstlehre auf die mittelalterliche Musikästhetik einen ganz entscheidenden Einfluſs gewinnen sollte, nämlich die neupythagoreische, jüdisch-alexandrinische und neuplatonische Lehre. Die Geburtsstätte aller drei Systeme ist Alexandria, die Stadt, die schon durch ihre natürliche Lage zum Sammelpunkt hellenistischer und orientalischer Elemente bestimmt war.

Was diese drei Schulen von allen vorhergehenden grundsätzlich unterscheidet, ist ein theologisierendes Element, das nicht im vernunftgemäſsen Denken, sondern in der unmittelbaren göttlichen Offenbarung den Weg zur Erkenntnis und Glückseligkeit erblickt. Nicht durch wissenschaftliche Spekulation, sondern durch Frömmigkeit allein vermag der Philosoph in den Besitz des wahren Wissens zu gelangen. Die Gottheit selbst ist dem verstandesmäſsigen Begreifen überhaupt entrückt, sie ist losgelöst von aller Verbindung mit der irdischen Welt. Will daher der Philosoph trotzdem zur Anschauung dieser Gottheit und damit in den Besitz des wahren Wissens gelangen, so stehen ihm dazu drei Wege offen. Nach der objektiven Seite hin übernehmen die mannigfaltigen, zwischen Gottheit und Welt eingegliederten Mittelwesen die Vermittlung, nach der subjektiven aber erschlieſst sich ihm die verborgene Gottheit einmal in der mystischen Ausdeutung der überlieferten religiösen und philosophischen Schriften, dann aber namentlich in den zahlreichen inneren und äufseren Reinigungsmitteln, die den einzelnen befähigen, das Übersinnliche zu schauen und der höchsten Weisheit teilhaftig zu werden.[1]

Durch diese religiöse Färbung der philosophischen Grundprobleme bestimmen sich denn auch die Anforderungen, welche jene Richtungen an die Musik stellen, ihre gesamte Auffassung von dem Wesen dieser Kunst. Auch sie ist dazu berufen, an ihrem Teile jene höchste Vereinigung des Menschen mit der Gottheit herbeizuführen. Denn einmal ist sie befähigt, die Verbindung mit jenen göttlichen Mittelwesen herzustellen, zweitens aber sind gerade die Tonverhältnisse zu symbolischer Ausdeutung ganz besonders geeignet, und drittens endlich wohnt speziell der Musik jene schon von den alten Philosophen anerkannte kathartische Kraft inne, die sie als eines der vornehmsten Reinigungsmittel erscheinen läfst. Inkantation, allegorisch-symbolische Ausdeutung und religiöse Katharsis — das waren die drei Gesichtspunkte, unter denen jene Lehren die Musik betrachtet wissen wollten.

Eine eingehende Beschäftigung mit musikalischen Dingen ist uns bei den meisten Wortführern dieser Richtungen ausdrücklich bezeugt. Nicht wenige darunter haben sogar, wie wir sehen werden, vollständige Abhandlungen über Musik geschrieben. Fast sämtliche aber kommen in ihren Lehrschriften immer wieder auf die Musik zurück. Nur müssen wir dabei stets im Auge behalten, dafs sie alle an dem dem Alexandrinismus geläufigen Standpunkt festhalten, für den die Musik nicht eine Kunst unter den anderen Künsten bedeutet, sondern ein Glied der encyklischen Wissenschaften, neben Geometrie, Arithmetik und Astronomie. Die Folgen dieser Einreihung für die Weiterentwickelung der musikalischen Ästhetik, nämlich die Zurückdrängung der rein künstlerischen Seite zu Gunsten der mathematischen, werden uns im Verlaufe unserer Darstellung deutlich zum Bewufstsein kommen.

Die Anknüpfung an Pythagoras und seine Schule war diesen theologisierenden Philosophen wie von selbst gegeben, denn was man von dem geschichtlichen Pythagoras wufste, das stimmte

---

[1] Vgl. dazu Zeller a. a. O. V, 4. Aufl., S. 82 ff.

vollständig mit jenen Anforderungen der Neupythagoreer an die Philosophie und ihre Vertreter überein. Für sie war Pythagoras weit weniger der wissenschaftliche Denker, als der sittlich-religiöse Reformator, der Wundertäter und Prophet, der jenes Ideal der mystischen Vereinigung mit der Gottheit in seinem langen Leben wie keiner nach ihm in die Wirklichkeit überführt hat. Darum nannten sie sich denn auch Pythagoreer schlechthin, sie wähnten unmittelbare Schüler des alten Weisen zu sein und lebten der festen Überzeugung, dafs die Lehre, die sie verkündeten, zugleich auch die seinige gewesen sei. Ihm legen sie mit Vorliebe ihre eigenen Dogmen in den Mund, sie beschreiben sein an Wundertaten und -erscheinungen so überaus reiches Leben und wurden dadurch die eigentlichen Schöpfer jenes Anekdotengewebes, das der Gestalt des Pythagoras das ganze Mittelalter hindurch anhaften geblieben ist.

Dafs die Musik darum in der neupythagoreischen Schule eine hohe Stellung einnehmen würde, war bei dem ganzen Verhältnis des Pythagoras selbst zu dieser Kunst von vornherein ganz zweifellos. Es handelt sich für uns hier nur darum, die Unterschiede zwischen der Musikauffassung der älteren und der jüngeren Pythagoreer klarzulegen und damit nachzuweisen, in wie weit diese überhaupt nach dieser Richtung dem Pythagoreismus beigezählt werden dürfen.

Der Grundcharakter der altpythagoreischen Philosophie war ein arithmetischer; aus ihm entwickelte sie unmittelbar sowohl ihre harmonische als auch ihre geometrische Lehre. Sie ist somit die eigentliche Begründerin der mathematischen Behandlung der Musik geworden, aus der sich die später übliche Einreihung der Tonkunst unter die mathematischen Wissenschaften wie von selbst ergab.

Dieser rein arithmetischen Behandlung der Tonverhältnisse sind die älteren Pythagoreer im grofsen und ganzen auch treu geblieben. Von diesem Standpunkte aus betrachteten sie die Intervalle, die Tonarten und Geschlechter, von hier aus gelangten sie aber auch zu ihrer Lehre von der Sphärenharmonie und von den ethischen Wirkungen der Musik.

Jene ergab sich aus ihrer Grundanschauung, dafs das ganze Weltgebäude Harmonie sei,[1] diese aber, die in der Anschauung

---

[1] Aristot. Metaph. I, 5.

von der Musik als Mittel zur ἐπανόρθωσις τῶν ἠθῶν gipfelte,[1]) basiert auf dem Satze, daſs die Bewegungen der menschlichen Seele, gleich den Bewegungen der Gestirne, sich nach bestimmten musikalischen Zahlenverhältnissen vollziehen.[2])

Allein neben den rein mathematischen Berechnungen ging bereits bei den älteren Pythagoreern noch eine zweite Spekulation her: die über die symbolische Bedeutung der Zahlen. Da für sie das Wesen aller Dinge eben aus den Zahlen bestand, so spürten sie bei jedem einzelnen irgendwelche Beziehung zu den Zahlenverhältnissen auf, die ihnen dann als das Wesen des Dings selbst erschien. So gelangten sie nach dem Berichte des Aristoteles[3]) dazu, die Einzahl mit der Vernunft, die Zweizahl mit der Meinung, die Vierzahl mit der Gerechtigkeit, die Fünfzahl mit der Ehe, die Siebenzahl endlich mit der entscheidenden Zeit, dem καιρός, zu identifizieren. Die Zehnzahl vollends, als die Grundlage des ganzen Systems, wird als die Allgewaltige, alles Vollbringende, als Anfang und Führerin des göttlichen und himmlischen wie des irdischen Lebens gepriesen.[4]) Daſs man dabei nicht allein die arithmetischen, sondern auch die harmonischen Verhältnisse heranzog, beweist die Analyse der Neunzahl, bei der sich ergab, daſs sie alle Zahlenverhältnisse der drei vollkommenen Konsonanzen in sich enthielt.[5]) Daſs dabei an Stelle wissenschaftlicher Erörterung Willkür und Spielerei tritt, leuchtet von selbst ein. Gerade an diese Art der Zahlendeutung, die dem Subjektivismus den freiesten Spielraum gewährte, haben die späteren Pythagoreer angeknüpft.

Aber noch ein anderes Moment in der altpythagoreischen Musiklehre war es, was den nach übernatürlichen Offenbarungen dürstenden Sinn der Späteren unwiderstehlich anzog, ein Moment,

---

[1]) Lehre vom Ethos S. 5 f.
[2]) Alkmeon bei Aristoteles De anim. 1, 2 p. 405 a 30: φησὶ γὰρ (Alkmeon) αὐτὴν (sc. τὴν ψυχὴν) ἀθάνατον εἶναι διὰ τὸ ἐοικέναι τοῖς ἀθανάτοις, τοῦτο δ᾽ ὑπάρχειν αὐτῆι ὡς ἀεὶ κινουμένηι. κινεῖσθαι γὰρ καὶ τὰ θεῖα πάντα συνεχῶς ἀεί, σελήνην, ἥλιον, τοὺς ἀστέρας, τὸν οὐρανὸν ὅλον). Vgl. auch Ptolem. Harm. III, 4 und 7.
[3]) Metaph. I, 5; XIII, 4 p. 1078 b 21; vgl. Zeller a. a. O. I[5], 1, S. 389 ff.
[4]) Philolaos bei Stob. Ecl. I, 8.
[5]) Eudem. fgm. 83 b (Spengel); Porphyr. in Ptolem. Harm. 287: ἔτι δὲ τοὺς τῶν τριῶν συμφωνιῶν λόγους τοῦ τε διὰ τεσσάρων (3 : 4) καὶ τοῦ διὰ πέντε (2 : 3) καὶ τοῦ διὰ πασῶν (2 : 4) ὅτι συμβέβηκεν ἐν πρώτοις ὑπάρχειν τοῖς ἐννέα· β᾽ γὰρ γ᾽ δ᾽ γίνεται ἐννέα.

das mit dem religiösen Charakter jener alten Lehre aufs engste zusammenhing. Wir besitzen eine Menge Zeugnisse, aus denen trotz ihrem zum Teil anekdotenhaften Charakter unzweifelhaft hervorgeht, daſs Pythagoras und seine Schule der Musik eine reinigende Kraft zuschrieben, die sie befähigte, nicht nur Störungen des psychischen, sondern auch des physischen Normalzustandes zu beseitigen.[1]) Aus dieser Anschauung erwuchs die Vorschrift, die der Meister seinen Jüngern gab, vor und nach dem Schlafe etwas zu musizieren,[2]) aber auch die hier zum ersten Male in der griechischen Welt auftretende Verwendung der Musik zu Heilzwecken. Den Grund dieser Vorstellung von der Heilkraft der Töne und Rhythmen haben wir aber nicht auf rein medizinischem, sondern auf priesterlich-musikalischem Boden zu suchen. Die gesamte Heilkunde jener ältesten Zeit war überhaupt mit Religion, Zauberei und Musik so eng verschmolzen, daſs wir den medizinischen Gebrauch der Musik nur als einen Zweig des religiösen betrachten können. Infolge dieser priesterlichen Erfahrungen hat sich zuerst die Vorstellung von der reinigenden Kraft der Musik herausgebildet, der Glaube, daſs durch Steigerung der krankhaften Affekte bis zur vehementen Entladung der normale Gemütszustand wiederhergestellt werden könne.

In enger Verbindung mit diesen Anschauungen steht die altpythagoreische Verwendung der Musik im Dienste der Mantik, deren sich diese Schule ebenfalls mit grofsem Eifer befliſs.[3]) Der Grundgedanke war derselbe wie dort: man legte der Musik dieselbe reinigende Kraft bei, die den Menschen erst zur Aufnahme der göttlichen Offenbarung geeignet machte.

Aus dieser kurzen Charakteristik der altpythagoreischen Musikästhetik erhellt ohne weiteres, daſs hier bereits alle Anschauungen im Keime gegeben waren, deren die neupythagoreische Schule zu ihrem theologisierenden Systeme bedurfte. Es erhellt aber auch zugleich noch daraus, daſs gerade die Musik in diesem Systeme eine ganz besonders hervorragende Rolle spielen muſste. Da nach ihrer Lehre von dem rein begrifflichen Denken eine

---

[1]) Strabo I, 2, 3; Plut. Is. et Osir. c. 80; Porphyr. Vita Pyth. 32; Iamblich. Vit. Pyth. 33. 64. 110 ff. 163. 195. 224; Cic. Tusc. IV, 2; Seneca De ira III, 9; Quintil. Institut. I, 10, 32. IX, 4, 12; Censorin. Di. nat. 12 u. a.

[2]) Iambl. V. P. 114.

[3]) Cic. De divin. I, 3, 5; II, 58, 119; Iambl. V. P. 93. 106. 147. 163; Plut. Placit. V, 1, 3.

volle Erkenntnis der Wahrheit nicht zu erwarten war, so schien gerade diese Kunst, die sich nur an die Gefühlsseite wandte und mit rätselhafter Gewalt den Geist in unabsehbare Fernen zog, vor allem dazu berufen, die Verbindung zwischen der irdischen und der übersinnlichen Welt anzubahnen. Die Musik trat damit in den Dienst der religiösen Mystik und Askese, und alle Theoreme der älteren Schule wurden in diesem Sinne aus- und umgedeutet.

Die meisten Schwierigkeiten bot diesen Bestrebungen die rein mathematische Seite, also gerade der Kernpunkt der altpythagoreischen Lehre dar. Die genaue Herausstellung der arithmetischen und harmonischen Verhältnisse hatte der alten Schule genügt. Die Zahlen und ihre Elemente lösten für sie die Frage nach den letzten Gründen. Damit aber konnten sich die jüngeren nicht zufrieden geben. Sie führen auch die Zahlen auf höhere Ursachen zurück,[1]) sie galten ihnen als Symbole für die höchsten Begriffe und Gründe, die mit Worten nicht klar darzustellen sind. Damit war man denn wieder bei der symbolisierenden Ausdeutung der Zahlen angelangt. Man konnte ihrer unter keinen Umständen entraten, wenn man eben, wie es die Grundanschauung der Neupythagoreer erheischte, im gesamten Zahlensystem eine abstraktere und tiefere Metaphysik suchte. Es kam bald soweit, daſs, was die alten Pythagoreer als Hauptsache betrachtet hatten, das rein Mathematische, von den neueren vollständig bei Seite gesetzt wurde.[2]) An die Stelle der reinen Arithmetik traten mehr und mehr die sog. $\vartheta εολογούμενα\ ἀριϑμητικά$, d. h. jene Schriften, welche nicht sowohl die arithmetischen, als die theologischen und metaphysischen Eigenschaften der Zahlen behandelten. Daſs die Musiklehre ebenfalls sehr stark bei diesen mystischen Spekulationen in Mitleidenschaft gezogen wurde, erklärt sich bei dem auch von den Neupythagoreern festgehaltenen Satz von der engen Verwandtschaft zwischen Harmonik und Arithmetik von selbst.

Den altpythagoreischen Satz, daſs alles in der Welt Harmonie sei, hat die jüngere Schule ebenfalls übernommen, nur erblickte sie in der Harmonie nicht das Wesen der Dinge selbst, sondern sie führte sie auf höhere Ursachen zurück. Tugend,

---

[1]) Über diese Grundanschauungen der Neupythagoreer vgl. Zeller a. a. O.

[2]) Eine direkte Polemik gegen die alte Lehre bei Philostratus Vit. Apollon. III, 30: $ο\mathritarlyἴτε\ ἡμεῖς\ ἀριϑμῶι\ δουλεύομεν\ οὔτε\ ἀριϑμὸς\ ἡμῖν, ἀλλ' ἀπὸ\ σοφίας\ τε\ καὶ\ ἀρετῆς\ προτιμώμεθα.$

Gesundheit, das Gute, die Gottheit symbolisierte sich für sie in der Harmonie;[1]) man erkannte diese Harmonie als wirksam bei allen Vorgängen in Natur und Leben.[2]) Aufgabe der Musik ist also nicht blofs die einzelnen Töne in ein geregeltes Verhältnis zueinander zu bringen, sondern überhaupt alles, was Natur besitzt, harmonisch zusammenzufügen.[3])

Ganz entsprechend der altpythagoreischen Tradition erblickten die Neupythagoreer dieselbe musikalisch-harmonische Ordnung, wie im Makrokosmus, auch im Mikrokosmus, in der menschlichen Natur. Die Seele des Menschen ist gleich der des Universums eine sich selbst bewegende Zahl, die alle harmonischen Verhältnisse in sich trägt.[4]) Damit trat also die Harmonik in die engsten Beziehungen zur Anthropologie.

Die alten Pythagoreer hatten endlich aus dieser Gleichartigkeit der kosmischen und der psychischen Bewegung ihre Lehre von der ethischen Macht der Musik abgeleitet. Auch hierin folgten die Neupythagoreer ihrem Vorgang, denn da ihnen die Frömmigkeit und Heiligkeit des Lebenswandels höher stand als die wissenschaftliche Erkenntnis, so mufsten sie natürlich ihr Hauptaugenmerk der Behandlung ethischer Fragen zuwenden. Allein hier zeigt sich statt einer Bereicherung und Weiterbildung der älteren Ethoslehre vielmehr eine Verallgemeinerung und Verflachung. Was wir von der musikalischen Ethik der Neupythagoreer wissen, ist ein durchaus farbloses Gemisch altpythagoreischer, platonischer und peripatetischer Theoreme, woran

---

[1]) Diog. Laert. VIII, 33: τήν τ' ἀρετὴν ἁρμονίαν εἶναι καὶ τὴν ὑγίειαν καὶ τὸ ἀγαθὸν ἅπαν καὶ τὸν θεόν· διὸ καὶ καθ' ἁρμονίαν συνεστάναι τὰ ὅλα. φιλίαν τ' εἶναι ἐναρμόνιον ἰσότητα.

[2]) So vollzieht sich z. B. das Heranreifen des Kindes im Mutterleibe durchaus nach harmonischen Verhältnissen, vgl. Diog. VIII, 24 ff. Auch diese Theorie wurde vom Mittelalter übernommen. Ein letzter Nachhall davon zeigt sich in den altfranzösischen Échecs amoureux, vgl. Roman. Forschungen (Fr. Junge, Erlangen) Bd. XV, 3, 1904, S. 908.

[3]) So der Pythagoreer Panakes bei Ar. Quint. De mus. I, 3 (φησὶν) ἔργον εἶναι μουσικῆς οὐ τὰ φωνῆς μόνον μέρη συνιστάναι πρὸς ἄλληλα, ἀλλὰ πάνθ' ὅσα φύσιν ἔχει συνάγειν τε καὶ συναρμόττειν.

[4]) Stob. Ecl. I, 794; Theodoret. Cur. gr. affect. V, 72, bes. aber Sext. Math. IV, 6 f. Er leitet daraus, dafs sich die Zahl hier in den drei Verhältnissen der Oktave, Quinte und Quarte findet, den Satz ab, dafs in ihr die Idee der Seele nach dem harmonischen Verhältnis enthalten sei. Ähnliches weifs der Pseudo-Aristaeus Theolog. arithm. 42 von der Sechszahl zu berichten, vgl. Zeller a. a. O. III, 2⁴, S. 135 ff.

nur eines charakteristisch hervortritt, nämlich die Vorliebe für musikalische Wundergeschichten und Legenden aller Art. Auch nach dieser Richtung hin wurde somit die rein wissenschaftliche Seite der älteren Lehre von der jüngeren zu Gunsten des Mystizismus und der Symbolik in den Hintergrund gerückt.

Bei dem religiösen Charakter der neupythagoreischen Lehre ist es selbstverständlich, daſs der Musik beim Gottesdienst ein hervorragender Platz eingeräumt wurde. Nur müssen wir dabei stets im Auge behalten, daſs eine unmittelbare Vermittlung zwischen dem Menschen und der Gottheit, eine direkte Einwirkung auf diese nach der neupythagoreischen Anschauung die Aufgabe der Musik weder sein konnte noch durfte. Denn die Gottheit ist ein rein geistiges Wesen, wir dürfen uns ihr also mit nichts nahen, das aus der Sinnenwelt stammt und schon darum den Stempel des Unreinen an sich trägt, wir sollen Gott vielmehr mit wortlosem Gebet, mit dem Geiste, der keiner sinnlichen Werkzeuge bedarf, anbeten.[1]) Daraus ergibt sich denn auch ohne weiteres, daſs der Gottesdienst nicht um der Gottheit willen da ist, denn diese bedarf eines solchen nicht, sondern um unseretwillen, die wir durch den Gedanken an sie auf eine höhere Stufe der Sittlichkeit erhoben werden sollen.[2]) Es ist dies ein Gedanke, der, wie wir sehen werden, später von den christlichen Kirchenschriftstellern unter besonderem Hinweis auf die gottesdienstliche Musik mit groſsem Nachdruck aufgenommen wurde.

Kann die Musik somit als sinnliche Kunst uns auch nicht in direkten Verkehr mit dem höchsten Wesen bringen, so ist sie doch von groſsem Wert einerseits für die Verehrung der unserem sinnlichen Leben näher stehenden göttlichen Mittelwesen, der Dämonen, und vor allem zur Herbeiführung jenes Zustandes der Reinigung und Sühnung, der uns allein in den Stand setzt, der Offenbarungen der göttlichen Gnade teilhaftig zu werden. Durch Reinigung und Sühnung ging der Weg zu den Dämonen, die bereits Nicomachus in Parallele zu den jüdischen Engeln setzt,[3]) von hier aus aber zur Gottheit selbst. Diese Dämonen sind die eigentlichen von Gott bestellten „Aufseher der Welt",[4]) die

---

[1]) Apollonius von Tyana bei Euseb. Pr. ev. IV, 13.
[2]) Vgl. Archytas bei Stob. Florileg. 43, 130.
[3]) Theolog. Arithm. (ed. Ast) S. 43 f.
[4]) Ἐπόπται τῶν ἀνθρωπίνων nennt sie der Lokrer Timaeus De an. mund. p. 105.

Vermittler der Weissagung, auf die sich alle Sühnegebräuche beziehen.

Es läge nahe, die Stellung der Musik bei diesen Reinigungen direkt aus der Ethoslehre abzuleiten, allein bei näherer Betrachtung stellt sich doch ein tiefgreifender Unterschied heraus. Die ethische Aufgabe der Musik hatte, wie wir gesehen haben, eine sittliche Umbildung der Seele, eine positive Veredlung zum Ziele gehabt. Jene Lehre von der musikalischen κάθαρσις aber, die bei Pythagoras und seiner Schule zu einem so kunstvollen System ausgebildet worden war,[1]) ging nur darauf aus, die Seele von dem befleckenden Bösen, das sie von aufsen her bedrohte, zu befreien und so den Zustand herbeizuführen, der sie allein zur Aufnahme der göttlichen Heilswahrheiten geeignet machte. Im Gegensatz zu der positiven alten Ethostheorie war diese theologisch-musikalische Moral wesentlich negativer Natur, sie trat durchaus in den Dienst der Askese. Auch nach dieser Richtung hin werden wir später eine prinzipielle Verwandschaft der neupythagoreischen Musiklehre mit der Lehre der Kirchenväter von der durch die Musik zu erzeugenden *compunctio cordis* kennen lernen.

Der weltflüchtige Sinn, der aus allen diesen letzten philosophischen Systemen der Griechen spricht, hat auch ihre Kunstlehre, vor allem ihre Musikästhetik in entscheidender Weise umgebildet. Für sie kennt die Seele nur ein Ziel, über alles irdische hinaus dem zuzustreben, das vor der Welt war und aufser ihr besteht. Alles künstlerische Gestalten aber gehört der Sinnenwelt an, bei ihm kann sich die aufwärtsstrebende Seele nicht verweilen, es kann für sie nur insofern Wert besitzen, als es ihren nach der übersinnlichen Welt gerichteten Flug zu fördern vermag. Alle Kunst, die für sich selbst etwas bedeuten will, fällt für diese Auffassung unter den Begriff der Sinnenwelt, von der wir uns je länger je mehr loslösen müssen. Damit ist die Musik von der freien und unabhängigen Stellung, die sie in der Blütezeit des Hellenentums eingenommen hatte, herabgedrückt zu einer Dienerin jener asketischen Lehre, die das wirklich künstlerische Geniefsen, die rein ästhetische Freude an dem musikalischen Gestalten verpönt. Freilich zu dem Welthafs so mancher frühchristlichen Sekten hat sich das Griechentum auch in dieser

---

[1]) S. oben S. 23, Anm. 1.

letzten trüben Zeit nicht bekehrt; auch jetzt noch schien den Hellenen das Häfsliche Gott und der Natur gleichermafsen zuwider zu sein. Aber dem künstlerischen Schaffen sowohl wie dem Geniefsen war der Boden entzogen, auf dem es sich allein frei entfalten konnte, nämlich die Anerkennung der Musik als einer freien, ihren Zweck in sich selbst tragenden Kunst. Auch nach dieser Richtung hin haben die letzten Philosophen des Altertums den Anschauungen der christlichen Kirche vorgearbeitet. Denn mit ihrer Theorie berührte sich aufs engste die Vorstellung der Kirchenväter vom Wesen und der Aufgabe der „wahren" Kirchenmusik; noch in weit späterer Zeit sehen wir, sobald Richtungen aufkommen, die den weltflüchtigen Charakter des Christentums besonders betonen, Anschauungen zur Geltung gelangen, die sich im Prinzip mit jener antiken Lehre vollständig decken.[1])

Von verschiedenen Neupythagoreern wird ausdrücklich bezeugt, dafs sie sich mit musikalischen Fragen eingehender beschäftigt haben, so von **Panakes**, den Aristides Quintilianus zitiert,[2]) ferner gehört hierher eine ganze Reihe von Abhandlungen, die von der späteren Tradition dem **Archytas** zugeschrieben wurden.[3]) Der Mann aber, dessen musikwissenschaftliche Tätigkeit uns nicht allein aus zahlreichen Schriften und Fragmenten bekannt ist, sondern auch den tiefgreifendsten Einflufs auf die Musikästhetik des Mittelalters ausgeübt hat, ist **Nicomachus von Gerasa**,[4]) dessen Lebenszeit in die erste Hälfte des 2. nachchristlichen Jahrhunderts fällt.[5])

---

[1]) So bei dem Konflikt, den J. S. Bach mit dem Pietismus in Mühlhausen zu bestehen hatte. Vgl. Spitta, J. S. Bach I, 1873, S. 361 ff.

[2]) I, 3.

[3]) Von den zahlreichen unter Archytas' Namen überlieferten Schriften, von denen uns nur spärliche Fragmente, in der überwiegenden Mehrzahl nur die Titel erhalten sind, haben sich nur die Schriften über Harmonik und über die Zehnzahl als unzweifelhaft echt herausgestellt. Dagegen ist die Echtheit der Schrift $Περὶ\ αὐλῶν$ (Athen. IV, 184 e), an der noch z. B. Riemann, Handbuch der Musikgeschichte (1904) I, 1, S. 11 f. festhält, zum mindesten stark bestritten. Vgl. Hartenstein, De Arch. fragm. philosoph. (Leipzig 1833); Beckmann, De Pythagoreorum reliquiis (Berlin 1844) S. 31 ff.

[4]) Das stehende Beiwort dieses zu seiner Zeit hochberühmten Gelehrten (Porphyrius bei Euseb. Pr. ev. VI, 19, 8) ist $ὁ\ Γερασηνός$, vgl. Phot. Biblioth. cod. 187. Erhalten ist von ihm ein $ἁρμονικὸν\ ἐγχειρίδιον$ (herausgegeben von Meursius 1562, Meibom in den Antiquae musicae auctores septem 1652 und C. von Jan in den Musici Scriptores Graeci 1895. Französisch von

Auch Nicomachus bekennt sich mit Stolz als einen Nachfolger des alten Pythagoras. Tatsächlich aber ist seine Philosophie, gleich der seiner Gesinnungsgenossen, ein Eklektizismus aus verschiedenen Systemen. Platonische, aristotelische, stoische und pythagoreische Elemente gehen nebeneinander her. Speziell in seiner Kunstlehre zeigt sich eine Verquickung platonischer und altpythagoreischer Ideen, wie sie dieser ganzen Schule besonders eigentümlich ist.

An Platon knüpft Nicomachus mit seiner Grundanschauung an. Auch für ihn sind allein die ewigen und keinem Wechsel unterworfenen Formen der Dinge etwas Wirkliches, die Dinge selbst dagegen, die in beständigem Flusse begriffen sind, gelten ihm als nichtwirklich.[1]) Die Dinge selbst aber teilt Nicomachus wiederum in zwei Klassen, in solche, die an und für sich eine zusammenhängende, unteilbare Einheit bilden und die er als μεγέθη bezeichnet, und in solche, die sich in einzelne Teile zerlegen lassen und πλήθη genannt werden.[2]) Diese Unterscheidung der Dinge ergibt nun folgende Einteilung der Wissenschaften:

1. Mit den Vielheiten beschäftigen sich Arithmetik und Musik. Die Arithmetik hat es mit den Vielheiten an und für

---

Ch. Em. Ruelle 1884). In zweiter Linie kommt in Betracht die Είσαγωγὴ ἀριθμητική (herausgegeben von Fr. Ast, Leipzig 1817), sowie die Ἀριθμητικὰ θεολογούμενα, von denen Photius a. a. O. einen Auszug gibt. Diese θεολογούμενα waren die Hauptquelle für die θεολογούμενα ἀριθμητικά des Iamblichus (s. unten). Ein gröfseres musikalisches Werk erwähnt Nicomachus selbst (Arithm. II, 6; Harm. ench. p. 7, 25, 27 u. ö.; vgl. Eutoc. comment. in Archimed. de sphaera II, 4). Auch von einer Είσαγωγὴ γεωμετρικὴ ist die Rede (Arithm. II, 44). Der Gesamttitel aller dieser Schriften scheint Συναγωγὴ τῶν Πυθαγορείων δογμάτων gewesen zu sein (Syrian. zu Metaph. Schol. in Aristot. 891 a, 23), deren Einleitung die später viel benützte vita des Pythagoras mit den bekannten Anekdoten bildete, vgl. Rhode, Rhein. Mus. f. Philol., Neue Folge Bd. 26,. S. 563 ff. Über Nicomachus überhaupt vgl. Fabricius, Biblioth. graeca V, 629 ff.; C. v. Jan a. a. O. 211 ff., der 266 ff. auch eine ganze Reihe von Excerpten aus verschiedenen Schriften zusammenstellt.

⁵) Apuleius übersetzte seine Arithmetik, Cassiodor. Arithm. II, 555.

¹) Arithm. introd. c. 2, wo Plat. Tim. 27 D citiert wird. Darnach Boëth. Inst. arithm. I, 1.

²) Arithm. introd. c. 2: τῶν τοίνυν ὄντων ... τὰ μέν ἐστιν ἡνωμένα καὶ ἀλληλουχούμενα, οἷον ζῶον δένδρον κόσμος καὶ τὰ ὅμοια, ἅπερ κυρίως καὶ ἰδίως καλεῖται μεγέθη, τὰ δὲ διῃρημένα τε καὶ ἐν παραθέσει καὶ οἷον κατὰ σωρείαν, ἃ καλεῖται πλήθη, οἷον ποίμνη δῆμος χορὸς σωρὸς καὶ τὰ παραπλήσια.

sich zu tun,[1]) sie ist zugleich der Urgrund, aus dem alle übrigen Wissenschaften hervorgehen.[2])   Das Gebiet der Musik dagegen umfaſst die Beziehungen der πλήθη zueinander.

2. Die unteilbaren Einheiten bilden den Stoff der Geometrie und der Astronomie; jene beschäftigt sich mit den unbeweglichen, diese mit den beweglichen Dingen.

Diese Herleitung des Quadruviums, das auch in den metaphysischen Spekulationen der Neupythagoreer eine groſse Rolle spielt,[3]) scheint altpythagoreischen Ursprungs zu sein, denn sie wird bis über Archytas zurückgeführt.[4]) Erst durch Nicomachus' Vermittlung aber ist sie, wie später gezeigt werden wird, Gemeingut der mittelalterlichen Musikästhetik geworden.

In Nicomachus haben die beiden schon berührten, für das Mittelalter so überaus wichtigen musikwissenschaftlichen Richtungen ihre Wurzel, nämlich die rein arithmetische und die theologisch-metaphysische. Die arithmetische geht von dem Grundsatz aus, daſs alles Ungleiche aus dem Gleichen hervorgehe. Daraus werden die aus Boëthius zur Genüge bekannten Verhältnisse der ἀριθμοὶ πολλαπλάσιοι, ἐπιμόριοι $\left(\frac{n+1}{n}\right)$, ἐπιμερεῖς $\left(\frac{n+m}{n}\right)$ abgeleitet.[5])

Weit mehr aber als die mathematischen gelten dem Neupythagoreer die theologischen Beziehungen der Zahlen, die er in seiner arithmetischen Theologie behandelte. Hier wurden die Zahlen von Eins bis Zehn besprochen und ihre tiefere metaphysische Bedeutung und göttliche Natur verkündet.[6]) Nicomachus

---

[1]) A. a. O. c. 3: δύο μέθοδοι διαλήψονται ἐπιστημονικαί, αἵ διευκρινήσουσι πᾶν τὸ περὶ τοῦ ποσοῦ σκέμμα, ἀριθμητικὴ μὲν τὸ περὶ τοῦ καθ᾽ ἑαυτό, μουσικὴ δὲ τὸ περὶ τοῦ πρὸς ἄλλο.

[2]) A. a. O. c. 4.

[3]) Theolog. arithm. IV, 4, p. 17, 5 Ast.

[4]) Comment. in Ptolem. harm. p. 236.

[5]) II, 1—5; I, 17—23; Boëth. Ar. inst. I, 21—31.

[6]) Phot. Biblioth. cod. 187: διαλαμβάνει (Nicom.) . . . περὶ τῶν ἀπὸ μονάδος μέχρι δεκάδος ἀριθμῶν οὐχ ὥσπερ ἐν τῆι ἀριθμητικῆι αὐτοῦ καὶ πρὸ ταύτης εἰσαγωγῆι, ὅσα τοῖς ἀριθμοῖς φύσει πρόσεστι καὶ θεωρίας ἔχεται σπουδαίας διεξιών, ἀλλὰ τὰ πλεῖστα διανοίας οὐ καθαρευούσης βλάβης ἀναπλάσματα, καὶ οὐχὶ πρὸς τὴν τῶν πραγμάτων φύσιν τοὺς λογισμοὺς ἰθύνούσης, τὰ δὲ πράγματα πρὸς τὰς ἰδίας φαντασίας μεταμείβειν φιλονεικούσης . . . περικόπτων περιτιθεὶς ἀμείβων διασπῶν ποτὲ μὲν τὰ πράγματα ποτὲ δὲ τοὺς φίλους ἀριθμοὺς καὶ καὶ θεοὺς κτλ.

ging hierin soweit, dafs er sie geradezu als Götter und Göttinnen darstellte.¹) Da es nun aber die Zahl ist, welche das ganze Quadruvium beherrscht, so werden die sämtlichen vier Wissenschaften in den Bannkreis dieser Theologie mit hereingezogen. Niemand, so sagt Nicomachus, kann dieser göttlichen Offenbarung teilhaftig werden, der nicht in der Theorie der Musik und im Instrumentenspiel zu Hause ist.²)

Wir sind über die Art und Weise dieser wunderlichen Forschungen, trotzdem uns die Schrift des Nicomachus selbst verloren ist, dennoch durch den Auszug bei Photius, sowie durch die dem Iamblichus zugeschriebenen arithmetischen Theologumena, die in der Hauptsache auf Nicomachus fufsen, genügend unterrichtet, um zu erkennen, dafs der Gerasener in der transcendentalen Ausdeutung der Zahlen seiner Phantasie im weitesten Umfang die Zügel schiefsen liefs. Zu einer eingehenderen Behandlung aller dieser Spekulationen ist hier nicht der Ort, sie berühren uns hier nur soweit, als sie die musikalischen Verhältnisse behandeln oder doch den Späteren und dem Mittelalter Anlafs zu einer analogen Behandlung gegeben haben.

Die Zahl Eins, der Anfang aller Zahlen und aller Dinge, gilt dem Nicomachus nicht allein als die Gottheit selbst, sondern auch als die Vernunft, die Form aller Formen, die Harmonie, das Gute, die Glückseligkeit u. s. w., sie wird Apollon, Helios, Atlas genannt; sie repräsentiert dabei aber auch zugleich als der Urgrund aller Dinge die Materie und führt in dieser Eigenschaft die Namen Styx, Tartaros u. dgl.³)

Die Zweizahl stellt einerseits das Prinzip der Ungleichheit und damit des Gegensatzes und Wechsels dar, andererseits aber auch das der Gleichheit, da $2 + 2 = 2 \times 2$ ist. Aus ihr geht alle Vielheit und Teilung hervor, sie ist somit auch die Quelle

---

¹) Ibid.: ἀλλ' ὅτι θεούς τε καὶ θεὰς ἐπιθυμήσας ἰδεῖν τοὺς ἀριθμοὺς καὶ τοῦτο διδοὺς αὐτοὺς διὰ μόνην τὴν ἰδιάζουσαν καὶ ὡρισμένην ἑκάστου ποσότητα, οὐ φυλάττει ταύτην ἀκέραιον ἀναφέρων εἰς τὸ θεῶν γένος αὐτούς, ἀλλ' ὡς καὶ προείπομεν, τέμνων, αὔξων, παντοίως κεραΐζων, οὕτως αὐτοὺς ἐκ τοῦ ἐπὶ πλεῖστον θεοὺς προσκυνεῖ, τὴν μὲν ἐξ ἀρχῆς φθείρων ποσότητα, ἵνα θεὸς ἦι διὰ ταύτην, ταύτης δ' αὐτὸν ἀποστερῶν.

²) Ibid.: δεῖ τῶι μέλλοντι τῆι θαυμασίαι ταύτηι ἐμβαθῦναι θεολογίαι ... καὶ μὴν καὶ τοῖς μουσικοῖς θεωρήμασι καὶ δὴ καὶ ὀργάνοις ἐγγεγυμνάσθαι.

³) Phot. a. a. O.: Theol. arithm. (Ast) p. 3 ff.

alles Zusammenklangs in der Musik und wird als solche Harmonie genannt.[1]) Als Gottheit wird sie vornehmlich mit den mütterlichen Göttinnen Demeter, Isis u. A. identifiziert, unter den vier Kardinaltugenden vertritt sie die Tapferkeit.

Von grofser Wichtigkeit sind die Ausführungen des Nicomachus über die Dreizahl, denn von hier aus laufen die Fäden direkt ins Mittelalter hinüber. Sie galt ihm als die erste vollkommene Zahl, da sie die erste ist, die Anfang, Mitte und Ende aufzuweisen hat[2]) und aufserdem die Summe der beiden vorangehenden darstellt. Daraus ergibt sich denn auch ihre Vollkommenheit auf allen Gebieten, zumal auf dem der Ethik, wo sie den Urquell alles Guten bedeutet.[3]) Auf speziell musikalischem Gebiete ist sie Herrscherin und Ordnerin.[4]) Diese Ansicht finden wir mit derselben Begründung durchweg bei den mittelalterlichen Theoretikern wieder. Mag der *numerus ternarius* bei ihnen auch durch das christliche Dogma von der Trinität seine höchste Weihe erhalten haben, die Grundpfeiler seiner Autorität auf musikalischem Gebiete haben die Neupythagoreer gelegt.

Auch von den Wundern der Vierzahl weifs Nicomachus viel zu berichten. Gerade sie hatte, als die potentielle Zehnzahl,[5]) bereits bei den älteren Pythagoreern im höchsten Ansehen gestanden, und die jüngere Schule setzte das Aufspüren von symbolischen Beziehungen dieser Zahl nach Kräften fort. Vor allem wurde das Quadruvium der Wissenschaften herangezogen,[6]) dann

---

[1]) Phot. a. a. O.: πηγή ἐστι πάσης συμφωνίας. Diese Anschauung stammt wohl daraus, dafs der λόγος διπλάσιος der Oktave (ἁρμονία) zu Grunde liegt.

[2]) Theol. arithm. 15, 4 ff. (ἡ τριὰς) τέλους καὶ μέσου καὶ ἀρχῆς πρωτίστη ἐπιδεκτική, δι' ὦν τελειότης περαίνεται πᾶσα.

[3]) Phot. a. a. O.: ἡ ἀρετὴ πᾶσα ταύτης ἐξῆπται καὶ ἐκ ταύτης πρόεισιν.

[4]) Phot. a. a. O.: μουσικῆς πάσης κυρία καὶ σύστασις. Auch hier mag das der Quinte zu Grunde liegende Verhältnis 2 : 3 mit im Spiele sein.

[5]) Da 4 + 3 + 2 + 1 = 10 ist.

[6]) Theol. arithm. 17, 24 ff.: τέσσαρες μὲν καὶ σοφίας ἐπιβάθραι, ἀριθμητική, μουσική, γεωμετρία, σφαιρική, α' β' γ' δ' τεταγμέναι. καὶ Κλεινίας δὲ ὁ Ταραντῖνος· ταῦτα γὰρ ἄρα μένοντα μέν, φησίν, ἀριθμητικὴν καὶ γεωμετρίαν ἐγέννασεν, ἐκκινηθέντα δὲ ἁρμονίαν καὶ ἀστρονομίαν. Im selben Kapitel werden die 4 Zahlen folgendermafsen auf die 4 ἐπιστῆμαι verteilt: die Zahl 1 kommt der Arithmetik zu, die Zahl 2 der Musik (als σχέσις καὶ ἁρμονία τῶν ἀνομοίων πάντη καὶ ἐν ἑτερότητι), die Zahl 3 der Geometrie und die Zahl 4 der Astronomie.

aber auch die vier Elemente,[1]) die vier Himmelsgegenden,[2]) die vier Jahreszeiten,[3]) die vier Tugenden,[4]) endlich die vier Gattungen von Wesen: ἄγγελοι, δαίμονες, ζῶα und φυτά,[5]) in denen bereits ein christliches Element zu Tage tritt.[6]) Von besonderer Wichtigkeit aber ist, daſs in der Vierzahl alle Verhältnisse der drei vollkommenen Konsonanzen beschlossen sind. Da nun aber auch die Idee der Seele auf dieser durch die vier ersten Zahlen bewirkten Harmonie beruht, so ergibt sich daraus ein neuer Beweis für die alles durchdringende Kraft der musikalischen Harmonie.[7])

Die Zahl Fünf hat trotz der ausführlichen Behandlung, die ihr Nicomachus zuteil werden lieſs, aus dem Gebiete der Musik fast gar keine Analogien gezogen.[8]) Dagegen kam man bei der Zahl Sechs aus demselben Grunde, wie bei der Vierzahl, zu dem Resultate, daſs sie alle Verhältnisse der Harmonie der Seele enthalte,[9]) denn auch bei dieser Zahl wandte man allen Scharfsinn auf, um sie als die Wurzel der drei vollkommenen Konsonanzen herauszustellen.[10]) Auch in der Harmonie der Sphären ist sie von groſser Bedeutung.[11])

Die alte Rundzahl Sieben, die „mutterlose und jungfräuliche",[12]) bildete einen Haupttummelplatz für die Spekulationen der Neupythagoreer. Alles steht zu ihr in irgendwelcher Beziehung,[13]) vor allem aber ist sie die Wurzel aller Klangerscheinungen im gesamten Weltall. Das beweisen die Harmonien der sieben

---

[1]) Theol. ar. 19, 21.
[2]) Ibid. 19, 25 ff.
[3]) Ibid. 20, 4 f.
[4]) Ibid. 20, 21 ff.
[5]) Ibid. 20, 13 f.
[6]) Vgl. die ἀρχάγγελοι und ἄγγελοι 43, 10.
[7]) Theol. ar. 25, 4 v. u. ff., vgl. Sext. Math. IV, 6 f.
[8]) Phot. a. a. O.; Theol. ar. 24. Nur die fünf Erdzonen werden im Mittelalter auch von den Musiktheoretikern erwühnt, Theol. ar. 25, 3 v. u. ff.
[9]) Theol. ar. 34, 4 v. u. ff.: ὅτι μὲν ἁρμοστικὴ πᾶσα ψυχή, ἁρμονίας δὲ τὰ στοιχειωδέστατα σύμφωνα ἐπίτριτος καὶ ἡμιόλιος, ὧν κατὰ σύνθεσιν τὰ λοιπὰ συμπληροῦται, φανερόν (nach Anatolius); Nicomachus nennt die ἑξάς: τῆι ψυχῆι μόνος ἀριθμῶν ἁρμόζων Phot. a. a. O.
[10]) Theol. ar. 36 ff.: σκοπός ... αὕτη πᾶσιν ὑπέστη τὸν ὑπάτης τόπον ἔχουσα καὶ ἀπ' αὐτῆς αἱ σύμπασαι ἀποστάσεις ἐπενοήθησαν.
[11]) Ibid. 37, 3 ff.
[12]) Ibid. 41, 6 v. u.
[13]) Ibid. 41, 16: πάντα φιλέβδομα.

Planeten und deren irdisches Abbild, die siebensaitige Lyra der Musiker.[1]) Auch taucht hier bereits der Gedanke auf, daſs diese Zahl bei der Erschaffung der Welt eine groſse Rolle gespielt habe,[2]) wie sie denn auch mit allem Werden und Wachstum eng verknüpft ist.[3])

Die Zahl Acht, die Verdoppelung der Vierzahl, wird ganz besonders als die Vertreterin aller Harmonie dargestellt und geradezu παναρμόνιος genannt.[4]) Insofern zu den sieben Planeten noch die achte, alles umfassende Sphäre hinzukommt, ist sie auch die Grundlage der himmlischen Harmonie und damit auch der musikalischen Verhältnisse.[5])

Als minder ergiebig erwies sich die Zahl Neun. Man fand in musikalischer Beziehung nur heraus, daſs sie die gröſste, bei den Tonverhältnissen in Frage kommende Zahl ist[6]) und die Summe aller den drei Konsonanzen zugrunde liegenden Zahlenverhältnisse darstellt.[7])

Die Zehnzahl dagegen, der „übergöttliche Gott", der „Gott aller Götter",[8]) die schon dem altpythagoreischen Zahlensystem als Grundlage gedient hatte, erfährt auch durch die Jüngeren die ausführlichste Behandlung. Welche Bedeutung ihr für die Musik beigemessen wurde, können wir nicht mehr erkennen, da die uns erhaltenen Quellen gerade diese Seite auffallender Weise im Dunkeln lassen; daſs sie aber auch hier eine groſse Rolle gespielt haben muſs, geht aus den musikalischen Schriften des Mittelalters hervor.

Es ist ein merkwürdig phantastisches Bild, das sich hier

---

[1]) Theol. ar. 53, 10 v. u. ff.

[2]) Ibid. 5 v. u.: ὄργανον δέ τι καὶ ἄρθρον τὸ κυριώτατον καὶ τῆς ἀπεργασίας τὸ κράτος ἀπειληφὸς τὴν ἑβδομάδα νομιστέον τῶι κοσμοποιῶι θεῶι ὑπάρξαι· μεσότης γάρ τις φυσικὴ καὶ οὐχ ἡμῶν θεμένων μονάδος καὶ δεκάδος.

[3]) Sie beherrscht das Wachstum des Menschen von der Zeugung an, Theol. ar. 48 f. Die Vorstellung, daſs dabei harmonische Zahlenverhältnisse mit im Spiele seien, hat sich noch bis tief ins Mittelalter hinein erhalten, vgl. meinen Aufsatz „Die Musikästhetik der Échecs amoureux" in den Roman. Forschungen Bd. XV, 3, S. 908 f.

[4]) Παναρμονίαν αὐτὴν προσκυνοῦσι Phot. a. a. O., ausführlicher Th. ar. 54.

[5]) Th. ar. 56, 4 ff.

[6]) Ibid. 56, 5 v. u. ff.

[7]) Ibid. 58, 11 v. u. ff. ... πρῶτός ἐστιν ἐπόγδοος.

[8]) Ἡ μέντοι δεκὰς αὕτη ἐστὶν αὐτοῖς τὸ πᾶν, θεὸς ὑπέρθεος καὶ θεὸς θεῶν Nicom. bei Phot. a. a. O.

dem Beschauer darbietet. Von wissenschaftlichem Denken, von logischer Deduktion ist keine Rede mehr, ein schrankenloser Subjektivismus, der vor keiner noch so gewaltsamen Künstelei zurückschreckt, beherrscht die ganze Lehre. Die Musik, die infolge ihrer Einreihung in das Quadruvium bereits ihren Charakter als Kunst eingebüfst hatte, sank dadurch noch eine Stufe tiefer. Ihre rein mathematische Behandlung hatte wenigstens noch zu mehr oder minder brauchbaren akustischen Resultaten, zu Untersuchungen über die Konsonanzverhältnisse geführt. Nunmehr aber verloren auch diese ihren selbständigen Wert; die Musik und ihre Elemente verflüchtigten sich zu blofsen Symbolen theologischer und metaphysischer Begriffe. Aber gerade diese theologisierenden Tendenzen sagten dem mystischen Sinne des Mittelalters ganz besonders zu. Der Glaube an jene geheimnisvollen Beziehungen der Musik zur Ordnung des Weltalls auf Grund der Zahlensymbolik erhielt sich hartnäckig bis an die Schwelle der modernen Zeit, selbst bei einzelnen schaffenden Künstlern. Suchte doch noch Dietrich Buxtehude in sieben Klaviersuiten, wie Mattheson[1]) berichtet, „die Natur und Eigenschaft der Planeten artig abzubilden"! Von allerhöchster Bedeutung aber wurde die Tatsache, dafs die beiden Männer, die wir als die hauptsächlichsten Vermittler der griechischen Theorie für das Mittelalter anzusehen haben, Cassiodor und Boëthius, sich gerade an Nicomachus und seine Richtung aufs engste angeschlossen haben. So gelangten jene mystischen Spekulationen der Neupythagoreer hinüber in die Kunstlehre des Mittelalters, sie wurden nicht nur von den eigentlichen Theoretikern, sondern auch zum grofsen Teil von den Kirchenvätern adoptiert, und es bedurfte der geistigen Arbeit von Jahrhunderten, bis sich die musikalische Ästhetik von diesem üppig wuchernden Gespinste unfruchtbarster Theoreme zu befreien vermochte.

In enger Verwandtschaft, zum grofsen Teil in direkter Abhängigkeit von dieser neupythagoreischen Lehre stehen die Anschauungen über die Musik, welche sich bei den jüdisch-griechischen Philosophen, mit dem Alexandriner Philo an der Spitze, herausbildeten.[2]) Auch sie mafsen der Symbolik und vor allem der

---

[1]) Vollkommener Kapellmeister S. 130.
[2]) Über sie vgl. Zeller, Gesch. der griech. Philos. III, 2⁴, 439 ff.; Siegfried, Philo von Alexandria, Jena 1875; Dähne, Geschichtl. Darstellung der jüdisch-alexandrinischen Religionsphilosophie 1834.

allegorischen Ausdeutung den allerhöchsten Wert bei, denn auch ihnen war die Philosophie nicht Selbstzweck, sondern Dienerin der Religion. Nur sind sie zu ihren Endresultaten auf musikästhetischem Gebiete auf anderen Wegen gelangt als die Pythagoreer.

Im Mittelpunkt der Lehre Philos steht die jüdische Religion; die einzige Aufgabe der Philosophie kann nur sein, ihrem Verständnis die wissenschaftliche Stütze zu bieten. Zur Vermittlung aber zwischen wissenschaftlicher Erkenntnis und religiösem Glauben schien ihm die Allegorie am geeignetsten, dasselbe Hilfsmittel, womit bei den Griechen die Stoiker den alten Götterglauben zu retten versucht hatten.[1]

Mit Hilfe der Allegorie suchte er, ganz ähnlich wie später die christlichen Kirchenväter, eine Verschmelzung von Offenbarungsglauben und wissenschaftlicher Erkenntnis herzustellen, und zwar in der Weise, daſs er die Erkenntnis als Ausfluſs des Glaubens nachwies.[2] Alle Weisheit geht von der Schrift aus; in ihr hat auch das anscheinend Geringfügige stets einen tieferen Sinn.[3] Und zum Beweise dieses Satzes verfällt er auf die allegorische Schrifterklärung. Es genügt nicht, in der Schrift bloſs das zu erklären, was buchstäblich dasteht, sondern wir müssen den tieferen Sinn zu ergründen suchen, der sich hinter den Worten verbirgt, denn dies ist bei dem gröſsten Teil des Gesetzes der Fall.[4] Diese allegorisierende Schrifterklärung scheint bereits vor Philo systematisch ausgebildet worden zu sein,[5] auch die Essener und Therapeuten wandelten auf diesen Pfaden.[6]

---

[1] Cic. De nat. deor. II, 24, 63; III, 24, 63; vgl. Heraclit. Alleg. Homer. c. 74, 176 ff.

[2] Quaest. in Genes. III, 5; IV, 152; Quis rer. divinar. her. 510 C; Mutat. nom. 1071 A (Ausgabe von Höschel).

[3] De somn. I, Ausg. v. Cohn und Wendland, Berl. Reimer 1896—1902, III, 206, 3 f.

[4] Ἄξιον μέντοι μετὰ τὴν ῥητὴν διήγησιν καὶ τὰ ἐν ὑπονοίαις προσαποδοῦναι· σχεδὸν γὰρ τὰ πάντα ἢ τὰ πλεῖστα τῆς νομοθεσίας ἀλληγορεῖται, De Josepho IV, 67, 11 ff.

[5] Philo selbst beruft sich auf ältere Vorgänger; vgl. De Abrah. IV, 23, 11 ff.; 48, 6 ff.; De Joseph. IV, 93, 7 ff. u. ö. Κανόνες ἀλληγορίας erwähnt er De somn. III, 220, 21, νόμοι ἀλληγορίας ib. 226, 20.

[6] Philo Quaest. omn. pr. lib. 877 C: τὰ γὰρ πλεῖστα διὰ συμβόλων ἀρχαιοτρόπωι ζηλώσει παρ' αὐτοῖς φιλοσοφεῖται. Über die Therapeuten De vit. contempl. 893 D; 901 C. Hier wäre speziell die Anknüpfung an die Musik zu suchen, wenn nicht die angeblich philonische Schrift aus weit späterer

Aus der im vorstehenden skizzierten Grundanschauung dieser Lehre ergibt sich ohne weiteres auch ihre Stellung zur Musik. Die vielen Stellen, worin Philo sich mit musikalischen Dingen beschäftigt, beweisen, dafs er ihr sein besonderes Augenmerk zuwandte.

Mit den älteren Systemen der griechischen Philosophie war Philo wohl vertraut. In seiner allgemeinen Kunstlehre folgt er durchaus dem aristotelischen Grundsatz, dafs alle Kunst Nachahmung der Natur ist,[1]) und wenn er bezüglich der Musik im speziellen den Satz aufstellt, dafs sie die Affekte beruhige und die Seele in den Zustand der Ordnung zurückführe, so erkennen wir darin gleichfalls die pythagoreisch - aristotelische Lehre von der musikalischen Katharsis[2]) wieder, ebenso in den gleich zu besprechenden Ausführungen über die Musik des Makrokosmus und des Mikrokosmus.

Aber darin unterscheidet sich Philo grundsätzlich von der Lehre der alten Philosophen, dafs er den Wissenschaften, unter die auch er die Musik rechnet, nur eine untergeordnete Bedeutung zumifst. Das sinnliche Element in der Kunst kommt für ihn vollends nicht in Betracht, denn eben die Neigung zum Sinnlichen ist für ihn das hauptsächlichste Hindernis der wahren Erkenntnis,[3]) sie ist die Erzeugerin jenes Wahns, dem der Geist durch den Umgang mit ihr verfällt,[4]) und die erste Aufgabe des Weisen ist somit die Befreiung von aller Lust und allen Affekten.[5])

Eine Stufe höher bewertet Philo die Musik als encyklopädische Wissenschaft. Freilich müssen wir auch hiebei stets im Auge behalten, dafs, gleichwie die Philosophie nur die Dienerin der Religion ist, so andererseits die Wissenschaften Dienerinnen

---

Zeit (etwa aus dem Ende des 3. Jahrhunderts n. Chr.) stammte. Vgl. Lucius, Die Therapeuten, Strafsburg 1879. Leider bietet die Schrift nur ein konstruiertes Idealbild jüdisch-christlicher Askese aus späterer Zeit.

[1]) De ebrietat. II, 187, 5 f.: ἡ τελεία τέχνη μίμημα καὶ ἀπεικόνισμα φύσεως.

[2]) Ὠιδὴ δὲ καὶ λόγος ὑγιεινὰ καὶ σωτήρια φάρμακα, ἡ μὲν [sc. μουσική] τὰ πάθη κατεπᾴδουσα καὶ τὸ ἄρρυθμον ἐν ἡμῖν ῥυθμοῖς, τὸ δ' ἐκμελὲς μέλεσι, τὸ δ' ἄμετρον μέτροις ἐπιστομίζουσα. ποικίλον δ' ἐστὶ καὶ ποδαπὸν ἕκαστον, ὡς μουσικοὶ καὶ ποιηταὶ κατεροῦσιν, οἷς πιστεύειν ἀναγκαῖον De sacrif. fin.

[3]) De migrat. Abrah. II, 271, 2 ff.

[4]) De Cherub. I, 184, 5 ff.

[5]) Leg. allegor. lib. 3, I, 141, 19 ff.

der Philosophie sind. Diesem Punkte hat Philo eine besondere Schrift gewidmet,[1]) in der er nachzuweisen sucht, daſs die encyklopädischen Wissenschaften die Vorbereitung der Philosophie bilden. Dabei wird diese selbst auf Sara, Abrahams rechtmäſsige Gattin gedeutet, jene dagegen auf Hagar, die nur infolge des Zwanges der Gelegenheit seine Frau geworden war.[2]) So gleicht denn das encyklische Wissen dem Vorhof des eigentlichen Hauses.[3]) Eine solche Magd der Philosophie ist nun auch die Musik, deren Wesen Philo in seiner wunderlichen Weise ziemlich eingehend beschreibt.[4]) Sie hat lediglich die Aufgabe, uns dadurch für die Philosophie aufnahmefähiger zu machen, daſs sie widrige Strömungen in unserem Seelenleben beseitigt.[5]) Aber ausdrücklich wird daran die Warnung geknüpft, über den verführerischen Liebestränken der Dienerinnen nicht die Herrin zu vergessen,[6]) ein Satz, den die Kirchenväter später zum Teile wörtlich übernommen haben.[7])

So stehen denn für Philo die Wissenschaften in der Mitte zwischen der sinnlichen und der göttlichen Welt. Er teilt dem entsprechend die Menschen in drei Klassen ein: in solche, die im Sinnenleben befangen sind, solche, die sich die Erforschung der Auſsenwelt zum Ziele gesetzt haben, und solche, deren Welt die

---

[1]) Περὶ τῆς πρὸς τὰ προπαιδεύματα συνόδου III, 72 ff.

[2]) Ibid. 86, 10 ff.

[3]) Ibid. 74, 5 ff. An dieser Stelle wird das Wissen mit ἐγκύκλιος μουσική bezeichnet, vgl. De agricult. II, 98, 24.

[4]) Ibid. 87, 4 ff.: ἐσπούδασα καὶ τρίτηι συνελθεῖν — ἣν δὲ εὔρυθμος, εὐάρμοστος, ἐμμελής, μουσικὴ δὲ ἐκαλεῖτο — καὶ ἐγέννησα ἐξ αὐτῆς διατονικὰ χρώματα καὶ ἐναρμόνια, συνημμένα διεζευγμένα μέλη, τῆς διὰ τεττάρων, τῆς διὰ πέντε, τῆς διὰ πασῶν συμφωνίας ἐχόμενα καὶ πάλιν οὐδὲν αὐτῶν ἀπεκρυψάμην, ἵνα πλουσία μοι γένηται ἡ ἀστὴ γυνὴ μυρίων οἰκετῶν ὑπηρετουμένη πλήθει.

[5]) Τὸ ἐν ἡμῖν ἄρρυθμον καὶ ἄμετρον καὶ ἐκμελὲς ῥυθμῶι καὶ μέτρωι καὶ μέλει διὰ μουσικῆς ἀστείου θεραπεύουσα De Cherub. I, 195, 13 ff. Vgl. oben S. 37, Anm. 2.

[6]) Τινὲς . . . τοῖς φίλτροις τῶν θεραπαινίδων δελεασθέντες ὠλιγώρησαν τῆς δεσποίνης καὶ κατεγήρασαν οἱ μὲν ἐν ποιήμασιν, οἱ δὲ ἐν γραμμαῖς, οἱ δὲ ἐν χρωμάτων κράσεσιν, οἱ δὲ ἐν ἄλλοις μυρίοις, οὐ δυνηθέντες ἐπὶ τὴν ἀστὴν ἀναδραμεῖν. De ebriet. II, 179, 20 ff. Ἔχει γὰρ ἑκάστη τέχνη γλαφυρότητας, ὁλκούς τινας δυνάμεις, ὑφ' ὧν ἔνιοι ψυχαγωγούμενοι καταμένουσιν ἐκλησμένοι τῶν πρὸς φιλοσοφίαν ὁμολογιῶν. De congr. erudit. III, 87, 9 ff.

[7]) Vgl. Clem. Alex. Strom. I, 29.

übersinnliche, göttliche ist.[1]) Trotzdem jedoch damit Künste und Wissenschaften niemals Selbstzweck sein können, so sind sie doch unentbehrlich als Vorstufe für die Philosophie. Es vermag niemand zu dieser selbst zu gelangen, der nicht im Besitze jener ist; wer es aber dennoch versucht, läuft Gefahr, noch nachträglich von den Reizen der Künste gefesselt und von dem höheren Ziele abgezogen zu werden.[2])

Damit ist denn die Musik wiederum, wie dereinst bei Platon, zur Vorbereiterin für die Philosophie geworden. Allein welch ungeheurer Unterschied besteht zwischen dem universalen Künstlerphilosophen, der allen Zauber der Kunst voll auf sich wirken liefs, und diesem Spätling, dem die reine Kunst und Wissenschaft nicht mehr genügt, sondern der alles menschliche Denken und Wollen an das Übersinnliche, an die Gottheit hingibt! Für Philo hat darum auch die Philosophie nur eine Aufgabe, nämlich die ethische, Logik und Physik überläfst er den Wortklaubern und Schwätzern. Zwar hat auch er sich mit naturwissenschaftlichen Fragen beschäftigt, allein lediglich in demselben Sinne wie die Neupythagoreer, d. h. im metaphysischen; er eignet sich davon nur das an, was sich als einer ethischen oder theologischen Ausdeutung fähig erwies. Vor allem kommt es ihm darauf an, nach stoischem und pythagoreischem Vorbilde den Zusammenhang zwischen Irdischem und Himmlischem zu erweisen.[3]) Dabei kam ihm denn die Sphärenharmonie und die Zahlensymbolik der Neupythagoreer aufserordentlich zu statten. Dafs wir die Sphärenharmonie nicht hören, hat für ihn denselben Grund wie für die Pythagoreer,[4]) nur bringt er bereits auch hier ein theologisierendes

---

[1]) De gigant. II, 53, 18 ff.: γῆς μὲν οἱ θηρευτικοὶ τῶν σώματος ἡδονῶν ἀπόλαυσίν τε καὶ χρῆσιν ἐπιτηδεύοντες αὐτῶν καὶ πορισταὶ τῶν συντεινόντων εἰς ἑκάστην· οὐρανοῦ δὲ ὅσοι τεχνῖται καὶ ἐπιστήμονες καὶ φιλομαθεῖς — τὸ γὰρ οὐράνιον ἡμῖν ὁ νοῦς . . . τὰ ἐγκύκλια καὶ τὰς ἄλλας ἅπαξ ἁπάσας ἐπιτηδεύει τέχνας, παραθήγων καὶ ἀκονῶν ἔτι τε γυμνάζων καὶ συγκροτῶν ἐν τοῖς νοητοῖς αὐτόν — θεοῦ δὲ ἄνθρωποι ἱερεῖς καὶ προφῆται, οἵτινες οὐκ ἠξίωσαν πολιτείας τῆς παρὰ τῶι κόσμωι τυχεῖν καὶ κοσμοπολῖται γενέσθαι, τὸ δὲ αἰσθητὸν πᾶν ὑπερκύψαντες εἰς τὸν νοητὸν κόσμον μετανέστησαν κἀκεῖθι ᾤκησαν ἐγγραφέντες ἀφθάρτων καὶ ἀσωμάτων ἰδεῶν πολιτείαι.

[2]) De ebrietat. II, 179, 9 ff. (mit der allegorischen Ausdeutung der beiden Töchter Labans).

[3]) De opific. mundi I, 41, 12: ἐκ τῶν οὐρανίων τὰ ἐπίγεια ἤρτηται.

[4]) De somn. III, 212, 13 ff.

Moment herein, wenn er behauptet, wir würden beim Anhören jener Harmonien der Gottheit gleich sein,[1]) wie Moses in den vierzig Tagen seines Fastens. Der Himmel gilt ihm geradezu als das Urbild aller musikalischen Instrumente; seinem musikalischen Gefüge liegt der Zweck zu Grunde, daſs die zur Ehre des höchsten Gottes angestimmten Gesänge eine musikalische Begleitung haben.[2]) Das irdische Abbild der himmlischen Harmonien ist auch ihm die siebensaitige Lyra, die Führerin aller Musikinstrumente.[3]) Dabei spielt bereits die Zahlensymbolik herein, die Philo ebenfalls von den Pythagoreern übernommen und in seinem Sinne nach Kräften weitergebildet hat. Die phantastische Willkür der Neupythagoreer hat er darin fast noch überboten.

Die Zahl dient Philo, gleichwie den Pythagoreern, dazu, den inneren Zusammenhang aller Dinge zu erkennen. Die rein mathematische Seite läſst auch er zu Gunsten der symbolischen vollständig bei Seite. Alles in der Welt ist nach Zahlen geordnet, und ihre Abbilder beherrschen alle Künste des menschlichen Lebens.[4]) Der alte Satz, daſs die Harmonie der Seele der des Universums analog sei, taucht auch bei Philo in theologischer und ethischer Färbung wieder auf, die Seele wird mit einer wohlgestimmten Lyra verglichen, die die beste Konsonanz erzeuge.[5])

In der Ausdeutung der einzelnen Zahlen wandelt Philo den Pythagoreern analoge Pfade;[6]) für die Musikästhetik kommen dabei nur die Vier-, Sieben- und Zehnzahl in Betracht. Gelegentlich der Vierzahl wird in der üblichen Weise auf die Zahlen-

---

[1]) Ibid. 18 ff.: ὡς οἱ μέλλοντες ἀπαθανατίζεσθαι δι' ὤτων μουσικῆς τελείας ἐνθέοις ᾠδαῖς.

[2]) Ibid. 22 ff.: ὁ τοί νυν οὐρανός, τὸ μουσικῆς ἀρχέτυπον ὄργανον, ἄκρως ἡρμόσθαι δοκεῖ δι' οὐδὲν ἕτερον ἢ ἵνα οἱ ἐπὶ τιμῇ τοῦ τῶν ὅλων πατρὸς ᾀδόμενοι ὕμνοι μουσικῶς ἐπιψάλλωνται.

[3]) De opific. mund. I, 43, 9 ff.

[4]) Ibid. 27, 1 ff.: ... θαυμασιωτάτας ... τὰς κινήσεις καὶ χορείας ἡρμοσμένας καὶ ἀριθμῶν ἀναλογίαις καὶ περιόδων συμφωνίαις· ἐν αἷς ἁπάσαις τὴν ἀρχέτυπον καὶ ἀληθῆ καὶ παραδειγματικὴν μουσικὴν οὐκ ἂν ἁμαρτάνοι τις εἶναι λέγων, ἀφ' ἧς οἱ μετὰ ταῦτα ἄνθρωποι γραψάμενοι ἐν ταῖς ἑαυτῶν ψυχαῖς τὰς εἰκόνας ἀναγκαιοτάτην καὶ ὠφελιμωτάτην τέχνην τῶι βίωι παρέδοσαν.

[5]) Quod deus sit immutabilis II, 61, 9 ff.

[6]) Vgl. darüber Siegfried a. a. O. S. 181 f.

verhältnisse der Quarte, Quinte, Oktave und Doppeloktave hingewiesen,[1]) auch die Beziehungen zu den Elementen und Jahreszeiten fehlen nicht.[2])

Die Vorzüge der Siebenzahl wird auch Philo zu preisen nicht müde. Sie ist vom Himmel auf die Erde herabgestiegen[3]) und bekundet ihre Macht allenthalben in der Natur,[4]) auch in den Elementen der Künste spielt sie eine entscheidende Rolle als der Urquell aller harmonischen Verhältnisse.[5]) Doch bringt hier Philo den Pythagoreern gegenüber keine neuen Gesichtspunkte hinzu.

Dagegen sind seine Anschauungen über die Stellung der Musik im Gottesdienste für die Kirchenväter in hohem Grade vorbildlich geworden. Vor allem ist dabei wichtig seine Anschauung von der Ekstase.

Sowohl bei der Erregung als bei der Beseitigung ekstatischer Zustände hatte schon die klassische Zeit die Musik in ausgiebigem Mafse herangezogen.[6]) An die Hauptstelle darüber im platonischen Gastmahl[7]) knüpft nun auch Philo an, aber für ihn erhält die Ekstase von allem Anfang an eine weit höhere Bedeutung. Für ihn ist sie geradezu das einzige Mittel, um des Übersinnlichen teilhaftig zu werden. Wir müssen heraus aus der Sinnlichkeit, heraus aus uns selbst und unserem Bewufstsein, wenn uns das göttliche Licht aufgehen soll.[8]) Ja, Philo geht sogar noch weiter, er behauptet geradezu, dafs jeder weise und tugendhafte Mensch ein solcher Prophet sei, dessen sich der Geist Gottes bediene wie eines musikalischen Instruments.[9]) Der Unterschied zwischen

---

[1]) De opif. mund. I, 15, 14 ff.
[2]) Ibid. 17, 6 ff.
[3]) De opif. mund. I, 41, 13 f.
[4]) Leg. alleg. lib. 1, I, 63, 6: χαίρει ἡ φύσις ἑβδομάδι.
[5]) De opif. mund. I, 38, 11 ff.: ἔστι δὲ οὐ τελεσφόρος μόνον, ἀλλὰ καὶ ὡς ἔπος εἰπεῖν ἁρμονικωτάτη καὶ τρόπον τινὰ πηγὴ τοῦ καλλίστου διαγράμματος, ὃ πάσας μὲν τὰς ἁρμονίας, τὴν διὰ τεττάρων, τὴν διὰ πέντε, τὴν διὰ πασῶν, πάσας δὲ τὰς ἀναλογίας, τὴν ἀριθμητικήν, τὴν γεωμετρικήν, ἔτι δὲ τὴν ἁρμονικὴν περιέχει.
[6]) Vgl. Lehre vom Ethos S. 3 f.; 15 f.; 61 f.
[7]) 209 E ff.
[8]) Quis rer. divinar. heres III, 16, 17 ff.: ἀλλὰ καὶ σαυτὴν ἀπόδραθι καὶ ἔκστηθι σεαυτῆς ὥσπερ οἱ κατεχόμενοι καὶ κορυβαντιῶντες βακχευθεῖσα καὶ θεοφορηθεῖσα κατά τινα προφητικὸν ἐπιθειασμόν.
[9]) Ibid. 59, 14 ff.: μόνωι δὲ σοφῶι ταῦτ' (sc. τὸ ἐνθουσιᾶν) ἐφαρμόττει, ἐπεὶ καὶ μόνος ὄργανον θεοῦ ἐστιν ἠχεῖον, κρουόμενον καὶ πληττόμενον

Philos Lehre und der der klassischen Zeit springt sofort in die Augen: den Alten war der ekstatische Zustand ein Ausnahmefall gewesen, für Philo aber ist er die normale Seelenverfassung jedes guten Menschen. Damit fällt denn auch der Anteil der Musik an der Erregung der Ekstase von selbst weg, der ja bei den Alten wesentlich auf ihrem von Philo so streng verpönten sinnlichen Reiz beruht hatte. Überhaupt erkennt er der Musik im Dienste der Gottesverehrung nur eine sehr untergeordnete Stellung zu. Er wendet sich durchaus gegen das hergebrachte Opferwesen, da das gesamte Weltall der Ehre Gottes nicht einmal genügen könne;[1]) mit Lobliedern und Hymnen sollen wir den Höchsten feiern, aber nicht mit solchen, die mit lauter Stimme gesungen werden, sondern mit solchen, die unser unsichtbarer und reiner Geist anstimmt.[2]) Es ist bereits die Auffassung der Kirchenväter, das *non voce sed corde canere,* die hier zu uns spricht, eine Anschauung, die die Kunst als solche überhaupt negiert und ihr geradezu feindlich gegenübersteht.

Die im Vorstehenden gekennzeichneten Ausführungen Philos über die Musik sind aus derselben Grundanschauung hervorgegangen wie die neupythagoreischen, nämlich aus der, daſs die Musik niemals Selbstzweck, sondern lediglich Mittel zum Zwecke sein dürfe. Philo vertritt diesen Grundsatz jedoch noch weit rücksichtsloser als jene. Die Neupythagoreer waren schon durch das Vorbild der älteren Schule veranlaſst gewesen, der Musik als eigener Kunst eine nähere Beachtung zu schenken; Philo dagegen, der alles Sinnliche perhorresziert und auch das Geistige durchaus vom religiösen Standpunkt aus betrachtet, kennt vollends kein Musikalisch-Schönes mehr. Für ihn hat die Musik als Ganzes nur insofern Wert, als sie in ihrer Eigenschaft als encyklische Wissenschaft der Philosophie und dadurch mittelbar der Erkenntnis des Göttlichen zu dienen vermag, ihre einzelnen Elemente aber besitzen nur dann für ihn Bedeutung, wenn sie eine ethische oder theologische Ausdeutung zulassen. Auf die Musikästhetik der Kirchenväter hat gerade diese Anschauungsweise

---

ἀοράτως ὑπ' αὐτοῦ. Dasselbe Gleichnis werden wir bei den Kirchenvätern wiederfinden.

[1]) De plantat. II, 158, 11 ff.
[2]) Ibid. 14 ff.: δι' ἐπαίνων καὶ ὕμνων, οὐχ οὓς ἡ γεγωνὸς ᾄσεται φωνή, ἀλλ' οὓς ὁ ἀειδὴς καὶ καθαρώτατος νοῦς ἐπηχήσει καὶ ἀναμέλψει.

einen tiefgreifenden Einfluſs ausgeübt und ist so mit Schuld daran geworden, daſs hinter diesem Gewebe von Allegorie und Symbolik das eigentlich Musikalische so lange unberücksichtigt blieb. Das scheidende Altertum selbst aber machte noch einen letzten Versuch, dem Schönen in der Kunst als solchem gerecht zu werden, und dieser letzte Sonnenblick des echten hellenischen Geistes ging von der zum groſsen Teil an Philo und die Neupythagoreer anknüpfenden neuplatonischen Philosophie aus, in erster Linie von Plotinus.[1])

Plotin ist eine der fesselndsten Gestalten der antiken Philosophie. Der Zauber seiner Persönlichkeit, seine alle Gebiete der Kunst und Wissenschaft umfassende Kenntnis[2]) und endlich seine überragende Art die Menschen zu durchschauen und zu behandeln, hat ihm schon zu seinen Lebzeiten eine fast göttliche Verehrung eingetragen. Aber auch die moderne Zeit hat sich gerade ihm immer wieder mit besonderem Interesse zugewandt, und zwar galt dieses in erster Linie dem Teil seiner Lehre, der uns auch hier vornehmlich zu beschäftigen hat, seiner Lehre vom Schönen.[3])

In dieser Lehre Plotins vom Schönen, worin sich der Philosoph auch eingehend mit dem Schönen in der Kunst und seinem Verhältnis zum Naturschönen beschäftigt, erblicken die meisten modernen Bearbeiter geradezu den Anfang einer Ästhetik im modernen Sinne, da hier das Schöne als solches eine selbstständige Behandlung erfahre.[4]) Allein wir werden von vornherein gut daran tun, dieses moderne Element nicht allzusehr in den Vordergrund zu stellen. Wohl war Plotin der erste, der die beiden für das klassische Altertum so eng verbundenen Begriffe des Guten und des Schönen getrennt hat, allein zu einer vollständig reinlichen Scheidung ist auch er nicht gelangt. Seine

---

[1]) Vgl. E. Müller, Geschichte der Theorie der Kunst bei den Alten II, 289 ff.; E. Breuning, Die Lehre vom Schönen bei Plotin 14 ff.; C. H. Kirchner, Die Philosophie des Plotin; A. Richter, Neuplatonische Studien III, 32 ff.; R. Volkmann, Die Höhe der antiken Ästhetik; E. Zeller, Gesch. der griech. Philos. III, 2, 4. Aufl., 583 ff.

[2]) Porphyr. Vita Plotin. 14: ἔλαϑε δὲ αὐτὸν οὔτε γεωμετρικόν τι λεγόμενον ϑεώρημα οὔτ' ἀριϑμητικόν, οὐ μηχανικόν, οὐκ ὀπτικόν, οὐ μουσικόν· αὐτὸς δὲ ταῦτα ἐξεργάζεσϑαι οὐ παρεσκεύαστο.

[3]) Enthalten hauptsächlich in den Schriften Περὶ τοῦ καλοῦ, Ennead. I, 6 und Περὶ νοητοῦ κάλλους ibid. V, 8.

[4]) So E. Müller, Volkmann, Breuning a. a. O.

ästhetischen Ausführungen sind dergestalt mit ethischen, metaphysischen, ja auch gelegentlich mit theologischen Elementen durchsetzt, dafs sie über unsere moderne Wissenschaft der Asthetik, deren Grenzen zudem überhaupt noch nicht allseitig fest bestimmt sind, weit hinausgehen.

Plotins Ästhetik kennzeichnet sich als eine Verquickung platonischer und aristotelischer Elemente zu einer höheren Einheit. Platos Vorbild schimmert deutlich durch in dem Satze, dafs die Seele sich durch die Anschauung des Schönen zur Gottheit emporschwinge, sowie in der Stufenreihe des Schönen vom Rein-Sinnlichen bis zum Urschönen. Von Aristoteles aber übernimmt Plotin hauptsächlich die Prinzipien Form und Stoff, um sie sodann mit dem platonischen Gegensatze von Idee und Materie zu kombinieren. Beiden älteren Philosophen gemeinsam aber ist die eigentümliche und hervorragende Bedeutung, welche Plotin in seiner Kunsttheorie speziell der Musik beimifst.

Die Schönheit, so sagt Plotin, ist die vollendete Erscheinung des Geistes,[1]) ihr eigentliches Wesen aber besteht in der Form. Nur diese, und nicht etwa der Stoff ist es, die einen Gegenstand schön macht, Formlosigkeit dagegen ist identisch mit Häfslichkeit.[2]) Die Seele erkennt in der Form die ihrer eigenen höheren Form verwandte Idee wieder. Aus diesem Satze ergeben sich für Plotin sowohl Wesen als Aufgabe der Kunst. Er hält zwar an dem alten Satz, dafs alle Kunst Nachahmung der Natur sei, fest, aber diese Nachahmung ist keine äufserliche, sondern eine Nachbildung der Ideen.[3]) Die Welt der reinen Formen aber ist der *νοῦς*, das Urschöne, die „grofse Schönheit", die nur ein vollständig reines Auge zu schauen vermag.[4]) Ihr ist die Schönheit der sichtbaren Welt nachgebildet,[5]) von ihr stammt aber auch die Schönheit, die in der Seele ihren Sitz hat.[6])

Das Schöne, das im Kunstwerk seinen Ausdruck findet, ist

---

[1]) Ennead. V, 8.
[2]) Enn. I, 6, 2, 52: πῶς δὲ καλὰ κἀκεῖνα καὶ ταῦτα; μετοχῆι εἴδους φαμὲν ταῦτα. πᾶν μὲν γὰρ τὸ ἄμορφον πεφυκὸς μορφὴν καὶ εἶδος δέχεσθαι ἄμοιρον ὂν λόγου καὶ εἴδους αἰσχρὸν καὶ ἔξω θείου λόγου.
[3]) Enn. V, 8, 1, 542: οὐχ ἁπλῶς τὸ ὁρώμενον μιμοῦνται (sc. αἱ τέχναι), ἀλλ' ἀνατρέχουσιν ἐπὶ τοὺς λόγους, ἐξ ὧν ἡ φύσις.
[4]) Enn. I, 6, 9, 57.
[5]) Ib. V, 8, 13, 554.
[6]) V, 8, 3.

somit keineswegs als etwas Vollkommenes und die Erziehung zur Kunst durchaus nicht als das Endziel unserer Geistesbildung zu betrachten. Das Kunstschöne bildet vielmehr gewissermafsen nur eine Station auf dem Wege zur Erkenntnis des Urschönen. Denn die Materie ist es, welche den Künstler hemmt, die Form in ihrer ursprünglichen Reinheit zum Ausdrucke zu bringen.[1]) Das Kunstschöne ist demnach eine Mittelstufe zwischen dem Ideal-Schönen und dem Sinnlich-Schönen. Dem Sinnlich-Schönen selbst aber steht Plotin durchaus nicht so feindselig und asketisch gegenüber, wie manche Neupythagoreer[2]) und die Gnostiker. Als echtem Hellenen gilt ihm das Sinnlich-Schöne vielmehr als eine Brücke zum Übersinnlichen; an ihm entfacht sich der Eros, das Streben nach dem Höheren, das in einzelnen Stufengraden seine schliefsliche Erfüllung findet.[3])

Welche Stellung kommt nun aber der Musik in diesem ästhetischen Systeme zu? Plotin geht von dem Satze aus, dafs zwar in der sichtbaren Welt das Schöne seinen häufigsten Ausdruck finde, dafs sich aber daran unmittelbar das Gebiet des Hörbaren anschliefse, mit der gesprochenen Rede und der gesamten Musik; denn auch Melodien und Rhythmen gehören zum Schönen.[4]) Freilich, sagt Plotin, sind die Harmonien, die das äufsere Ohr vernimmt, nicht an und für sich schön, sondern nur als Nachklang der innerlichen, nicht in die Erscheinung tretenden Harmonien, denn erst diese sind es, die die Seele zur Anschauung des Schönen führen und die andererseits jene äufseren hervorbringen.[5]) Auch an einer anderen Stelle, wo er die Musik nebst Malerei, Skulptur, Tanz und Mimik zu den nachahmenden Künsten rechnet, im Gegensatz zur Architektur und ihren Verwandten als den hervorbringenden, nennt er Rhythmus und Harmonie in der

---

[1]) I, 6, 9, 57: ἐθιστέον οὖν τὴν ψυχὴν αὐτὴν πρῶτον μὲν τὰ καλὰ βλέπειν ἐπιτηδεύματα, εἶτα ἔργα καλά, οὐχ ὅσα αἱ τέχναι ἐργάζονται, ἀλλ' ὅσα οἱ ἄνδρες οἱ λεγόμενοι ἀγαθοί.

[2]) S. o. S. 27.

[3]) V, 9, 1 f.; I, 3, 2; III, 5.

[4]) I, 6: τὸ καλόν ἐστι μὲν ἐν ὄψει πλεῖστον, ἔτι δ' ἐν ἀκοαῖς κατά τε λόγων συνθέσεις καὶ ἐν μουσικῆι ἁπάσηι· καὶ γὰρ μέλη καὶ ῥυθμοί εἰσι καλοί.

[5]) I, 6, 3, 53: αἱ ... ἁρμονίαι αἱ ἐν ταῖς φωναῖς ἀφανεῖς τὰς φανερὰς ποιήσασαι καὶ ταύτηι τὴν ψυχὴν σύνεσιν τοῦ καλοῦ λαβεῖν ἐποίησαν.

Musik Abbilder von Rhythmus und Harmonie in der geistigen Welt.[1])

So besteht auch für Plotin der Wert der musikalischen Tätigkeit hauptsächlich darin, daſs sie eine Stufe auf dem Weg zur Erlangung des Guten bildet. Es ist im Grunde die alte, echt griechische Idee von dem ethischen Beruf der Musik, die hier zum letzten Male in reiner, ungetrübter Form gepredigt wird. Auch in der Musik ist ihm das rein sinnliche Moment nicht an und für sich verwerflich; er erkennt in dem Sinnlich-Schönen nur die unterste Stufe des Schönen überhaupt; von ihm aus müssen wir uns, da es uns in den sinnlich hörbaren Harmonien und Rhythmen nur Schattenbilder zeigt, zum Übersinnlichen erheben.

In diesem Aufschwung aus der Sinnenwelt krystallisiert sich das gesamte Wesen der sittlichen Tätigkeit. Wie für Platon, so ist auch für Plotin der Eros, das Verlangen nach dem Guten, das treibende Moment bei dieser seelischen Entwicklung.[2])

Drei Wege aber sind es, die zu jenem höchsten Ziele führen: Philosophie, Kunst und Liebe. Unter dem Künstler aber versteht Plotin eben den Musiker.[3]) In schwungvoller Ausführung entwirft er bei dieser Gelegenheit ein Bild vom Wesen und Schaffen des Musikers.[4])

Der Künstler ist, so sagt Plotin, leicht durch das Schöne erregbar und von seinem Reize gefesselt. Schwieriger ist es schon, diese Erregung aus seiner eigenen Seele hervorzulocken. Wie ein Furchtsamer für das geringste Geräusch, so ist er für die Töne und das darin enthaltene Schöne empfänglich. Er flieht alles Unharmonische und geht dem rhythmisch Wohlgeordneten nach. Dann aber scheidet er Materie und Form und wendet sich der Schönheit zu, die sich in den musikalischen Proportionen findet. Er gelangt dabei zu der Erkenntnis, daſs das, was an jenen äuſseren Dingen ihn fesselte, eben nichts anderes war, als die geistige Harmonie, die Schönheit an sich.

---

[1]) V, 9, 11, 563: καὶ μὴν καὶ μουσικὴ πᾶσα περὶ ἁρμονίαν ἔχουσα καὶ ῥυθμὸν τὰ νοήματα, τὸν αὐτὸν τρόπον ἂν εἴη, ὥςπερ καὶ ἡ περὶ τὸν νοητὸν ῥυθμὸν ἔχουσα.
[2]) V, 9, 1.
[3]) I, 3, 1—3.

Die nächsthöhere Stufe, die auch dem Musiker erreichbar ist, wird durch den ἐρωτικός, den Liebhaber, dargestellt. Er besitzt zwar Erinnerung an die Schönheit, ist aber, da er getrennt von ihr ist, über ihr eigentliches Wesen im Unklaren.[1]) Er muſs darauf aufmerksam gemacht werden, daſs man nicht bei einem einzelnen schönen Gegenstand stehen bleiben dürfe, sondern im Begriff der Schönheit alle umfassen müsse. Er wird dann von der körperlichen Schönheit aufsteigen zu jener höheren, die sich in Kunst, Wissenschaft und Tugend offenbart. Von der Tugend aber führt der letzte Schritt aufwärts zum Geist, zum Sein selbst.

Der Philosoph endlich bedarf von Hause aus der Trennung von der Sinnenwelt überhaupt nicht mehr; er bedarf lediglich eines Führers, der ihm den Weg zum Guten zeigt.[2])

Diese ganze Stelle beweist deutlich einmal die groſse Wertschätzung, die Plotin, auch hierin ein echter Hellene, speziell der Musik entgegenbrachte, zweitens aber auch die Unrichtigkeit jener Auffassung, die Plotin zum Begründer einer reinen Ästhetik in modernem Sinne stempeln möchte. Wohl befaſst sich Plotin auch mit dem Musikalisch-Schönen, aber seine Erkenntnis ist ihm nicht Selbstzweck, sondern sie dient lediglich der Erlangung höherer sittlicher Güter. Insofern für ihn die Schönheit auch des musikalischen Kunstwerkes in der Form besteht, kann man seine Lehre als formalistische bezeichnen, aber die Stellung, die er der formalen Schönheit innerhalb seines ethischen Systems anweist, scheidet ihn grundsätzlich von der formalistischen Musikästhetik der Epikureer und Skeptiker, die der Musik jede ethische Kraft und Beurteilung abgesprochen hatten. Auf die Erkenntnis des Wesens des Schönen selbst legt allerdings Plotin ebensowenig Wert wie die meisten seiner Vorgänger auf dem Gebiete der musikalischen Ethik. Ihm kommt es nur auf die Wirkungen dieses Schönen an; er beschreibt uns nur einerseits den Weg, der uns zum Schönen emporführt, und dann den, der vom Schönen weiter aufwärts zum Guten bringt. Darin liegt aber auch zugleich die hohe Bedeutung der plotinischen Kunstlehre: sie stellt die Erkenntnis des Schönen in den Dienst der höchsten Lebensaufgabe, nämlich der Befreiung der Seele von allem Irdischen,

---

[1]) I, 3, 2: ὁ δὲ ἐρωτικός, εἰς ον μεταπέσοι ἂν καὶ ὁ μουσικὸς καὶ μεταπεσὼν ἢ μένοι ἂν ἢ παρέλθοι, μνημονικός ἐστί πως κάλλους.
[2]) I, 3, 3.

ihrer sittlichen Läuterung und Verklärung, und darum bildet sie denn auch den letzten Gipfelpunkt der antiken Musikanschauung überhaupt. Seine Lehre erhebt sich hoch über das Niveau seiner musikalischen Zeitgenossen hinaus. Sie hält sich gleich fern von deren mathematischen wie symbolisierenden Tendenzen. Für Plotin ist die Musik noch eine Kunst und keine Wissenschaft; die beliebten arithmetischen Spekulationen fehlen bei ihm so gut, wie die metaphysischen und theologisierenden Ausdeutungsversuche. In seiner Physik kommt er zwar mehrfach auf die im Weltganzen herrschende Harmonie zu sprechen, die das Resultat der verschiedenen Gegensätze bildet;[1]) auch die Harmonie der Sphären bildet den Gegenstand einer längeren Ausführung.[2]) Allein diese „physische" Harmonie spielt bei der Betrachtung des Kunstschönen gar keine Rolle; hier sieht Plotin von den geheimnisvollen musikalischen Beziehungen zwischen Makro- und Mikrokosmus vollständig ab.

Steht Plotin somit mit seiner Betonung des ethischen Berufs der Musik in direkter Berührung mit den älteren Philosophen, vor allem mit Platon und Aristoteles, so entfernt er sich auf der andern Seite hinsichtlich der Frage nach ihrer praktischen Verwendung ziemlich weit von ihnen. Platon hatte die Musik mit grofsem Nachdruck in den Dienst des Staates gestellt; ihm hatte sie als eine der hauptsächlichsten Grundlagen aller staatlichen Ordnung gegolten. Für Plotin dagegen hatte das staatliche Interesse, wie für die meisten führenden Geister jener Zeit, überhaupt keinen Reiz mehr.[3]) Die Politik ist denn auch bei seinen philosophischen Untersuchungen gänzlich ausgeschlossen; ihm kommt es auf den Menschen und nicht auf den Staatsbürger an. Von irgendwelcher Verwendung der Musik im staatlichen Interesse ist daher bei ihm niemals die Rede, dagegen teilt er ihr bei seinen religiösen Ausführungen eine ganz bedeutende Rolle zu. Die stetig zunehmende Wertschätzung religiöser Gebräuche und Überlieferungen, die gerade in jener Zeit mit der Abnahme des

---

[1]) III, 2, 16.
[2]) IV, 8, 408: $εἰ\ μέντοι\ αὐτοί$ (sc. die Gestirne) $ζωὴν\ ζῶσι\ μακαρίαν$ $ταῖς\ αὑτῶν\ ψυχαῖς\ τὸ\ ζῆν\ προσεμβλέποντες,\ ταύτηι\ δὲ\ τῶν\ ψυχῶν\ αὐτῶν$ $πρὸς\ ἓν\ τῆι\ νεύσει\ καὶ\ τῆι\ ἐξ\ αὐτῶν\ εἰς\ τὸν\ σύμπαντα\ οὐρανὸν\ ἐλλάμψει$ $ὥσπερ\ χορδαὶ\ ἐν\ λύραι\ συμπαθῶς\ κινηθεῖσαι\ μέλος\ ἂν\ ἄιστιαν\ ἐν\ φυσικῆι$ $τινι\ ἁρμονίαι\ κτλ$.
[3]) III, 2, 9, 262.

politischen Sinnes Hand in Hand ging, hat auch bereits Plotin beeinflufst, wenn sie freilich auch als ausschlaggebendes Moment erst bei seinen Nachfolgern hervortritt.

Das Hauptcharakteristikum der neuplatonischen Lehre besteht, wie bereits erwähnt wurde, im Hinausgehen über das rein wissenschaftliche Denken zur unmittelbaren göttlichen Offenbarung. Das höchste Ziel der Philosophie, die unmittelbare Anschauung des Göttlichen, erreichen wir nur unter Aufhebung des vernunftgemäfsen Denkens, ja des normalen Selbstbewufstseins überhaupt, im Zustande der Verzückung, der mystischen Ekstase, den Plotin mehrfach nach eigenen Erfahrungen schildert.[1]

Man würde sich jedoch sehr täuschen in der Annahme, Plotin habe, dem Vorbilde der Älteren folgend, gerade die Musik als ein zur Erregung der Ekstase ganz besonders geeignetes Mittel angesehen. Die Ekstase ist ihm nicht mehr blofs eine gelegentliche Alteration des normalen Bewufstseins, keine blofse Verzückung mehr, sondern eine Erleuchtung, die den Menschen höher erhebt, als alle Vernunft. Sie kann deshalb von Menschen weder beschrieben,[2] noch herbeigeführt werden, es sei denn dadurch, dafs sich die Seele von allem Äufseren entfernt und ganz in sich selbst zurückzieht.[3] Der sinnliche Reiz der Musik also, der bei den Früheren eine so grofse Rolle bei der Erzeugung ekstatischer Zustände gespielt hatte, war für Plotin von keiner Bedeutung; seine Ekstase ist durchaus ein von der Seele aus sich selbst heraus geschaffener Zustand.

Dagegen finden wir auf einem anderen Gebiet die Musik als einen wichtigen Faktor in den Beziehungen des Menschen zur Gottheit, nämlich auf dem des Gebetes. Die Wirkung des Gebetes leitet Plotin von der Sympathie aller Dinge her, es fällt also für ihn unter den allgemeineren Begriff der Magie.[4]

Diese gegenseitige sympathetische Einwirkung aller Dinge aufeinander kommt, so lehrt Plotin, entweder auf natürlichem oder auf künstlichem Wege zustande. Hierbei wird die Musik mit der Rhetorik zusammen unter die seelenbrückenden Künste gerechnet, die bald zum Guten, bald zum Schlimmen führen, denen

---

[1] IV, 8, 1, 468; VI, 9, 4, 761; 9, 768.
[2] VI, 9, 4, 761.
[3] IV, 8, 1; V, 5, 7, 526.
[4] IV, 4, 26, 418.

aber doch eine gewisse magische Macht innewohnt.[1]) Auf der Magie beruht die sichtbare Wirkung der Musik. Es liegt in der Natur der Seele, sich durch den Gesang bezaubern zu lassen, und diese Bezauberung ist für uns etwas ganz Gewöhnliches, denn auch der gibt sich willig ihrem Banne hin, der dies von dem ausführenden Musiker gar nicht ausdrücklich verlangt.[2]) Kein Mensch merkt etwas von dieser Bezauberung, bis er ihrer Wirkung vollständig preisgegeben ist.[3]) Aber ebenso kann jeder Mensch den andern durch entsprechende Gesänge die Gewalt dieses Zaubers fühlen lassen.[4])

Es kann also die Musik sehr wohl dem Gebete gleichgestellt werden, da sie, wie dieses, auf Magie beruht. Neben den einfachen Gebeten werden ausdrücklich kompliziertere, mit Musik verbundene Beschwörungen namhaft gemacht.[5])

In ganz analoger Weise, wie für die Magie, tritt Plotin auch für die Weissagungen ein. Denn dieselbe Lehre von der Sympathie aller Dinge macht es dem Kundigen möglich, aus der „himmlischen Schrift der Gestirne" den Zusammenhang der Welt zu erkennen und aus einem ihrer Teile auf den andern zu schließen.[6])

Man sieht, auch Plotin mußte dem Zuge seiner Zeit den Tribut zahlen, die nun einmal allen jenen geheimnisvollen Künsten einen ganz besonderen Wert beimaß und eben damit das Mittelalter in tiefgreifender Weise beeinflußt hat. Daß dabei die

---

[1]) IV, 4, 31, 424 f.: ῥητορείαν δὲ καὶ μουσικὴν καὶ πᾶσαν ψυχαγωγίαν ἢ πρὸς τὸ βέλτιον ἢ πρὸς τὸ χεῖρον ἄγειν ἀλλοιούσας, ἐν αἷς ζητητέον, ὅσαι αἱ τέχναι καὶ τίνα τὴν δύναμιν ἔχουσι καὶ εἴπερ οἷόν τε, ἐν τούτοις ἅπασι τοῖς πρὸς τὴν παροῦσαν χρείαν ἡμῖν καὶ τὸ διὰ τί ἐφ' ὅσον δυνατὸν πραγματευτέον.

[2]) IV, 4, 40, 435: πέφυκε δὲ καὶ ἐπωιδῆς τῶι μέλει καὶ τῆι τοιᾶιδε ἠχῆι καὶ τῶι σχήματι τοῦ δρῶντος ... ἄγεσθαι ἡ ψυχή. οὐ γὰρ ἡ προαίρεσις οὐδ' ὁ λόγος ὑπὸ μουσικῆς θέλγεται, ἀλλ' ἡ ἄλογος ψυχή, καὶ οὐ θαυμάζεται ἡ γοητεία ἡ τοιαύτη· καίτοι φιλοῦσι κηλούμενοι, κἂν μὴ τοῦτο αἰτῶνται παρὰ τῶν τῆι μουσικῆι χρωμένων.

[3]) Ibid.: γινώσκει ἤδη παθών, ὅτι πέπονθεν, ἀπαθὲς δ' αὐτὸ τὸ ἡγούμενόν ἐστιν.

[4]) IV, 4, 43, 437: ὥσπερ ... ἐπωιδαῖς τὸ ἄλογον πάσχει, οὕτω καὶ αὐτὸς ἀντεπάιδων τὰς ἐκεῖ δυνάμεις ἀναλύσει.

[5]) IV, 4, 38, 432: εὐχαὶ ἢ ἁπλαῖ ἢ τέχνηι διδόμεναι.

[6]) II, 3, 7, 140 f.

mystische Kunst der Musik eine grofse Rolle spielte, ist nicht mehr als natürlich; wir werden diesen Zauber- und Beschwörungsliedern bei den Kirchenvätern wieder begegnen. Allein Plotin hat sich diesen abergläubischen und phantastischen Vorstellungen keineswegs bedingungs- und kritiklos unterworfen, sondern sie, so gut es eben anging, philosophisch zu begründen und aus dem grofsen Zusammenhang der Natur heraus zu erklären versucht. Erst bei seinen Nachfolgern tritt das phantastische Element mehr und mehr in den Vordergrund.

Plotin ist der letzte Philosoph des Altertums, der die Musik vom künstlerisch-ethischen Standpunkt aus behandelt hat. Bereits unter seinen neupythagoreischen Vorgängern hatte sich jenes teils arithmetische, teils metaphysisch-theologische Gespinnst um diese Kunst gelegt, das im Mittelalter ihrer freien Entfaltung so lange hinderlich sein sollte. Bei Plotin dagegen zeigt sich die antike Musikethik nochmals in ihrer vollen Reinheit, ja sie hat sogar noch alle politischen Tendenzen von sich abgestreift und befafst sich allein mit der Reinigung und Läuterung der menschlichen Seele. Seine Musiklehre beweist aber aufserdem noch, dafs die alte hegemonische Stellung der Musik im Reigen der Künste, die dereinst schon Platon und Aristoteles verkündet hatten, bei den führenden Geistern auch in jenen letzten trüben Zeiten des Verfalls nicht erschüttert war.[1]) Auch hierin offenbart sich die Nachwirkung des Altertums im Mittelalter, das dadurch in einen denkwürdigen Zwiespalt zwischen der christlich-asketischen und der antiken musikfreundlichen Stellung hineingeraten ist.

Von dieser Höhe glitt die antike Musikästhetik unter Plotins Nachfolgern Schritt für Schritt herab. Phantasmagorie auf der einen, Askese auf der andern Seite, das war die Signatur der Musikästhetik im spätesten Altertum und damit auch im Mittelalter. Was Plotin selbst noch hintangehalten hatte, die Zahlensymbolik und die grundsätzliche Verwerfung alles Sinnlichen, das drängt sich bereits bei seinem Schüler Amelius wieder in den Vordergrund.[2])

---

[1]) Auch in der plotinischen Lehre von der Seelenwanderung wird die Tonkunst erwähnt, insofern die Musikliebhaber in Singvögel verwandelt werden III, 4, 2, 284.

[2]) Vgl. Zeller, Philos. d. Griech. III⁴, 2, S. 692.

Weit höhere Bedeutung aber besitzt für uns Porphyrius,[1]) der namhafteste Schüler Plotins. Wie aus der von ihm erwähnten Schrift über die Musik hervorgeht, hat er sich eingehend mit dieser Kunst beschäftigt,[2]) ein Umstand, der auch aus den sonst in seinen Schriften zerstreuten, zum Teil rein technischen Ausführungen über die Musik deutlich hervorgeht. Allein er tritt ihr bereits nicht mehr von dem idealen Standpunkt Plotins aus gegenüber. Seiner nüchterneren Denkweise mochte wohl die plotinische Lehre vom Schönen nicht mehr zusagen; alles, was wir an Aussprüchen über die Musik von ihm kennen, verrät weit mehr eine Gelehrten- als eine Künstlernatur. Bereits er lenkt wiederum in jene gelehrten Spekulationen über Natur und Bedeutung der musikalischen Elemente ein, die wir bei den Neupythagoreern gefunden haben. In seiner Psychologie taucht die Lehre von der musikalischen Harmonie der Seele wieder auf; sie baut sich auf dem diatonischen Geschlechte auf und ist zugleich das Abbild höherer, göttlicher Verhältnisse.[3])

Weit wichtiger jedoch ist die Stellung Porphyrs der praktischen Verwendung der Musik gegenüber. Was nämlich das Verhältnis zwischen Leib und Seele, Sinnlichkeit und Sittlichkeit anlangt, so geht Porphyrius noch ein gutes Stück über Plotin hinaus. Seine Moral trägt bereits einen rein asketischen Grundzug: die Sinnlichkeit ist durchaus unvereinbar mit der Liebe zu Gott, wer sich dem Überirdischen nahen will, muſs von allen sinnlichen Affekten frei sein, er muſs vor allem jedem Sinnengenuſs, und sei er auch der harmloseste, absagen.[4]) So gelangt Porphyrius als der erste auch in seiner Musiklehre auf jenen rigorosen Standpunkt, der die weltliche Musik wegen ihres sinnlichen Reizes verwirft und nur den religiösen Beruf der Ton-

---

[1]) Vgl. Steinhart, Realencykl. d. klass. Altert. V, 1917 ff.; Wolff, Porphyrii de philosophia ex oraculis haurienda librorum reliquiae 1856; Prantl, Gesch. der Logik I, 633; Zeller a. a. O. 695 ff.

[2]) Eunap. Vitae sophist. c. 7.

[3]) Procl. in Tim. 205 F: ἀρίστη δὲ ἁρμονιῶν ἡ κατὰ τὸ διατονικὸν γένος, τοῦτο γὰρ τὸ σεμνὸν καὶ ἀδρόν. κατὰ τοῦτο ἄρα ἥρμοσται ἡ ψυχή, ὥςτ᾽ εἴη ἂν ἡ οὐσία αὐτῆς ἐκ μερῶν κατὰ τὸ διάτονον γένος ἡρμοσμένων. κωλύει δὲ οὐδὲν καὶ τούτων ἀληθῶν ὄντων ὅμως εἶναι καὶ εἰκόνας τοὺς ἁρμονικοὺς λόγους θείων τινῶν πραγμάτων.

[4]) Ad Marcell. c. 14: ἀδύνατον τὸν αὐτὸν φιλόθεόν τε εἶναι καὶ φιλήδονον; De abstinentia I, 31 (μελετητέον) αἰσθήσεως ἀφίστασθαι καὶ φαντασίας τῆς τε ταύταις ἑπομένης ἀλογίας καὶ τῶν κατ᾽ αὐτὴν παθῶν.

kunst anerkennt. Er kennt die verführerischen Lockmittel, denen der Gehörsinn ausgesetzt ist, sehr wohl, er weifs auch genau, dafs sie auf die Tierwelt ihre Wirkung nie versagen,[1]) der Mensch aber hat sich unter allen Umständen diesen sinnlichen Reizen zu entziehen. So wendet sich denn Porphyr mit allem Nachdrucke gegen alle Schauspiele und Tänze nebst der damit verbundenen Musik, die er mit dem Pferderennen auf eine Stufe stellt, denn alles dies ist vom Übel, da es, wie alle αἴσϑησις, den Menschen von seinen höheren geistigen Zielen abzieht.[2])

Hier berührt sich der Neuplatonismus wiederum aufs engste mit analogen Tendenzen der Kirchenväter, die ja ebenfalls von allem Anbeginn an der weltlichen Tonkunst den Krieg erklärten. Sie sind sich denn dieser Verwandschaft auch voll bewufst gewesen und haben, vor allen Augustin, Bezug darauf genommen.[3])

Welche Rolle spielt nun aber die Musik im Dienste der Gottheit? Auch hier reicht Porphyrius den Kirchenvätern die Hand mit dem Kardinalsatze, dafs wir Gott nicht mit sinnlichen Dingen, sondern mit dem Geiste anbeten sollen, ein Satz, aus dem das *non voce, sed corde canere* der Kirchenväter sehr deutlich herausklingt.[4]) Mit sinnlich hörbaren Gebeten dürfen wir uns Gott nicht nahen, sondern mit „reinem Schweigen und reinen Gedanken".[5])

Mit solchen Lehren mufste sich Porphyrius in immer schärferen Gegensatz zum Volksglauben stellen, in dem das Beschwörungswesen gerade damals immer mehr um sich griff. Dafs dieser Gegensatz dem Philosophen selbst sehr schwere Stunden bereitet hat, ersehen wir aus seinem Briefe an den ägyptischen

---

[1]) De abstin. III, 6, 22, wo zugleich die Unterscheidung gemacht wird: ἡδονῆς τῆς μὲν δι' ὤτων ὄνομα κήλησίς ἐστιν, τῆς δὲ δι' ὀμμάτων γοητεία.

[2]) Ibid. I, 33: αἱ ... διὰ τῶν ἀκοῶν ἐμπαϑῶς οὖσαι κινήσεις ἔκ τε ποιῶν ψόφων καὶ ἤχων, αἰσχρορρημοσύνης τε καὶ λοιδορίας, ὡς τοὺς μὲν πολλοὺς τέλεον τοῦ λογισμοῦ ἐκδεδυκότος φέρεσϑαι ποιοῦσιν οἰστρουμένους, τοὺς δ' αὖ ϑηλυνομένους παντοίας στροφὰς ἐλίττεσϑαι.

[3]) Aug. De civit. Dei X, 29 citiert Porphyrius' Grundsatz: omne corpus esse fugiendum, ut anima possit beata permanere cum Deo.

[4]) Ad Marcell. 16: τιμήσεις ἄριστα τὸν ϑεόν, ὅταν τῶι ϑεῶι τὴν σαυτῆς διάνοιαν ὁμοιώσῃς· ἡ δὲ ὁμοίωσις ἔσται διὰ μόνης ἀρετῆς.

[5]) De abstin. II, 34: διὸ οὐδὲ λόγος τούτωι ὁ κατὰ φωνὴν λόγος οἰκεῖος, οὐδ' ὁ ἔνδον, ὅταν πάϑει ψυχῆς ἦι μεμολυσμένος, διὰ δὲ σιγῆς καϑαρᾶς καὶ τῶν περὶ αὐτοῦ καϑαρῶν ἐννοιῶν ϑρησκεύομεν αὐτόν.

Priester Anebon, worin der Autor all seinen Zweifeln Ausdruck gibt.[1]) Der Brief läfst uns einen sehr interessanten Einblick in die damaligen Gebräuche des Aberglaubens und der Mantik tun. Für uns ist dabei von Interesse, dafs Porphyrius auch den durch Musik bewirkten Enthusiasmus berührt, der im Kulte der Korybanten, des Sabazios und der Kybele eine grofse Rolle spielte.[2]) Er berührt damit eine Frage, die zwar von Plotinus nicht ausdrücklich gestellt, aber doch sicher, wie wir aus seiner gesamten Lehre schliefsen dürfen, verneint worden war, nämlich ob diese durch die Musik bewirkte Ekstase irgend etwas gemein habe mit jener höchsten, über alle Vernunft erhabenen, unmittelbaren Anschauung Gottes. Auch Porphyrius lehnt sie ab, da er sie mit anderen, von ihm nicht anerkannten Formen der Ekstase und Weissagung zusammenwirft.

Trotzdem hat sich auch Porphyrius dem Volksglauben nicht entziehen können. Wohl ist das höchste Urwesen erhaben über alles Sinnliche, dagegen sind die Mittelwesen, die Dämonen, in ihren verschiedenen Abstufungen durchaus der Beeinflussung durch gottesdienstliche Handlungen und Gebet zugänglich, sowohl die guten als die bösen. Den guten Dämonen sind einzelne Teile der Welt zur Verwaltung unterstellt, und wir erfahren dabei, dafs auch das Gebiet der Musik nach Porphyrius einem solchen guten Dämon anvertraut ist.[3]) Den bösen Dämonen dagegen schreibt Porphyrius alles das zu, was ihm an der Volksreligion verderblich erscheint, so vor allem die Zaubergesänge.[4])

Auch in seinen Anschauungen über die Mantik und Magie geht Porphyrius ein beträchtliches Stück über seine Vorgänger hinaus. Alle Mittel der Theurgie, zu denen ja auch die Musik gehört, wirken zwar nicht auf das Urwesen, wohl aber auf jene Gottheiten zweiten und dritten Ranges.[5])

Aus dem Gesagten erhellt, dafs Porphyrius sich von der idealen Höhe des plotinischen Standpunkts der Tonkunst gegenüber bereits weit entfernt hat. Von der Ästhetik Plotins findet sich keine Spur mehr; ein asketischer Geist beginnt die Kunst-

---

[1]) Iamblichi De mysteriis Aegyptiorum ed. Thom. Gale 1678; Iamblichi De mysteriis liber ed. Parthey 1857.
[2]) Ep. ad Aneb. c. 14.
[3]) De abstin. II, 38.
[4]) Ibid. 40.
[5]) Augustin. De civ. Dei X, 9.

anschauungen zu durchdringen, der allem sinnlichen Reiz der Musik abhold ist. Die Daseinsberechtigung der weltlichen Musik wird bekämpft und damit einer Bewegung der Boden bereitet, die unter den christlichen Kirchenvätern ihren Höhepunkt erreichen sollte. Immer mehr wird die Musik zur ausschliefslichen Dienerin des religiösen Lebens, der positive theologische Geist zieht sie immer stärker in seinen Bannkreis. Dafs die Tonkunst infolge dessen auch allen mystischen Tendenzen, allen jenen geheimnisvollen Beziehungen zwischen sinnlicher und übersinnlicher Welt ihre Dienste leihen mufste, entspricht nur durchaus den gesamten geistigen Strömungen jener Zeit. Ganz besonders aber wurde gerade dieses Moment von Porphyrius' Schüler und Nachfolger Iamblichus betont.[1])

Iamblichus, den alle seine Nachfolger als den „Göttlichen" preisen, war der Verfasser eines grofsen, zusammenfassenden Werkes „über die Lehrsätze der Pythagoreer",[2]) von dem wir noch fünf Bücher besitzen.[3]) Die letzten fünf Bücher handelten von der physikalischen und ethischen Bedeutung der Zahlen, von der Musik, der Geometrie und der Astronomie (Sphärik); wir haben also hier dieselbe Einreihung der Musik unter die mathematischen Wissenschaften vor uns, die wir schon bei den Neupythagoreern angetroffen haben.[4])

Die Musiklehre des Iamblichus entspricht denn auch weit mehr dem Standpunkte der Neupythagoreer, vor allem des Nicomachus, als der des Plotinus. Nur rückt Iamblichus die metaphysisch-symbolische Seite der Zahlen und der musikalischen Elemente auf Kosten der rein mathematischen noch weit mehr in den Vordergrund als jene, auch überwiegt in seiner Lehre bereits das theologische Element über das philosophische.

Gleich den Neupythagoreern knüpft auch Iamblichus an die altehrwürdige Gestalt des Pythagoras an. Schon die älteren

---

[1]) Steinhart in Ersch und Grubers Encyklopädie II, 14, 273 ff.; Fabricius Bibliotheca graeca V, 760 ff.; Zeller a. a. O. 679 ff.

[2]) Συναγωγὴ τῶν Πυθαγορείων δογμάτων Syrian. schol. in Aristot. 891, a, 24.

[3]) Es sind die auch für den Musikforscher wichtigen Bücher: Περὶ τοῦ πυθαγορικοῦ βίου, Λόγος προτρεπτικὸς εἰς φιλοσοφίαν, Περὶ τῆς κοινῆς μαθηματικῆς ἐπιστήμης, Περὶ τῆς Νικομάχου ἀριθμητικῆς εἰσαγωγῆς λόγος τέταρτος, Τὰ θεολογούμενα τῆς ἀριθμητικῆς.

[4]) Iambl. in Nicom. arithm. introd. (ed. Pistelli 1894) S. 8.

hatten so manches, was sie von den Pythagoreern wufsten, ohne weiteres auf den Stifter der Schule übertragen.¹) Iamblichus seinerseits hat eine besondere Vorliebe für alles Wunderbare und Anekdotenhafte; so manche Anekdote, die im Mittelalter immer wieder auftaucht, hat er zuerst zu allgemeiner Anerkennung gebracht, so vor allem die Geschichte von dem liebestollen tauromenischen Jüngling, der von Pythagoras durch Anwendung einer spondeischen Melodie zur Vernunft gebracht wird²), und von Pythagoras in der Schmiede.³) Sehr charakteristisch ist, dafs Iamblichus die Musik als eine Erfindung der Babylonier bezeichnet, die dann Pythagoras zuerst in Griechenland eingebürgert habe.⁴)

Wie bei allen diesen Angaben, so stützt sich Iamblichus auch bei der Behandlung der von ihm hochgepriesenen Mathematik⁵) auf die Tradition der Neupythagoreer. Dafs er in der symbolischen Ausdeutung der auch der Musik zu Grunde liegenden Zahlenverhältnisse sich eng an Nicomachus anschliefst, haben wir bereits gesehen;⁶) er bringt weder zu der arithmetischen noch zu der symbolischen Behandlung der Zahlen etwas Neues von Belang hinzu. Immerhin ist die Musik bei ihm noch nicht zur reinen Wissenschaft geworden. Er scheidet scharf die theoretische Behandlung von der praktischen Ausübung,⁷) ja an einer Stelle bezeichnet er die Musik sogar als eine jüngere, erst in der Zeit erhöhten Wohlstandes entstandene und dem Vergnügen dienende Kunst.⁸) Allein wir werden gut daran tun, derartigen beiläufigen Bemerkungen keinen allzugrofsen Wert beizumessen, denn im Grunde hält Iamblichus durchaus an der asketischen

---

¹) So bereits Aristoxenos (fg. 24), vgl. Anecdota Parisin. vol. I, 172: οἱ Πυθαγορικοί, ὡς ἔφη Ἀριστόξενος, καθάρσει ἐχρῶντο τοῦ μὲν σώματος διὰ τῆς ἰατρικῆς, τῆς δὲ ψυχῆς διὰ τῆς μουσικῆς.

²) Vit. Pyth. c. 112 und 196.

³) In Nicom. arithm. intr. 171.

⁴) Ibid. 168.

⁵) De comm. mathem. scient. 206 (von der Mathematik): ἐπὶ τὰ μέγιστα καὶ κάλλιστα τῶν τε θείων καὶ ἀνθρωπίνων ἀγαθῶν συμβάλλεται.

⁶) S. o. S. 00.

⁷) De comm. math. scient. 217.

⁸) Ibid. 218: μετὰ ... τὴν φθορὰν καὶ τὸν κατακλυσμὸν τὰ περὶ τὴν τροφὴν καὶ τὸ ζῆν πρῶτον ἠναγκάζοντο φιλοσοφεῖν, εὐπορώτεροι δὲ γενόμενοι τὰς πρὸς ἡδονὴν ἐξειργάσαντο τέχνας, οἷον μουσικὴν καὶ τὰς τοιαύτας. Er berührt sich damit mit einem Satze Demokrits, s. Philodem. De mus. (ed. Kemke) 108, 36, 29 ff.

Moral und der Reinigungslehre seiner Vorgänger ebenso fest, wie er ihre metaphysischen und theologischen Bestrebungen mit Nachdruck fortsetzt.

Was Plotinus und auch noch Porphyrius im Unklaren gelassen hatten, nämlich die Stellung der Musik bei der sittlichen Reinigung und bei der Ekstase, darüber erhalten wir nun genauere Aufschlüsse in der Schrift von den Mysterien, die, wenn auch nicht von Iamblichus' Hand, so doch von einem Mitgliede seiner Schule stammt und jedenfalls nicht mit der Lehre Iamblichs im Widerspruch steht.[1]

Diese merkwürdige Schrift ist eine zusammenfassende Darstellung der gesamten, zwischen Gott und die Menschen eingefügten Dämonenhierarchie, nebst Angabe der Mittel, durch welche wir mit diesen übersinnlichen Wesen in Verbindung zu treten vermögen. Seltsam genug muten uns dabei die Versuche des Verfassers an, diesen ganzen Wust von Aberglauben nachträglich noch philosophisch zu begründen. An und für sich hält er an dem plotinischen Satze fest, daſs die Gottheit durch Gebete und Handlungen sinnlicher Provenienz nicht zu beeinflussen ist,[2] und trotzdem ist er von der Wirksamkeit selbst der primitivsten theurgischen Handlungen fest überzeugt. Den hierin liegenden Widerspruch glaubt er einerseits durch ausgiebige Anwendung symbolischer Ausdeutung gelöst zu haben, andererseits durch die Behauptung, daſs alle derartigen magischen Gebräuche zwar nicht die Götter affizieren, aber doch die Seele für die göttlichen Einwirkungen öffnen.[3]

Mit groſser Ausführlichkeit kommt der Verfasser dabei auf die Ekstase zu sprechen,[4] die er lieber als Enthusiasmus bezeichnen möchte. Denn die Ekstase, die durch den Einfluſs von Dämonen bewirkt wird, kann unseren Seelenzustand erniedrigen und verschlechtern, der Enthusiasmus dagegen, der durchaus das Werk der Götter ist, erhebt unsere Seele unter allen Umständen zum Besseren. Er kann deshalb auch niemals von der menschlichen Seele ausgehen, sondern kommt von Gott, der die Menschen

---

[1] Iamblichi De mysteriis liber ed. G. Parthey, Berl. 1857. Vgl. Zeller a. a. O. S. 690 ff.
[2] I, 10 ff.
[3] I, 13.
[4] III, 7.

wie Instrumente benutzt.¹) Sobald sich dagegen ein sinnliches Moment darunter mengt und die göttliche Harmonie trübt, werden die Weissagungen lügnerisch und der wahre Enthusiasmus entstellt.

Zu jener trügerischen und verwerflichen Art der Ekstase gehört nun aber auch die durch die Musik bewirkte. Dafs es eine solche gibt, lehrt uns die aus dem Dienst der Korybanten usw. und den Melodien des Olympos gewonnene Erfahrung. Aber das alles hat mit dem wahren Enthusiasmus nichts zu tun, denn es ist Menschenwerk und vermag somit nichts Göttliches zum Ausdrucke zu bringen.²) Nur aus der göttlichen Harmonie, so heifst es, kann der Enthusiasmus entstehen; ist diese durch die Berührung mit irdischen Dingen gestört, so ist die Weissagung trügerisch und der Enthusiasmus unecht.³)

Dennoch will es dem Verfasser nicht gelingen, die von ihm als die allein gottgesandt gepriesene Art des Enthusiasmus vollständig von der Musik zu emanzipieren. In seinem Bestreben, die Gottheit als die einzige Quelle des Enthusiasmus hinzustellen, geht er auch dem Satze, die Seele bestehe aus Rhythmus und Harmonie, zu Leibe; er setzt also voraus, dafs diese musikalischen Elemente bei der Erregung des Enthusiasmus beteiligt sind. Um nun diesen Satz mit seiner übrigen Theorie in Einklang zu bringen, nimmt er die alte platonische Anamnesis zu Hilfe. Die Seele des Menschen hat vor seiner Geburt die göttliche Harmonie gehört und gibt sich auf Erden nur solchen Harmonien hin, welche die Spuren jenes göttlichen Ursprungs aufweisen.⁴)

---

¹) A. a. O.: χρῆται αὐτοῖς ὁ θεὸς ὡς ὀργάνοις.

²) Die Stelle (III, 9) lautet: τὸ μὲν οὖν κινητικόν τι καὶ παθητικὸν εἶναι τὴν μουσικὴν καὶ τὸ τῶν αὐλῶν ἐμποιεῖν ἢ ἰατρεύειν τὰ πάθη τῆς παρατροπῆς καὶ τὸ μεθιστάναι τὰς τοῦ σώματος κράσεις ἢ διαθέσεις τὴν μουσικὴν καὶ τὸ ἄλλοις μὲν μέλεσιν ἀναβακχεύεσθαι, ἄλλοις δὲ ἀποπαύεσθαι τῆς βακχείας καὶ πῶς αἱ τούτων διαφοραὶ πρὸς τὰς τῆς ψυχῆς ἑκάστας διαθέσεις προσαρμόττουσι, καὶ ὅτι τὸ ἄστατον καὶ ἀκατάστατον μέλος πρὸς τὰς ἐκστάσεις οἰκεῖον, οἷα δή ἐστι τὰ Ὀλύμπου καὶ ὅσα τοιαῦτα λέγεται, πάντα ἀλλοτρίως μοι δοκεῖ λέγεσθαι πρὸς τὸν ἐνθουσιασμόν φυσικά τε γάρ ἐστι καὶ ἀνθρώπινα καὶ τέχνης ἡμετέρας ἔργα· τὸ δὲ θεῖον ἐν αὐτοῖς οὐδ' ὁπωστιοῦν διαφαίνεται.

³) III, 7: ἐπειδὰν δ' ἡ ψυχὴ προκαταταραχθῆι ἢ μεταξὺ κινῆται ἢ τῶι σώματι παρεμπίπτηι καὶ τὴν θείαν ἁρμονίαν ἐπιταράττηι, θορυβώδη γίνονται καὶ ψευδῆ τὰ μαντεῖα καὶ ὁ ἐνθουσιασμὸς οὐκέτι ἀληθὴς ὑπάρχει οὐδὲ γνησίως θεῖος.

⁴) III, 9: ἀλλ' οὐδὲ τοῦτο δεῖ λέγειν, ὡς ἡ ψυχὴ πρώτως ὑφέστηκεν

Diese „Erinnerung" an die übersinnliche Musik stellt sich zuweilen auch beim Enthusiasmus ein. Aber wir müssen stets dabei im Auge behalten, daſs nicht die Musik es ist, die den Enthusiasmus hervorruft, sondern daſs umgekehrt der Enthusiasmus jene musikalischen Äuſserungen nach sich zieht. Und auch dies ist nicht immer der Fall, denn jenes Singen und Musizieren ist nur eine von den vielen Begleiterscheinungen des enthusiastischen Zustandes, die je nach der Individualität des Verzückten verschieden sind.[1])

Das unausgesetzte Paktieren zwischen Glaubenssätzen und philosophischen Deduktionen, das der ganzen Schrift eigentümlich ist, zeigt sich am merkwürdigsten bei der Behandlung der theurgischen Künste, zu denen der Verfasser auch die Musik rechnet. Daſs wir vermöge der Musik mit den göttlichen Wesen in Verbindung treten, ja sie dadurch geradezu beeinflussen können, daran glaubt der Verfasser so fest, wie daran, daſs jede Gottheit ihre eigenen heiligen Gesänge besitzt. Er sucht diesen Glauben durch den Hinweis darauf zu stützen, daſs jede Gottheit vermöge der ihr innerhalb des Universums zukommenden Stellung zu verschiedenen harmonischen Klängen in gewissen verwandtschaftlichen Beziehungen steht. Wendet der Mensch eine diesen Klängen entsprechende Musik an, so findet sich der Gott ohne weiteres ein, um an dem ihm Entsprechenden teilzunehmen, und es kommt eine vollkommene Besessenheit (κατοχή) und Erfüllung des Menschen mit einer höheren Natur zustande. Nicht die Seele ist es also etwa, die durch die Musik in Bewegung versetzt wird, sondern die Gottheit, die sich der ihr vertrauten über-

ἐξ ἁρμονίας καὶ ῥυθμοῦ· ἔστι γὰρ οὕτω ψυχῆς μόνης οἰκεῖος ὁ ἐνθουσιασμός. βέλτιον οὖν καὶ τὴν τοιαύτην ἀπόφασιν ἐκεῖσε μετάγειν, ὅτι δὴ ἡ ψυχὴ πρὶν καὶ τωι σώματι δοῦναι ἑαυτὴν τῆς θείας ἁρμονίας κατήκουεν· οὐκοῦν καὶ ἐπειδὰν εἰς σῶμα ἀφίκηται, ὅσα ἂν μέλη τοιαῦτα ἀκούσηι οἷα μάλιστα διασώζηι τὸ θεῖον ἴχνος τῆς ἁρμονίας, ἀσπάζεται ταῦτα καὶ ἀναμιμνήσκεται ἀπ' αὐτῶν τῆς θείας ἁρμονίας, καὶ πρὸς αὐτὴν φέρεται καὶ οἰκειοῦται, μεταλαμβάνει τε αὐτῆς ὅσον οἷόν τε αὐτῆς μετέχειν.

[1]) III, 5: τὰ σημεῖα τῶν ἐπιπνεομένων γίνονται πολυειδῆ, κινήσεις τε τοῦ σώματος καὶ μορίων τινῶν παντελεῖς τε αὐτοῦ ἠρεμαῖαι, τάξεις τε ἐναρμόνιοι καὶ χορεῖαι καὶ φωναὶ ἐμμελεῖς ἢ τἀναντία τούτων ... φωνῆς τε ὁμαλότης κατὰ μέγεθος ἢ κατὰ τὰ μεταξὺ διαλαμβανόμενα τῆι σιωπῆι διαστήματα πολλὴ θεωρεῖται καὶ ἀνωμαλία, αὖθις ἐνίοτε μουσικῶς μὲν ἐπιτεινομένων καὶ ἀνιεμένων τῶν ἤχων, ἐνίοτε δ' ἄλλον τρόπον.

sinnlichen Harmonie niemals entzieht, reagiert gewissermaſsen ohne weiteres auch auf deren irdisches Abbild, und dadurch vollzieht sich vermöge der entsprechenden Maſse die Vereinigung des Menschen mit ihr auf dem Wege der Verzückung.[1])

Die Anschauungen, die in dieser merkwürdigen Schrift über die Musik niedergelegt sind, entfernen sich am weitesten nicht nur von der Lehre des Plotinus, sondern von der gesamten antiken Musikästhetik überhaupt. · Von irgendwelchen ethischen, geschweige denn ästhetischen Aufgaben der Tonkunst ist keine Rede mehr, ja selbst ihre religiöse Seite ist durch ihre Einstellung in den Reigen der magischen und theurgischen Künste empfindlich getrübt. Die psychologischen Grundlagen der antiken Ethoslehre sind vollständig aufgehoben durch den Satz, daſs die Wirkungen der Musik nicht auf seelischen Vorgängen beruhen, sondern auf dem Eingreifen übernatürlicher Wesen. Die Flucht aus der Sinnenwelt, welche ja schon bei Porphyrius immer mehr und mehr nach der ausschlieſslichen Betonung des religiösen Musikideals hingedrängt hatte, ist zwar auch hier noch oberstes Prinzip, aber das Idealbild des musikalischen Menschen bei Plotinus, für den die Erkenntnis des Schönen nur eine Etappenstation auf dem Wege zur höchsten sittlichen Läuterung gewesen war, versinkt vollständig in dem trüben Schlamme des Aberglaubens. Die Grundanschauung des Neuplatonismus, daſs die letzte und höchste Stufe der Erkenntnis nicht auf dem Wege des vernünftigen Denkens, sondern nur durch unmittelbare göttliche Offenbarung zu erreichen ist, erscheint hier bis zur Karrikatur entstellt. Aber noch einmal erhob sich aus den Reihen der Neuplatoniker ein Geist, dem diese theurgischen Künsteleien nicht genügten, der wieder höheren Zielen zustrebte und dabei

---

[1]) III, 9: μᾶλλον οὖν ἐκεῖνα λέγομεν, ἠχοί τε καὶ μέλη καθιέρωνται τοῖς θεοῖς οἰκείως ἑκάστοις, συγγένειά τε αὐτοῖς ἀποδέδοται προσφόρως κατὰ τὰς οἰκείας ἑκάστων τάξεις καὶ δυνάμεις καὶ τὰς ἐν αὐτῶι παντὶ κινήσεις καὶ τὰς ἀπὸ τῶν κινήσεων ῥοιζουμένας ἐναρμονίους φωνάς· κατὰ δὴ τὰς τοιαύτας τῶν μελῶν πρὸς τοὺς θεοὺς οἰκειότητας παρουσία τε αὐτῶν γίνεται ... ὥστε μετέχειν αὐτῶν εὐθὺς τὸ τὴν τυχοῦσαν ἔχον πρὸς αὐτοὺς ὁμοιότητα, κατοχή τε συνίσταται εὐθὺς τελεία καὶ πλήρωσις τῆς κρείττονος οὐσίας καὶ δυνάμεως. οὐχ ὅτι τὸ σῶμα καὶ ἡ ψυχὴ ἀλλήλοις ἐστὶ συμπαθῆ καὶ συμπάσχει τοῖς μέλεσιν, ἀλλ' ἐπεὶ τῆς θείας ἁρμονίας ἡ τῶν θεῶν ἐπίνοια οὐκ ἀφέστηκεν, οἰκειωθεῖσα δὲ πρὸς αὐτὴν κατ' ἀρχὰς μετέχεται ὑπ' αὐτῆς ἐν μέτροις τοῖς προσήκουσιν.

auch der Musik wiederum eine würdigere Stellung einräumte, nämlich Proklus.¹)

Proklus' Schriften sind fast durchaus Kommentare, vor allem zu den Schriften Platons, die zu Gunsten der neuplatonischen Lehre auszudeuten sein Hauptbestreben war.²) Er teilte die Vorliebe der Neuplatoniker für die Musik, glaubte er doch die Seele des Neupythagoreers Nicomachus in sich zu haben.³)

Die Musiklehre des Proklus setzt sich aus den verschiedenartigsten Elementen zusammen. Auf der einen Seite rechnet er die Musik, wie die Neupythagoreer, zu den mathematischen Wissenschaften,⁴) wobei er sie als die jüngere Kunst von der Arithmetik ableitet.⁵) Auch die Sphärenharmonie behandelt er durchaus in pythagoreischem Sinne,⁶) ebenso die mathematische Symbolik, der auch er eine grofse Bedeutung beimifst.⁷) Mit Platon aber geht er andererseits wieder über die Neupythagoreer hinaus. Er läfst zwar die mathematischen Wissenschaften als unentbehrliche Vorstufen der Philosophie gelten, kann jedoch ihr Studium als Selbstzweck nicht anerkennen, da sie es nur mit Abbildern des wahren Seins zu tun haben.⁸)

Daneben läuft nun eine Kunstlehre, die sich eng mit der plotinischen berührt. Freilich vermag sich Proklus auch hier nicht vollständig von dem Grundsatze loszusagen, dafs die Musik mit der Arithmetik, Geometrie und Astronomie auf derselben Stufe stehe. Er teilt nämlich die Künste in zwei Klassen, in solche, die befähigt sind, Ideen zum Ausdruck zu bringen, und in solche, denen dies versagt ist, die nur den Bedürfnissen des Tages dienen. In die erste Klasse rechnet er die sämtlichen

---

¹) Vgl. Bähr in Paulys Realencyklopädie VI a, 64 ff.; Fabricius Biblioth. gr. IX, 405; Freudenthal Hermes 16, 201 ff.; Zeller a. a. O.
²) Aufzählung seiner Schriften bei Zeller a. a. O.
³) Marinus Vita Procli 28: ὅτι τὴν Νικομάχου τοῦ Πυθαγορικοῦ ψυχὴν ἔχοι, ὄναρ ποτὲ ἐπίστευσεν.
⁴) Comment. in prim. Euclid. elem. libr. (ed. Friedlein 1873) 35, 28 ff. (Einteilung des Quadruviums ganz nach Nicomachus).
⁵) Ibid. 36, 24 ff.: ἡ ἀριθμητικὴ πρεσβυτέρα τῆς μουσικῆς, ἐπεὶ καὶ ἡ ψυχὴ διαιρεῖται πρῶτον δημιουργικῶς. Die Geometrie ist die Mutter der Astronomie, die Arithmetik diejenige der Musik 59, 20 f.
⁶) Comm. in Plat. Tim. 238 B.
⁷) Ibid. 216 A; Comm. in Euclid. 22, 2 ff.
⁸) Comm. in Tim. 193 C.

Künste des Quadruviums.¹) Aber in der Stellung, die er der Anschauung des Schönen auf dem Wege zur Erhebung zur übersinnlichen Welt einräumt, insbesondere in der Rolle, die dabei dem μουσικός zufällt, schliefst er sich eng an seine neuplatonischen Vorgänger an. Auch er erwähnt die drei Rangstufen des musikalischen Menschen, des Liebhabers und des Philosophen.²) Dem μουσικός liegt es ob, von den sinnlich wahrnehmbaren Harmonien aufzusteigen zu den übersinnlichen, gleichwie der Liebhaber sich von der sichtbaren Schönheit erhebt zur unsichtbaren.³) Auch für Proklus besteht diese Tätigkeit im Sicherinnern an das dereinst in der göttlichen Heimat Vernommene.⁴) Wer sich mit Eifer dieser göttlichen Musik zuwendet, wird mit Recht ein Freund des Schönen genannt.⁵)

Diese göttliche Harmonie zeigt sich in der gesamten Anordnung der Welt, sie bildet die Grundlage der Herrschaft des Weltschöpfers. Hierbei wendet Proklus das pythagoreische Gleichnis von der abgestimmten Lyra des Weltganzen an, auf der der Nus die Hypate, die Seele die Mese, der Leib aber die Nete darstelle.⁶) Auch an einer anderen Stelle kommt Proklus in einem ähnlichen Zusammenhange auf musikalische Verhältnisse zu sprechen.⁷) Hier verquickt er vermöge symbolisch-meta-

---

¹) Comm. in Parmenid. V, 58.
²) Comm. in Euclid. 27, 7.
³) Ibid. 21, 10 ff.: τῶι ... μουσικῶι τρίτην λαχόντι τάξιν ἀπὸ τῶν ἐν αἰσθήσεσιν ἁρμονιῶν ἐπὶ τὰς ἀφανεῖς ἁρμονίας καὶ τοὺς λόγους τοὺς ἐν ταύταις ἡ μετάβασις. Vgl. Comm. in Plat. rem p. (ed. Kroll) I, 56, 20 ff.
⁴) Comm. in Euclid. 21, 14 f. vom ἐρωτικός und μουσικός: τῶι μὲν ἡ ὄψις, τῶι δὲ ἡ ἀκοὴ τῆς ἀναμνήσεως ὄργανον. Comm. in rem publ. a. a. O.
⁵) Comm. in rem p. a. a. O.: φιλόκαλος ... ὁ τοιοῦτος μουσικὸς ὥςπερ καὶ ὁ ἐρωτικός.
⁶) Comm. in rem p. II, 4, 15: ὁ ... μουσηγέτης τὸν ὅλον ὡς ἕνα κόσμον πληροῖ τῆς θείας ἁρμονίας ἐκ τριῶν ὅρων συναρμόσας, νοῦ μὲν ὡς ὑπάτης, ψυχῆς δὲ ὡς μέσης, σώματος δὲ ὡς νήτης, καὶ μίαν ὡς ἀληθῶς λύραν δημιουργικὴν ἀποτελέσας ἐκ τούτων τὸ πᾶν εἰς ἕξει τὸ κράτος.
⁷) Comm. in rem publ. II, 49, 25: καὶ μήποτε καὶ τῶν συμφωνιῶν ἡ μὲν διὰ πασῶν εἰ καὶ πᾶσαι ἐν πάσαις ἀνεῖται ταῖς θείαις ψυχαῖς διαφερόντως, ὄντως τὴν κατακορεστάτην τῶν συμφωνιῶν ἐξαίρετον ἐχούσαις· ἵνα διὰ πασῶν ἐνεργοῦσαι πάντα ῥητὰ καὶ σύμφωνα τὰ ἐν κόσμωι διαφυλάττωσιν, ἡ δὲ διὰ πέντε δαίμοσιν, τελεωτέρα μὲν οὖσα τῆς διὰ τεττάρων καὶ περιέχουσα αὐτήν, ὑφειμένη δὲ τῆς διὰ πασῶν καὶ περιεχομένη ὑπ' αὐτῆς· ἡ δὲ διὰ τεττάρων λοιπὴ ταῖς μερικαῖς ψυχαῖς διὰ τὰς εἰρημένας αἰτίας, ὑπ' ἀμφοτέρων μὲν περιεχομένη, μετ' ἐκείνων δὲ συμπληροῦσα τὴν ὅλην ἁρμονίαν τοῦ παντός· ὥςπερ καὶ τῶν ψυχῶν αἱ ζωαὶ καὶ ταῦτα πολὺ

physischer Ausdeutung die drei vollkommenen Konsonanzen mit den drei Rangstufen der beseelten Wesen. Die Oktave, als die am meisten sich selbst genügende Konsonanz, die alle andern in sich schließt, versinnbildlicht die göttlichen Seelen. Die Quinte, die unter jener, aber über der Quarte steht, ist den Dämonen vorbehalten. Die Quarte endlich, die den untersten Rang einnimmt, aber doch im Verein mit jenen zum Zustandekommen der Gesamtharmonie unentbehrlich ist, ist die Vertreterin der Teilseelen, zu denen auch die menschliche gehört.

So ist denn die Musiklehre des Proklus ein merkwürdig buntes Gemisch neupythagoreischer, plotinischer und platonisch-aristotelischer Elemente. Mit dem Herzen, das fühlt man deutlich, ist der Philosoph bei den Vertretern der Mystik und Symbolik, aber seine platonischen Studien haben ihn immer wieder von einer ausschließlichen Verfolgung dieser Richtungen abgelenkt. Mitunter stellt sich sogar die unverfälschte, platonische Ethoslehre bei ihm ein, wobei allerdings die Musik meist wieder im Verein mit den übrigen arithmetischen „Künsten" auftritt.[1])

Die Anschauungen des Proklus über die praktische Verwendung der Musik decken sich im großen und ganzen mit denen seiner Vorgänger, obschon Inkonsequenzen im einzelnen auch hier nicht fehlen. Durch seine Erklärung des platonischen Staates war er gezwungen, zu den hier niedergelegten Ansichten über Kunst und Künstler Stellung zu nehmen. Nicht ohne Interesse ist dabei sein Bestreben, Platons schroffe Ablehnung der Poesie zu mildern. Die Poesie ist, so sagt er, an und für sich weder gut noch schlecht, es kommt vielmehr nur darauf an, welchem Zwecke sie dienstbar gemacht wird.[2]) Hierbei gelangt nun das asketische Musikideal der Neuplatoniker zum Durchbruche: Poesie und Musik können nur dann von Wert sein, wenn sie von allem sinnlichen Reize absehen und allein der Erkenntnis

---

δοκοῦσαι τὸ ἀνάρμοστον ἔχειν ὅμως συντελοῦσιν εἰς τὴν διὰ πάντων ἐν τῶι κόσμωι σύμφωνον τάξιν.

[1]) Comm. in Euclid. 24, 4 ff.: πρὸς δ' αὖ τὴν ἠθικὴν φιλοσοφίαν ἡμᾶς τελειοῖ (sc. die Mathematik), τάξιν καὶ ἐναρμόνιον ζωὴν ἐντιθεῖσα τοῖς ἤθεσιν ἡμῶν καὶ σχήματα πρέποντα τῆι ἀρετῆι καὶ μέλη καὶ κινήσεις παραδίδωσιν, ἀφ' ὧν δὴ καὶ ὁ Ἀθηναῖος ξένος τελειοῦσθαι βούλεται τοὺς τῆς ἠθικῆς ἀρετῆς ἐκ νέων μεταληψομένους, vgl. Plato Legg. II, 672 ff.

[2]) Comm. in rem publ. p. 360 ff., 392 ff.

der höchsten Dinge dienen.[1]) Reinigung und Heiligung unseres Lebens ist ihr letzter Endzweck. Aus diesem Grunde warnt Proklus vor der Tragödie und Komödie, weil sie sich weit von diesem vorgesteckten Ziel entfernen.[2]) Auch für Proklus ist die Religion höher als alle Philosophie, daher vermag auch die Kunst nur durch Beziehung auf sie Wert und Bedeutung zu gewinnen. In seiner Ablehnung der theatralischen Musik kommt deutlich der Gegensatz zum Ausdruck, der sich in der Musikgeschichte, insbesondere seit der Entstehung des musikalischen Dramas, immer wieder bemerkbar gemacht hat, der Gegensatz zwischen weltlich-dramatischer und religiöser Tonkunst, der Streit, ob die Musik die Berechtigung besitze, souverän alle menschlichen Regungen und Leidenschaften zu entfesseln, oder ob sie nur in der Gebundenheit durch das religiöse und sittliche Empfinden wirkliche Kunstwerke erzeugen können.

Dafs Proklus in noch höherem Grade als seine Vorgänger ein eifriger Anhänger aller theurgischen und magischen Künste war, versteht sich bei einer so phantastisch und mystisch veranlagten Natur, wie er, von selbst. Die ἀφοσίωσις spielt bei ihm eine grosse Rolle, doch teilt er dabei die Ansicht seiner Vorgänger, dafs die Musik nicht ohne weiteres zur Vereinigung mit der Gottheit führe; der wahre Enthusiasmus kommt auch nach ihm nur dem Philosophen zu.[3]) Seine Bemerkungen über die Theatermusik zeigen, dafs auch er die schädlichen Wirkungen der Musik wohl kannte. Nur die heiligen Lieder liefs er als Mittel zur Vereinigung mit den Göttern gelten, denn der Enthusiasmus erfüllt die Seele mit Symmetrie, deren äufseres Abbild Rhythmen und Metren darstellen.[4])

In dem System des Proklus findet jene merkwürdige Kombination von Abstraktionskraft und Phantastik, die schon bei Iamblichus hervorgetreten war, ihren letzten und höchsten Ausdruck. Seine Musiklehre enthält gewissermafsen in konzentrierter Form alle Anschauungen über Musik, die die neupythagoreische und neuplatonische Schule der untergehenden antiken Welt noch

---

[1]) Ibid. p. 361.
[2]) Ibid. I, 50, 2 ff.: beide dienen nicht der ἀφοσίωσις: αἱ γὰρ ἀφοσιώσεις οὐκ ἐν ὑπερβολαῖς εἰσιν, ἀλλ' ἐν συνεσταλμέναις ἐνεργείαις σμικρὰν ὁμοιότητα πρὸς ἐκεῖνα ἐχούσαις ὧν εἰσιν ἀφοσιώσεις.
[3]) Comm. in Tim. p. 331 u. 68; in rem p. 400.

beschert hatten, die verhängnisvolle Einreihung der Musik unter die Wissenschaften und ihre symbolische Ausdeutung so gut wie Plotins Lehre vom Schönen, diesen letzten Lichtpunkt der antiken Musikästhetik, und die hauptsächlich dem Porphyrius zu verdankende asketische Anschauung von der Aufgabe der Musik, endlich jene trüben, abergläubischen Vorstellungen, durch welche die Tonkunst in die Reihe der magischen Künste geriet.

Mit diesem bunten Gemengsel philosophischer und theologischer Elemente schließt die antike Musikästhetik ab. Fassen wir ihren letzten Zweig, die neuplatonische Theorie, in ihrer Gesamtheit ins Auge, so zeigt sich der Unterschied von der klassischen Zeit ganz offenkundig darin, daß diese Lehre auf die praktische Kunstübung ihrer Zeit gar keine Rücksicht nimmt, sondern rein theoretisch-spekulativer Natur ist. Platon und Aristoteles, ja zum großen Teil auch noch die Pythagoreer, hatten mitten in dem Musikleben ihrer Zeit drin gestanden. Aristoxenos von Tarent vollends hatte seine Werke aus der Fülle seiner Kenntnis der zeitgenössischen wie der älteren Tonwerke heraus geschrieben. Gegen das Ende des Altertums jedoch beginnt sich dieses Band zwischen Theorie und Praxis ganz allmählich zu lösen. Bereits Nicomachus ist vorwiegend Theoretiker, schon bei ihm überwuchert die reine Spekulation das eigentlich Künstlerische. In der neuplatonischen Schule vollends gewinnt das spekulative Moment durchaus die Oberhand. Selbst der diesen Kreisen nahestehende Musiker Aristides bezieht das Gute, was er in seiner Schrift vorbringt, aus dem reichen Schatze der klassischen Tradition, seine eigene Zeit tritt auch für ihn in den Hintergrund, und was er an eigenen Gedanken mitteilt, stammt durchaus aus der neuplatonischen Sphäre.

Den Grund dieser auffallenden Erscheinung haben wir in der raschen und unaufhaltsamen Degeneration der antiken Musik während der letzten Jahrhunderte des Altertums zu suchen. Die führenden Geister wandten sich mehr und mehr ab von einer Kunst, die, wie in der römischen Kaiserzeit, nur dem plattesten Vergnügen diente und dem von der klassischen Zeit so hochgepriesenen Ideal in keiner Weise mehr entsprach. Da aber die Vorliebe für die Musik jedem gebildeten Hellenen im Blute lag, so suchte man sich Ersatz für die entschwundene Herrlichkeit zu schaffen, indem man sich entweder, wie Aristides und auch Plutarch in seiner Schrift über die Musik, dem Studium der klassischen Musik und ihrer Theorie hingab, oder, wie die meisten Philosophen, die Tonkunst losgelöst von allen Beziehungen zur zeitgenössischen Praxis zum Gegenstand rein abstrakter Spekulation machte. Plotinus, der wissenschaftlichste Denker unter ihnen, hat auf diesem rein theoretischen Wege das Höchste geleistet. Seine Kunstlehre, die sich von dem scholastischen wie dem phantastischen Charakter der Späteren in gleicher Weise fernhält, weifs dem rein künstlerischen Moment noch durchaus gerecht zu werden. Noch einmal strahlt hier das ethische Musikideal der klassischen Zeit im hellsten Glanze, der von den tatsächlichen Musikverhältnissen jener Zeit grell absticht. Aber unmittelbar darnach brach die Nacht herein, der erst nach Jahrhunderten eine neue Morgenröte folgen sollte. Jene Zeiten allgemeiner geistiger Ermattung boten keinen Raum mehr für ein naives künstlerisches Geniefsen, das doch immer eine des Lebens sich freuende und das Leben bejahende Stimmung der Gemüter voraussetzt. Vor alters war die Tonkunst eine Säule des Staates gewesen, jetzt hatte kaum mehr der Einzelne Sinn für rein künstlerische Erbauung. Der weltflüchtige Charakter, die Sehnsucht nach Erlösung durch unmittelbare göttliche Offenbarung verstatteten der Kunst als solcher keinen Raum mehr. Man bestritt der Musik ihren sinnlichen Reiz sowohl als die Fähigkeit, Leidenschaften zu erregen, und entzog ihr damit ihre eigentliche Grundlage als freier Kunst. Was übrig blieb, war nichts als ein blut- und seelenloser Leichnam, der dann auch alsbald in den mathematisierenden Neupythagoreern seine Anatomen fand, während ihn auf der andern Seite die Symboliker und Allegoristen mit neuem Scheinleben zu erfüllen suchten. „Alles Vergängliche ist nur ein Gleichnis". Dieser Satz wird von nun an zu einem Axiom dieser Pseudoästhetik. Die Musik hat an und für sich gar keine Bedeutung, sie gewinnt eine solche erst durch das, was sie ahnen läfst, nämlich durch Gott und die göttlichen Dinge. Nur indem sie uns dem Übersinnlichen näher bringt, kann sie für uns von Wert sein, aufserhalb dieser göttlichen Sphäre aber ist sie nicht etwa blofs indifferenter, sondern direkt schädlicher Natur. Porphyrius ist der erste, der mit vollem Bewufstsein diese asketische Richtung vertritt. Es kommt der Grundsatz auf, dafs alle Musik, die nicht religiösen Zwecken dient, ein rein sinnliches und der Erhebung zum Göttlichen verderbliches Vergnügen darstelle, das der Mensch gleich allen übrigen Gütern dieser Welt zu fliehen habe. Von hier bis zur „Teufelskunst" der Kirchenväter war nur noch ein kleiner Schritt. Der Gegensatz zwischen profaner und kirchlicher Musik, dem das klassische Altertum niemals einen solchen Wert beigelegt hatte, gewinnt jetzt erst seine Bedeutung, aus der dann das Mittelalter die vollen Konsequenzen gezogen hat.

Aber auch innerhalb des religiösen Gebietes selbst war die Tonkunst in die allerengsten Schranken gebannt. Der Satz: es kommt nicht darauf an wie, sondern was du singst, schnitt auch hier von allem Anfang an der Musik die Möglichkeit einer prinzipiellen Entfaltung ihrer Mittel ab. Bei aller religiösen Musik ist die Gesinnung des Singenden und der Inhalt der Gesänge die Hauptsache, die musikalische Einkleidung dagegen nur ein Nebending. Wir werden alsbald sehen, mit welcher Vorliebe die Kirchenväter gerade diesen Gedanken aufgegriffen haben. Damit aber waren auch die Grundlinien des Musikideals gezogen, dem tatsächlich dann auch die frühchristliche Musik nachgestrebt hat: Zurücktreten der instrumentalen Seite der Tonkunst zu Gunsten der vokalen, und innerhalb dieser selbst Zurückdrängung des concentisch-melodischen Elements zu Gunsten des accentisch-deklamatorischen. Die Psalmodie war die neue Form, die all diesen Anforderungen im reichsten Mafse entsprechen sollte.

Damit war der Musik als selbständiger Kunst auf lange Zeit hinaus das Urteil gesprochen. Zwischen den beiden Extremen, der brutalen Sinnlichkeit des Pantomimus auf der einen und der mystisch-symbolischen Askese der Neuplatoniker, auf der andern Seite, vermochte sie in ihrer ursprünglichen Eigenart gar nicht mehr zu Worte zu kommen. Im Reiche gestalteter Schönheit zu verweilen, dazu hatten diese Spätlinge mit ihrer unstillbaren Sehnsucht nach dem Übersinnlichen keine Neigung mehr. Das alte weltfreudige Hellenentum, das der Musik den Ehrenplatz im Reigen der Künste zugewiesen hatte, ging für immer zu Grabe.

Es ist nun merkwürdig zu beobachten, wie diese Philosophie trotz aller ihrer Entfremdung von der traditionellen, rein griechischen Anschauung sich dennoch berufen glaubt, dem Hellenentum gegen die neue christliche Religion als Bollwerk zu dienen. Plotinus wendet sich mit allem Nachdruck gegen die christlich-gnostische Weltflucht, aber schon sein nächster Nachfolger proklamiert dieselbe asketische Moral, die wir dann auch bei den Kirchenvätern wiederfinden. Und so läuft denn neben der äuſseren Gegnerschaft eine stetige und tiefgreifende Beeinflussung des frühen Christentums durch den Neuplatonismus her, die sich namentlich auch auf dem musikalischen Gebiete offenbart. Dem Augustin war die Lehre des Plotinus und Porphyrius wohl vertraut, für die Späteren aber bildete namentlich Proklus den Vermittler, zumal für die griechischen Theologen. Der scholastische Geist, der sich bereits in seiner Lehre offenbart, hat der mittelalterlichen Wissenschaft die nachhaltigsten Anregungen gegeben. Alle spekulativen Ausgestaltungen der frühmittelalterlichen Musikästhetik gehen in letzter Linie auf diese antiken Vorbilder zurück, und nicht allein die Männer der Kirche, welche, ohne sich speziell mit der Musik zu beschäftigen, doch dieser Kunst stets ihre besondere Aufmerksamkeit zugewandt haben, folgen diesen spätantiken Spuren, sondern auch die Verfasser von speziell musiktheoretischen Schriften, so vor allem die beiden hauptsächlichsten musikalischen Autoritäten des Mittelalters, Cassiodor und Boëthius.

Zweites Kapitel.

Die Kirchenväter.

Als das Christentum aus den niederen Volksschichten, in denen es ursprünglich heimisch gewesen war, allmählich auch in die Kreise der Gebildeten empordrang und den Kampf gegen das letzte geistige Bollwerk des Heidentums, die neuplatonische Philosophie, aufzunehmen sich anschickte, machte sich mehr und mehr die Erkenntnis geltend, dafs das Verkünden der göttlichen Heilswahrheiten und der kirchlichen Dogmensätze allein nicht genüge, um die führenden Geister zur Annahme der neuen Lehre willig zu machen, sondern dafs auch zugleich dem denkenden Verstande Rechnung getragen werden müsse. Dieses Motiv, verbunden mit dem Bewufstsein von der Notwendigkeit, den heidnischen Gegnern mit ihren eigenen Waffen gegenüberzutreten, veranlafste bereits in frühester Zeit die Kirchenväter zur Schöpfung einer wissenschaftlichen Methode, einer Art von christlicher Philosophie, mit der Bestimmung, einerseits dem Verstandesbedürfnis der gebildeten Kreise Genüge zu leisten, andererseits aber auch den Denkern des Heidentums gegenüber als geistige Waffe zu dienen.

Der erste, welcher diese Notwendigkeit mit klarem Blick erkannte und aus dieser Erkenntnis heraus auch alsbald der Lösung des Problemes näher trat, war Augustinus. Es ist ganz natürlich, dafs ein so weitausschauender Gedanke nicht im Verlaufe eines einzigen Menschenlebens zu verwirklichen war. So hat denn auch Augustin seine Lehre nur in den allergröbsten Zügen entworfen und kein in sich abgeschlossenes System entwickelt. Fast kindlich naiv mutet uns heutzutage die Art und Weise an, wie er sich bemüht, die von der christlichen Lehre behaupteten Tatsachen zu allgemein gültigen Wahrheiten zu erheben, wie er geschichtliche Ereignisse und christliche Dogmensätze untereinander mengt und auf diese Weise den Weltproblemen beizukommen sucht. Weder ihm noch seinen Nachfolgern ist es gelungen, die immer fühlbarer hervortretende Kluft zwischen Kultur und Religion zu schliefsen. Augustins Traum sollte erst in Erfüllung gehen, als den mittelalterlichen Denkern in Aristoteles ein mächtiger Bundesgenosse erstand: Thomas von Aquino erst war es vorbehalten, jenen Gedanken mit voller Konsequenz durchzuführen.

In den früheren Jahrhunderten war es vor allem der Neuplatonismus, von dem das junge Christentum einen grofsen Teil seiner philosophischen Anschauungen übernahm. Trotz aller erbitterten Gegnerschaft wufste das Christentum doch von seinen Gegnern zu lernen. Gerade Augustin erfuhr von dieser Seite eine tiefgreifende Einwirkung, die wir ja bereits angedeutet haben. Waren ja doch in vielen Dingen Christentum und Neuplatonismus Schöfslinge desselben Bodens: beide haben ihre Wurzel in dem damals die ganze ermattende Welt erfüllenden Gefühl tiefster Hilfs- und Heilsbedürftigkeit, die ihre letzte Rettung im Glauben an eine unmittelbare göttliche Offenbarung erblickt. Während das Christentum aber eine gänzliche Umgestaltung des gesamten Geisteslebens anbahnte, suchte der Neuplatonismus sein Ziel auf dem Wege philosophischer Spekulation zu erreichen. Hier bot sich also dem Christentum bei seinem Streben nach wissenschaftlicher Ausgestaltung seiner Lehre von selbst der geeignete Anknüpfungspunkt dar. Es hat diese Anregungen denn auch in umfassendstem Mafse ausgebeutet. Seit dem vierten Jahrhundert sehen wir Christentum und neuplatonische Philosophie in die folgenschwersten Beziehungen zueinander treten.

Ich glaubte diese allgemeinen Bemerkungen voranschicken zu müssen, um die geistige Atmosphäre, aus der die Lehre jener ältesten Kirchenschriftsteller hervorging, zu kennzeichnen. Denn auch ihre Anschauungen über Wesen und Aufgabe der Musik wurzeln in allerletzter Linie in demselben Boden.

Schon der Umstand, dafs sie die Musik überhaupt mit dieser Sorgfalt und Ausführlichkeit behandeln, während die übrigen Künste ziemlich knapp abgefertigt werden, weist auf ihre nahe Verwandtschaft mit dem Neuplatonismus hin. Den Neuplatonikern war die Tonkunst und ihr Verständnis eine willkommene Mittelstufe auf dem Wege zur höchsten und letzten Erkenntnis, wobei die alte platonische Anschauung von der Musik als der Vorbereiterin der Philosophie durchschimmert. Für die Kirchenväter bestand eben jene höchste Erkenntnis in der unmittelbaren Anschauung des dreieinigen Gottes, und es ergab sich daraus ohne weiteres als Hauptgrundsatz ihrer Musikästhetik: die Musik ist ein wichtiger Faktor im Leben des Christen, aber sie gewinnt diese Bedeutung nur als Dienerin der Religion.

Schon die Neuplatoniker hatten seit Porphyrius an die Stellung, die sie der Musik in ihrem System angewiesen hatten, eine gewissermafsen asketische Musikästhetik angeknüpft, die das Musikalisch-Schöne an sich, d. h. den sinnlichen Reiz der musikalischen Elemente zwar wohl anerkannte, aber auch nur als die unterste Stufe auf dem Wege zur Erkenntnis betrachtete. Es klingt wie ein letzter Abschiedsgrufs des scheidenden Hellenentumes, wenn Plotinus in seiner Polemik gegen die Gnostiker vom Häfslichen sagt, es sei Gott wie der Natur gleichermafsen zuwider. Das Reich gestalteter Schönheit wird auch von diesen letzten Philosophen des Altertums im Prinzipe noch anerkannt, wenn es der Seele auch nur als vorübergehender Aufenthaltsort auf dem Wege zu ihrer eigentlichen Heimat dienen kann.

Dieser letzte Rest antiker Anschauung fällt bei den christlichen Kirchenvätern weg. Im Prinzipe wenigstens, denn wir werden sehen, wie auch die Kirchenväter unter dem Einflusse der klassischen Theorie des Altertums zeitweise der sinnlichen Macht der Tonkunst erlegen sind. Aber dem Grundsatze nach erfährt hier die neuplatonische Askese noch eine bedeutende Verschärfung. Nur insofern als die Musik mit der christlichen Heilslehre vereinbar und dem christlichen Gottesdienste förderlich ist, gewinnt sie überhaupt Berechtigung, und wenn man auch, wiederum nach neupythagoreischem und neuplatonischem Vorgange, namentlich in der allegorischen und symbolischen Ausdeutung ihrer Elemente sehr weit ging, so bekämpfte man doch alles, was damit nicht vereinbar war, mit unversöhnlichem Hafs.

Die antike Lehre von den sieben freien Künsten haben auch die Kirchenväter sich zu eigen gemacht. Schon hier offenbart sich das Bestreben, das antike Erbe in christlichem Sinne umzudeuten. Erst seitdem jene Künste in den Dienst der christlichen Weisheit gestellt wurden, haben sie ihren wahren Inhalt und ihre wahre Bedeutung erhalten. Sie sind, nach den Worten des

Abtes Rupert von Deutz,[1]) als Dienerinnen in das Heiligtum ihrer Herrin, der göttlichen Weisheit, eingetreten und vom Schmutze der Strafse hinweg zum ernsten Dienste des Wortes Gottes berufen worden, während sie bisher als lockere, geschwätzige Dirnchen ohne eigentlichen Lebenszweck in der Welt umherschweiften. Die Künste werden erst dann von Nutzen, wenn sie aus Ägypten in die Wüste überführt werden, heifst es an anderer Stelle unter charakteristischer Anwendung eines biblischen Gleichnisses.[2]) Die Kunst ist also niemals Selbstzweck, sie gehört vielmehr zur „niederen Weisheit", die jedoch, richtig angewandt, zur höheren, d. h. der göttlichen, emporleitet.[3]) Die Künste sind zwar Gemeingut der Welt- und Gotteskinder, doch jene mifsbrauchen sie zu Hoffart und weltlicher Lust, diese aber bedienen sich ihrer aus notwendigem Bedürfnis, während ihr Ergötzen auf einem andern Gebiete liegt.[4]) Die Kenntnis der Künste ist gut, aber wer sie richtig zu verwenden weifs, benutzt sie nur als eine Stufe, nicht etwa um darauf stehen zu bleiben, sondern um von hier aus in die engeren Geheimnisse der Weisheit vorzudringen und zu jenem unerreichbaren Lichte zu gelangen, worin Gott seinen Wohnsitz hat.[5])

---

[1]) De trinitate VII, 10: ingressae sunt ergo septem artes liberales tanquam famulae in sacrum et reverendum dominae suae sapientiae triclinium, et quasi de triviis licentiosis ad districtum et severum verbi Dei magisterium dispositae et assidere iussae sunt. vagabantur enim prius per circuitum lascivae, garrulae et verbosae puellulae, nihil sperantes, sed curiose agentes solummodo. Vgl. S. Gregor. Expl. in Reg. I, 20.

[2]) Philipp. Harveng. De institut. cleric. 37. Speziell mit Beziehung auf die Musik spricht dies Alanus in seinem Anticlaudian II, 6 aus. Hier findet sich eine breit ausgeführte Allegorie von den sieben Künsten, die den Wagen der prudentia bilden. Alan gibt dabei III, 5 eine genaue Beschreibung der das zweite Rad des Wagens darstellenden Musik, die sich vordem teils in rohem, teils in verweichlichtem Zustand befunden habe und erst durch den heil. Gregor ihrer eigentlichen Bestimmung wiedergegeben worden sei.

[3]) Hugo de S. Victore De sacr. prol. 5. Derselbe bemerkt Erudit. didasc. II, 1: hoc ergo omnes artes agunt, hoc intendunt, ut divina similitudo in nobis reparetur, quae nobis forma est, Deo natura.

[4]) Guigo abb. Epist. ad fratr. de monte Dei I, 6: illi abutuntur eis ad curiositatem et voluptatem et superbiam, hi autem utuntur eis propter necessitatem, alibi habentes suam suavitatem.

[5]) Epist. 2: bona artium notitia; sed si quis eis legitime utatur, id est tanquam gradu quodam et vestigio, non quo stetur et inhaereatur, sed quo utendum sit ad superiora et sanctiora et magis intima arcana sapientiae, in reconditos et suaves recessus et in ipsam lucem inaccessibilem, quam inhabitat Deus.

Mit solcher Schroffheit hatte man in der klassischen Zeit des Hellenentums niemals die Kunst in den Dienst des Kultes gestellt, trotzdem auch in jener Zeit das Bewußstsein des Zusammenhangs zwischen Kunst und Religion lebendig war. Aber hoch über die religiösen Gesichtspunkte stellte man damals die politischen. Das Staatswesen war es, zu dessen Förderung man die sittliche Macht der Kunst auszunützen bestrebt war. Aber bereits bei den Neuplatonikern sahen wir diesen politischen Standpunkt aufgegeben, bereits bei ihnen strebte die Kunstlehre nicht mehr einem politischen, sondern einem rein menschlichen Ideale zu. Auch hierin schlossen sich ihnen die Kirchenväter auf das engste an und bauten ihre Lehre im speziell christlich-theologischen Sinne weiter aus.

Immerhin aber haben sich auch in ihre musikalischen Anschauungen verschiedene Theoreme aus der klassischen Epoche der griechischen Philosophie hinübergerettet. Augustin und die bedeutenderen dieses Männer überhaupt kannten außer dem Neuplatonismus auch die älteren Philosophen und entlehnten von ihnen, was ihnen nur irgend brauchbar dünkte. So taucht namentlich der Fundamentalsatz der antiken Lehre, daß das Wesen aller Kunst in der Nachahmung der Natur bestehe, auch bei ihnen wieder auf. Das Urbild der Kunst ist die Natur, das Abbild der Natur aber ist die Kunst, sagt Theodoret.[1] Namentlich später, als Aristoteles in den Mittelpunkt des gelehrten Interesses trat, wurde dieser Satz immer wiederholt, wie das Beispiel des Thomas von Aquino zeigt.[2] Auch der Satz, daß die Neigung zur Kunst dem Menschen angeboren sei,[3] geht auf das Altertum zurück.

Daneben findet sich aber eine Reihe von Stellen, in denen, ebenfalls nach antikem Vorbild, eingehendere Erörterungen über das Wesen der Kunst gepflogen werden. Besonders Gregor von Nyssa hat sich mit Vorliebe diesen Problemen zugewandt. Ihm gilt die Kunst als ein Wissen, das zu einem bestimmten Zwecke vermittelst der äußeren Materie in die stoffliche Wirklichkeit

---

[1] De providentia 3; vgl. Joh. Chrysostomus Homil. in „pone manum" 4.
[2] Vgl. z. B. Post. anal. I, 1, 5: ars imitatur naturam, quantum potest, mit Zitat aus Aristot. Phys. II, 8, 5; Physic. II, 13, 4; VII, 5, 5; Summa theolog. 117, 1.
[3] Vgl. z. B. Melet. De nat. hom. p. 18.

übertragen wird,[1]) ein Gedanke, der unmittelbar dem aristotelischen Ideenkreise entstammt.[2]) Jene Definition zeigt aber auch zugleich, daſs hier „Kunst" (τέχνη) im allerweitesten Sinne zu verstehen ist: nicht allein die schönen Künste sind darunter verstanden, sondern alles von Einsicht geleitete Wissen überhaupt, auch das dem bloſsen Bedürfnis dienende.[3]) Es ist kaum denkbar, daſs Gregor hier speziell an die Musik gedacht hat, denn über diese Kunst bringt er im weiteren Verlaufe seiner Schriften dieselben transscendentalen und allegorischen Ausführungen vor, wie alle andern, nur daſs er ihnen eine gelehrter aussehende, an die alten Philosophen gemahnende Fassung verleiht.

Von den übrigen, die sich mit ästhetischen Erörterungen allgemeiner Art befassen, ist noch Synesius anzuführen, der Bischof von Ptolemais, der ebenfalls das Bestreben zeigt, die christliche Lehre mit seinen eigenen, aus Iamblichus und seiner Schule geschöpften philosophischen Anschauungen in Einklang zu bringen. In einer merkwürdigen Kombination aristotelischer und neuplatonischer Lehren bestehen seine Betrachtungen über die verschiedenen, aus einer Urwurzel abstammenden Wahrnehmungen (αἰσθήσεις), von denen er die von Gesicht und Gehör ausgehenden als am meisten tierisch bezeichnet; sie verdienen die Bezeichnung „Wahrnehmung" nicht, wenn sie nicht zu jener Urwurzel hinleiten; die göttlichere und der Seele am nächsten verbundene Art der Erkenntnis ist die, die keiner vermittelnden Organe mehr bedarf.[4])

Auch Nemesius mit seiner längeren Ausführung über die

---

[1]) De anima et resurrectione init.: τέχνη διάνοιά ἐστιν ἀσφαλὴς πρός τινα σκοπὸν ἐνεργουμένη διὰ τῆς ὕλης, ἡ δὲ διάνοια νοῦ τίς ἐστιν οἰκεία κίνησίς τε καὶ ἐνέργεια. Hiebei bezeichnet διάνοια im Gegensatz zum νοῦς, dem unmittelbaren Erkennen bei Platon (Rep. VI, 510 B f.; 511 C f.) und Aristoteles (De an. I, 4 p. 408 b 24 ff.; II, 3 p. 415 a 7 ff.), das vermittelte Erkennen oder das Wissen.

[2]) Das an und für sich bloſs Mögliche wird durch die κίνησις zum Wirklichen; vgl. Aristot. Phys. III, 1 p. 201 a 10; b 4; Metaphys. IX, 9 p. 1065 b 16; 33.

[3]) Zwischen Beidem scheidet Aristoteles scharf, vgl. Metaphys. I, 1 p. 981 b 17; 21; Eth. VI, 4 p. 1140 a 16 u. ö.

[4]) De insomn. 135, 4; vgl. Aristot. De sens. 7 p. 449 a 5 ff.; De somno 2 p. 455 a 20.

φαντασία[1]) gibt lediglich die Lehre der antiken Vorbilder (Neuplatoniker und Stoiker) wieder.

Das Interessanteste an all diesen Männern, die bezeichnender Weise vor ihrer kirchlichen Tätigkeit zum grofsen Teil philosophische Rhetoren gewesen waren, ist jedenfalls das unermüdlich wiederholte Experiment einer Vermittlung zwischen Philosophie und Christentum. Dieselben Tendenzen, die wir bereits oben bei Augustin berührt haben, spiegeln sich hier auf dem Gebiete der allgemeinen Kunstlehre wieder. Auch hier gilt das Bestreben, der christlichen Lehre eine philosophische Unterlage zu schaffen, auch hier bemerken wir zugleich, wie jene Männer in der damaligen Zeit noch nicht über eine ungelenke und unvermittelte Zusammenstellung antiker und christlicher Elemente hinauskommen.

Weit wichtiger als diese da und dort zersprengten und der Originalität meist durchaus entbehrenden allgemeinen Kunstbetrachtungen sind die, die sich speziell auf die Tonkunst beziehen.

Der Grund, warum die Kirchenväter gerade der Musik ihre besondere Aufmerksamkeit zuwandten, ist vorwiegend praktischer Natur. Ihre Musikästhetik ist zum grofsen Teil ein Erzeugnis erbitterter Polemik. Der Gegensatz zu der zeitgenössischen weltlichen Musik war es, der sie veranlafste, gleich von Anbeginn in musikalischen Fragen klar und entschieden Stellung zu nehmen. Das Raffinement, das zu jener Zeit in der heidnischen Musik des Theaters, des Pantomimus usw. herrschte und die Tonkunst zu niedrig-sinnlichen Zwecken mifsbrauchte, ist zur Genüge bekannt;

---

[1]) De natura hom. 76. Nicht ohne Interesse sind auch die Ausführungen Theodorets De provid. orat. 5. Er läfst als Künste nur die gelten, die σοφία und χρεία mit sich bringen, und fährt fort: τὰς δὲ (nämlich die vom menschlichen Geiste φιλοτιμίας ἕνεκεν καὶ τρυφῆς ersonnenen: Malerei, Plastik, Erzkunst, Kochkunst) ἑκὼν παραλέλοιπε (sc. ὁ λόγος ἡμῶν), πρὸς δὲ τούτοις, καὶ πέρα τοῦ μέτρου πολυπραγμοσύνης, ἀστρονομικὴν λέγω καὶ γεωμετρίαν ἀριθμητικήν τε καὶ μουσικήν, ἧς ἔργον κατακηλεῖν τὴν ἀκοὴν καὶ μεταφέρειν καὶ τὰς τῆς ψυχῆς διαθέσεις πρὸς ὃ βούλεται μεταβάλλειν καὶ τὴν μὲν ἀθυμοῦσαν εἰς θυμηδίαν χαλᾶν, τὴν δὲ κεχαλασμένην σύντονον καὶ ἀνδρείαν, ταύτας ... ἑκὼν ὁ λόγος παρέλιπε. Die Stellung, die hier die Kochkunst einnimmt, stammt aus dem Altertum; zur Herabwürdigung speziell der Musik wurde sie besonders von den Formalisten herangezogen; vgl. Philodem. De mus. 53, 75, 18 ff. (Kemke); Sext. Empir. Adv. music. c. 33. Nicht ohne Bedeutung ist, dafs Theodoret hier die Musik unter allen Künsten allein einer so ausführlichen Charakteristik würdigt.

die Männer der Kirche hatten guten Grund, auf diesen Punkt immer wieder zurückzukommen.[1]) Denn nicht nur unter den Heiden, sondern auch in den christlichen Gemeinden selbst gab es so manchen, der an jenen „diabolischen Gesängen" insgeheim immer noch seine Freude hatte und wohl gar nach dieser Richtung hin bisweilen rückfällig wurde.[2]) Wie grofs hier die Gefahr gewesen sein, wie sehr die Liebe zu den weltlichen Schaustellungen den Leuten im Blute gesessen haben mufs, lehrt die Tatsache, dafs die Kanzelredner des öfteren, um ihrer Wirkung auf die Gemeinde desto sicherer zu sein, mit Vorliebe Theater und Zirkus in den Gleichnissen ihrer Predigten heranziehen. Lafst den Kithäron, ruft Clemens von Alexandrien seinen Zuhörern zu, kommt nach Zion, dort ist der echte Wettkämpfer, der im Theater der ganzen Welt seinen Kranz erhält.[3]) Johannes Chrysostomus redet seine Gemeinde geradezu mit θέατρον an[4]) und scheut auch den Vergleich mit dem Zirkus nicht;[5]) selbst der hl. Benedikt spricht einmal vom *amphitheatrum spiritale*.[6]) Auch die Instrumente, Aulos, Kithara usw. werden auffallend häufig zu Vergleichen herangezogen, ein Beweis dafür, dafs ihr Gebrauch jenen Christen der ersten Jahrhunderte doch nicht so unbekannt war, wie man lange allgemein anzunehmen geneigt

---

[1]) Arnob. Advers. gentes IV, 33; Hilar. In psalm. 118, 14; und die bekannte Stelle bei Ambros. Hex. III, 1: quos non mortiferi cantus et acroamata scenicorum, quae mentem emolliant ad amores, sed concentus Ecclesiae et consona circa Dei laudes populi vox et pia vita delectet?

[2]) Joh. Chrysost. In psalm. 7; vgl. Gregent. Tapharens. Homeritar. leges 35: οἱ κιθαρωιδοὶ καὶ οἱ λυρισταὶ καὶ οἱ τραγωιδοὶ καὶ οἱ κροτοῦντες χερσὶ καὶ οἱ ὀρχούμενοι ὑπομενέτωσαν (sc. eine Strafe), κἄν τε ἄνδρες ὦσι κἄν τε γυναῖκες . . . . ὁ δὲ βουλόμενος εὐφραίνεσθαι ἐν τῶι εὐθυμεῖν ψαλλέτω. ἀλλ᾽ οὐκ ἐπίσταμαι, φησί, ψάλλειν. Darauf die Antwort: ungeschriebene ἐπωιδαί weifst Du, καὶ τοῦ θεοῦ τὴν ψαλμωιδίαν γεγραμμένην περιοῦσαν οὐ μανθάνεις.

[3]) Protrept. I, 1: ὁ γνήσιος ἀγωνιστὴς ἐπὶ τοῦ παντὸς κόσμου θεάτρωι στεφανούμενος.

[4]) Homil. in diem natal. Jesu Christi 1.

[5]) De circo 1.

[6]) Bei Conc. reg. 25. Bei Remig. Altisiodor. In ps. 59 heifsen die Machinationen der Gegner Christi geradezu *symphoniae et modulationes*. Zum angeführten Gedankenkreise vgl. noch Joh. Chrysost. Post terrae mot. 1: τὸ θέατρον τὸ ὑμέτερον ἐμοὶ στέφανος γίνεται, und Contra lud. 1: ταῦτα ὁ δῆμος ὁ φιλόχριστος, τὸ θέατρον τὸ ἄπλαστον; Comment. in Joh. I, 1. Τὸ τῶν ἀγγέλων θέατρον Hom. 56 in Genes. 59.

war. Wir werden an gegebenem Orte auf diesen Punkt zurückzukommen haben.

Die grimmige Polemik gegen das teuflische Blendwerk der weltlichen Musik bildet die bei jeder Gelegenheit wieder zu Tage tretende Unterströmung in den musikalischen Ausführungen der Kirchenväter.[1]) Die heidnische Musik diente ihnen als die wirksamste Folie, um ihren Gemeinden ihre Auffassung von der einzig wahren, d. h. der religiösen Tonkunst in das hellste Licht zu stellen. Mit allem Nachdruck betonen sie den ausschließlich religiösen Charakter und Gebrauch der Tonkunst. Nur in diesem Geiste betrieben erweist die Musik ihre göttliche Abstammung; ja, einige jener Männer stehen nicht an, ihr daraufhin unter allen Künsten die höchste Bedeutung zuzuerkennen. Keine Wissenschaft, sagt Beda,[2]) hat es gewagt, die Schwelle der Kirche zu überschreiten, außer der Musik, denn unter allen Wissenschaften ist sie erfahrungsgemäß die lobenswerteste, vornehmste und reizvollste.

Um diesen Gedanken zu beweisen, nehmen die einen die heilige Schrift zu Hilfe und führen ihre Deduktion teils auf historischem, teils auf allegorischem Wege, die anderen, wissenschaftlich gebildeteren, ziehen die antike Lehre vom Ethos, sowie neuplatonische Elemente heran.

Ein instruktives Beispiel für die erstgenannte Gruppe bietet der bereits erwähnte Abt Rupert dar. Er setzt die Musik in die engsten Beziehungen zur heiligen Schrift und bezeichnet sie

---

[1]) Unter den zahllosen, hierauf bezüglichen Stellen seien nur angeführt Arnob. Adv. gent. VII, 32; Hilar. In psalm. 118, 14; Hieronym. Comm. in epist. ad Ephes. III, 5; Augustin. De mus. I, 6; Enarrat. in psalm. 32, 2; Sermon. I, 9, 4; Clem. Alex. Strom. VI, 11; Paedag. II, 4; III, 11; Athanas. Homil. de semente c. 10; Basil. Homil. 4 in hexaëm. 1; Comm. in Jesai. 5, 156; De legend. libr. gentil. 7; Cyrill. Catech. 19, 6; Gregor. Naz. Orat. 5, 25; Carm. II, 2, 8; Joh. Chrysost. De sacerd. V, 2; De decem mill. talent. 1; Propter fornicat. I, 2; Homil. 56 in Genes. 29; in Matth. 34, 8; Isidor. Pelus. V, 185; Andreas. Caesar. In apocal. 39 (die Musik als Symbol Babylons). Strenge Scheidung zwischen kanonischer und weltlicher Musik offiziell angeordnet im Concil. Foroiul. c. 5; vgl. auch Ivo Carnot. Decret. 5, 339.

[2]) De mus. quadr. sive mens. 1: nulla ... scientia ausa est subintrare fores ecclesiae nisi ipsa tantummodo musica ... inter omnes enim scientias ipsa laudabilior curialior iucundior laetior amabilior esse probatur, nam reddit hominem laudabilem iucundum curialem laetum amabilem; vgl. Raban. Maur. De cleric. instit. III, 24.

als eine ihr unentbehrliche Verwandte und Hausmagd.¹) Die geschichtliche Betrachtung führt ihn hinauf bis zu Jubal, dem biblischen Erfinder der Musik; von da an operiert er mit Mystik und Allegorie. Mit Vorliebe wird von dieser Gruppe die Musik der Engel ins Treffen geführt, um die himmlische Abkunft der Tonkunst zu erweisen,²) wie denn auch die Engel beim menschlichen Gottesdienst stets als gegenwärtig gedacht werden.³)

Höhere Bedeutung als diese naiven mystischen Spekulationen besitzen für uns jene Theorien, welche die Kirchenväter als die direkten Fortsetzer der antiken Musikästhetik erscheinen lassen. Diese war ja von dem Hauptgrundsatze ausgegangen, dafs die Musik durchaus auf der Bewegung beruhe und dafs ihre gesamte ethische Macht in letzter Linie in der Wechselwirkung zwischen der Bewegung der musikalischen Elemente und der Bewegung der menschlichen Seele bestehe.⁴) An diesen beiden Kardinalsätzen hält der Hauptträger der antiken Tradition, Augustinus, durchaus fest. In der Bewegung besteht alles, was tönt, heifst es bei ihm,⁵) und vollends die berühmte Stelle im zehnten Buche der Konfessionen⁶) klingt wie ein letzter Nachhall der aristotelischen Theorie: alle Affekte unserer Seele haben, ihrer Verschiedenheit entsprechend, eigene Weisen in Stimme

---

¹) De Sancto Spiritu 7, 16: musica vero numquid peregrina est ab ista, de qua loquimur, scriptura sancta? immo familiaris valde apud eam et consecretalis vernacula atque prae aliis officialis magisque est necessaria.

²) Die in der Kirche singende Gemeinde als Abbild der Engel Cyrill. Procatech. 13, 26; Catech. 22, 6; Basil. Epist. II, 2, 2; die irdische Psalmodie nennt Gregor von Nazianz Carm. I, 10, 923 ff.: σύμφωνον ἀντίφωνον ἀγγέλων στάσιν δισσήν, ἄνω τε καὶ κάτω τεταγμένην, θείας ὑμνῳδὸν ἀξίας καὶ φύσεως.

³) Joh. Chrysost. In ps. 7. Die Engel περιχορεύουσι τοὺς ἡμετέρους χοροὺς: ders. in der Schrift Caritatem secund. Dom. rem esse Deo dignam, wo sich überhaupt eine längere Ausführung über diesen Punkt findet. Eine genaue Beschreibung des Gesangs der Engel und ihrer Hierarchie bei Philipp. Solitar. dioptr. II, 3; vgl. auch Amalar. Reg. canon. I, 132; Guerric. abb. Serm. in omn. sanctos 1046.

⁴) Vgl. Lehre vom Ethos S. 48 ff.

⁵) In motu est omne quod sonat, De mûs. II, 3.

⁶) Confess. X, 23: omnes affectus spiritus nostri pro sui diversitate habent proprios modos in voce atque cantu, quorum nescio qua occulta familiaritate excitentur; De mus. I, 2: scientiam modulandi probabile est esse scientiam bene movendi, ita ut motus per se ipsum appetatur atque ob hoc per se ipsum delectet.

Antike Elemente.

und Gesang, durch deren geheimnisvolle verborgene Verwandtschaft sie hervorgerufen werden. Hauptsächlich durch diese Stelle ist vermöge der Autorität Augustins die antike Lehre von der Musik als einer Bewegung in das Mittelalter verpflanzt worden; sie wird von den Späteren unzählige Male wiederholt.

Eine ähnliche Bedeutung, wie Augustin für das lateinische Mittelalter, gewann nach dieser Richtung hin Athanasius für das griechische. Er gibt die antike Lehre noch deutlicher wieder. Er geht aus von der harmonisch gestimmten Flöte, die eine einheitliche Konsonanz hervorbringt. Da sich nun auch in der Seele verschiedene Bewegungen offenbaren (nämlich nach platonischem Vorgang λόγος, ἐπιϑυμία, ϑυμός) und durch diese auch die Bewegung der Glieder des Körpers bestimmt wird, so verlangt die Vernunft, daſs der Mensch sich stets in einem harmonischen, den musikalischen Konsonanzen entsprechenden Seelenzustand befinde.[1])

Zugleich tritt uns hier zum ersten Male die charakteristische Tatsache gegenüber, daſs die Musiklehre des morgenländischen Mittelalters in bedeutend engerem Konnex mit der antiken steht, als die des abendländischen. Bei den Kirchenschriftstellern des Occidents erscheint die Ethoslehre nur in ihren allgemeinsten und gröbsten Umrissen, im Orient erhält sie sich sogar in charakteristischen Einzelzügen. Hier wurden selbst Kunstausdrücke der antiken Musikästhetik direkt herübergenommen.[2]) Auch der im Altertum gelehrte Zusammenhang zwischen Philosophie und Musik schimmert noch deutlich hindurch; nach Gregor von Nyssa

---

[1]) Ep. ad Marcellin. 27 ff.: ὥςπερ ἁρμονία τοὺς αὐλοὺς συντιϑεῖσα μίαν τὴν συμφωνίαν ἀποτελεῖ, οὕτως ἐπειδὴ καὶ ἐν τῆι ψυχῆι διάφορα κινήματα φαίνεται καὶ ἔστιν ἐν αὐτῆι τὸ λογίζεσϑαι καὶ τὸ ἐπιϑυμεῖν καὶ τὸ ϑυμοειδές, ἐκ δὲ τῆς τούτων κινήσεως καὶ ἡ τῶν μελῶν γίνεται τοῦ σώματος ἐνέργεια, βούλεται ὁ λόγος μὴ ἀσύμφωνον εἶναι τὸν ἄνϑρωπον ἑαυτῶι μηδὲ διίστασϑαι πρὸς αὐτὸν κτλ. Ähnlich im folgenden: ἵνα, ὡς ἐν ἁρμονίαι τὸ πλῆκτρον, οὕτως αὐτὸς ὁ ἄνϑρωπος ψαλτήριον γενόμενος καὶ τῶι πνεύματι προσέχων ὁλοκλήρως καὶ πᾶσι τοῖς μέλεσι καὶ τοῖς κινήματιν ὑπακούηι κτλ.

[2]) So die κατακόσμησις und καταστολὴ τοῦ ἤϑους durch die Musik: Clem. Alex. Strom. VI, 11; Didym. Alex. Comm. in ps. 67, 26, ferner besonders das ῥυϑμίζειν der Seele durch die Musik: Joh. Chrysost. Homil. post terr. mot. 1; Hom. in Matth. II, 6 (vgl. Plut. De mus. c. 26; Philod. De mus. 37, 37, 15 nach Theophrast); endlich aber vor allem die Bezeichnung ἐπανόρϑωσις τῶν ἠϑῶν vermittelst der Töne und Rhythmen: Euthym. Zigab. Prooem. in comm. in psalmos). Vgl. Lehre vom Ethos S. 5 f. nebst Anm.

z. B. ist diese musikalische Philosophie weit ergiebiger, als die, welche uns das gewöhnliche Wissen zu bieten vermag.[1]) Johannes Chrysostomus stellt geradezu den Satz auf, eine wohlgeordnete Melodie und ein rhythmisch ausgeführter göttlicher Gesang sei unter allen Dingen das, was die menschliche Seele am meisten aufrichte, beflügle, von allem Irdischen erlöse, von allen Fesseln des Leibes befreie und den Menschen zum Philosophen und zum Verächter aller äufserlichen Lebenskunst mache.[2]) Gregor von Nyssa verquickt sogar noch biblische und griechische Elemente, wenn er von David berichtet, er habe zu der Philosophie über die Tugend noch die Melodie hinzugefügt.[3])

Zugleich aber mit der Lehre von der Musik als der Kunst der Bewegung übernahmen die Kirchenväter auch die pythagoreische Lehre von der Harmonie des Weltganzen. Sie lag dem Mittelalter bei seiner ausgesprochenen Neigung zu Mystik und Allegorie ganz besonders nahe. Die Verknüpfung des astronomischen Himmels und seiner musikalischen Ordnung und den christlichen Vorstellungen vom Jenseits war auf symbolischem Wege sehr leicht herzustellen, und welche guten Dienste gerade die Musik dabei leisten konnte, zeigten die Neupythagoreer und Neuplatoniker. Wir sehen dabei zunächst von der weiter unten zu behandelnden Zahlensymbolik ab und versuchen vor allem zuerst festzustellen, welches Aussehen die antike Sphärenharmonie unter den Händen dieser christlichen Schriftsteller angenommen hat.

Wiederum fällt auf, dafs die griechischen Autoren der antiken Theorie auch in diesem Punkte näher stehen, als die lateinischen. Schon Clemens von Alexandrien bespricht die alles durchdringende Macht der Musik ausführlich und unter genauem Anschlufs an die griechischen Vorbilder. Gott hat die Welt durchaus als Harmonie geschaffen; er hat die Mischung der Elemente vorgenommen, wie wenn man etwa die dorische Harmonie mit der lydischen vermengt. Nur müssen wir uns ja davor hüten, diese

---

[1]) De occurs. Dom. I, 439 B: ἔοικε ... μεῖζόν τι ἢ κατὰ τὴν τῶν πολλῶν διάνοιαν ὑποσημαίνειν ἡ διὰ τῆς μελωιδίας φιλοσοφία.

[2]) Exposit in ps. 41: οὐδὲν οὕτως ἀνίστησι ψυχὴν καὶ πτεροῖ καὶ τῆς γῆς ἀπαλλάττει καὶ τῶν τοῦ σώματος ἀπολύει δεσμῶν καὶ φιλοσοφεῖν ποιεῖ καὶ πάντων καταγελᾶν τῶν βιωτικῶν, ὡς μέλος συμφωνίας καὶ ῥυθμῶι συγκείμενον θεῖον ἆισμα.

[3]) A. a. O. I, 422, ihm folgt Andreas Caes. Praef. ad catal. in psalm. bei Migne Patrol. gr. 106, 1072.

göttliche Harmonie mit dem Maßstab der irdischen zu messen.[1]) Man ging im Orient nach neuplatonischem Vorbild sogar so weit, diese Musik des Universums überhaupt für die einzig wirkliche Kunst zu erklären, von der die irdische nur ein schwacher Nachhall sei. So sagt Gregor von Nyssa, die Musik sei eine Harmonie, welche den Gesang der alles beherrschenden göttlichen Macht darstelle; denn die Sympathie und Übereinstimmung aller Dinge unter einander, die nach einer bestimmten Ordnung geregelt sei, bilde die urbildliche, wahre Musik, die der Weltenordner erklingen lasse.[2]) Direkt pythagoreischen Ursprungs, wenn auch mit biblischer Zahlensymbolik verquickt, ist der Satz des Methodius, daß die Schöpfung der Welt nach dem Prinzipe der Zahl und der Harmonie erfolgt sei, da Gott in sechs Tagen Himmel und Erde geschaffen habe.[3])

Unter den abendländischen Kirchenvätern war Ambrosius der erste, der sich diese antike Theorie zu Nutze machte. Er beruft sich dabei ausdrücklich auf die alten Philosophen und ihre Lehre vom Kreislauf der Planeten, die da behaupte, aus der Bewegung der Sphären ergebe sich ein kunstvoller und lieblicher Klang, da ja das durch eine so künstliche und hohe Töne mit tiefen mischende Bewegung erzeugte Durchschneiden der Luft so mannigfaltige Zusammenklänge hervorrufe, daß alle Lieblichkeit

---

[1]) Protrept. 1: τὸ πᾶν ἐκόσμησεν ἐμμελῶς (sc. ὁ θεός) καὶ τῶν στοιχείων τὴν διαφωνίαν εἰς τάξιν ἐνέτεινεν ἐμφωνίας (? wohl συμφωνίας; Hs. μφωνίας), ἵνα δὴ ὅλος ὁ κόσμος αὐτῶι ἁρμονία γένηται ... καὶ μὴν καὶ πυρὸς ὁρμὴν ἐμάλαξεν ἀέρι, οἱονεὶ Δώριον ἁρμονίαν κράσας Λυδίωι, καὶ τὴν ἀέρος ἀπηνῆ ψυχρότητα τῇ παραπλοκῇ τοῦ πυρὸς ἐτιθάσευσε τοὺς νεάτους τῶν ὅλων φθόγγους τούτους κιρνὰς ἐμμελῶς. καὶ δὴ τὸ ᾆσμα τὸ ἀκήρατον ἔρεισμα τῶν ὅλων καὶ ἁρμονία τῶν πάντων ἀπὸ τῶν μέσων ἐπὶ τὰ πέρατα καὶ ἀπὸ τῶν ἄκρων ἐπὶ τὰ μέσα διαταθὲν ἡρμόσατο τόδε τὸ πᾶν οὐ κατὰ τὴν Θρᾳκίαν μουσικήν κτλ.

[2]) De occurs. Dom. I, 422: μουσική τίς ἐστιν ἁρμονία σύγκρατον καὶ θεσπεσίαν τῆς τὸ πᾶν διακρατούσης δυνάμεως ὑμνωιδίαν ἀποτελοῦσα· ἡ γὰρ τῶν πάντων πρὸς ἄλληλα σύμπνοιά τε καὶ συμπάθεια τάξει καὶ κόσμωι καὶ ἀκολουθίαι διοικουμένη ἡ πρώτη τε καὶ ἀρχέτυπος καὶ ἀληθής ἐστι μουσική, ἣν ὁ τοῦ παντὸς ἁρμοστής ... ἀνακρούεται. Diese Anschauung erhielt sich bis in das spätere Mittelalter hinein, vgl. den Brief des Michael Psellus Περὶ μουσικῆς (Sammelbände der Internat. Musikgesellschaft II, 3, 333 ff.) Anfang und Ende.

[3]) Conviv. dec. virg. c. 11: ἡ τοῦ κόσμου κτίσις ἐκ τούτου φαίνεται πᾶσα συγκειμένη τοῦ ἀριθμοῦ καὶ τῆς ἁρμονίας, ἐν ἓξ ἡμέραις ποιήσαντος τοῦ θεοῦ τὸν οὐρανὸν καὶ τὴν γῆν.

eines musikalischen Gesanges noch übertroffen werde.[1]) Auch dem Ambrosius gilt diese Weltenmusik für das Ur- und Vorbild der irdischen: in Nachahmung dieser von den Weltkörpern unter sich geführten musikalischen Unterhaltung, die selbst in den entferntesten Räumen des Weltalls vernehmbar ist, hat König David die Kunst der Psalmodie eingeführt.[2]) Daſs die Macht der Musik in allen Dingen sich als wirksam erweise, hatten schon die Pythagoreer gelehrt, und die Kirchenväter schlossen sich ihnen hierin unbedenklich an. Kein Wissenszweig, sagt Rabanus Maurus, kann vollkommen sein ohne die Musik, denn ohne sie vermag überhaupt nichts zu bestehen, ist doch die ganze Welt nach harmonischen Gesetzen zusammengefügt und bewegt sich der Himmel selbst in harmonischen Klängen.[3])

So lebte denn die musikalische Metaphysik der Pythagoreer in der christlichen Musikästhetik weiter. Ursprünglich ein Produkt rein mathematischer Spekulation, war sie schon am Ende des Altertums mehr und mehr in die Sphäre des Mystischen gezogen worden. Schon bei den Neupythagoreern trat die naturwissenschaftliche Seite des Problems gegen die metaphysische zurück, in der christlichen Lehre vollends überwog das theologische Interesse bei weitem. Diese geheimnisvolle, so hoch gepriesene und doch von keinem Sterblichen vernommene Musik des Weltalls war den Kirchenlehrern ein willkommenes Mittel, um den gläubigen Gemütern die Weisheit der göttlichen Welt-

---

[1]) Hexaëm. II, 2: eo impulsu et motu ipsorum orbium dulcem quendam et plenum suavitatis atque artis et gratissimi modulaminis sonum reddi, quoniam scissus aër tam artifici motu et acuta cum gravibus temperante ita varios aequabiliter concentus efficiat, ut omnem supergrediatur musici carminis suavitatem. Das Folgende, das die Unhörbarkeit der Sphärenharmonie behandelt, weist direkt auf eine pythagoreische Vorlage hin.

[2]) Enarr. in XII ps. Davidic. bei Migne Patr. 14, 965 f.: ipsam axem čoeli fert expressior sermo cum quadam perpetui concentus suavitate versari, ut sonus eius extremis terrarum partibus audiretur ... unde etiam David (artem psallendi) coelestis nobis instar conversationis instituit. Die Stelle enthält eine längere Ausführung über den Zusammenhang zwischen irdischer und himmlischer Musik. Vgl. auch Augustin. De mus. VI, 11: ita coelestibus terrena subiecta orbes temporum suorum numerosa successione quasi carmini universitatis associant, und Paulin. Nolan. Poëm. 27, 81 f.:
    sic Deus omnisonae modulator et arbiter unus
    harmoniae per cuncta movet quam corpora rerum.

[3]) De universo 18, 4: sine musica nulla disciplina potest esse perfecta, nihil enim sine illa. nam et ipse mundus quadam harmonia sonorum fertur esse compositus et coelum ipsum sub harmoniae modulatione resolvitur.

ordnung zu predigen. Im Prinzip wurde dabei an der antiken Lehre nichts geändert; man begnügte sich damit, sie einfach der christlichen Schöpfungslehre folgerichtig einzugliedern. In dieser durchsichtigen christlichen Einkleidung hat sich diese merkwürdige griechische Theorie in der kirchlichen Musikästhetik das gesamte Mittelalter hindurch bis nahezu an die Schwelle der neueren Zeit erhalten.

Zugleich mit der musikalischen Metaphysik haben die Kirchenväter auch die musikalische Ethik aus dem Altertum übernommen. Freilich hat hier die Verschiedenheit des Standpunkts von Anfang an nicht unwesentliche Änderungen und Umbildungen nach sich gezogen.

Grundsätzlich unterscheidet sich die mittelalterliche Theorie von der *moralitas artis musicae* von ihrem antiken Vorbild, der Ethoslehre, dadurch, dafs sie die Musik streng auf den Gottesdienst beschränkt. Psalmodie und Hymnodie, die beiden Hauptpole, zwischen denen sich die frühmittelalterliche christliche Tonkunst bewegt, bilden das einzige Feld, auf dem sich die Kunst und damit auch die Kunstlehre weiter entwickeln konnte; die weltliche Musik wurde verpönt oder zum mindesten ignoriert. Daraus ergibt sich von selbst, dafs die Musik als selbständige Kunst, die dem Hörer als solche einen ästhetischen Genufs bereitet und in dieser Eigenschaft auch von den Alten anerkannt worden war, vor den Augen jener Männer keine Gnade fand. Denn so hoch man auch die Macht der Musik pries, in den Mittelpunkt des gottesdienstlichen Interesses durfte sie, zumal in jenen frühesten Zeiten, nun und nimmer treten. Der Spielraum, den man ihr im Gottesdienst gönnte, war auf das allerengste Mafs beschränkt; der asketische Geist duldete durchaus keinen selbständigen Gesang, in dem die Musik ihren sinnlichen Reiz frei hätte entfalten können, er gestattete vielmehr nur die primitivste Form des Psalmodierens, die der gesprochenen Rede näher stand, als dem Gesange. Trotz aller Strenge in den hierauf bezüglichen Vorschriften aber konnte man doch nicht umhin, die sinnliche Seite der Musik wenigstens stillschweigend als wirksam anzuerkennen; erwartete man doch von ihr, dafs sie auf die Gemüter, auf die das gesprochene Wort keinen genügenden Eindruck mache, die gewünschte Wirkung ausübe.[1])

---

[1]) Raban. Maur. De Cleric. institut. II, 48: primitiva ecclesia ita psal-

Ein Blick in die ältesten uns erhaltenen Tondenkmäler gibt uns eine deutliche Vorstellung von der überaus bescheidenen Rolle, welche der Musik in den ältesten christlichen Kultusgesängen zugeteilt war. Von Interesse ist dabei übrigens, dafs, wie aus verschiedenen Andeutungen hervorgeht, die Heranziehung der Musik zu den Kulthandlungen nicht allein aus ästhetischen, sondern auch aus rein praktischen Gründen erfolgte. Der psalmodische Vortrag sollte nämlich der Gemeinde das Auswendiglernen der Texte erleichtern.[1])

Der Endzweck aber, dem diese ganze primitive Tonkunst in letzter Linie zustrebte, war die Erzielung der *compunctio cordis*, jenes Zustandes bufsfertiger Zerknirschung, der die Seele allein für die christlichen Heilswahrheiten und Gnadenmittel empfänglich macht. Prüft man darauf hin jene ältesten psalmodischen Gesänge, so erkennt man leicht, dafs keine Singeweise zur Erreichung dieses Ziels geeigneter sein konnte, als gerade diese. In ihrer Melodik fast durchaus in die Grenzen eines Tetrachordes gebannt, in ihrer Rhythmik allein durch den Textausdruck bestimmt, müssen diese Gesänge, von einer ganzen zahlreichen Gemeinde vorgetragen, eine erschütternde psychologische Wirkung ausgeübt haben. Hier entfaltete der unisone Massengesang seine volle Wucht.

Zugleich begreift man aber auch, dafs eine Religion, welche der Musik eine derartige Stellung in ihrem Gottesdienste anwies, von ihrem sinnlichen Reize von vornherein nichts wissen mochte. Wohl kannten die Kirchenväter jene verführerischen Eigenschaften der Musik, deren verderbliche Wirkungen sie im weltlichen Musikleben ja tagtäglich vor Augen hatten. Aber für ihre Person stellten sie mit aller Strenge den Grundsatz auf, dafs die Musik niemals rein sinnlichen Zwecken dienen dürfe, sondern stets nur dem Geistigen, Göttlichen. Nicht die Sirenen will ich hören, ruft Methodius aus, die ein Grablied für die Menschen singen, sondern die göttliche Stimme will ich geniefsen, die ich immer wieder zu hören begehre, so oft ich sie auch schon gehört

---

lebat, ut modico flexu vocis faceret resonare psallentem, ita ut pronuntianti vicinior esset quam canenti. propter carnales ..., non propter spiritales consuetudo cantandi est instituta, ut quia verbis non compunguntur, suavitate modulaminis moveantur. Vgl. Gregor v. Tours Expos. brev. ant. liturg. Gall. bei Migne Patr. 72, 95; Isid. Hispal. De eccl. offic. I, 5.

[1]) Maxim. Schol. in libr. de eccl. hierarch. bei Migne 4, 66.

haben mag, nicht als Sklave zügelloser Gesänge, sondern als ein in die göttlichen Geheimnisse Eingeweihter. Ein jeder komme also und vernehme den göttlichen Gesang ohne Furcht. O der wohlklingenden Harmonie, die vom heiligen Geiste stammt! So wollen denn auch wir denselben Gesang anstimmen und dem heiligen Vater einen Hymnus emporsenden. Fliehe nicht, o Mensch, diesen geistlichen Hymnus und verschliefse dein Herz nicht feindselig gegen seine Klänge.[1])

Der sinnliche Reiz der Musik, der in der heidnischen Tonkunst soviel Unheil anrichtete, mufste für den kirchlichen Gebrauch unschädlich gemacht werden. Da man ihn unmöglich ableugnen konnte, so suchte man seinen Zweck dadurch zu erreichen, dafs man bei der Ausführung der kirchlichen Gesänge den Hauptnachdruck auf ihre Texte und deren Inhalt legte und vor allem die Gemütsverfassung jedes einzelnen während des Singens prüfte. Sie mufste derart beschaffen sein, dafs die durch die Musik bewirkte *compunctio cordis* ohne weiteres eintreten konnte.[2]) Die Kirchenväter sprechen sich einstimmig dahin aus, dafs das Angenehme, was die Musik darbiete, im Grunde nur ein Zugeständnis Gottes an die Schwachen im Geiste sei, um ihnen die Psalmen und übrigen Gesänge mundgerechter zu machen. Denn an und für sich bedarf Gott der Musik so wenig wie der Opfer. In der Absicht, die Schwachen von ihrem Irrtum zu erlösen, hat sich Gott Opfer und musikalische Instrumente gefallen lassen, indem er gnädig ihre Schwachheit übersah und ihren knabenhaften Sinn an sich fesselte.[3]) Gott macht

---

[1]) De libero arbitr. bei Migne 18, 240f.: οὐδὲ ἀκούειν ἐπιθυμῶ Σειρήνων ἐπιτάφιον ἀνθρώπων ἀιδουσῶν ... θείας δέ τινος ἀπολαύειν φωνῆς εὔχομαι, ἧς κἂν πολλάκις ἀκούσω, πάλιν ἀκούειν ἐπιθυμῶ, οὐκ ἀκολάστου φωνῆς ἡδονῆι νενικημένος, ἀλλὰ θεῖα διδασκόμενος μυστήρια ... ἠκέτω τοίνυν σύμπας καὶ ἀκουέτω τῆς θείας ᾠδῆς μηδὲν πεφοβημένος ... τοιαύτης γὰρ ᾠδῆς ἀκούειν ἄξιον, τοιούτους ἄιδοντας ἔχειν εὐκτέον εἶναί μοι δοκεῖ ... ὦ συμφώνου ἀρμονίας ὑπὸ θείου πνεύματος συγκειμένης ... ἄισωμεν τοιγαροῦν καὶ ἡμεῖς τὴν ὁμοίαν ᾠδὴν καὶ τὸν ὕμνον ἀναπέμψωμεν τῶι ἁγίωι πατρί ... μὴ φύγηις, ἄνθρωπε, ὕμνον πνευματικὸν μηδὲ ἀπεχθῶς πρὸς τὴν ἀκρόασιν διατεθῆις.

[2]) Diese Bedeutung des Wortes wurde erst von den christlichen Autoren ausgeprägt, s. Sulpic. Sever. Epist. 2, 19 (vgl. Quicherat, Addit. lex. Lat. 49a). *Compungi* in derselben Bedeutung z. B. bei Lactant. 4, 18, 14 u. ö.

[3]) Theodoret. Comm. in Isai. I, 11: ἐκείνης τοίνυν αὐτοὺς τῆς πλάνης ἀπαλλάξαι βουληθεὶς ὁ θεὸς καὶ θυσιῶν καὶ μουσικῶν ὀργάνων ἠνείχετο

also hier gewissermaſsen gute Miene zum bösen Spiel; denn daſs er selbst an Gesängen und Instrumentenspiel keinen Gefallen findet, ist aus seinen eigenen Worten bekannt. Nur um die Menschen enger an sich zu fesseln, hat er alles das gestattet, um durch den geringeren Schaden den gröſseren zu verhüten.[1]) Nicht minder naiv ist die Begründung desselben Gedankens durch den Satz, daſs Gott uns gestattet habe, ihn auf mannigfache Weise zu preisen, nicht etwa weil ihm unser Lob irgend etwas nütze, sondern um einen Grund zum Erweisen von Wohltaten zu haben.[2]) Am ausführlichsten spricht sich über diesen Punkt Basilius aus mit den Worten:[3]) als der hl. Geist sah, wie schwer sich das Menschengeschlecht zur Tugend leiten lieſs und wie oft wir durch unsere Neigung zur Sinnenlust vom richtigen Leben abgezogen werden, was tat er da? Er fügte den Dogmensätzen die Lieblichkeit der Melodie hinzu, damit wir durch Vermittlung des Gehörs unvermerkt den in den Worten liegenden Nutzen in uns aufnehmen. Nach dem von nun an sehr beliebten Vergleiche des durch Musik ausgeschmückten geistlichen Liedes mit einer durch allerhand Ingredienzien versüſsten Arznei fährt der Verfasser fort:[4]) darum sind die wohlklingenden Melodien zu den Psalmen von uns ersonnen worden, damit die dem Alter wie dem

τὴν ἐκείνων ὑπερείδων ἀσθένειαν καὶ τὴν μειρακιώδη γνώμην ψυχαγωγῶν. Isid. Pelus. Epist. II, 176: εἰ θυσιῶν καὶ αἱμάτων ἠνέσχετο τὸ θεῖον διὰ τὴν τῶν ἀνθρώπων τὸ τηνικάδε νηπιότητα, τί θαυμάζεις εἰ καὶ μουσικῆς διὰ κιθάρας καὶ ψαλτηρίου τελουμένης; Auch hier schimmern wieder antike Gedanken hindurch; vgl. Platon Rep. II, 376 E.

[1]) Theodoret. Comm. in ps. 150, 4: συνεχώρησε ταῦτα (sc. ὁ θεός) τῆι ἐλάττονι βλάβηι κωλύων τὴν μείζονα καὶ διὰ τῶν ἀτελῶν προπαιδεύων τὰ τέλεια.

[2]) Bruno Carthus. Expos. in ps. 41: vult laudari a nobis (Deus), non quod laus nostra quidquam conferat illi, sed ut habeat causam benefaciendi nobis. Ähnliche Gedanken bei Joh. Chrysost. Exp. in ps. 150; Andr. Caesar. Comm. in apocal. 13, 23 f.; Petr. Venerab. Tract. contr. Petrobrusian. bei Migne 189, 847 f.

[3]) Homil. I in ps.: ἐπειδὴ ... εἶδε τὸ Πνεῦμα τὸ ἅγιον δυσάγωγον πρὸς ἀρετὴν τὸ γένος τῶν ἀνθρώπων καὶ διὰ τὸ πρὸς ἡδονὴν ἐπιρρεπὲς τοῦ ὀρθοῦ βίου καταμελοῦντας ἡμᾶς, τί ποιεῖ; τὸ ἐκ τῆς μελωιδίας τερπνὸν τοῖς δόγμασιν ἐγκατέμιξεν, ἵνα τῶι προσηνεῖ καὶ λείωι τῆς ἀκοῆς τὸ ἐκ τῶν λόγων ὠφέλιμον λανθανόντως ὑποδεξώμεθα.

[4]) Ibid.: διὰ τοῦτο τὰ ἐναρμόνια ταῦτα μέλη τῶν ψαλμῶν ἡμῖν ἐπινενόηται, ἵνα οἱ παῖδες τὴν ἡλικίαν ἢ καὶ ὅλως οἱ νεαροὶ τὸ ἦθος τῶι μὲν δοκεῖν μελωιδῶσι, τῆι δὲ ἀληθείαι τὰς ψυχὰς ἐκπαιδεύωνται. Ähnlich Joh. Chrysost. Comm. in epist. ad Ephes. III, 5, 19.

Geiste nach noch Unentwickelten und Jungen, während sie selbst zu musizieren glauben, in Wahrheit ihre Seele bilden. Freilich, der im Glauben Starke bedarf dieser äufseren Reizmittel nicht mehr; sein freier, nur dem Göttlichen zugewandter Geist ist ebenso erhaben über den Reiz der Musik, wie er ja überhaupt mit der Sinnenwelt längs abgeschlossen hat.[1])

So bescheiden war die Stellung der Tonkunst in der ältesten christlichen Kirche; kein Mensch würde ahnen, dafs auf dieser Grundlage sich später der stolze Bau der Kirchenmusik Palestrinas erheben sollte. Der Streit über das Wesen der Kirchenmusik, der so alt ist wie die Kirchenmusik selbst, war damit vorerst zu Gunsten der Kirche entschieden; die Musik war eine blofs geduldete Dienerin der Kirche, ja sogar ein notwendiges Übel. Aber die lebendige Weiterentwicklung der Musik erwies sich als stärker wie jene musikästhetischen Dogmensätze. Es dauerte nicht lange, dafs die „Süfsigkeit" der Musik eben doch ihr Recht forderte, dafs concentische Gesänge neben den accentischen auftauchten, ja sogar die Psalmodie selbst zu durchdringen begannen. Die offizielle Kirche besafs Einsicht genug, um sich dieser Wandlung der Dinge nicht zu verschliefsen. Nach kurzem Widerstand gab die Orthodoxie den Kampf auf und bequemte sich der neuen Singeweise ebenfalls an; es ist sehr bezeichnend, dafs der weltbewegende Streit zwischen Arianern nnd Athanasianern sich auch auf dem Gebiete der Kirchenmusik widerspiegelt.

Zunächst freilich hielt man noch durchaus an dem ursprünglichen asketischen Rigorismus fest. Ja man ging darin sogar so weit, auf die stimmliche Veranlagung des einzelnen dabei gar keine Rücksicht zu nehmen, die doch bei einigermafsen künstlerisch betriebener Musikübung von gröfster Bedeutung hätte sein müssen. Mag einer auch eine noch so schlechte Stimme besitzen, sagt Hieronymus, wenn seine Werke gut sind, so ist er doch bei Gott ein wohlgefälliger Sänger. Denn der Diener Christi soll so singen, dafs nicht die Stimme des Sängers, sondern seine Worte gefallen.[2]) Dieselben Tendenzen leiteten nach der Ansicht des Johannes Chrysostomus bereits den König David bei der Einführung des

---

[1]) Agobard. De corr. antiph. 12 (nach Hieronymus).
[2]) Comment. in epist. ad Ephes. III, 5, 19: quamvis sit aliquis, ut solent illi (d. h. die kunstgeübten Sänger) appellare κακόφωνος, si bona opera habuerit, dulcis apud Deum cantor est. sic cantet servus Christi, ut non vox canentis, sed verba placeant.

Psalmengesanges. Er verfolgte dabei durchaus keine künstlerischen, sondern nur religiös-pädagogische Zwecke. Der Gesang soll uns in die Sphäre des Geistigen emporheben. David singt seine Psalmen, nicht um unsere Ohren zu kitzeln, sondern um unseren Geist zu erquicken und zu fördern. Denn aller weltliche Gesang, der das Gehör beleidigt und den Sinn betrügt, führt weit ab vom wahren Nutzen, während die himmlischen Melodien die Seele zur Zucht und Ordnung lenken[1]). Aus demselben Grunde mufste man den Frauen, die anfangs „zur Verhütung ihres Geschwätzes" hatten mitsingen dürfen, später diese Erlaubnis wieder entziehen, da man die Erfahrung machen mufste, dafs sie aus den göttlichen Gesängen nicht nur keine bufsfertige Stimmung gewannen, sondern die Süfsigkeit der Melodie zu Aufregung aller Art benutzten und sie mit ganz denselben Augen betrachteten, wie die Lieder auf dem Theater.[2])

Weit höhere Wichtigkeit als die Melodie besitzt bei den geistlichen Gesängen für den Christen das Textwort und die darin enthaltenen Gedanken, ferner aber auch die Gemütsverfassung, in der er sich zum Singen anschickt. Sehr bezeichnend ist hiefür eine Stelle bei Johannes Chrysostomus, worin neben diesen beiden andern Faktoren die Musik nicht einmal erwähnt wird;[3]) sie kommt für den richtigen Hymnensänger gar nicht in Frage. Die Anfänger aber müssen sich nach einem erfahrenen Lehrer umschauen, da sonst ihr Glaube durch verkehrtes Singen geschwächt werden kann; wir dürfen die Gabe des Gehörs nicht zum Laster mifsbrauchen, denn sie ist uns dazu verliehen, dafs wir die Lehre Gottes verstehen sollen. Wenn es daher Vergnügen bereitet, Gesänge und Lieder zu hören, wie angenehm mufs es

---

[1]) In ps. 100, 1: (Δαβὶδ) τὸ πνευματικὸν καὶ ἐπουράνιον μέλος προβαλλόμενος πνευματικοὺς ἡμᾶς διὰ τῆς ᾠδῆς ἀπεργάζεται... ᾄδει δὲ οὐ τέρψαι καὶ ἡδῦναι τὰ ὦτα προθέμενος, ἀλλ' εὐφρᾶναι καὶ ὠφελῆσαι τὴν διάνοιαν βουλόμενος... τὰ γὰρ βιωτικὰ ᾄσματα καὶ αἱ τοῦ κόσμου μελῳδίαι ἀπηχοῦσαι τὴν ἀκοὴν καὶ ἀπατῶσαι τὴν διάνοιαν μακρὰν ἀπάγουσι τῆς ὠφελείας ... τὰ δὲ ἐπουράνια ... κοσμίαν καὶ τὴν ψυχὴν ἀπεργάζεται. Derselbe Gedanke in der Vita Theod. Studit. c. 113.

[2]) Isid. Pelus. Epist. I, 91: κατάνυξιν ἐκ τῶν θείων ὕμνων οὐχ ὑπομένουσι, τῆι δὲ τοῦ μέλους ἡδύτητι εἰς ἐρεθισμὸν παθημάτων χρώμεναι οὐδὲν αὐτὴν ἔχειν πλέον τῶν ἐπὶ σκηνῆς ᾀσμάτων λογίζονται. Κατάνυξις ist das griechische Äquivalent für das lateinische compunctio.

[3]) Sermo, cum presbyt. fuer. ordinat.: ἐπὶ τῶν ὕμνων τῶν ἱερῶν οὐχὶ τοὺς λόγους εὐλαβείας μετέχειν χρὴ μόνον, ἀλλὰ τὴν πλέκουσαν αὐτοὺς ψυχήν.

erst sein, das Lob Gottes zu singen und zu hören.¹) Wir brauchen die Musik, wenn sie auch nicht zu den wesentlichsten Faktoren des Gottesdienstes gehört, darum noch lange nicht zu fliehen, wenn sie uns nur da und dort das Verständnis der heiligen Schriften erleichtert; nur kann natürlich blofs eine solche Musik in Frage kommen, die geeignet ist, uns geistige Förderung zu bringen.²) Am eingehendsten und gründlichsten spricht sich auch über diesen Punkt Augustinus aus, in einer Stelle von unübertrefflicher Anschaulichkeit, die zugleich zum Schönsten und Treffendsten gehört, was nicht nur in der damaligen Zeit, sondern überhaupt über das Wesen und den Beruf der kirchlichen Musik gesagt worden ist. Sie lautet: Durch die heiligen Worte werden meinem Empfinden nach unsere Seelen andachtsvoller und leidenschaftlicher zu der Glut der Liebe hingezogen, wenn sie so gesungen werden, als wenn dies nicht der Fall wäre. Wenn ich mich der Tränen erinnere, die ich bei den Gesängen der Kirche vergossen habe, und auch jetzt bedenke, dafs nicht der Gesang es ist, der mich bewegt, sondern die Dinge, die gesungen werden mit klarer Stimme und entsprechender Melodik, so kommt mir der grofse Nutzen dieser Einrichtung wiederum deutlich zum Bewufstsein. Und doch mufs ich, wenn es mir zustöfst, dafs ich durch den Gesang mehr bewegt werde, als durch das Gesungene, mich einer schweren Sünde schuldig bekennen, und ich wünschte, in solchem Falle lieber keinen Sänger zu hören.³)

---

¹) Lactant. Instit. div. VI, 21: carmen autem compositum et oratio cum suavitate desipiens capit mentes, et quo voluerit, impellit. inde homines litterati, cum ad Dei religionem accesserint, si non fuerint ab aliquo perito doctore fundati, minus credunt ... hic sensus non est ad vitium detorquendus, qui nobis ideo datus est, ut doctrinam Dei percipere possimus. itaque si voluptas est audire cantus et carmina, Dei laudes canere et audire iucundum sit.

²) Eugipp. Thesaur. 265: nos autem non propter superstitionem profanorum debemus musicam fugere, si quid inde utile ad intelligendas sacras scripturas rapere potuerimus, nec ad illorum theatricas nugas converti, si aliquid de citharis et de organis, quod ad spiritalia valeat, disputemus.

³) Confess. X, 23: ipsis sanctis dictis religiosius et ardentius sentio moveri animos nostros in flammam pietatis, cum ita cantantur quam si non ita cantarentur ... cum reminiscor lacrimas meas quas fudi ad cantus ecclesiae ... et nunc ipso quod moveor non cantu, sed rebus quae cantantur, cum liquida voce et convenientissima modulatione cantantur, magnam huius instituti utilitatem rursus agnosco ... tamen, cum mihi accidit, ut me amplius cantus, quam res, quae canitur, moveat, poenaliter me peccare confiteor et tunc mallem non audire cantantem.

Die Stelle enthält zugleich eine lebendige Schilderung des erschütternden Eindrucks, den jene frühesten psalmodischen Gesänge selbst auf die geistig am höchsten stehenden Männer machten. Augustin ist einer der glühendsten Verehrer der Tonkunst, er ist durchdrungen von der idealen Musikauffassung der Antike, und doch erscheint sie ihm als ein Nichts gegenüber der Heiligkeit des göttlichen Wortes; immer und immer wieder mahnt er, über dem Reiz des Gesanges den Inhalt der Gesänge nicht zu vergessen.[1]) Auch im Orient hielt die Kirche durchaus an dieser Forderung fest.[2])

In noch höherem Grade, als die textliche Grundlage der Gesänge wird die Gesinnung des Sängers der Musik gegenüber in den Vordergrund gerückt. Niemals kann der Gesang einen Wert haben, sagt Simeon Metaphrastes, wenn man nicht aus innerem Drange an das Psalmensingen herantritt und die Gemütsverfassung nicht dem Bibelwort entspricht: wie lieblich sind Deine Worte meiner Kehle.[3]) Fast sämtliche Kirchenväter wiederholen aufs eindringlichste die Mahnung, daſs man Gott nicht mit der Stimme, sondern mit dem Herzen lobsingen müsse. Hieronymus, den wir bereits als einen der eifrigsten Vertreter jener asketischen Musikauffassung kennen gelernt haben, stellt sich auch nach dieser Richtung hin auf den rigorosesten Standpunkt mit den Worten: singen, psallieren und lobpreisen müssen wir Gott mehr mit dem Geiste, als mit der Stimme. Mögen dies die jungen Leute und die, denen die Pflicht des Psallierens in der Kirche obliegt, hören, daſs man Gott nicht mit der Stimme, sondern mit dem Herzen singen muſs, daſs sie nicht nach Art der Tragöden Kehle und Schlund mit süſsen Mitteln schmieren dürfen, so daſs in der Kirche theatralische Schnörkel und Lieder ertönen, sondern daſs sie Gott durch Gottesfurcht, gute Werke und Kenntnis der Schriften zu preisen haben.[4]) Aber auch Augustinus macht zur

---

[1]) Sermon. suppos. 284, 2, jedenfalls ganz im Geiste Augustins.

[2]) Vgl. z. B. Pseudo-Justin. Quaest. et respons. bei Migne 1, 469: διὰ τί μετ᾽ ᾠδῆς αὐτὰ ἔλεγε χαύνωσιν μᾶλλον ἤπερ ὠφέλειαν εἰδότων τῶν ἀισμάτων τοῖς ἀνθρώποις ἐνεργάζεσθαι; κατὰ τὰ ἐν ταῖς ᾠδαῖς ἐμφερόμενα διηγήματα ἁρμοδίως οἱ ῥυθμοὶ τῶν μελῶν ἐγίνοντο ἄγοντες τὰς ψυχὰς εἰς τὴν πρέπουσαν τοῖς ἀιδομένοις αἵρεσιν.

[3]) Sermon. II, 5: εἰ μή τις ἐπιθυμητικῶς ἔρχεται ἐπὶ τὸ ψάλλειν καὶ μὴ ἐπιφαίνεται αὐτῶι ἡ διάθεσις τοῦ εἰπόντος· ὡς γλυκέα κτλ.

[4]) Comm. in epist. ad Ephes. III, 5, 19: canere igitur et psallere et laudare Dominum magis animo quam voce debemus. audiant haec adulescen-

Bedingung, daſs wir das, was wir mit wohlklingender Stimme gesungen, in heiterem Gemüte erkennen und schauen,[1]) und der hl. Benedikt gibt dem sich zum Psalmensingen Anschickenden die Weisung, daſs sein Gemüt sich in Übereinstimmung befinde mit seiner Stimme.[2]) Hilft es uns doch nichts, wenn wir Gott nur in den Vorhof unseres Mundes zulassen und dabei im Innern unseres Herzens den Teufel beherbergen.[3])

Aber nicht allein die Gesinnung, sondern auch die aus dieser entspringende praktische Lebensführung soll mit dem Inhalt der Gesänge übereinstimmen. Es ist dies eine Seite dieser christlichen Musikästhetik, die bereits hart an die Grenze der später zu besprechenden Symbolik und Allegorisierung führt.

Die guten Werke, die hinter den Gesängen stehen sollen, haben wir bereits bei Hieronymus kennen gelernt. Gesang, Gesinnung und christliche Werktätigkeit verknüpfte man durch die Forderung: was Du mit dem Munde singst, das glaube mit dem Herzen, und was Du mit Deinem Herzen glaubst, das beweise durch Deine Werke.[4]) Das Psalmensingen, sagt Hilarius, bedeutet nicht sowohl eine Pflicht der Stimme, sondern der Werktätigkeit,[5]) und auch Augustin mahnt daran, nicht allein mit der Stimme, sondern auch mit den Werken Gott zu preisen;[6]) er bringt dabei das charakteristische Wortspiel: *cantate oribus, cantate moribus.*[7]) Eine gegenteilige Handhabung des Singens führt zur Schädigung

---

tuli, audiant hi, quibus psallendi in ecclesia officium est, Deo non voce sed corde cantandum nec in tragoedorum modum guttur et fauces dulci medicamine colliniendas, ut in ecclesia theatrales moduli audiantur et cantica, sed in timore, in opere, in scientia scripturarum.

[1]) Enarr. in ps. 18: proinde quod consona voce cantavimus, sereno etiam corde nosse ac videre debemus. Vgl. Enarr. in ps. 147, 5.

[2]) Regula comm. c. 19: sic stemus ad psallendum, ut mens nostra concordet voci nostrae. Ihm folgt Donat. reg. ad virg. 17.

[3]) Auct. incert. bei Migne 88, 1009: ne, cum in sola lingua Deum laudamus, in sola regia oris nostri Deum admittamus et intus in domum cordis introductum diabolum collocemus ... ergo ad cantum et tale officium corporaliter cor cum lingua conveniat.

[4]) Ivo Carnotens. Decret. VI, 19: vide ut, quod ore cantas, corde credas, et quod corde credis, operibus probes; ähnlich Wolberon. abbat. Paraenes. ad virg. bei Migne 195, 1271.

[5]) Migne 9, 869.

[6]) Enarr. in ps. 97, 5.

[7]) Sermon. 34. 6.

der Gemeinde. Agobardus sagt, es komme öfters vor, dafs über dem Bestreben, eine recht schmeichlerische Stimme zu entfalten, die entsprechende Lebensführung aufser acht gelassen werde und der Sänger, der Diener Gottes, durch sein sittliches Verhalten Anstofs errege, während er das Volk durch seine Stimme ergötze.[1]

Diese Gedanken sind uns nicht mehr neu, wir haben sie bereits bei Philo[2]) und weiterhin bei den Neuplatonikern, insbesondere bei Porphyrius[3]) vorgefunden. Dieser hatte der weltlichen Theatermusik den Krieg erklärt, jener den Satz aufgestellt, dafs die Musik für den wirklich religiösen Menschen niemals Selbstzweck sein dürfe. Die Einwirkung beider Richtungen, der neuplatonischen und der jüdisch-alexandrinischen Philosophie auf die Kirchenväter ist bekannt; sie gaben sich ihr um so williger hin, als sie hier in vielen Dingen Geist von ihrem eigenen Geiste erkannten, so vor allem in dem asketischen Grundzug, der die spätantike Musikästhetik beherrschte. Dazu kamen noch Gründe praktischer Natur. Die Rücksicht auf den allgemeinen Bildungsstand der ersten Gemeindeglieder liefs von Anbeginn an eine freiere künstlerische Entwicklung des musikalischen Elementes im Gottesdienste nicht zu; zudem verbot sich in der Zeit der Verfolgungen die Entfaltung gröfserer Klangwirkungen von selbst, die den Beteiligten jederzeit verhängnisvoll werden konnte.

Und doch war den Kirchenvätern die Musik trotz allen Schmerzen, die sie ihnen bereitete, und trotz allen Einschränkungen, die sie ihr auferlegten, dergestalt ans Herz gewachsen, dafs sie sie nicht mehr entbehren mochten. Schon ihre häufige Erwähnung in der Bibel war ein Grund, sich mit ihr mehr zu beschäftigen als mit den übrigen Künsten. Die Gestalten des alten Testaments, vor allem Davids, der von Anfang an als der richtige Schutzpatron der christlichen Kirchenmusik betrachtet und verehrt wird, dann aber auch die des Neuen Testamentes, ja Christus selbst galten als Vorbilder für die richtige Art zu singen.[4]) Wer

---

[1]) De correct. antiph. 15: fit plerumque ut ad sacrum ministerium, dum blanda vox quaeritur, quaeri congrua vita negligatur et cantor minister Domini moribus stimulet, dum populum vocibus delectat.
[2]) S. o. S. 37.
[3]) S. o. S. 53.
[4]) Von Christus sagt der Dichter Prudentius Clemens Carm. καθημερινῶν 2:

aber diese sich zu eigen gemacht hat, der mag die Musik ruhig als Begleiterin in allen Lebenslagen benutzen, nach dem schönen Worte Augustins über solche Leute: sie singen aus Liebe, sie singen aus Sehnsucht, sie singen bald in Trübsal, bald aus Freude, wenn sie nämlich in der Hoffnung singen.[1]) Sehr anschaulich beschreibt die hinreifsende Gewalt dieser Singeweise Johannes Chrysostomus: unerschütterlich ist das Ohr nur dem einen Ziel zugewandt, nämlich dem Erfassen der göttlichen Worte und des volltönenden geistlichen Zusammenhangs, dessen Herrschaft über die einmal gefangen genommene Seele so mächtig ist, dafs der, welcher von jener Melodie mit fortgerissen ist, mit Lust weder Speise noch Trank noch Schlaf zu geniefsen vermag.[2])

Als mit der Erhebung des Christentums zur Staatsreligion sich ihm auch die gebildeteren Kreise mehr und mehr zuwandten, gelangte auch die Musik aus ihrer bisherigen Gebundenheit heraus zu einer freieren Stellung. Die schädlichen Einwirkungen der heidnischen Tonkunst brauchte man nicht mehr in demselben Mafse zu fürchten wie früher; auf der andern Seite fielen die praktischen Rücksichten, die bisher eine freie Entfaltung des musikalischen Elements gehemmt hatten, weg. Die kunstarme Form der ältesten Psalmodie konnte einer vorgeschritteneren Zeit nicht mehr genügen, der Unterschied zwischen dieser primitiven Form und der reich entwickelten griechischen Musik machte sich je länger je mehr fühlbar. Der starre konservative Standpunkt der ältesten Zeiten war nicht mehr aufrecht zu erhalten. Freiwillig oder der Not gehorchend mufste man sich dazu entschliefsen, mit der verpönten heidnischen Musik, deren Einflüsse sich auch in der Kirche immer stärker bemerkbar machten, zu paktieren und die damit gegebenen neuen Elemente, die man mit Gewalt nicht mehr zu unterdrücken vermochte, wenigstens im Sinne der

---

Te mente pura et simplici,
Te voce, te cantu pio
Rogare curvato genu
Flendo et canendo discimus.

[1]) Enarr. in ps. 123, 1: amando cantant, desiderando cantant, aliquando cum tribulatione cantant et aliquando exsultando cantant, cum in spe cantant.

[2]) De compunct. II, 1: ἑστήκασι δὲ ἀτρεμεῖς αἱ ἀκοαί, πρὸς ἓν μόνον ἠσχολημέναι, τὴν τῶν θείων λογίων ἀκρόασιν καὶ τῆς παναρμονίου καὶ πνευματικῆς ἐπακούουσαι συμφωνίας, ἧς ἡ τυραννὶς οὕτω κρατεῖ τῆς ἅπαξ ἁλούσης ψυχῆς, ὥστε μήτε σῖτα μήτε ποτὸν μήτε ὕπνον αἱρεῖσθαι μεθ' ἡδονῆς τὸν ὑπ' ἐκείνης ἐφελκυσθέντα τῆς μελῳδίας.

Kirche auszunutzen und weiterzubilden. Es waren dies aber in erster Linie Elemente concentischer, melodiöser Natur, die sich nunmehr neben und innerhalb der accentischen Psalmodie einen immer gewichtigeren Platz errangen.

Damit mufste aber auch die Ästhetik in ein neues Stadium der Entwicklung treten. Die streng asketische Richtung, welche in der Zuziehung der Musik zum Gottesdienst nur ein Zugeständnis an die Schwäche der Menschheit erblickt hatte, mufste einer freieren Anschauung weichen, die sich mit der Musik als solcher und mit ihren Wirkungen auf das menschliche Gemüt befafste. Die Lehre der antiken Musikethiker, welche auch in jenen frühesten Zeiten, wie wir sahen, niemals gänzlich aufser Kurs geraten war, trat nunmehr in ihrer vollen Wirksamkeit hervor.

Im Kreise des Platon und Aristoteles hatte sich allmählich die Lehre von den drei Stilarten ($\tau\varrho\acute{o}\pi o\iota$ $\mu\varepsilon\lambda o\pi o\iota\acute{\iota}\alpha\varsigma$) herausgebildet, der systaltischen, die sich in einem scharf hervortretenden, zur Weichlichkeit und Sentimentalität hinneigenden Subjektivismus äufsert, der diastaltischen, die einen aktiven, die Energie anspornenden Charakter trägt, und endlich der hesychastischen, in der sich das Gleichgewicht der Seele widerspiegelt.[1])

Wenn die Kirchenväter diese Einteilung auch nicht als solche direkt aus dem Altertum herübergenommen haben, so schimmert doch die ihr zu Grunde liegende Anschauung in ihrer Lehre noch deutlich genug hindurch. Zumal in der Verdammung des systaltischen Tropos mit seiner entsittlichenden Wirkung stimmen sie durchaus mit den alten Philosophen überein. Die Art und Weise, wie sie die zeitgenössische weltliche Musik behandeln, entspricht bis auf einzelne charakteristische Ausdrücke herab der Art, wie die Alten systaltische Gesänge zu behandeln pflegten.[2])

Auch in den Ausführungen über die positiven, ethischen Wirkungen der Musik, welche den beiden andern Stilarten zu-

---

[1]) Vgl. Lehre vom Ethos S. 67 f.

[2]) Clem. Alex. Strom. VI, 11: $\pi\varepsilon\varrho\varrho\iota\tau\tau\dot{\eta}$ $\delta\grave{\varepsilon}$ $\mu o \upsilon \sigma \iota \varkappa\dot{\eta}$ $\dot{\alpha}\pi o \pi \tau \upsilon \sigma \tau \acute{\varepsilon}\alpha$ $\dot{\eta}$ $\varkappa \alpha \tau \alpha$-$\varkappa\lambda\tilde{\omega}\sigma\alpha$ $\tau\grave{\alpha}\varsigma$ $\psi\upsilon\chi\grave{\alpha}\varsigma$ $\varkappa\alpha\grave{\iota}$ $\varepsilon\grave{\iota}\varsigma$ $\pi o \iota \varkappa \iota \lambda \acute{\iota} \alpha \nu$ $\dot{\varepsilon}\mu\beta\acute{\alpha}\lambda\lambda o \upsilon \sigma \alpha$ $\tau o \tau\grave{\varepsilon}$ $\mu\grave{\varepsilon}\nu$ $\vartheta\varrho\eta\nu\dot{\omega}\delta\eta$, $\tau o \tau\grave{\varepsilon}$ $\delta\grave{\varepsilon}$ $\dot{\alpha}\varkappa\acute{o}\lambda\alpha\sigma\tau o \nu$ $\varkappa\alpha\grave{\iota}$ $\dot{\eta}\delta\upsilon\pi\alpha\vartheta\tilde{\eta}$, $\tau o \tau\grave{\varepsilon}$ $\delta\grave{\varepsilon}$ $\dot{\varepsilon}\varkappa\beta\alpha\varkappa\chi\varepsilon\upsilon o\mu\acute{\varepsilon}\nu\eta\nu$ $\varkappa\alpha\grave{\iota}$ $\mu\alpha\nu\iota\varkappa\dot{\eta}\nu$, vgl. Paedag. II, 4; Basil. Homil. 2 in hexaëm. 1: $\mu\acute{\varepsilon}\lambda\eta$ $\tau\iota\nu\grave{\alpha}$ $\varkappa\varepsilon\varkappa\lambda\alpha\sigma\mu\acute{\varepsilon}\nu\alpha$ $\varkappa\alpha\grave{\iota}$ $\delta\iota\varepsilon\varphi\vartheta\alpha\varrho\mu\acute{\varepsilon}\nu\alpha$ $\varkappa\alpha\grave{\iota}$ $\pi\alpha\nu\tau\acute{\alpha}\pi\alpha\sigma\iota$ $\pi o \lambda\lambda\dot{\eta}\nu$ $\dot{\alpha}\varkappa o \lambda\alpha\sigma\acute{\iota}\alpha\nu$ $\tau\alpha\tilde{\iota}\varsigma$ $\psi\upsilon\chi\alpha\tilde{\iota}\varsigma$ $\dot{\varepsilon}\nu\tau\acute{\iota}\varkappa\tau o \nu \tau \alpha$; Comm. in Isai. 5, 156; Joh. Chrysost. Propter fornicat. I, 2; Comm. in ps. 100, 1.

kommen, lehnen sich die Kirchenväter, insbesondere die des Morgenlandes, eng an die antike Terminologie an. In der Aufzählung der von der Musik ausgehenden ethischen Kräfte können sie sich gar nicht genug tun; und eben diese Aufzählungen haben in der Folgezeit einen fast stereotypen Charakter angenommen und sind auch häufig in die Schriften der eigentlichen Musiktheoretiker übergegangen, in deren einleitenden Kapiteln sie zumeist als eine Art Aushängeschild figurieren. So findet sich z. B. bei Pseudo-Justinus folgende Liste: die Musik erweckt brennende Sehnsucht, verbunden mit angenehmen Empfindungen, sie besänftigt die durch das Fleisch erregten bösen Affekte, sie verbannt die uns von unsichtbaren Feinden eingegebenen schlechten Gedanken, bewässert die Seele, dafs die göttlichen Güter reiche Früchte tragen, macht die Vorkämpfer der Frömmigkeit tüchtig zum Ausharren in Gefahren, sie wird für die Frommen zum Heilmittel in aller Drangsal des irdischen Lebens.[1]) Am meisten antikes Gut findet sich bei den Alexandrinern Clemens[2]) und Didymus.[3]) Am ausführlichsten unter allen aber behandelt diese Fragen Proklus, dem die Psalmodie geradezu als Universalmittel gegen alle Schäden des Leibes und der Seele gilt. Heilbringend, so heifst es bei ihm,[4]) ist jederzeit die Psalmodie; ihre Melodie

---

[1]) Quaestt. et respons. bei Migne 6, 1297: ἡδύνει (sc. der Gesang) πρὸς ζέοντα πόθον τοῦ ἐν τοῖς ᾄσμασιν ἡδυνομένον, κοιμίζει τὰ ἐκ τῆς σαρκὸς ἐπανιστάμενα πάθη, τοὺς ὑπὸ τῶν ἀοράτων ἐχθρῶν ἐμβαλλομένους ἡμῖν λογισμοὺς πονηροὺς ἀπωθεῖται, ἀρδεύει τὴν ψυχὴν πρὸς καρποφορίαν θείων ἀγαθῶν, γενναίους πρὸς τὴν ἐν τοῖς δεινοῖς καρτερίαν τοὺς ἀγωνιστὰς ἐργάζεται τῆς εὐσεβείας, πάντων τῶν ἐν τοῖς βιωτικοῖς λυπηρῶν ἰαματικὸν γίνεται τοῖς εὐσεβέσι.

[2]) Strom. VI, 11: ἀπτέον ἄρα μουσικῆς εἰς κατακόσμησιν ἤθους καὶ καταστολήν, ἀμέλει καὶ παρὰ πότον ψάλλειν ἀλλήλοις προπίνομεν κατεπᾴδοντες ἡμῶν τὸ ἐπιθυμητικὸν καὶ τὸν θεὸν δοξάζοντες ἐπὶ τῆι ἀφθόνωι τῶν ἀνθρωπείων ἀπολαύσεως δωρεᾶι.

[3]) Expos. in ps. 100 init.: ὁ νῦν ᾄδων πραΰνει καὶ καταστέλλει τὰ ἤθη τῶν ἀκροατῶν διὰ τῆς ᾠδῆς, κριτὴν τὸν θεὸν τῶν πραττομένων ἀνθρώποις ὑμνῶν.

[4]) Orat. de incarn. Dom. 2, 1: σωτήριος ἀεὶ ἡ ψαλμωιδία, τὰ πάθη κοιμίζουσα ἡ μελωιδία. ὕπερ γάρ ἐστιν ἀκάνθαις δρεπάνη, τοῦτο γίνεται καὶ λύπηι ὁ ψαλμός. ψαλμὸς γὰρ μελωιδούμενος ἐκτέμνει ἀθυμίας, ῥιζοτομεῖ τὰς λύπας, ἀποσπογγίζει τὰ πάθη, κοιμίζει τοὺς θρήνους, χειρουργεῖ τὰς φροντίδας, ψυχαγωγεῖ τοὺς ἐν ὀδύναις, ἁμαρτωλοὺς καταννύγει, ἐξυπνίζει πρὸς εὐσέβειαν, ἐρημίας πολίζει, τὰς πόλεις σωφρονίζει, συγκροτεῖ μοναστήρια, παρθενίαν ὑπαγορεύει, πραιότητα ἐκδιδάσκει, νομοθετεῖ ἀγάπην, μακαρίζει φιλο-

beschwichtigt die Affekte. Was gegen Dorngestrüpp die Sichel ist, das ist der Psalm gegen jederlei Trübsal. Der Psalmengesang beseitigt die Mutlosigkeit, lindert alle Schmerzen, beschwichtigt die Leidenschaften, besänftigt die Klagen, verscheucht die Sorgen, tröstet in der Trübsal, veranlaßt die Sünder zur Buße, erweckt die Seele zur Frömmigkeit, bevölkert die Wüste, macht die Staatsordnungen weise,[1] begründet Klöster, erzeugt jungfräulichen Lebenswandel, leitet zur Sanftmut, lehrt die Liebe, preist die Mildtätigkeit, rüstet mit Geduld, erhebt zum Himmel, festigt die Kirche, heiligt den Priester, bannt schlimme Dämonen, verkündigt die Zukunft, weiht in die göttlichen Mysterien ein und lehrt die Dreieinigkeit.

Die Stelle ist überaus instruktiv wegen ihrer Vermengung christlicher und antiker Anschauungen. Daß es sich dabei nicht allein um den Inhalt der Psalmen handelt, sondern auch um ihr musikalisches Gewand, lehrt eine Notiz bei Isidor von Pelusium, wo, allerdings unter Berufung auf die Zeugnisse „gewisser Leute", die Musik als ein Mittel bezeichnet wird, die seelischen Affekte zu behandeln, den Schmerz zu lindern, den Übermut zu bezähmen und die Trauer durch Tränen zu mildern.[2] Nach antikem Vorbild bezeichnet es Theodoret direkt als die Aufgabe der Musik, auf das Gehör bestimmend einzuwirken und die seelische Verfassung je nach Bedürfnis zu modifizieren, die Mutlosigkeit in Lebensfreude, die Haltlosigkeit in Energie und Mannhaftigkeit zu verwandeln.[3]

πτωχίαν, πρὸς ὑπομονὴν ἀλείφει, εἰς οὐρανοὺς μετεωρίζει, στενοχωρεῖ ἐκκλησίαν, ἁγιάζει ἱερέα, δαίμονας φυγαδεύει, προφητεύει τὰ μέλλοντα, μυστήρια προκηρύττει, νομοθετεῖ τὴν τριάδα.

[1] Diese politische Wirkung der Musik klingt ebenfalls wie ein Nachhall der antiken Theorie; ähnlich Augustinus De civit. Dei 7, 14: diversorum ... tonorum rationabilis moderatusque concentus concordi varietate compactam bene ordinatae civitatis insinuat unitatem. Derselbe Gedanke wiederholt bei Claud. Taurin. Qu. sup. libr. reg. bei Migne 104, 670, wo für *civitatis* bezeichnender Weise *ecclesiae* eingesetzt ist.

[2] Comm. in psalm. prooem.: τῆς μουσικῆς, ὥς φασί τινες, τὰ πάθη τὰ ψυχικὰ θεραπευούσης καὶ λύπην μὲν καταπραϋνούσης, θυμὸν δ' ἐξημερούσης καὶ τὰ πένθη διὰ τῶν δακρύων κουφιζούσης.

[3] De prov. orat. V bei Migne t. 83, 624: κατακηλεῖν τὴν ἀκοὴν καὶ μεταφέρειν καὶ τὰς τῆς ψυχῆς διαθέσεις πρὸς ὃ βούλεται μεταβάλλειν καὶ τὴν μὲν ἀθυμοῦσαν εἰς θυμηδίαν χαλᾶν, τὴν δὲ κεχαλασμένην σύντονον καὶ ἀνδρείαν ποιεῖν.

Im Morgenlande war diese geheimnisvolle ethische Macht der Musik der Gegenstand weitläufiger Spekulationen, die sich bereits mit der weiter unten zu behandelnden Neigung zur Symbolik und Allegorie berühren. Wohlgeordnete Musik ist ein Abbild wohlgeordneten Lebens, sie ist ein Gleichnis, dessen sich König David bediente, um uns daran zu mahnen, daſs wir keine Ungleichmäſsigkeit in unserem Charakter dulden sollen, sondern nach allen Richtungen hin das richtige Maſs halten. Das ist das „Rätsel der Melodie" Davids: er will daſs wir unseren Geist durch keinerlei Zwischenfälle des täglichen Lebens trüben lassen sollen.[1])

Im Altertum hatte man, gestützt auf die Beobachtung, daſs die Wirkungen der Musik je nach dem Gemütszustande des Hörers ganz verschieden sind, sich damit begnügt, abgesehen von der Jugenderziehung, über ihre Verwendung nur allgemeine Anweisungen zu geben und die Entscheidung im einzelnen Fall dem Musizierenden selbst zu überlassen. Die frühchristliche Kirche dagegen stellte sich von Anfang an auf einen weit strengeren Standpunkt. Die Form der Psalmodie verstattete ja von vornherein dem individuellen Gefühlsausdruck des einzelnen Sängers nur einen fast verschwindenden Spielraum, und bei der vollständigen Miſsachtung, ja Bekämpfung des sinnlich-subjektiven Elementes, die ihren höchsten Ausdruck in der bereits angeführten Stelle des Hieronymus findet,[2]) war es nur folgerichtig, wenn man den gleichen Gefühlsausdruck von allen Mitsingenden verlangte und jeden Versuch individuellerer Auffassung mit argwöhnischen Blicken verfolgte. Immerhin aber war nach antikem Vorbild den Kirchenvätern, zumal im Morgenland, der individuelle Charakter der musikalischen Wirkung wohl bekannt. Lehrreich ist hiefür das Zeugnis des Euthymius Zigabenus. Er weiſs sehr gut, daſs Frauen, Kinder und Ungebildete den Einwirkungen der

---

[1]) Andr. Caesar. bei Migne 106, 1072: *καί μοι δοκεῖ* (sc. David) *συμβουλεύειν δι' αἰνιγμάτων, ὅτι οὐ δεῖ ἄμουσόν τε καὶ ἔκτροπον καὶ παρηχημένον τῶν ἐν ἀρετῇ ζώντων εἶναι τὸ ἦθος, ἀλλ' ἐμμελὲς καὶ εὔρυθμον μήτε πέρα τοῦ μέτρου ὑπερτεινόμενον ... μήτε πρὸς τὸ ἐναντίον ... δῆλον οὖν ἐκ τούτων ἐστὶ πρὸς ὅτι βλέπει τῆς μελῳδίας τὸ αἴνιγμα, ὅτι τὴν τῶν παθημάτων συστολὴν συμβουλεύει ποιεῖσθαι τῶν διαφόρως ἡμῖν ἐγγιγνομένων ἐκ τῶν βιωτικῶν περιστάσεων. ὅθεν καὶ τὰ κατορθώματα τῆς θείας ταύτης μουσικῆς προσμαρτυρεῖ τῶι Δαβὶδ ἡ ἱστορία κτλ.*

[2]) S. o. S. 90.

Musik in weit stärkerem Grade unterworfen sind als Männer, Erwachsene und Leute von höherer Bildung. Er analysiert auch die Seele des Mannes nach ihrer vernünftigen und ihrer sinnlichen Seite. Beide soll der Psalmengesang gleich einer Spange verbinden, er verknüpft das Angenehme mit dem Nützlichen. Seine Musik beseitigt aber auch die Schäden, die dem Menschen aus der Sinnlichkeit erwachsen, sie erweckt endlich christliche Nächstenliebe und Eintracht. Wie die Zungen der Singenden, so lenkt sie auch ihren Sinn auf dasselbe Ziel hin; denn was ist in gleichem Grade dazu geeignet, Frieden und Versöhnung zu bringen, wie ein gemeinsamer Bittgesang?[1])

Die sittliche Kraft, die vom richtigen Psalmensingen ausgeht, teilt sich nicht blofs dem Singenden selbst mit,[2]) sondern auch dem willigen Hörer; der Ausdruck für diese Einwirkung ist wie im Altertum $\dot{\varrho}v\vartheta\mu\dot{\iota}\zeta\varepsilon\iota v$.[3])

So durchdringt die Musik vermöge ihrer mit sinnlichem Reiz verbundenen sittlichen Kraft das gesamte Gebiet menschlicher Tätigkeit; jedem Lebensalter, jeder Berufsart ist sie angemessen. Denn, sagt Johannes Chrysostomus, sobald die Seele Melodie und Gesang vernimmt, ist sie leichter imstande, Unruhe und Mühsal

---

[1]) Comment. in ps. prooem. bei Migne t. 128, 65: ἐκεῖνο μὲν οὖν πρόδηλον, ὅτι καθάπερ τὰ θρέμματα τοῖς αὐλήμασιν, οὕτω δὲ καὶ ὁ πολὺς ἄνθρωπος ἄγεται καὶ κηλεῖται μέλεσιν. πολὺ δὲ παρ' ἡμῖν τὸ θῆλυ τοῦ ἄρρενος καὶ οὐκ ἔλαττον τὸ ἄωρον τοῦ καθεστηκότος, τὸ ἄγριον τοῦ ἡμερωτέρου, τὸ ἀπαίδευτον τοῦ πεπαιδευμένου. καὶ ἐν αὐτῶι μὲν τῶι ἄρρενι τὸ μὲν λογικὸν τῆς ψυχῆς μέρος, τὸ δὲ ἄλογον καὶ θρηνῶδες, ὧν πάντων ἡ ἡδονὴ κρατεῖ. διὰ γοῦν ταῦτα καὶ μέλος τῶν ψαλμῶν, δι' οὗ συνειλεῖται καθάπερ διὰ περόνης, ταῖς ψυχαῖς ἡ ἀπὸ τούτων ὠφέλεια, τὸ αὐστηρὸν τῶν πνευματικῶν φαρμάκων ὡς μέλιτός τινος συναλοιοῦντος τούτου καὶ καταφαρμακεύοντος καὶ τοῖς ἡδέσι τὰ λυσιτελῆ παραρτύοντος ... πρῶτον μὲν τοῦτο τοῦ μέλους αἴτιον. ἐπεὶ δὲ διὰ τῆς ἀπατηλῆς ἡδονῆς ἀπόλλυσι τὸν ἄνθρωπον, πάλιν διὰ τῆς ἐντέχνου [Hs. ἀτέχνου] ταύτης καὶ οἰκονομικῆς ἀνασώιζεσθαι τοῦτον ὁ θεὸς ἐπενόησεν, τὸ δὲ τρίτον, ὅτι καὶ εἰς ἀγάπην ἐπινενόηται καὶ ὁμόνοιαν ὥσπερ τὰς γλώσσας τῶν αἰδόντων, οὕτω καὶ τὰς γνώμας εἰς ἓν συνάγειν δυνάμενον καὶ συναρμολογεῖν ... τί γὰρ οὕτως ἐστὶ διαλλακτήριον ὡς ᾆσμα κοινὸν ἱκετήριον;

[2]) Athanas. Epist. ad Marcell. 28: οἱ δὲ κατὰ τὸν προειρημένον τρόπον ψάλλοντες ὥς τε τὴν μελωιδίαν τῶν ῥημάτων τοῦ ῥυθμοῦ τῆς ψυχῆς καὶ τῆς πρὸς τὸ πνεῦμα συμφωνίας προσφέρεσθαι, οἱ τοιοῦτοι ψάλλουσι μὲν τῆι γλώσσηι, ψάλλοντες δὲ καὶ τῶι νοῒ οὐ μόνον ἑαυτούς, ἀλλὰ καὶ τοὺς θέλοντας ἀκούειν αὐτῶν μεγάλως ὠφελοῦσιν.

[3]) S. o. S. 79 Anm. 2.

zu ertragen.¹) So werden des öfteren Kinder-, Wander- und Arbeitslieder erwähnt,²) und Augustinus empfiehlt den Mönchen das Psalmensingen während der Arbeit.³)

In weit abgeblaſsterer Form als im Orient, wo die antike Ethoslehre noch überall gegenwärtig ist, erscheint sie bei den Kirchenvätern des Abendlandes, die sich meist nur in ganz allgemein gehaltenen Ausführungen ergehen oder, wie z. B. Amalarius, die Worte antiker Schriftsteller einfach unverändert wiederholen.⁴) Vor allem war dabei die oben⁵) angeführte Stelle bei Augustin maſsgebend, die mehr oder minder ausführlich paraphrasiert wurde, am weitläufigsten von Beda, der der Musik folgende Eigenschaften zuschreibt: sie erregt die menschlichen Affekte, bringt verschiedene Stimmungen hervor, wie z. B. im Kampfe, mahnt zum Ausharren in der Mühsal, tröstet durch den melodischen Klang der Stimme die bei der einzelnen Arbeit Ermüdeten, beseitigt Störungen des Gemütes, da sie Kopfschmerz und Trübsinn verscheucht, und vertreibt unreine Geister, üble Laune und Schlaffheit. Daher ist sie als nützlich für das Wohl des Leibes und der Seele erfunden deshalb, weil mitunter mit der Abspannung der Seele auch der Leib geschwächt und gestört wird, wenn sie selbst gestört ist.⁶) Daran schlieſst Beda die Unterscheidung von praktischer Musik, deren Aufgabe die Erzeugung solcher Kunstwerke ist, die auf die menschliche Seele wirken, und theoretischer Musik, deren Bestimmung es ist, die

---

¹) Exposit. in psalm. 41; vgl. Ambros. Enarr. in XII psalm. David. bei Migne 14, 968.

²) Joh. Chrys. a. a. O.; Andr. Caesar. In apocal. XVIII, 21—24; Euthym. Zigaben. a. a. O.

³) De vita monach. 17; S. Benedict. Conc. reg. 55; Isidorus De offic. eccl. 2, 15; Petr. Chrysolog. Serm. 10.

⁴) Musica habet quandam naturalem vim ad flectendum animum, sicut Boëthius scribit etc. De eccles. off. 3, 11.

⁵) S. o. S. 78f.

⁶) De mus. quadr. bei Migne 90, 919 f.: movet (sc. musica) affectus hominum, provocat in diversum habitum, sicut in proeliis ... hortatur ad labores tolerandos et singulorum operum fatigationem vocis modulo consolatur, turbatos animos recreat, quoniam dolorem capitis et tristitiam tollit, immundos spiritus humoresque pravos et languores depellit. unde et utilis ad salutem corporis et animae invenitur eo quod quandoque corpus infirmatur languente anima et impeditur ipsa exsistente impedita. Das *movere affectus* durch die Musik auch bei Raban. Maur. De universo 18, 4; Rupert. Tuit. De trinit. 5, 23.

verschiedenen Arten der Harmonie in ihrer Gesamtheit mit dem Verstande zu begreifen.

Neben den rein ethischen Wirkungen der Musik hatte die antike Welt aber noch eine ekstatische angenommen, die sich in einer zeitweiligen Trübung des normalen Bewusſtseins äuſserte und den Zustand des $ἐνθουσιασμός$ nach sich zog.[1]) Hand in Hand mit dieser Anschauung ging die Überzeugung, daſs umgekehrt Zustände krankhafter psychischer Erregung ebenfalls mit Hilfe der Musik beseitigt werden könnten. Auch diese Lehre wurde von den Kirchenvätern, teils unverändert, teils in christlichem Sinne umgedeutet, übernommen. Die Vermittlung fiel den Neupythagoreern und Neuplatonikern zu. Charakteristisch ist dabei übrigens, daſs man zwar die Heilkraft der Musik anerkannte, von der Erregung der Ekstase durch sie dagegen im Gegensatz zum Altertum nichts wissen wollte. Die legendenhaften Berichte von den musikalischen Wunderkuren des Pythagoras, dieses Lieblingsthema der Neupythagoreer, tauchen auch bei den Kirchenschriftstellern wieder auf.[2]) Das klassische Beispiel für die erwähnte Eigenschaft der Musik bot ihnen allerdings die heilige Schrift selbst dar: Saul, dessen Wahnsinn durch Davids Saitenspiel geheilt wird. Diese Geschichte gehört von allem Anfang an zum eisernen Bestande der gesamten mittelalterlichen Musikästhetik. Sie galt als der schlagendste Beweis für die seelenreinigende Macht der Musik, wenngleich auch hier einzelne Eiferer die Wirkung der Musik selbst in Abrede zu stellen und die Heilung Sauls lieber durch allegorische Ausdeutung zu erklären bestrebt waren.[3])

Die Musik zur Erregung der Ekstase zu benutzen, lag dem Grundstandpunkt der christlichen Musikästhetik fern; war doch dieser Zustand dem der *compunctio cordis* geradezu entgegengesetzt. Immerhin aber ist die antike Lehre nicht mit einem

---

[1]) Vgl. Lehre vom Ethos 15 f.; 61 f.
[2]) Z. B. bei Basil. De legend. libr. gentil. c. 7.
[3]) Vgl. Beda In Samuel. alleg. expos. 3, 1: neque enim putandum est citharam illam quamvis dulcissime resonantem tantae potuisse virtutis exsistere, quae spiritus pelleret immundos, sed figura sanctae crucis et ipsa quae canebatur passio Dominica iam tunc diaboli repingebat audaciam. Ähnlich Hugo de St. Vict. Alleg. in vet. Test. 6, 2; Claud. Taurin. Quaestt. sup. lib. reg. bei Migne 104, 670. Eine ähnliche Geschichte vom Propheten Elisa, der nach Anhören eines $ψάλτης$ Wunder tut, Zonaras Annal. 2, 15.

Male verschwunden. Die Anschauung der Alten, dafs der Singende in Wahrheit „des Gottes voll" ist, schimmert noch deutlich hindurch in der merkwürdigen Stelle bei Isidorus Hispalensis, der die beiden Arten des Singens, *cantare* und *canere*, so unterscheidet, dafs er unter *cantare* die rein physische Stimmäufserung versteht, während *canere* ihm teils als „melodisches Singen", teils als gotterfülltes „Weissagen" gilt.[1]) Aus demselben Ideenkreise stammt auch der — allerdings zumeist weiterhin in allegorisierender Tendenz angewandte — Vergleich des gottbegeisterten Sängers mit einem Instrumente, dessen sich Gott selbst bedient, eine Anschauung, deren neuplatonischer Ursprung klar zu Tage liegt.[2])

Aber diese Berichte von der positiv-ekstatischen Kraft der Musik sind Ausnahmen. Für gewöhnlich teilte man der Musik nur eine apotropäische Aufgabe zu, d. h. man hielt sie für geeignet, die bösen Geister und Dämonen, deren schädlichem Einflusse die Menschheit immerwährend ausgesetzt ist, zu bannen und fernzuhalten, wofür man denn eben als glänzendstes Zeugnis die Heilung des Königs Saul ins Feld führte. Die Wurzel dieser Anschauungen liegt ebenfalls im Neuplatonismus, der, zumal in seinen letzten Stadien, den Verkehr mit der Dämonenwelt auf dem Wege der Magie besonders betont und dabei gerade der Musik einen hervorragenden Platz eingeräumt hatte.[3]) Auch in der christlichen Dämonologie spielt die Musik eine grofse Rolle. Wiederum schied man scharf zwischen geistlicher und weltlicher Tonkunst: jene ist den Dämonen natürlich verschlossen, diese dagegen ihr Haupttummelplatz.[4]) Gerade die Musik ist der Punkt, an dem die bösen Geister einsetzen, um den Menschen in ihre Schlingen zu ziehen.[5]) Die Musik der Kirche bildet eines der stärksten Bollwerke gegen alle derartigen Versuchungen: das Wort Gottes, das beherzigt, gesungen und gespielt wird, ist

---

[1]) Different. 1, 98: cantare tantum vocibus vel clamore insonare est, canere autem interdum *modulari*, interdum *vaticinari* est.

[2]) S. o. S. 41.

[3]) S. o. S. 49f.

[4]) Rupert. abb. Comm. in apocalyps. 10, 19.

[5]) Antioch. monach. Homil. 105 bei Migne 79, 1752: εἰώθασιν οἱ δαίμονες, ὅταν ἴδωσί τινα προθύμως ψάλλοντα ..., ὑποτιθέναι νοήματά τινων πραγμάτων δῆθεν ἀναγκαίων ..., ἵνα χυθεὶς ὁ νοῦς ... ἀπολέσῃ τὴν γλυκύτητα τῆς ψαλμῳδίας.

ein gutes Mittel, die Dämonen zu verscheuchen.[1]) Aus guten Gründen fürchten alle bösen Geister die Musik der christlichen Kirche. Bevor wir diese hören, sagt Johannes Chrysostomus, fürchtet der Böse stets, wir könnten nach dem Anhören ihm verloren sein.[2]) Johannes Moschos vollends kann sich gar nicht genug tun in Ausdrücken des Schadens, den die Dämonen und der „Erzböse" Satan fortwährend durch unseren Psalmengesang erleiden.[3]). Auch Basilius spricht von bösen Geistern, die durch die Musik vertrieben werden;[4]) demselben Gedanken gibt auch Hieronymus Ausdruck.[5])

Alle diese Zeugnisse beweisen zur Genüge, daſs die musikethische Tradition des Altertums auch noch bei den Kirchenvätern des Mittelalters fortwirkt. Die Vermittlerrolle fiel dabei, wie naturgemäſs, den neupythagoreischen und neuplatonischen Schulen zu, doch sahen wir einzelne führende Geister auch über diese Spätlinge hinweg direkt auf Platon und Aristoteles zurückgreifen.

Allein aus diesen engen Beziehungen zwischen Altertum und Mittelalter auf ästhetischem Gebiete eine direkte Herübernahme auch des altgriechischen Musiksystems folgern zu wollen, wäre ein verhängnisvoller Irrtum. Bei der Betrachtung sämtlicher bisher angeführten Stellen springt ein Punkt sofort klar in die Augen: das vollständige Zurücktreten der eigentlichen musikalischen Kunstausdrücke der Griechen, vor allem der Namen der Tonarten und Klanggeschlechter, an welche die Ethoslehre der Alten von jeher ja mit besonderer Vorliebe angeknüpft hatte.

Nichts von alledem findet sich — sehr im Unterschied von den eigentlichen Fachschriftstellern — bei den Kirchenvätern. Wenn sie überhaupt auf Musik zu reden kommen, so haben sie,

---

[1]) Pseudo-Justin. Quaestt. et respons. bei Migne t. 6, 1353: ῥῆμα γάρ ἐστι θεοῦ τὸ καὶ ἐνθυμούμενον καὶ ᾀδόμενον καὶ ἀνακρουόμενον δαιμόνων γίνεται ἀπελατικόν.

[2]) Expos. in ps. 145, 5: πρὸ τοῦ ἀκοῦσαι δέδοικεν ὁ πονηρὸς δαίμων, μή ποτε ἀκούσαντες κατορθώσωμεν.

[3]) Prat. spirit. c. 152 bei Migne 87, 3017: οὐδὲν οὕτω ταράσσει καὶ διεγείρει καὶ παροξύνει καὶ τραυματίζει καὶ ἀπολλύει καὶ ἀνιᾷ καὶ ἐπιφέρει καθ' ἡμῶν τοὺς δαίμονας καὶ αὐτὸν ἀρχέκακον Σατανᾶν, ὡς τὸ μελετᾶν ἡμᾶς διὰ παντὸς τοὺς ψαλμούς. Basilius von Seleucia bedient sich eines Wortspiels (Orat. 14): τὸ τῆς λύρας μέλος βέλος κατὰ δαιμόνων ἐπέμπετο.

[4]) Homil. in ps. 29, 1.

[5]) Comm. in epist. ad Ephes. 3, 5, 19.

zumal in der früheren Zeit, lediglich die Psalmodie im Auge, also eine Art des Gesanges, die von Hause aus eine Verschiedenheit der Tonarten nicht kennt, sondern sich stets innerhalb ein und desselben Tetrachordes bewegt. Hätten die altgriechischen Tonarten in der frühchristlichen Tonkunst irgend welche Rolle gespielt, so wäre es rein undenkbar gewesen, dafs die Kirchenväter diese ganz besonders fein ausgebildete Seite der antiken Ethostheorie sich nicht für ihre Zwecke zunutze gemacht hätten. Wäre ihnen doch damit ein überaus wirksames Mittel zur Beeinflussung ihrer Gemeinden an die Hand gegeben gewesen! Aus ihrem Schweigen über diesen Punkt ergibt sich vielmehr, dafs zu Beginn der christlichen Kultusmusik die Tonarten und damit jede freiere melodische Entfaltung der Musik überhaupt keinen Platz hatten, dafs somit von einer historischen Kontinuität der griechischen und christlichen Musik nicht die Rede sein kann. Das verbindende Mittelglied bildete vielmehr die Psalmodie, und gerade sie ist es, an der sich die ersten selbständigen Ansätze einer christlichen Musikästhetik entwickelten. Bei der nahen Verwandtschaft der beiderseitigen Ziele war es ganz natürlich, dafs das Mittelalter vom Altertum die Ethoslehre in ihren grofsen Grundzügen übernahm, deren Umdeutung auf die christlichen Verhältnisse nicht eben viel Mühe machte. Es ist übrigens sehr bezeichnend, dafs auch später, als längst reichere melodische Bildungen in die Kirchenmusik eingedrungen waren und bereits das System der Kirchentöne fertig vorlag, dafs auch dann noch die eigentlichen Kirchenschriftsteller das Tonartensystem vollständig ignorieren. Freilich erhielt in der Folgezeit, wie dereinst im Altertum, jede einzelne Tonart ihr ganz bestimmtes Ethos zugewiesen. Allein dieses System ging nicht von den Kirchenvätern aus, sondern von den musiktheoretischen Fachleuten, die ihrerseits wieder nicht an die praktische Kunstübung ihrer Zeit, sondern an die altgriechische Theorie selbst anknüpften. Für die Männer der Kirche dagegen war die Musikästhetik in der Lehre eines Hieronymus, Ambrosius und Augustinus, eines Clemens, Basilius und Johannes Chrysostomus einfach gegeben. Die kanonische Autorität dieser Männer verschaffte auch dieser Seite ihrer Lehre die Geltung eines Dogmas, das weder Zusätze, noch Verkürzungen duldete. Damit war aber zugleich auch jede Weiterentwicklung von dieser Seite her ausgeschlossen. Während im Altertum jede der einzelnen Philosophenschulen sich ihren

Prinzipien gemäſs am Ausbau des ästhetischen Systems beteiligt hatte, während hier sogar die Sophisten mit kühnem Wurfe eine ganz neue, der Musikethik schnurstracks zuwiderlaufende Theorie entwickelt hatten, blieben die musikästhetischen Anschauungen des Mittelalters auf lange Zeit hinaus an eine Art von kirchlich sanktioniertem Kanon gebunden. Die Musik selbst entwickelte sich stetig weiter, das musikalische Empfinden der Gläubigen dagegen blieb offiziell in die von den ältesten Kirchenvätern festgesetzten Schranken gebannt. Noch bis in die Zeit der Mensuralmusik hinein wissen uns die Männer der Kirche nichts anderes über Wesen und Aufgabe der kirchlichen Musik zu berichten als was bereits Augustinus und Basilius gelehrt hatten. Ein frischer, belebender Zug kam in diese erstarrte Theorie erst, als neben der geistlichen Musik auch die weltliche mit Erfolg ihr Recht zu fordern begann. Die Beschäftigung mit dieser brachte eine ganze Reihe fruchtbarer Gesichtspunkte auch auf ästhetischem Gebiet zu Tage,[1]) sie löste vor allem die Musik aus dem Banne der kirchlichen Dogmen und bereitete ihre allseitige Anerkennung als einer selbständigen Kunst vor. Damit hörte auch die Musikästhetik auf, eine Unterabteilung der theologischen Wissenschaft zu sein; sie lehrte die Musik nicht mehr als Vorbereiterin auf das Leben im Jenseits betrachten, sondern stellte Gesichtspunkte rein ästhetischer Natur auf. Erst jetzt begann der asketische Geist, der seit den Tagen des Neuplatonismus in der Musikbetrachtung herrschte, zu schwinden; die seit Plotinus überhaupt nicht mehr aufgeworfene Frage nach dem Wesen des musikalisch-Schönen trat allmählich wieder in den Vordergrund, und damit war die Bahn frei für die Entwicklung der Musikästhetik im modernen Sinne.

Aber noch zu einem weiteren Schluſs gelangen wir, wenn wir die Schicksale der antiken Ethostheorie im Mittelalter verfolgen. Wir haben festgestellt, daſs sie von den morgenländischen Kirchenvätern weit häufiger und eingehender benutzt wird, als von den abendländischen. Hier findet sie sich nur in allgemeinen Umrissen, dort in breiter Ausführung und zum Teil in Form wörtlich entlehnter antiker Reminiszenzen. Man erkennt daraus, daſs der Einfluſs der altgriechischen Musikanschauung in ihrem

---

[1]) Interessante Belege gibt auch nach dieser Richtung hin die Schrift von Johannes de Grocheo (ed. J. Wolf, Sammelbände der I. M.-G. Jg. I).

eigentlichen Heimatgebiete trotz ihrem mehrfach bezeugten rapiden Verfalle doch noch so stark gewesen sein muſs, daſs sich ihm auch die Männer der Kirche trotz aller Abneigung nicht zu entziehen vermochten, während er im Abendland mit weit geringerer Intensität nachwirkte. Diese Tatsache ist von hoher historischer Bedeutung; wir erkennen, daſs im Abendlande zwischen antiker und christlicher Tonkunst eine Brücke überhaupt nicht existierte. Hier führte vielmehr geraume Zeit hindurch die Psalmodie die unbedingte Alleinherrschaft.

Im Oriente dagegen sehen wir die antiken Anschauungen lebendig fortwirken. Ziehen wir nun in Betracht, daſs alle authentischen Berichte die musikalischen Neuerungen, soweit sie sich auf eine Bereicherung der Melodik gegenüber der starren Psalmodie beziehen, aus dem Morgenlande herleiten, bedenken wir ferner, daſs die byzantinische Musik zahlreiche antike Elemente in sich birgt,[1]) so mögen auch die Resultate auf dem Gebiete der Ästhetik dem Satze als weitere Stütze dienen, daſs die Fäden, welche die antike Musik mit der mittelalterlichen verbinden, vom griechischen Osten und nicht vom Westen ausgehen, daſs der Westen vielmehr diese Einwirkungen erst mittelbar durch den Osten erfahren hat — eine Tatsache, der wir noch öfter, besonders bei der Frage nach der Entstehung der Kirchentonarten begegnen werden.

Alle die Theoreme, die bisher Erwähnung gefunden haben, bewegen sich durchaus auf dem Boden der Musik oder des mit ihr unlöslich verbundenen Textwortes. Allein damit begnügte man sich nicht. Von allem Anfang an geht neben diesen ethisch-ästhetischen Anschauungen eine zweite Richtung her, welche sich, als dem Geiste der Zeit besonders entsprechend, für die ganze Dauer des Mittelalters bei allen Schriftstellern, den Kirchenvätern wie den eigentlichen Fachtheorikern, wie ein unveräuſserliches Gut fest einbürgerte und nach und nach sogar das Übergewicht über die ethische Theorie zu gewinnen drohte.

Diese Lehre begnügte sich nicht damit, die Musik und was mit ihr zusammenhing an sich zu untersuchen, ihr galt im Gegenteil alles dies nur dann für wichtig, wenn sich gewisse geheimnisvolle Beziehungen zur auſsermusikalischen Welt, sei es nun der sichtbaren oder der unsichtbaren, herausstellen ließen.

---

[1]) S. O. Fleischer, Neumenstudien III. Teil, Berlin 1904.

Man fragte bei allem, was die Musik anging, nicht nach seinem Wesen, sondern nach seiner Bedeutung. So tritt neben die musikalische Ethik die Symbolik, Allegoristik und Mystik.

Dafs die Wurzel all dieser Anschauungen in den Schriften Philos, der Neupythagoreer und der Neuplatoniker zu suchen ist, ergibt sich aus dem Inhalt unseres ersten Kapitels von selbst. Dafs die Hauptwortführer der eigentlichen Theorie am Ausgang des Altertums, Cassiodor und Boëthius, diese Spekulationen unmittelbar von den Neupythagoreern übernahmen, werden wir noch zu erörtern haben. Weit gröfsere Unabhängigkeit von den Quellen beweisen nach dieser Richtung die Kirchenväter. Sie zeigen sich auch darin als Männer des praktischen Lebens, dafs sie sich von jenen Lehren wohl anregen liefsen, das auf diesem Wege empfangene Gut dagegen in ihrem Sinne und zu Gunsten ihrer Zwecke verarbeiteten.

Der Einflufs Philos von Alexandrien auf den Neuplatonismus einerseits und auf das frühe Christentum andrerseits ist nicht zu verkennen. Die Art wie der jüdische Philosoph selbst hinter dem Geringfügigsten einen tieferen Sinn aufzuspüren weifs, tritt uns hier wie dort entgegen. Im Orient insbesondere lebten Philos Anschauungen mit besonderer Kraft weiter und zogen selbst namhafte Kirchenväter, wie Clemens von Alexandrien, in ihren Bann. In späterer Zeit sehen wir dann den Neuplatonismus mehr in den Vordergrund treten; die Neigung, alles Sinnliche nur als Symbol des Übersinnlichen aufzufassen, jenes Sehnen, sich aus der Sinnenwelt in das Reich des Göttlichen aufzuschwingen, war ja von Hause aus beiden Richtungen gemeinsam.

So trat denn neben die rein hellenisch-abendländische Ethostheorie in der christlichen Musiktheorie noch ein zweites, orientalisches Element, das sich zwar schon im Altertum in der musikalischen Astrologie der Pythagoreer bemerkbar gemacht hatte, aber niemals zu einer solchen Bedeutung innerhalb der Kunstlehre gelangt war. Es ist eine allbekannte Tatsache, dafs derartige orientalische Einflüsse an Stärke zunahmen, je schwächer die geistigen Kräfte wurden, die ihnen das absterbende Altertum entgegenzusetzen vermochte. Gerade zur Zeit der Entstehung des Christentums war der Boden für alle derartigen Geheimlehren im Gesamtgebiet des römischen Imperiums geebnet.

Die christlichen Kirchenlehrer aber verstanden ihrerseits diese allegorisch-transscendentalen Theorien, wie auf allen Gebieten, so auch auf dem der Musik, sehr geschickt auszunützen. Denn gerade die Tonkunst bot ja für derartige symbolische Exkurse Anknüpfungspunkte in Hülle und Fülle; sie dienten jenen Männern wesentlich auch zu dem Zwecke, die Aufmerksamkeit der Gemeinden von der verderblichen weltlichen Musik abzulenken und die christliche Tonkunst als die höhere und tiefsinnigere hinzustellen, als eine Kunst, hinter deren äufseren Erscheinungsformen für den Eingeweihten die göttlichen Dinge selbst erkennbar waren.

Dafs sich, gleichwie Philo,[1]) auch die Kirchenväter unter das „Gesetz der Allegorie" beugten, beweist eine Stelle bei Eusebius, die überhaupt ein sehr lehrreiches Beispiel für die Art und Weise darbietet, wie diese Männer sich für ihre Zwecke der Allegorie bedienten. Es heifst hier:[2]) nach dem Gesetze der Allegorie ist der Psalm die harmonische Bewegung der Seele zum guten Handeln, auch wenn keine Betrachtung dabei mitfolgt, das Lied ist das Begreifen der Wahrheit ohne Handeln, da sich die Seele mit Gott und seinem Worte beschäftigt. Ein Psalmlied aber kommt zustande, wenn das Erkennen vom Handeln beeinflufst ist, umgekehrt ein Liedpsalm, wenn das Handeln vom Erkennen geleitet wird, wie und wann es ausgeübt werden soll. Es ist dies eine Allegorie, die im Osten wie im Westen immer und immer wieder zur Illustration des Verhältnisses zwischen tätigem und beschaulichem Leben angeführt wird.

Auch bei diesen allegorischen Deutungsversuchen begegnet uns in den Schriften der Kirchenväter niemals ein Moment, das auch nur im Entferntesten auf einen unmittelbaren, kontinuierlichen Zusammenhang der frühchristlichen Musik mit der altgriechischen schliefsen liefse. Nach wie vor ist es der Gesang der Psalmen und biblischen Lieder, auf den jene Männer einzig

---

[1]) S. o. S. 36f.
[2]) Comm. in psalm. init.: ἀλληγορίας δὲ νόμωι ψαλμὸς μὲν σώματος κίνησις ἐναρμόνιος εἰς ἐργασίαν ἀγαθήν, κἂν μὴ πάνυ τις ἐπακολουθῆι θεωρίᾳ· ᾠδὴ δὲ χωρὶς πράξεως ἀληθείας κατάληψις φωτιζομένης ψυχῆς περὶ θεοῦ καὶ τῶν λογίων αὐτοῦ. ᾠδὴ δὲ ψαλμοῦ προαγούσης πράξεως γνώσεως ... ψαλμὸς δὲ ᾠδῆς πρᾶξις ὑπὸ γνώσεως ὁδηγουμένη τοῦ πῶς καὶ πότε πρακτέον κτλ. Dasselbe wörtlich in einem dem Hippolytus zugeschriebenen Psalmenkommentar bei Migne 19, c. 7. Eusebius bedient sich hier noch des antiken Ausdruckes ἀλληγορία, während der eigentliche terminus technicus der mittelalterlichen Kirchenschriftsteller ἀναγωγή lautet; vgl. Didym. Alexandr. Expos. in ps. 4, 1 und Eusebius selbst a. a. O.

und allein Rücksicht nehmen. Dieses argumentum ex silentio erscheint besonders bedeutsam im Hinblick auf die Charakteristik der Tonarten, die sich jene allegorisierende Tendenz sicher nicht hätte entgehen lassen, wenn die alten Tonarten für die christliche Musik überhaupt maſsgebend gewesen wären. Es war eben eine andere Art von Musik, die David erfand, um durch mystische Nachbildung von etwas Groſsem seinem Gott zu dienen.[1]

Aus der angeführten Stelle bei Eusebius war zu ersehen, daſs man die allegorischen Erklärungsversuche zunächst ausschlieſslich auf den Psalmengesang und was damit zusammenhing in Anwendung brachte. Der erste, bei dem sich diese Theorie in voll ausgebildeter und für das ganze Mittelalter maſsgebender Form vorfindet, ist Hilarius von Poitiers. Er stellt zunächst den Hauptsatz auf, daſs man beim Psalmengesang an gottgefällige Werke denken müsse und nur durch geschickte und harmonische Abwechslung in der Bewegung des Körpers Gott wohl gefallen werde. Dann geht er auf das Einzelne ein: in den Psalmen, die nur den Titel Psalmen führen, ist entweder die Lehre oder das Bekenntnis guter und Gott wohlgefälliger Werke enthalten; lautet aber die Überschrift: „Lied", so findet sich darin die geistige Erkenntnis des himmlischen Geheimnisses, die man durch die Kenntnis der Weisheit erlangt. Man spricht von einem „Psalmliede", wenn sich mit der Ausübung guter Werke die Lehre des Wissens verbindet, während im „Liedpsalm" an die Erkenntnis die Ausübung guter Werke geknüpft wird.[2]

---

[1] Augustin. De civ. Dei VII, 14. Anschlieſsend an diese Stelle redet Claud. Taurin. Quaestt. sup. libr. Reg. bei Migne 104, 670 von der *suavitas mystica* der Musik. Ebenso spricht Augustin. Enarr. in ps. 4 vom *psalterium, quo usum esse David prophetam in magno mysterio prodit historia* (vgl. Isid. Hispal. etymol. 6, 19; *mystica cantilena* bei Petr. Chrysolog. sermon. 116).

[2] Prolog. in libr. psalmor. c. 19—20: in omni hoc psalmorum libro in psallere religiosas operationes meminimus, apta et consona corporis motus varietate placituri ... in eo psalmo, in quo tantum „psalmus" inscribitur, fidelium operum et religiosorum gestorum aut doctrina aut confessio continetur, ... at vero, cum „canticum" tantum in titulo proponitur, scientia in eo spiritalis et intelligentia coelestis arcani, quam quis per cognitionem sapientiae consequitur, exsistit ... „canticum psalmi" est, cum bonorum operum efficientiae scientiae doctrina coniungitur ... in „psalmo cantici" per cognitionis scientiam usus boni operis tractatur.

Allegorie.

Der Ausgangspunkt dieser ganzen weit ausholenden Allegorie, die augenscheinlich auf noch frühere Vorbilder zurückweist, ist somit, wie die beiden Stellen bei Eusebius und Hippolytus zeigen, ebenfalls auf orientalischem Boden zu suchen, von wo sie dann Hilarius und der allegorischen Tendenzen gleichfalls sehr stark zuneigende Ambrosius nach dem Abendlande verpflanzt haben. Für die Geschichte der musikalischen Formen selbst konnten derartige Allegorien, so eingehend sie auf den ersten Blick auch erscheinen mögen, natürlich keine Bedeutung besitzen, sie beweisen eben nur wieder aufs neue, wie wenig man der musikalischen Seite als solcher Gewicht beimaſs.

Ganz ähnlich verhält es sich mit der immer wiederkehrenden Allegorisierung der musikalischen Instrumente, die in den Schriften der Kirchenväter einen dermaſsen breiten Raum einnimmt, daſs wir sie später in einem besonderen Zusammenhang behandeln müssen.

Dem allgemeinen Grundgedanken, daſs der Mensch ein Instrument sei, dessen sich die Gottheit zu Zeiten bediene, sind wir ja bereits bei den Neuplatonikern begegnet.[1]) Aber die Kirchenväter sind dabei nicht stehen geblieben. Sie sahen den steigenden Beifall, dessen sich das Instrumentalvirtuosentum erfreute; es muſste ihnen daran gelegen sein, auch nach dieser Richtung hin ihre Gemeinden vor den schädlichen Einflüssen der weltlichen Tonkunst zu schützen. Für sie durfte das Instrumentenspiel nicht Selbstzweck sein, sondern wie alle übrigen bei der Musik beteiligten Faktoren konnten auch die Instrumente nur Bedeutung gewinnen als sichtbare Abbilder einer höheren, geistigen Idee.

So gehört denn der Vergleich unseres irdischen Leibes mit einem musikalischen Instrumente das ganze Mittelalter hindurch zum eisernen Bestand jenes allegorischen Systems. Sehr früh schon gelangte man dazu, ihn mit der eben angeführten Einteilung der Gesänge nach der Seite des tätigen und beschaulichen Lebens zu verquicken. Schon Hieronymus sagt:[2]) die

---

[1]) S. o. S. 41.
[2]) Comm. in epist. ad Ephes. III, 5, 19: psalmi autem proprie ad ethicum locum pertinent, ut per organum corporis, quid faciendum et vitandum sit, noverimus. qui autem de superioribus disputat et concentum mundi omniumque creaturarum ordinem atque concordiam subtilis disputator edisserit, iste spirituale canticum canit. vel certe psalmus ad corpus, canticum refertur ad mentem; darnach Smaragd. Coll. in ep. et ev. hebd. 21.

Psalmen beziehen sich recht eigentlich auf die ethische Seite, damit wir durch das Instrument des Körpers erkennen, was zu tun und zu lassen ist. Wer aber über die höheren Dinge redet und den Zusammenklang der Welt und die Ordnung und Eintracht aller Kreatur sorgfältig erörtert, der singe ein geistliches Lied. Sicherlich bezieht sich der Psalm auf den Leib, das Lied aber auf den Geist.

Diese Ausdeutung des Instrumentenspiels auf das praktische, der reinen Gesangsmusik aber auf das beschauliche Leben des Christen war namentlich im Orient sehr beliebt. Eusebius bemerkt, der reine, unbegleitete Gesang sei das Sinnbild des reinen Schauens der nicht durch das Instrument des Körpers gefesselten Seele, trete aber das Instrument hinzu, so haben wir im begleiteten Gesang das Abbild des durch Seele und Leib im Verein bewirkten tätigen Lebens.[1]) Die maßgebende Autorität in dieser Frage aber wurde für den Osten erst Basilius der Große. Nach ihm bedeutet der Psalm die mit dem Körper zur Ehre Gottes ausgeführten Handlungen, das Lied aber alles, was mit der höchsten Wissenschaft und Gotteslehre in Beziehung steht.[2]) So sei denn, ruft Didymus aus, in sinnbildlicher Deutung das Lied die Erkenntnis der Wahrheit, die allein mit dem Geiste gewonnen wird, der Psalm dagegen die nach richtigem Erwägen ausgeführten Handlungen; es psalliert der Mann des praktischen Lebens, es singt der des theoretischen.[3]) Aus demselben Grunde sucht Euthymius den Beweis zu erbringen, daß der Psalmengesang früher sei als der Liedgesang.[4])

Seine eigenen Wege geht auch hier, wie überhaupt in allen

---

[1]) Comm. in psalm. init.: οἱ μὲν οὖν ἐν ὕμνοις ψαλμοὶ ἐοίκασι σὺν τῶι μουσικῶι ὀργάνωι τῶι καλουμένωι ψαλτηρίωι λελέχθαι, ὡς δεηθέντος τῆς διὰ τοῦ σώματος, ὅπερ ἐστὶν ὄργανον τῆς ψυχῆς, πρακτικῆς ἐνεργείας τοῦ ψάλλοντος. οἱ δὲ ἁπλῶς ὕμνοι διὰ μόνης φωνῆς τοῦ τὸν ὕμνον ἀναπέμψαντος εὕρηνται οὐ συμπαραληφθείσης τῆς διὰ τοῦ ψαλτηρίου κρούσεως τῶι μόνης κατὰ διάνοιαν θεωρίας δεδεῆσθαι τοὺς ἐν αὑτοῖς λόγους.

[2]) Homil. in psalm. 29, 1: ψαλμὸς ... αἱ διὰ τοῦ σώματος πράξεις αἱ εἰς δόξαν θεοῦ ἀποδιδόμεναι, ὅταν ὑπὸ τοῦ λόγου ἡρμοσμένου μηδὲν ἐκμελὲς ἀποτελῶμεν ἐν τοῖς κινήμασιν. ὠιδὴ δέ ἐστιν ὅσα θεωρίας ἔχεται ὑψηλῆς καὶ θεολογίας. Darnach wörtlich z. B. Anon.'praefat. ad caten. in psalm. bei Migne 106, 1066. Ähnlich erklärt Maxim. Conf. quaest. ad Thalass. bei Migne 90, 549 die ψαλτωιδοί u. s. w.

[3]) Expos. in ps. 4, 1.

[4]) Prolog. in ps. 60.

ästhetischen Fragen, des Basilius Bruder Gregor von Nyssa. Seine Deutung der verschiedenen Arten des kirchlichen Gesanges hat zwar nicht Schule gemacht, erweckt aber doch als das Erzeugnis eines selbständigen Geistes hohes Interesse. Gregor schlägt in der Deutung von Vokal- und Instrumentalmusik andere Wege ein. Unser Leben soll, so will es Gott, einem Psalme gleichen, aber keinem solchen, der aus irdischen Tönen — Töne sind die Gedanken — besteht, sondern einem Psalme, der einen reinen und den göttlichen Dingen entsprechenden Klang offenbart. Beim Anhören eines Liedes dagegen werden wir sinnbildlich an die gute äufsere Lebensführung gemahnt. Denn, wie aus den musikalischen Instrumenten allein der Klang der Melodie zum Ohre gelangt, die gesungenen Worte aber in den Tönen nicht zum Ausdrucke kommen, während im Gesange beides der Fall ist und zugleich mit der Melodie auch der Rhythmus und Wortsinn in unzweideutiger Weise sich geltend machen, so geht es auch mit denen, die sich der Tugend befleifsigen. Wer nämlich seinen Sinn der theoretischen und beschaulichen Philosophie zuwendet, der übt die Tugend in einer der grofsen Masse verborgenen Weise, wer aber zugleich seine gesamte Lebensführung gut einrichtet, der zeigt durch sein äufseres Wohlverhalten, gleichwie durch Worte, die gute Ordnung seines Lebens vor aller Welt. Kommt aber das Gute auf beiden Wegen zugleich zustande, geht die praktische Philosophie mit der theoretischen Hand in Hand, so haben wir ein Psalmlied oder einen Liedpsalm. Ist jedoch nur das eine von beiden der Fall, so wird das rein geistige Gute durch den Psalm dargestellt, der Charakter dagegen und die äufsere Lebensführung durch das Lied versinnbildlicht.[1])

---

[1]) Tractat. in ps. c. 3: ἡ τοῦ τοιούτου ὀργάνου (sc. des Psalteriums) μουσουργία ψαλμὸς λέγεται. οὐκοῦν ἐκ τοῦ σχήματος τῆς κατασκευῆς ὁ προτρεπτικὸς εἰς ἀρετὴν λόγος ἔμφασιν ἔχει. τὸν γὰρ σὸν βίον ψαλμὸν εἶναι διακελεύεται (sc. Gott) μὴ τοῖς γηΐνοις φθόγγοις περιηχούμενον — φθόγγους δέ φημι τὰ νοήματα — ἀλλὰ καθαρόν τε καὶ ἐξάκουστον ἐκ τῶν ἄνωθέν τε καὶ οὐρανίων τὸν ἦχον ἀπεργαζόμενον. ᾠδὴν δὲ ἀκούσαντες τὴν περὶ τὸ φαινόμενον εὐσχημοσύνην τοῦ βίου μανθάνομεν δι' αἰνίγματος. ὥςπερ γὰρ ἐκ τῶν μουσικῶν ὀργάνων μόνος ὁ ἦχος τῆς μελωιδίας προσπίπτει ταῖς ἀκοαῖς, αὐτὰ δὲ τὰ μελωιδούμενα ῥήματα οὐ διαρθροῦται τοῖς φθόγγοις, ἐν δὲ ὠιδῆι τὸ συναμφότερον γίνεται καὶ ὁ τοῦ μέλους ῥυθμὸς καὶ τῶν ῥημάτων ἡ δύναμις ἡ συνδιεξαγομένη μετὰ τοῦ μέλους, ἣν ἀγνοεῖσθαι πᾶσα ἀνάγκη, ὅταν διὰ μόνων τῶν μουσικῶν ὀργάνων ἡ μελωιδία γένηται, οὕτω καὶ ἐπὶ τῶν τὴν ἀρετὴν μετιόντων συμβαίνει. οἱ μὲν γὰρ τῆι θεωρητικῆι τε καὶ

Wir haben bereits früher[1]) gesehen, dafs Gregor von Nyssa speziell in ästhetischen Dingen von der Lehre der antiken Philosophen stark beeinflufst ist. Dies zeigt sich auch in unserer Stelle, deren Ausdrucksweise deutlich an die alten Vorbilder gemahnt. Sehr instruktiv ist der Vergleich mit der analogen Stelle des Basilius. Dieser vertritt durchaus den auf der biblischen Tradition fufsenden orthodoxen Standpunkt der christlichen Lehre. Gregor dagegen teilt ihn nur insoweit, als er sich ebenfalls der allegorischen Deutung bedient. Aber es sind andere Ergebnisse, zu denen sein an den philosophischen Schriften der Alten geschultes Denken gelangt. Seine Unterscheidung von ethischer und theoretischer Philosophie nähert sich zwar stark der basilianischen in aktive und kontemplative Lebensführung, aber die Wahl der allegorischen Symbole dafür ist bei beiden vollständig verschieden. Dem Gregor gilt als der Ausdruck des innerlichen Schauens der Psalm, als der der praktischen Tätigkeit dagegen das Lied, und erst die Vereinigung beider versinnbildlicht ihm das wahre christliche Leben. Bei Basilius dagegen, wie bei der Masse der Kirchenväter ist das Verhältnis umgekehrt. Sie erblicken stets im Psalme das Abbild des praktischen Lebens, der *vita activa*. Man sieht, auch hierin stellen sie sich im Gegensatze zu dem stets zu theoretischer Spekulation hinneigenden Gregor auf den Boden des praktischen Lebens und rücken den Psalm, als das Wichtigste, in den Vordergrund.

Ihre Lehre hat denn auch in der Folgezeit die dogmatische Anerkennung erhalten. Der Ausdruck „psallieren" *(psallere)* wird sehr häufig zum Symbol für die praktische Lebensführung des Christen überhaupt. Augustinus freilich lehnte diese ganze

---

ἐποπτικῆι τῶν ὄντων φιλοσοφίαι τὸν νοῦν προσανέχοντες ἄδηλον τοῖς πολλοῖς τὴν ἀρετὴν κατορθοῦσιν ... οἷς δὲ καὶ τὸ ἦθος τοῦ βίου κατὰ σπουδὴν συγκατορθοῦται, οὗτοι τῆι περὶ τὸ φαινόμενον εὐσχημοσύνηι καθάπερ τινὶ λόγωι τὴν τῆς ζωῆς ἑαυτῶν εὐρυθμίαν δημοσιεύουσιν. ὅταν τοίνυν δι᾽ ἀμφοτέρων ἦι τὸ ἀγαθὸν κατορθούμενον, τῆς ἠθικῆς φιλοσοφίαν πρὸς τὴν θεωρητικὴν συνδραμούσης, ᾠδὴ ψαλμοῦ γίνεται ἢ ψαλμὸς ᾠδῆς. ὅταν δὲ τὸ ἕτερον ἦι τούτων ἐφ᾽ ἑαυτοῦ τοῖς ἐπαίνοις προκείμενον, ἢ τὸ κατὰ διάνοιαν ἀγαθὸν διὰ ψαλμοῦ σημαίνεται ἢ τὸ ἦθος καὶ ἡ περὶ τὸ φαινόμενον εὐσχημοσύνη διὰ τῆς ᾠδῆς ἑρμηνεύεται. Gregor ist der einzige unter den Kirchenvätern, der sich in seinen ästhetischen Ausführungen des Wortes φιλοσοφία bedient, s. o. S. 80, Anm. 1.

[1]) S. o. S. 74.

detaillierte Spezifikation als unfruchtbar ab,[1]) trotzdem aber fand sie bei den Späteren williges Gehör, und noch in ziemlich später Zeit treffen wir den Satz: singen heißt Gottes Wort mit dem Mund verkündigen, psallieren aber die göttlichen Aufträge durch gute Werke erfüllen.[2])

Was die übrigen Kirchenschriftsteller, speziell hinsichtlich des Psalmengesangs, noch hinzufügen, ist nicht von erheblichem Belang. Wohl hätte man erwarten können, daß häufigere Streifzüge in das verlockende Gebiet der Allegorie gemacht worden wären. Aber die dogmatische Autorität der Kirchenväter legte der Phantasie der späteren Geschlechter straffe Zügel an. Nur vereinzelt sind die Versuche, die überlieferten Allegorien weiterzubilden. So nennt z. B. der Karthäuser Bruno, nachdem er den Psalm in der üblichen Weise als das Symbol der Werktätigkeit gepriesen hat, das Canticum einen Zusammenklang, der „bei lebendigem Vortrag den Geist mehr ergötzt, als der Psalm, und deshalb als Sinnbild für die künftige Wiedervergeltung, die süßer sein wird als gute Werke, gesetzt wird."[3])

Mit der wachsenden Bedeutung des Antiphonengesangs fiel natürlich auch dieser der allegorischen Ausdeutung anheim. Man erblickte darin die christliche Liebe, die sämtliche Gläubigen in Eins verknüpfe.[4]) Hatte doch schon Augustinus in einem richtig geschulten Chorgesang das Bild eines wohlgeordneten Staates erblickt.[5]) Auch Prosper von Aquitanien bringt ein Gleichnis vom Chorgesang: mit dem Worte Chor bezeichnet man die Eintracht der Lobsingenden, deren Stimmen, wenn sie nicht zusammenklingen, kein Gefallen erwecken können; ein richtiger Gesang kann nur bei allgemeiner Gleichheit der Lebensführung und des Bekenntnisses herauskommen.[6])

---

[1]) Enarr. in ps. 67, 1: haec differentia frustra elaborata est.
[2]) Bruno Herbipol. In ps. 20, 13; In ps. 26, 11.
[3]) Expos. in ps. 4: canticum ... symphonia dicitur, qua viva voce expressa magis quam psalmo animus delectatur ideoque pro remuneratione futura, quae dulcior erit opere bono, ponitur.
[4]) Johann. Rotomag. de offic. ecclesiast. bei Migne 147, 297.
[5]) De civit. Dei 7, 14.
[6]) Expos. in ps. 149: chori nomine concordia significatur laudantium, quorum voces, nisi fuerint consonae, placere non possunt. rationalis itaque cantus, cuius tota est in fide et caritate modulatio neque in moribus neque in confessione dissideat. Augustin. Comm. in ps. 149 7.

Überaus zahlreich sind fernerhin die Stellen, worin das Wort *canticum* mit dem Zusatze *vetus* oder *novum* allegorisch vom alten und neuen Testamente gebraucht wird. Auch hier war es wiederum Augustinus, dessen Autorität dieser Allegorie allgemeine Geltung verschafft hat. Er sagte einmal:[1]) im alten Testamente sind die Verheifsungen zeitlich und irdisch; wer das Irdische liebt, singt das alte Lied, wer dagegen das neue Lied singen will, muſs Liebe zum Ewigen besitzen. Doch sind das bereits Allegorien, die mit der Musik als solcher aufser der Wortbenennung nichts mehr gemeinsam haben.

Zum Schlusse möge noch eine Allegorie aus Rabanus Maurus Erwähnung finden, die sich mit der angeblich von König David vorgenommenen Einführung des Psalmensingens überhaupt beschäftigt. Es ist hier von der durch David angeordneten Vereinigung von Sängern und Instrumentisten die Rede, die sowohl den Gesang der menschlichen Stimme, als auch den Klang der Instrumente, als endlich auch die Verbindung beider gewährleiste. So verkündigte, heifst es weiter, diese liebliche und angenehme Musik durch ein solches Handeln die katholische Kirche, welche sich dereinst unter Gottes Führung aus verschiedenen Sprachen und mannigfaltigen Gesangsarten schliefslich zu einer Eintracht des Glaubens verschmelzen sollte.[2])

Bei den ausgesprochenen Neigungen der Kirchenväter für Allegorie und Symbolik wäre es geradezu ein Wunder gewesen, wenn sie nicht auch die Zahlen in den Kreis ihrer Betrachtungen gezogen hätten. Denn hier kam ihnen die Anregung ja von den verschiedensten Seiten, aus dem Orient überhaupt, von Philo und seinen Nachfolgern, von den Neupythagoreern und Neuplatonikern.

Die Kirchenväter haben denn auch der Zahlensymbolik einen ausgiebigen Raum vergönnt. Für unsere Zwecke kann natürlich nur die Seite daran in Frage kommen, die für die

---

[1]) Enarr. in psalm. 149, 1.
[2]) Comment. in paralip. I, 5: quae suavis adunatio (sc. der Sänger und Spieler) tribus partibus divisa constabat; rationalis pertinebat ad humanam vocem, irrationalis ad instrumenta musica, communis autem de utriusque partibus aptatur, ut et vox hominis certis modulationibus ederetur et instrumentorum melos consona se vicinitate coniungeret. sic suavis illa et iucunda musica ecclesiam catholicam tali actu praedicebat, quae ex diversis linguis varioque concentu in unam fidei concordiam erat, Domino praestante, coalitura. Vgl. Remig. Altisiod. Enarr. in psalm. praeamb.

musik-ästhetischen Anschauungen jener Männer von Bedeutung geworden ist.

Zunächst ist auch hier wiederum bemerkenswert, dafs es nicht etwa die Zahlenverhältnisse der altgriechischen Musik sind, von denen die symbolischen Spekulationen der Kirchenväter ausgehen, sondern vielmehr die Zahlen, die ihnen die heilige Schrift bot. Aber im Prinzip der Ausdeutung folgen sie durchaus dem Beispiel Philos und der Neupythagoreer, ja sie suchen es womöglich noch zu überbieten. Bereits bei Augustinus treffen wir die Anschauung, dafs für die Gebildeten die Zahlenlehre von höchster Bedeutung sei,[1]) und da gerade in der Zahl das Wesen und die Bedeutung der Musik besteht,[2]) so ist die Kenntnis der Tonkunst zur Ausübung der kirchlichen Pflichten geradezu unerläfslich.[3])

Aber die Kirchenväter begnügten sich nicht mit dieser von den Pythagoreern überkommenen Theorie von der universalen Bedeutung der Zahlen. Sie suchten ihr vielmehr mit allen Hilfsmitteln einer mystisch-symbolischen Spekulation auf den Grund zu kommen. Zu diesem Zwecke mufsten ihnen die in der Bibel vorkommenden Zahlenverhältnisse dienen. Ja sie glaubten sogar mit ihren allegorischen Deutungen die antiken Vorbilder weit zu überbieten. So sagt bereits Ambrosius von der Siebenzahl, er behandle sie nicht nach der Art der Pythagoreer und der übrigen Philosophen, sondern nach der Form und Einteilung der göttlichen Gnade.[4])

Diese Stelle zeigt bereits deutlich die Richtung an, in welcher sich die Symbolik dieser Männer bewegte und worauf ihre „Tropologie der Zahlen"[5]) abzielte. Bei Augustinus finden wir noch ein merkwürdiges Schwanken; er sucht die Symbolik mit der alten Bewegungstheorie in Einklang zu bringen. Er sagt, er wolle sich diesem Punkte zuwenden, da bei allen Bewegungen der Dinge die Bedeutung der Zahl leichter aus den Tönen

---

[1]) De libero arbitr. II, 11: docti et studiosi quanto remotiores sunt a labe terrena, tanto magis et numerum et sapientiam in ipsa veritate contuentur.

[2]) Rupert. abb. Tuit. De spir. sanct. VII, 16 (Abschnitt *De musica*).

[3]) Raban. Maur. De cleric. instit. III, 24.

[4]) Epist. class. I, 44, 3: quem non Pythagorico et ceterorum philosophorum more tractamus, sed secundum formam et divisiones gratiae spiritalis.

[5]) Hieron. Comm. in libr. Amos II, 5, 3.

erkannt werde und diese Betrachtung stufenweise in Abschnitten zu dem Inneren der Wahrheit führe, ein Pfad, auf dem sich die Weisheit in heiterer Form offenbart.[1]

Aber an einer anderen Stelle, wo er sich mit dem Mysterium der Zehnzahl beschäftigt, die seiner Ansicht nach ein geheimnisvolles musikalisches Element in sich schließt, fügt er alsbald die Bemerkung bei, daß wir sowohl die Zahl, als die Musik an sehr vielen Stellen in den heiligen Schriften in hoher Wertschätzung antreffen.[2]

Und dieser Gedanke war fortan für die Späteren maßgebend. Noch aus ziemlich später Zeit besitzen wir einen in diesem Sinne abgefaßten kurzen Abriß der biblischen Musikgeschichte, in dem die musikalische Zahlensymbolik die Hauptrolle spielt.[3] Nicht selten kommt es zu einer Verquickung biblischer und pythagoreischer Elemente, wie z. B. in der Behauptung des Methodius, die Schöpfung der Welt bestehe vollständig aus Zahl und Harmonie, da ja Gott in sechs Tagen Himmel und Erde geschaffen habe.[4]

Welche Dimensionen schließlich diese musikalischen Zahlenspekulationen annahmen, dafür bieten uns ein überaus charakteristisches Beispiel die Ausführungen des Mönches Othlo aus dem 11. Jahrhundert, der speziell die Zahlenverhältnisse der musikalischen Intervalle unter Ausschluß der rein arithmetischen, d. h. keine musikalische Proportion ergebenden Zahlen in den Kreis seiner Betrachtungen zieht. Das Geheimnis, so sagt er, das in den musikalischen Zahlen verborgen ist, ist so groß, daß selbst der erfahrenste heilige Vater kaum imstande wäre, es vollständig klarzulegen. Die einen versinnbildlichen uns den Unterschied zwischen fleischlichen und geistigen Menschen; die anderen, die er „relative" nennt, lehren uns die einheitliche Konsonanz erkennen, die scheinbar Verschiedenes miteinander verknüpft. Nach Aufzählung einer ganzen Reihe von Beispielen spricht der Ver-

---

[1] Epist. class. II, 101, 3: verum quia in omnibus rerum motibus, quid numeri valeant, facilius consideratur in vocibus eaque consideratio quibusdam quasi gradatis itineribus nititur ad superna intima veritatis, in quibus viis ostendit se sapientia hilariter et in omni providentia occurrit amantibus ....

[2] De doctrin. Christ. II, 16: nescio quid musicum sonat; vgl. Eugipp. Thesaur. c. 265.

[3] Rupert. Tuit. a. a. O.

[4] Conviv. dec. virgin. c. 11.

fasser die Überzeugung aus, man könne aus den musikalischen Zahlen das Wesen der himmlischen Harmonie erkennen. Nach dieser Exkursion in das Gebiet der Pythagoreer ergeht sich Othlo in weiteren Betrachtungen über die „mystische Lieblichkeit" der Konsonanzen und gelangt dann schließlich bei Gelegenheit der himmlischen Harmonie zu dem merkwürdigen Satze, daß sich im Himmel der eine zum anderen, je nach Verdienst, im Verhältnis der Oktave, Quinte oder Quarte befinde. Aber trotz dieser Verschiedenheiten, so schließt Othlo, offenbaren alle Heiligen durch die Eintracht der Liebe, gleichsam wie durch den Klang der Oktave, denselben Ton, dasselbe Erkennen.[1])

Die Stelle zeigt sehr deutlich, wie sehr der phantasmagorische Reiz solcher Grübeleien die Gemüter der gläubigen Gemeinde unter seinem Banne hielt; sie bildet das Seitenstück zu der großen, weit verästelten Symbolisierung des Johannes de Muris, auf die wir noch näher einzugehen haben werden. Ein Blick auf Dante und die symbolische Tendenz seiner Dichtung lehrt, wie sehr derartige Spekulationen im Geiste der Zeit begründet waren.

Wir haben oben[2]) gesehen, daß die Neupythagoreer in ihren theologischen Ausführungen über die Arithmetik ein vollständiges System ausgebildet hatten, innerhalb dessen jede einzelne Zahl mit ihrer symbolischen Bedeutung registriert war. In ähnlicher Weise geben die Kirchenväter detaillierte Erläuterungen über das Mysterium der einzelnen Zahlen, teils in direkter Anlehnung an die antike Theorie, teils diese in christlichem Sinne umdeutend, teils endlich überhaupt neue Pfade einschlagend.

---

[1]) Dialog. de tribus quaestion. 41: tanta mysterii virtus inesse videtur (sc. in den musikalischen Zahlen), ut etiam sanctorum patrum peritissimus aliquis ad hanc (sc. rationem) pleniter reserandam vix sufficeret. in primis enim invicem oppositis vel collatis utrisque valet inspici, quanta distantia sit inter carnales et spiritales homines tum ablata illius parte numeri, qui „ad se" dicitur. nam ita superfluus est in ratione sicut et illi, quos significat, in compassione. in altero, qui relativus est, satis speculatur, quae consonantia sit in diversitate corporalium artium et quae in diversis opibus vel fructibus provinciarum et quae in varia dispositione virtutum, quae etiam inter coenobialis et saecularis vitae homines nec non quanta consonantia sit in veteris ac novi testamenti collatione, vel quae aliarum rerum consonantiae. postremo, quid sit coelestis harmonia, reor hinc posse agnosci ... omnes sancti per caritatis concordiam, quasi per diapason, unum resonant, unum sapiunt!

[2]) S. o. S. 31 ff.

Bei der Dreizahl laufen die Fäden direkt vom Altertum ins Mittelalter hinüber. Augustin beruft sich ausdrücklich auf die pythagoreische Lehre, welche die Bedeutung dieser Zahl daraus herzuleiten suchte, dafs sie die erste „vollkommene", d. h. Anfang, Mitte und Ende besitzende Zahl sei.[1]) Isidor von Sevilla kopiert diese Stelle und bringt aufser anderen, dem gelehrten Wissen der damaligen Zeit entstammenden „Dreiheiten"[2]) noch die drei die Musik ausmachenden Faktoren hinzu: *vox, flatus* und *pulsus*. Diese drei Faktoren wurden dann ihrerseits in der Folgezeit wieder allegorisch umgedeutet und auf diese Weise als so recht eigentlich für den Preis der Dreieinigkeit geeignet bezeichnet.[3]) Eigentümlich ist übrigens die Art und Weise, wie Augustin die Neunzahl der Musen aus der Dreizahl abzuleiten versucht.[4])

Durch das Dogma von der göttlichen Dreieinigkeit erhielt die Dreizahl, die schon im Altertum das Symbol des Guten gewesen war,[5]) ihre höchste Weihe; sie erweist ihre Kraft in jeglichem Zusammenhang und ist auch auf musikalischem Gebiete, gleichwie im Altertum, die Vertreterin der Ordnung.[6]) Auf eine nähere Spezifizierung ihrer Rolle innerhalb der Musik haben sich die Kirchenväter nicht eingelassen.

Dagegen war die Zahl Vier ein ergiebiges Feld für solche Allegorien. Ist doch am vierten Schöpfungstag das Licht, der Urquell alles Lebens, erschaffen worden. Die Aufführung der Vierzahl der Jahreszeiten, Elemente usw. entspricht genau der Behandlung bei den Neupythagoreern, ebenso ist es pythagoreisch, wenn einmal die Vierzahl als mit der Gerechtigkeit zusammenfallend dargestellt wird.[7]) Die vier musikalischen Konsonanzen

---

[1]) De mus. I, 12: in ternario numero quandam esse perfectionem vides, quia totus est. habet enim principium, medium et finem. Vgl. oben S. 32, Anm. 2.

[2]) Etymol. III, 18: mensura tempus locus; cupiditas ira ratio; physica logica ethica; Asia Europa Libya.

[3]) Honor. Augustodun. Expos. in psalm. select. bei Migne 172, 308: vox in choro, flatus in tuba, pulsus in cithara, quae mentem, spiritum, corpus significant, quae trinitatem semper laudibus concelebrant.

[4]) Drei fabri verfertigen je drei simulacra Musarum, De doctr. Christ. II, 17, wobei er sich auf den alten Varro beruft.

[5]) S. o. S. 32, Anm. 3.

[6]) S. o. S. 32, Anm. 4.

[7]) Ambros. De XLII mansionib. filior. Israel. bei Migne 17, 11: quaternarius et ipse mysticus est et in scriptura commendatur, nam speciosam illam

kehren bei diesen symbolischen Erörterungen regelmäfsig wieder. Die Neupythagoreer hatten die ersten vier Zahlen als Beweis für die alles erfüllende Macht der Harmonie angeführt;[1]) einen Nachhall dieser Anschauung finden wir in den Worten Augustins, der die vier ersten Zahlen und ihre Verknüpfung an Bedeutung hoch über alle anderen Zahlenverhältnisse stellt.[2])

Für die Musikästhetik von Bedeutung ist fernerhin die mystische Auslegung der Zahl Sieben geworden. Der siebente Tag des Schöpfungswerkes, die sieben Dienstjahre Jakobs, die siebentägige Krisis, die nach Galen das Fieber braucht, die siebzigjährige babylonische Gefangenschaft, die sieben Planeten — alles dies wird in buntem Durcheinander herangezogen, um das „Sacramentum" dieser Zahl zu erweisen,[3]) die selbst zum heiligen Geiste in geheimnisvollen inneren Beziehungen steht.[4]) Sieben war aber auch schon in der neupythagoreischen Musiksymbolik eine Zahl von ganz besonderer Bedeutung, hatte man sie doch bereits damals mit dem Schöpfungswerk in Beziehung gesetzt.[5]) Den Anknüpfungspunkt der Ausdeutung hatte schon im hohen Altertum die siebensaitige Lyra gegeben, und die Kirchenväter trugen kein Bedenken, sich diese Errungenschaft ohne weiteres zu eigen zu machen. In weitaus den meisten Fällen werden als Zeugnis für das Mysterium dieser Zahl die sieben Töne der Oktave angeführt. Dabei spielen aber nicht allein neupythagoreische und neuplatonische Anschauungen herein, sondern auch die Autorität Virgils, die ja, wie überhaupt im Mittelalter, so auch hier

---

lucem, quae se ipsam et cetera manifestat, luminis genitores, solem et lunam ac praefulgidum stellarum chorum, quae noctem diemque, menses annosque oriendo et occidendo terminant, die quarto creata esse sermo propheticus declarat. mundi radices quatuor numerantur, terra aqua ignis et aër, et annuae temporum vices sunt totidem, hiems aestas ver et autumnus. nec immerito quaternioni etiam insunt omnia: punctum linea superficies et soliditas, mensurae universorum. insunt etiam potissimae symphoniae musicae. deinde quadranguli latera oportet esse aequalia, aequalitas vero mater est iustitiae, quae ceterarum virtutum dux est et magistra. iustitiam ergo quaternarius insinuat.

[1]) S. o. S. 33.
[2]) De mus. I, 12: istos quatuor primos numeros seriemque et connexionem eorum honorabilius haberi quam cetera in numeris convenit.
[3]) Ambros. a. a. O.
[4]) Eugipp. Thesaur. c. 115: septimo die sonat sanctificatio; vgl. Ambros. a. a. O.
[5]) S. o. S. 34, Anm. 2.

nächst den biblischen Schriften eine fast kanonische Geltung besafs. Seine sieben *discrimina vocum* aus der Aneis[1]) gehören zu den geläufigsten Beispielen der kirchlichen Symbolisten. Welche Zahl, ruft Ambrosius aus, entfaltet uns die Unterschiede der sieben Töne in so lieblicher Weise, wie diese durch die siebenfache Gnade des heiligen Geistes?[2]) In der Folgezeit wurden denn auch tatsächlich die sieben Tonstufen das Symbol für die sieben Gaben des heiligen Geistes.[3])

Am häufigsten aber wird in Verbindung mit musikalischen Dingen die Zahl Zehn erwähnt. Auch hier waren die Griechen vorbildlich, indes gingen die Kirchenväter im Einzelnen ihre eigenen Wege. Die Zahl Zehn erblickte man vor allem in den zehn Saiten des Psalteriums, und diese wiederum galten den Mystikern als Symbol der zehn Gebote Gottes. So heifst es in einer dem Rufinus zugeschriebenen Schrift: die zehn Saiten des Psalteriums bedeuten die zehn Gebote, die der Mensch gut erfüllt, der das im Psalter Gesungene auch ausführt.[4]) Andere gehen mit ihrer Ausdeutung gründlich auch auf Einzelheiten ein, so Augustinus, der in seinen Sermonen den Satz aufstellt: das ganze Gesetz beruht auf zwei Vorschriften, der Liebe zu Gott und der Liebe zum Nächsten; auf die erste Vorschrift beziehen sich drei Saiten, auf die zweite sieben.[5])

Im Osten, der überhaupt im Verhältnis zum Westen diese Zahlensymbolik wenig entwickelt hat, treffen wir auf eine andere Deutung der zehn Saiten des Psalteriums, die deshalb charakteristisch ist, weil sie sich ebenfalls wieder stark an die

---

[1]) VI, 545 ff.: nec non Thraeicius longa cum veste sacerdos | obloquitur numeris septem discrimina vocum | iamque eadem digitis, iam pectine pulsat eburno.

[2]) De Jacob et vita beata II, 9: quis tam suavis numerus septem vocum differentias oblocutus quam iste septemplici spiritus sancti gratia revolvit? mit deutlicher Beziehung auf Virgil.

[3]) Rupert. Tuit. De divin. offic. I, 35.

[4]) Comment. in ps. David. bei Migne 21, 644: decem chordae psalterii decem praecepta legis significant, quae omnia bene implet, qui ea exsequitur, quae in psalterio scripta decantantur. Vgl. Augustin. De doctr. Christ. II, 16; Enarrat. in ps. 91, 5; in ps. 110, 1; in ps. 143, 2; Isidor. Hispal. Lib. numer. c. 11; Walafrid. Strab. Gloss. ord. I, 15; Haymo Halberst. Explan. in ps. 1; Bruno Herbipol. In ps. 32, 2; Bruno Carthus. Exp. in ps. 32.

[5]) Serm. I, 9, 5 f.; 33, 1; vgl. auch Enarr. in ps. 32, 2: praecepta legis decem sunt ... habes ibi dilectionem Dei in tribus et dilectionem proximi in septem.

antike Philosophie anlehnt. Hier wird nämlich durch das Psalterium der Leib versinnbildlicht mit seinen fünf Sinnen und seinen fünf Seelenkräften, wie es bei Athanasius heifst.[1]

Eine eigentümliche Verwendung der musikalischen Intervallverhältnisse zur Ausdeutung von Bibelstellen findet sich bei Rupert von Deutz. Hier wird die Geschichte aus Genesis 18 behandelt, wo Abraham mit dem Herrn über die Zahl der Gerechten in Sodom und Gomorrha verhandelt. Der Verfasser macht dabei darauf aufmerksam, dafs Abraham die Zahlen keineswegs planlos verminderte, sondern es in der Weise tat, dafs kein Zahlenverhältnis, dem in der Musik ein Klang entspricht, übergangen wurde. Es sind die Verhältnisse 45 : 40 *(epogdous = tonus)*, 30 : 20 *(sesquialter = diapente)*, 20 : 10 *(diapason)* und 40 : 10 *(bis diapason)*. Da also, so schliefst Rupert, in diesen Zahlen von den musikalischen Verhältnissen keines fehlt, so darf man nicht annehmen, dafs ein solcher Mann, zumal in einer Unterredung mit Gott, jene Zahlen ganz blindlings und zufällig ausgewählt habe.[2]

Die Zahlensymbolik bildet einen der wichtigsten Bestandteile der kirchlichen Hermeneutik im Mittelalter. Das musikalische Gebiet aber hat sie, im Gegensatz zu den griechischen Philosophen, nur flüchtig gestreift. Der Grund dafür liegt in erster Linie darin, dafs die tonkünstlerischen Erzeugnisse, die den Kirchenvätern vor Augen schwebten, also im wesentlichen die Psalmodie, vermöge ihrer absoluten Einfachheit und Schlichtheit nur sehr wenige Anknüpfungspunkte für derartige Betrachtungen boten. Man mufste sich mit dem Allgemeinen begnügen, da die Einzelheiten ihrer Dürftigkeit halber keinen Ertrag lieferten. Ein ganz anderes Bild nach dieser Seite hin gewähren die Schriften der Theoretiker, denen die Beschäftigung mit der altgriechischen Musiktheorie eine weitaus günstigere Gelegenheit zu derartigen mystischen Grübeleien vermittelte. Sie haben sie sich, wie wir sehen werden, auch gründlich zu Nutze gemacht.

Hatte sich schon bei der Übernahme der antiken Ethoslehre durch die Kirchenväter durchweg der Standpunkt geltend gemacht,

---

[1] Expos. in ps. 3, 5: ψαλτήριον δεκάχορδον τὸ σῶμά ἐστιν, ἅτε πέντε αἰσθήσεις ἔχον καὶ πέντε ἐνεργείας ψυχῆς, δι' ἑκάστης αἰσθήσεως γιγνομένης ἐνεργείας ἑκάστης.

[2] De sancto Spir. VII, 16.

dafs das Rein-Musikalische sich unbedingt dem religiösen Zwecke unterordnen müsse, so tritt es bei diesen mystisch-allegorischen Deutungsversuchen vollends in den Hintergrund. Das einzige Moment, womit die Musik als solche am Zustandekommen dieses ganzen Systems beteiligt ist, ist ihr sinnlicher Reiz, der die Kirchenväter zumeist in einer ihnen selbst unbewufsten Weise veranlafste, der Musik eine besondere „mystische Lieblichkeit" zuzuerkennen und sie damit ebenfalls in den Kreis der Symbolik einzubeziehen. So geriet die Musik, die im Mittelalter überhaupt nicht zu den Künsten, sondern zu den Wissenschaften gerechnet wurde, auch von dieser Seite her in den Bannkreis der Spekulation. Diese Stellung hat ihr nun zwar einen hohen Grad von Wertschätzung errungen, ja sie im Mittelalter weit über die andern Künste erhoben. Freilich für den modernen Standpunkt kann diese geflissentliche Heranziehung aufsermusikalischer Elemente nur als eine schwere Behinderung, wenn nicht geradezu gänzliche Unterbindung einer wirklichen Kunstbetrachtung gelten. Wenn die Musik nicht durch das, was sie selbst ausspricht, Bedeutung gewinnt, sondern nur durch das, was sie auf dem Wege allegorischer Deutung ahnen läfst, so liegt darin eben das Zugeständnis, dafs sie selbst nur eine unscheinbare Hülle, ein Gleichnis ist, das die einzige Bestimmung hat, dem darin verborgenen Kern die äufsere Erscheinungsform zu verleihen. Nicht einmal, dafs diese Form eine sinnlich reizvolle sei, wird zugestanden, sondern die Musik lediglich als das Medium göttlicher Offenbarungen hingestellt. Die Kirchenväter vertraten diesen Standpunkt um so nachdrücklicher, als er ihnen die gewünschte Gelegenheit bot, den Gegensatz zwischen weltlicher und kirchlicher Musik in ein besonders helles Licht zu rücken und die Gemeinden um so leichter von den Einflüssen der weltlichen Kunst abzulenken.

Die allegorisch-symbolische Seite der mittelalterlichen Kunstlehre führt uns also von einer rein ästhetischen Betrachtung noch ungleich weiter ab, als die Lehre von der *moralitas artis musicae*. Wie diese, so knüpft auch jene an spätantike Anschauungen an, nur hat sich dann in der Folge die Entwicklung verschieden vollzogen, insofern als die allegorische Seite kräftig und nicht ohne Selbständigkeit weiter gebildet wurde, die rein ethische dagegen je länger, je stärker der Vergröberung und Verkümmerung anheimfiel.

Für die praktische Musik konnte diese allegorisierende Symbolik nur indirekt von Bedeutung sein, insofern, als sie bestimmten musikalischen Elementen ein für alle Male eine bestimmte Deutung zuwies. Da nun aber alle derartigen Sätze der frühesten Kirchenväter bei den späteren sehr bald dogmatische Geltung erlangten, so war damit auch für die Entwicklung der Form ein konservatives, mitunter sogar hemmendes Element gegeben. Denn an Dingen, in denen sich Gott auf eine so wunderbare Weise offenbarte, durfte natürlich von Menschenhand nichts geändert werden.

Auch auf diesem Gebiete ist mithin die Musik nicht als freie Kunst, sondern als Dienerin der Religion und Kirche von Bedeutung, ja hier wird deutlich ausgesprochen, daſs sie an und für sich keine Beachtung verdiene. Eben diese allegorischen Deutungen bilden in der gesamten Geschichte der musikalischen Ästhetik gerade das Gebiet, auf dem für eine rein künstlerische Betrachtung am wenigsten Raum vorhanden ist. Immer mehr wurde die Tonkunst, d. h. die allein offiziell anerkannte kirchliche, von diesem verwickelten Gespinste mystischer Spekulation umrankt, bis sie schlieſslich fast ganz davon bedeckt war. Stellen, wie die bereits angeführte des Othlo von St. Emmeran und die noch anzuführende des Johannes de Muris beweisen dies zur Genüge. Erst die Renaissancebewegung war es, welche der echt mittelalterlichen Anschauung, als wäre die Musik nur ein Gleichnis für Übersinnliches, den Boden abgrub. Die weltliche Musik, die eben in Verbindung damit immer dringender ihr Recht fordert, fühlt sich von Anbeginn an als ein Kind dieser Welt; sie will nicht mehr durch Dinge, die sie ahnen läſst, sondern durch sich selbst, durch ihre eigenen Mittel wirken. Damit wurde eine Entwicklung eingeleitet, die in ihren letzten Tendenzen nicht allein das Mittelalter, sondern auch das Altertum weit hinter sich lieſs: denn auch die Griechen hatten ja ihre Lieblingskunst vorzugsweise als Dienerin, nämlich des öffentlichen Lebens, aufgefaſst. Nunmehr aber beginnt sich die Musik aller Fesseln zu entledigen und sich als eine Kunst zu fühlen, die ihren Zweck in sich selbst trägt. Damit sind denn natürlich auch die Ziele der musikalischen Ästhetik andere geworden. Sie fragt nicht mehr nach den Zwecken und Aufgaben der Kunst, sondern nach ihrem Wesen. Vorbedingung dafür war natürlich, daſs sie zuvor von allen auſsermusikalischen Elementen, von den Schlacken, die aus der Theologie, Philosophie und Mathematik herstammten, gereinigt wurde. So entwickelte sich die Musik aus der mittelalterlichen Universalkunst zur Spezialkunst der modernen Zeit.

Fassen wir nunmehr alles bisher über die Musikästhetik der frühmittelalterlichen Kirche Gesagte zusammen, so ergibt sich folgendes Gesamtbild:

1. Die Kirchenväter gehen durchweg von praktischen Gesichtspunkten aus; sie haben bei ihren Ausführungen stets die Musikübung der christlichen Kirche ihrer eigenen Zeit im Auge. Die theoretischen Schriften des Altertums, die für die eigentlichen Fachgelehrten des Mittelalters eine grundlegende Bedeutung gewonnen haben, lassen sie aus dem Spiele. Sie sind somit in Anbetracht unserer spärlichen Kenntnis von der gleichzeitigen praktischen Musik eine unentbehrliche Quelle.

2. Die musikalische Form, von der sie bei ihrer Lehre ausgehen, ist in allererster Linie die Psalmodie, der sich dann in zweiter die zuerst im Orient gepflegte Hymnodie anschliefst. An der Psalmodie entwickeln sie denn auch ihre ästhetischen Anschauungen, während das komplizierte altgriechische Tonsystem durchaus unberücksichtigt bleibt.

3. Ein kontinuierlicher historischer Zusammenhang zwischen der Musik des griechischen Altertums und der des christlichen Mittelalters besteht zur Zeit der Alleinherrschaft der Psalmodie nicht. Die kanonische Autorität der dieser Periode angehörigen Kirchenväter bewirkte, dafs auch später, als melodischere, mit der antiken Musik sich berührende Elemente auch in die Musik der Kirche eindrangen, die Psalmodie noch durchweg im Vordergrunde des Interesses der ästhetisierenden Kirchenlehrer stehen blieb. Die Ausführungen jener Männer über die Psalmodie bilden den Grundstock der offiziellen kirchlichen Musikästhetik während des ganzen Mittelalters.

4. Die zeitgenössische profane Musik übte insofern einen mittelbaren Einfluss auf jene Kirchenlehrer aus, als sie sie veranlafste, ihren eigenen Standpunkt, die christliche Auffassung vom Wesen und von der Aufgabe der Tonkunst, mit aller Entschiedenheit zu präzisieren. Jenen „Gesängen des Teufels" haben wir es zum grofsen Teile zu danken, dafs sich die Kirchenväter überhaupt so eingehend mit musikalischen Fragen beschäftigten. Ihre Ausführungen tragen darum auch einen teils apologetischen, teils stark polemisch gefärbten Charakter.

5. Der Hauptsatz der christlichen Musikästhetik lautet: die Musik ist eine dienende Kunst, und zwar dient sie ganz ausschliefslich den Interessen und Zielen der Kirche. Ihr fällt die Aufgabe zu, die Worte der christlichen Heilslehre, soweit sie in Psalmen und gottesdienstlichen Liedern zum Ausdrucke gelangen, mit den ihr zu Gebote stehenden Mitteln zu kommentieren und dadurch zu eindringlicherer Wirkung zu bringen. Dafs sie diese Fähigkeit besitzt, bezeugt ihr in der heiligen Schrift geoffenbarter göttlicher Ursprung. Die Berechtigung eines rein ästhetischen Musikgeniefsens dagegen wird grundsätzlich abgelehnt; aufserdem ergibt sich aus dem Gesagten, dafs die Instrumentalmusik, als die Vertreterin der reinen Tonkunst, erheblich hinter die Vokalmusik an Bedeutung zurücktreten mufs. Bei jeder Art von Vokalmusik dagegen ist nicht die Musik selbst, sondern der Text und die Gemütsverfassung des Singenden die Hauptsache.

6. Aus dem Altertum wird erstens die Ethoslehre übernommen, während die von den Sophisten begründete formalistische Theorie mit dem Ende des Altertums vollständig verschwindet. Die Ethoslehre erfährt ihrerseits eine Umbildung im Sinne der christlichen Kirche; eine Weiterentwicklung in der von den alten Philosophen gewiesenen Richtung findet nicht statt. Die ältesten Kirchenväter entnehmen ihr das für ihre Zwecke Brauchbare und verleihen ihm damit für die spätere Zeit dogmatische Geltung. Damit erstarrt denn die antike Lehre schon in den ersten Jahrhunderten zur mittelalterlichen Lehre von der *moralitas artis musicae*, einer ziemlichen Verwässerung des antiken Vorbildes. Aus dem Altertum stammt fernerhin aber auch die Anschauung von der Musik als Heilmittel gegen abnorme Gemütszustände, in christlichem Sinne umgedeutet der Glaube an die Wirksamkeit der Musik gegen die verderblichen Einflüsse der Dämonen.

7. Wohl der interessanteste Punkt bei der Betrachtung dieser ganzen Theorie ist die Stellung der Kirchenväter zu der Musikästhetik der gleichzeitigen griechischen Philosophie. Bereits beim Neuplatonismus konnten wir ja die merkwürdige Tatsache feststellen, dafs, während die praktische Musik immer mehr der Verweltlichung und Verweichlichung anheimfiel, die Ästhetik der Philosophen einen immer asketischeren Charakter annahm, ja dafs es bereits bei ihnen zu scharfen Auseinandersetzungen mit der weltlichen Praxis kam.[1]

---

[1] S. o. S. 52f.

Wie nahe verwandt von Hause aus das Christentum mit dem Neuplatonismus war, zeigt die Betrachtung der beiderseitigen Musikästhetik aufs deutlichste. Die Überzeugung von der Wertlosigkeit alles sinnlichen Reizes in der Kunst ist beiden Richtungen gemeinsam, nur dafs der Grieche das Sinnlich-Schöne noch als unterste Stufe der Erkenntnis betrachtet, während der Christ seine Wertlosigkeit zur Schädlichkeit steigerte. Aber auch die Neigung der Kirchenväter, die Elemente und Faktoren der Tonkunst symbolisch auszudeuten, findet ihre Parallele bei den Neupythagoreern und Neuplatonikern. In den allegorisierenden Tendenzen speziell und in der Zahlensymbolik berühren sich beide Richtungen sehr eng mit den jüdisch-griechischen Anschauungen Philos.[1]) Auch die Vorstellung von der im ganzen Universum wirksamen Macht der Musik haben die Kirchenväter vom Neupythagoreismus übernommen.

Man kann somit getrost die Behauptung aufstellen, dafs die Grundlage der frühchristlichen Musikästhetik sowohl als drei Viertel ihrer Einzelheiten aus dem Neupythagoreismus und Neuplatonismus übernommen sind.

8. Die Musikästhetik der Kirchenväter, soweit sie im praktischen Leben stehen, ist bereits mit der Zeit des Augustinus im Westen und des Basilius im Osten, also im 4. bis 5. Jahrhundert, in ihren Grundzügen festgestellt. Die Zusätze der Späteren bringen keine neuen Gesichtspunkte mehr hinzu.

9. Die Entwicklung der Ästhetik weist im Osten einen merkenswerten Unterschied gegenüber dem Westen auf. Während hier die antike Ethoslehre nur in den allgemeinsten Umrissen und in abgeblafster Form auftritt, stehen die morgenländischen Kirchenlehrer der antiken Theorie bedeutend näher; in ihren Schriften weht wirklich noch ein Hauch des antiken musikalisch-philosophischen Geistes. Das Mutterland der hellenischen Musik hat auch in dieser Hinsicht das antike Erbe treuer gewahrt als der latinisierte Westen.

Es leuchtet ein, dafs die Musik, so untergeordnet auch ihre tatsächliche Stellung im kirchlichen Leben gewesen sein mag, trotzdem einen nicht zu unterschätzenden Kulturfaktor bildete, schon deshalb, weil ihr als der einzigen unter den sieben freien Künsten der Zugang zum Gotteshause überhaupt offen

---

[1]) S. o. S. 86.

stand.[1]) Ihre Schicksale bieten uns ein getreues Spiegelbild von den Kämpfen, welche sich in jener Zeit der Neugestaltung des gesamten geistigen Lebens abspielten. Darum geht die Bedeutung der frühmittelalterlichen Musikästhetik weit über den engeren Rahmen der Musikgeschichte hinaus. Der Kampf um die „wahre Musik" ist nur ein Abbild des allgemeineren Kampfs um die neue Lebensanschauung. Er gibt uns darum nicht blofs Aufschlufs über das Verhältnis der antiken zur mittelalterlichen Tonkunst, sondern über die geistigen Strömungen jener Zeit überhaupt. In ihm spiegelt sich ebenso die ablehnende Stellung des frühesten Christentums zum heidnischen Kulturleben ab, wie die späterhin durch Männer wie Augustin angefachte Bewegung, die auf die Begründung einer spezifisch christlichen, der heidnischen ebenbürtigen Philosophie, auf einen wissenschaftlichen Beweis der christlichen Heilswahrheiten abzielte. Aber auch die Bewegungen innerhalb der christlichen Kirche selbst fanden in der Musikgeschichte ihren entsprechenden Ausdruck, so im Osten der Streit zwischen Orthodoxen und Arianern, im Westen z. B. der Kampf zwischen Agobardus und Amalarius.

Von grofser Wichtigkeit ist endlich, dafs die Beziehungen des Christentums zur zeitgenössischen griechischen Philosophie, insbesondere zum Neuplatonismus, aus jener ästhetischen Lehre klar und deutlich heraustreten. Wir erkennen, dafs der asketische Grundcharakter, welcher der Musikanschauung des gesamten Mittelalters anhaftet, in letzter Linie in neupythagoreischem und neuplatonischem Grunde wurzelt.

So stellt denn die Musikästhetik der Kirchenväter einen Ausschnitt aus einer der interessantesten Perioden der allgemeinen Kulturgeschichte dar, der wohl geeignet ist, uns für das Fehlen eigentlich praktischer Tondenkmäler aus jener frühesten Zeit einigermafsen zu entschädigen. Die Notwendigkeit, dafs die Musikgeschichte in steter Fühlung mit der allgemeinen Kulturgeschichte bleibe, offenbart sich nirgends so deutlich, wie gerade hier.

Freilich hat die Tonkunst das Vorrecht der kirchlichen Anerkennung, das sie ihren Schwestern gegenüber besafs, teuer genug bezahlen müssen. Dienen war ihr Los das ganze Mittelalter hindurch, und in dieser Hinsicht bildet die mittelalterliche

---

[1]) S. o. S. 77.

Musikästhetik den denkbar schroffsten Gegensatz zur modernen Anschauung, die sie fast ausschließlich als freie Kunst betrachtet. Von den Kirchenvätern in den engen Rahmen des Kultes eingespannt, geriet sie nunmehr in die Hände der eigentlichen Fachgelehrten. Aber auch diesen lag es, wie wir sogleich sehen werden, zunächst durchaus fern, die Musik als lebendige Kunst anzuerkennen und aus der praktischen Kunstentwicklung eine ästhetische Theorie abzuleiten. Für sie war durchaus die altgriechische Theorie maßgebend, und Jahrhunderte hat es gedauert, bis von den praktischen Musikern selbst diese Fessel gesprengt und damit auch für die Weiterentwicklung der musikalischen Ästhetik der Boden geebnet wurde.

Drittes Kapitel.
Die Theoretiker.

Wenn wir jetzt und im folgenden zwischen Kirchenvätern und Theoretikern unterscheiden, so geschieht dies nicht darum, weil die Theoretiker keine Männer der Kirche gewesen wären. Im Gegenteil, sie gehörten samt und sonders ebenfalls in irgend welcher Eigenschaft dem geistlichen Stande an; hatte doch die Wissenschaft überhaupt in jenen Zeiten keine andere Zufluchtsstätte als eben die Klöster. Ja, es gibt sogar unter den Theoretikern manche, die sich, ganz nach dem Vorbilde der Kirchenväter, auch mit der Auslegung des Psalters u. s. w. beschäftigten.

Wir fassen hier vielmehr das Wort „Theoretiker" in seinem eigentlichen Sinn auf, nämlich als Gegensatz zu „Praktiker", und wir verstehen unter den Theoretikern Männer, die sich die wissenschaftliche Erforschung der Tonkunst und ihrer Elemente zum Ziele setzen, im Gegensatz zu den Kirchenvätern, für die praktische Bedürfnisse und Rücksichten Ursache zur Beschäftigung mit der Musik wurden.

Dieser Unterschied ist weit gröfser, als es auf den ersten Blick den Anschein hat. Denn in der gesamten Musikgeschichte findet sich nicht leicht eine Epoche, in der Theorie und Praxis so verschiedene, ja entgegengesetzte Wege eingeschlagen haben, wie gerade hier.

Zunächst sehen wir Abend- und Morgenland, die wir bei der Betrachtung der Kirchenväter im Grofsen und Ganzen auf denselben Pfaden antrafen, auf dem Gebiete der reinen Theorie sich trennen. Die Musiktheorie des Orients schlug gemäfs der verschiedenen Weiterentwicklung der Tonkunst selbst ganz andere Wege ein. Erst in unsern Tagen beginnt die byzantinische Musik wieder in greifbarer Gestalt aus dem Dunkel der Vergessenheit aufzusteigen;[1]) freilich ist dadurch vorerst die Zahl der Probleme eher vermehrt als vermindert worden. Ein näheres Eingehen auf alle diese Fragen verbietet der Rahmen dieser Darstellung. Wir werden uns nur soweit damit zu beschäftigen haben, als die byzantinische Kunst für die Entwicklung der abendländischen von Bedeutung geworden ist, und als ästhetische Anschauungen des Ostens sich auch im Westen einbürgerten.

Im Abendlande kann von einer eigentlich mittelalterlichen Musiktheorie erst vom 9. Jahrhundert ab die Rede sein. Die früheren, vor allen Dingen Cassiodorus und Boëthius, haben lediglich die von ihnen selbst nicht mehr in allen Punkten verstandene altgriechische Musiktheorie im Auge, sie stehen vollständig aufserhalb der eigentlichen Gesangspraxis und behandeln somit auch die ästhetische Seite durchaus vom Standpunkt der Griechen aus.

Trotzdem haben jene beiden Männer, denen sich dann in zweiter Linie noch Martianus Capella und Censorinus anreihen, die allerhöchste Bedeutung dadurch erlangt, dafs ihre Schriften die Grundlage für alle musiktheoretischen Forschungen des Mittelalters abgaben. Wir erleben hier das merkwürdige Schauspiel, dafs die Theorie einer Kunst von ganz anderen Voraussetzungen ausgeht, als die Praxis. Mit Hilfe der antiken Theorie suchte man auch der zeitgenössischen Musik beizukommen. Die natürliche Folge davon war, dafs man aus einer Fiktion in die andere geriet, bis schliefslich das Aufkommen der Mehrstimmigkeit dieses ganze künstliche System, das schon allzulange die Köpfe verwirrt hatte, über den Haufen warf.

Ehe wir daher an die Betrachtung der eigentlichen mittelalterlichen Theoretiker gehen, müssen wir uns jene spätantiken Schriftsteller, ihr Verhältnis zu ihren Quellen und zu einander, ferner den Grad ihres Einflusses auf das Mittelalter klar zu machen suchen.

Die Grundlehre all dieser Männer führt uns wiederum in den Kreis der neupythagoreischen und neuplatonischen Gedankenwelt. Zum Teil sind sie von Vorbildern dieser Richtung unmittelbar abhängig, so schöpft Martianus Capella seine Weisheit

---

[1]) Vgl. O. Fleischer, Neumenstudien. Teil III. Die spätgriechische Tonschrift. Berlin 1904.

aus Aristides Quintilianus,[1]) Boëthius dagegen vorwiegend aus Nicomachus von Gerasa;[2]) keiner von beiden bringt zu dem in seiner Vorlage Enthaltenen aus eigenem geistigem Besitz etwas Nennenswertes hinzu. Nur ist bei diesen Schriftstellern im Gegensatze zu den Kirchenvätern wohl zu bemerken, daſs sie nur ausnahmsweise einmal den Versuch machen, die antike Lehre in christlichem Sinne umzudeuten, und im übrigen die reine neupythagoreische Theorie sich zur Richtschnur nehmen. Die gesamte Stellung der Musik in der mittelalterlichen Theorie, vor allem ihre Behandlung als Wissenschaft und die symbolische Ausdeutung ihrer Elemente, stammt in letzter Linie aus jenen spätantiken Quellen oder ihren neupythagoreischen Vorlagen.

Daneben aber fördert die kritische Untersuchung jener Quellen noch eine zweite Schicht zu Tage, und zwar eine Schicht, die sich vor allem mit ästhetischen Fragen beschäftigt. Dabei kommen in Betracht einmal das System der „sieben freien Künste", und zweitens die stereotyp auftretenden Berichte und Anekdoten über die Macht der Musik. Diese finden sich bei sämtlichen angeführten Schriftstellern;[3]) sie gehen alle auf eine und dieselbe Quelle zurück, nämlich den alten M. Terentius Varro,[4]) denselben Universalgelehrten, dessen Encyklopädie die Römer die erste Zusammenfassung der artes liberales nach griechischen Vorbildern verdankten.[5]) Varro

---

[1]) Vgl. Westphal, Griech. Rhythmiker (1861) 47; H. Deiters, Studien zu den griech. Musikern: über das Verhältnis des Martianus Capella zu Aristides Quintilianus, Posen 1881.

[2]) S. o. S. 29 ff.; vgl. W. Miekley, De Boëthii libri de musica primi fontibus. Dissert. Jena 1898.

[3]) Boëth. Inst. mus. I, 1; Cassiod. De art. ac discipl. lib. litt. V, 9; Martian. Cap. IX, 346 (Eyssenhardt); Censorin. De die nat. 12, 1; Macrob. Comm. in somn. Scip. II, 3.

[4]) Strittig ist nur, ob Varro direkt oder unter Vermittlung von Suetons Pratum benutzt wurde. Nach E. Holzer, Varroniana (Ulm. Gymn.-Progr. 1890) stellt sich das Verhältnis so, daſs Martianus und Censorinus direkt aus Varro (jener aus dem Tubero, dieser aus den Disciplinarum libri) schöpften, Macrobius und Cassiodorus dagegen einen Abschreiber Varros (Sueton) benutzten. Vgl. auch H. Diels, Doxographi graeci (Berlin 1879) 186; G. Wissowa, De Macrobii fontibus (Breslau 1880) 18. Für Sueton als Quelle tritt ein A. Reifferscheid in seinem Sueton (Leipzig) 1860. Zitiert wird Varro von Censorin. a. a. O.; Mart. Cap. a. a. O. 348, 17; Cassiod. a. a. O. 8.

[5]) Vgl. Teuffel-Schwabe, Gesch. der röm. Literatur S. 294, 6a nebst der dort angegebenen Literatur.

aber benützte seinerseits für seine Musikästhetik die Schriften Theophrasts.[1]

Wir haben also unter den Vorlagen jener spätantiken Theoretiker neben der neupythagoreischen Gruppe eine zweite von peripatetischer Provenienz zu erkennen, die speziell für ästhetische Fragen maßgebend war. Das System der artes liberales, deren Siebenzahl allerdings bei Varro noch nicht feststeht, findet sich allein bei Martianus,[2] der von den neun varronischen Künsten Architektur und Heilkunst ausscheidet.[3]

So ging die Musiktheorie der alten Griechen, und mit ihr auch ein großer Teil ihrer Musikästhetik, auf dem Wege pythagoreisch-peripatetischer Doktrin ins Mittelalter hinüber. Nur ist der Grad des Einflusses, den die einzelnen der genannten Schriftsteller auf die Theorie des Mittelalters gewonnen haben, sehr verschieden. Am wenigsten haben Censorinus und Macrobius nachgewirkt, ihre Werke finden nur sporadisch Erwähnung. Dem Martianus dagegen erstand bereits im 9. Jahrhundert in Remigius Altisiodorensis ein Kommentator, der sich allerdings nicht mit dem bloßen Kommentieren begnügte, sondern unter der Flagge der antiken Theorie auch Anschauungen seiner eigenen Zeit und ihrer musikalischen Praxis mitführte.

Alle Genannten aber werden an intensivem Einfluß auf das Mittelalter weit überflügelt von Cassiodor und Boëthius. Hinsichtlich Cassiodors[4] ist es im Hinblick auf die Schriften eines Isidor von Sevilla und Aurelianus Reomensis nicht recht erfindlich, wie manche Forscher[5] seinen Einfluß so niedrig haben einschätzen können; auch von Remigius wissen wir, daß er bei seinem Studium der klassischen Musiktheorie besonders das Werk Cassiodors benutzt hat.[6] Man kann direkt die Behauptung auf-

---

[1] Des ersten Philosophen, der die Heilbarkeit körperlicher Krankheiten durch die Musik lehrte; vgl. Lehre vom Ethos S. 18.

[2] A. a. O. lib. 3—9. Dagegen lag die Siebenzahl bereits in den Disciplinarum libri des Augustinus vor; s. Augustin. Retract. I, 6.

[3] A. a. O. lib. IX, 891.

[4] Vgl. K. Schmidt, Quæstiones de musicis scriptoribus Romanis, imprimis Cassiodoro et Isidoro 1899; W. Brambach, Die Musikliteratur des Mittelalters, und meinen Aufsatz „Zu Cassiodor", Sammelbde. der Internat. Musikgesellsch. Jahrg. III, 439 ff.

[5] Wie z. B. Ambros, Gesch. der Musik II, 49.

[6] Remigius hielt in Paris musiktheoretische Vorlesungen, s. Johannes, Vita Oddonis c. 19.

stellen, dafs für das frühe Mittelalter Cassiodor mehr als Boëthius die mafsgebende musiktheoretische Autorität war, eine Autorität, die in der ausgedehnten wissenschaftlichen Tätigkeit des Mannes und in seinem Ansehen in der gelehrten Welt eine Hauptstütze fand.

Cassiodor[1]) ist ein merkwürdiges Beispiel für die Vereinigung der Standpunkte des Musiktheoretikers und des Praktikers in einer Person. In seinem wortreichen Psalmenkommentar steht er durchaus auf dem Boden der Kirchenväter, in erster Linie Augustins, d. h. er berücksichtigt allein die praktische Musikübung der christlichen Kirche ohne Heranziehung antiker Elemente. Allerdings ist er dermafsen abhängig von Augustins Lehre, dafs es fast den Eindruck erweckt, als hätte Cassiodor sich ohne eigene Kritik blindlings seinem grofsen Vorbild angeschlossen. Von eigenen Gedanken enthält diese Seite seiner Musikschriftstellerei jedenfalls so gut wie nichts.

In allen andern Schriften jedoch, vor allem in dem vielerörterten Briefe der Varia,[2]) vertritt Cassiodor ohne Berücksichtigung der zeitgenössischen liturgischen Praxis durchaus den Standpunkt der altgriechischen Musiktheorie. Als Quellen haben ihm dabei gedient: von den Griechen Alypius, Euklid und Ptolemäus, von den Lateinern der Übersetzer des Gaudentius, Mutianus und Apuleius, ferner Censorinus und Augustinus[3]), auch Nicomachus von Gerasa scheint hereinzuspielen.[4])

---

[1]) Folgende Abschnitte seiner Schriften kommen in Betracht: 1. De artibus ac disciplinis liberalium litterarum cap. 5. 2. Der bekannte Brief an den Frankenkönig Chlodwig, Varia II, 40. 3. Aus dem Psalmenkommentar: Expos. in ps. 4 (mit der bekannten Unterscheidung der kirchlichen Gesänge) und Exp. in ps. 80 (eine kurze Rekapitulation der Ausführungen über die Musik).

[2]) Dafs auch dieser Brief und alle darin enthaltenen ästhetischen Betrachtungen lediglich altgriechische Verhältnisse zum Gegenstand haben, ist von mir in dem genannten Aufsatz S. 450 f. nachgewiesen.

[3]) Mit Gaudentius stimmen überein: die Geschichte von Pythagoras in der Schmiede (Gaud. Isag. c. 11 Jan), die Sechszahl der $\sigma v \mu \varphi \omega v i \alpha \iota$ (Gaud. c. 9) und die Bestimmung von *tonus* oder *tropus* (Gaud. c. 3). Mit Alypius stimmen: die Dreiteilung der Musik (Alyp. Is. c. 1), die Siebenteilung der Harmonik (Alyp. ib.) und die 15 toni (Al. c. 4). Dagegen ist Cassiodors Definition der Musik als *disciplina vel scientia, quae de numeris loquitur*, sowie die ganze lange ästhetische Ausführung den beiden Griechen durchaus fremd. Hier scheint varronisches Eigentum vorzuliegen, vgl. E. Holzer a. a. O. Ebenso weist Cassiodors Begriffsbestimmung der *symphonia* auf eine von jenen verschiedene Quelle hin.

[4]) Zu § 4 vgl. Nicom. Enchir. c. 2 Jan.

Die Art, wie Cassiodor diese Quellen interpretiert und benützt hat, ist der mittelalterlichen Theorie auf lange Zeit hinaus verhängnisvoll geworden. Denn bereits bei ihm beginnt jene Verwirrung in der Verwendung der antiken Kunstausdrücke, jene Konfusion in der Begriffsbestimmung, die eben nur beweist, daſs bereits bei Cassiodor das allseitige Verständnis für die altgriechische Musik stark ins Wanken geraten war.

Am wenigsten hatten darunter die varronischen Berichte vom Nutzen der Musik im allgemeinen zu leiden. Sie hat Cassiodor nebst den bei den Neupythagoreern so überaus beliebten Wunderanekdoten in unveränderter Gestalt dem Mittelalter überliefert, dem sie einen Ersatz boten für die immer mehr verblassende Musikethik.

Sobald jedoch Cassiodor auf Einzelheiten der griechischen Theorie eingeht, stellen sich auch bereits die Miſsverständnisse ein. Er übernimmt von Gaudentius[1]) die bekannten sechs Konsonanzen: Oktav, Quint, Quart, Oktav + Quint, Oktav + Quart und Doppeloktav,[2]) schlieſst dagegen, sei es, daſs er sie nicht verstand oder nicht billigte, die Paraphonien und Diaphonien des Gaudentius aus. Dieses von Cassiodor sanktionierte System der sechs Konsonanzen behielt noch bis tief ins Mittelalter hinein offizielle Geltung und stand der Anerkennung der Terz und Sext noch lange hindernd im Wege.

Wie wenig Fühlung Cassiodor mit der altgriechischen Musik hatte, zeigt seine Verwechslung der Oktavengattungen mit den Transpositionsskalen.[3]) Das Hauptstück der griechischen Melopöie, die Lehre von dem Ethos der einzelnen Oktavengattungen, hat Cassiodor auf die notorisch ethoslosen Transpositionsskalen übertragen.[4]) Damit beginnt denn jene Verwirrung der antiken Begriffe von $ἁρμονία$ und $τόνος$, die ebenfalls tief in das Mittelalter hineingedrungen ist. Man sieht, wie bereits zu Cassiodors Zeiten bei dem raschen Verfalle der griechisch-römischen Tonkunst das subtile Gefühl für die antiken Tonarten und ihre Unterschiede in der Charakteristik sich auch in den Kreisen der Gebildeten rasch zu verflüchtigen begann.

---

[1]) Isagog. c. 9.
[2]) Cassiod. De mus. § 7.
[3]) Cass. § 8.
[4]) Ich habe die ganze Frage in meinem Aufsatze S. 449 ff. ausführlich behandelt.

Es ist nicht eben leicht, diesem Manne gegenüber, der übrigens in echt neupythagoreischem Geiste die Musik als eine „Wissenschaft von den Zahlen" bezeichnet,[1]) objektiv gerecht zu werden. Er bildet den Brennpunkt, in dem sich die beiden Hauptrichtungen der damaligen Ästhetik treffen: die antikisierend-theoretische und die kirchlich-praktische. Neue und fruchtbare Gedanken wird man von diesem hochgelehrten Vielschreiber auf keinem der beiden Gebiete erwarten, dazu war er weder gewillt, noch imstande. Er schrieb seine Werke nicht, wie Boëthius, aus wirklich wissenschaftlichem Streben heraus, nicht um der Sache selbst willen, er schrieb lediglich aus religiösem Interesse, zu Nutz und Frommen seiner Klosterbrüder. Sie mit allen Künsten und Wissenschaften, welche die Bildung der damaligen Zeit darstellten, vertraut zu machen, das war sein vornehmster Zweck. Dazu gehörte aber auch die Musik, und da Cassiodors eigene Kenntnisse ihm selbst nicht genügend erschienen, griff er zu den damals gebräuchlichsten Quellen. Daſs er damit ein Gebiet betrat, auf dem er sich selbst nicht recht sicher fühlte, das beweist der kompendiöse Charakter des Abschnitts über die Musik, der gegen die sonstige Redseligkeit des Mannes seltsam absticht, das beweisen aber auch seine häufigen Miſsverständnisse der antiken Theorie gegenüber.

Cassiodors steigende Autorität in den Kreisen der Wissenschaft und seit seiner Klostergründung auch in denen der Kirche hat seinen musikalischen Theorien eine ähnliche, fast kanonische Geltung verschafft, wie sie unter den Kirchenlehrern etwa Augustin besaſs. Wir treffen seine Spuren bis ins 10. Jahrhundert hinein, bei Leuten wie Alkuin und Aurelianus Reomensis,[2]) am meisten aber bei Isidor von Sevilla, der ihn zum Teil direkt kopiert.[3]) Die ziemlich verbreitete Ansicht, als wäre Boëthius schon von allem Anfang an der Hauptvermittler der antiken Theorie für das Mittelalter gewesen, ist somit dahin zu berichtigen, daſs zum mindesten bis zum 10. Jahrhundert diese Stellung dem Cassiodor zukommt. Erst dann ist es Boëthius gelungen, das Übergewicht zu erlangen. Aber ganz zu verdrängen ver-

---

[1]) § 4.
[2]) Die näheren Nachweise in meinem Aufsatze S. 452f.
[3]) Vgl. E. Holzer a. a. O. Aus Isidor wiederum schöpft Aurelianus seine allgemein musikästhetischen Ausführungen in c. 20 = Isid. c. 3, seine Bemerkungen über die dreifache Natur des *sonus* in c. 5 = Isid. c. 6, mit vollständiger, allseitiger Übereinstimmung.

mochte auch er die ältere Quelle nicht. Noch fast bis an die Schwelle der Neuzeit stofsen wir da und dort auf das Erbe Cassiodors mit seiner Konsonanzenlehre únd seiner Verwirrung der antiken Begriffe.

Auf ganz anderen Voraussetzungen beruht die Musikschriftstellerei des Boëthius. Cassiodor hatte bei seiner gesamten Tätigkeit stets die christliche Kirche und ihre Förderung vor Augen gehabt. Boëthius dagegen bekannte sich zwar ebenfalls zur christlichen Religion, aber seiner gesamten Denkweise nach war er so fest mit der antiken Bildung verwachsen, dafs er sogar in seiner letzten schweren Lebenszeit nur die Philosophie als Trösterin im Leiden anerkennt und unter vollständiger Hintansetzung der christlichen Lehre sich nur auf die alten Klassiker beruft.

So sind ihm denn auch auf dem Gebiete der Musik die antiken Vorbilder ausschliefslich mafsgebend. Berührungspunkte mit der zeitgenössischen christlichen Musikpraxis fehlen bei ihm gänzlich. Aus antikem Geiste heraus ist seine Musiktheorie geboren, ihr Stoff ist durchaus die altgriechische Musik. Boëthius, dem Gesamtcharakter seiner Philosophie nach durchaus Anhänger der platonisch-aristotelischen Lehre, hat in seine Musiklehre am meisten moderne neupythagoreische und neuplatonische Elemente aufgenommen. Seine unmittelbare Hauptquelle ist, wie wir bereits angedeutet haben,[1]) Nicomachus, sein ganzer Standpunkt deckt sich fast überall mit dem seines Vorgängers. Auch ihm gilt in der Musik die Zahl alles; vermittelst der Zahl erfüllt die Musik das ganze Weltall und ist im Makrokosmus, wie im Mikrokosmus überall gegenwärtig. Ganz nach neupythagoreischem Vorbild spinnt er die Tonkunst in ein dichtes Netz fein ausgeklügelter mathematischer Berechnungen ein.

Aber auch die andere Seite der neupythagoreischen Musikanschauung fehlt nicht, die Symbolik. Immerhin aber war hier die Nachwirkung der platonisch-aristotelischen Lehre so stark, dafs es bei Boëthius nicht zu einer vollständigen Verflüchtigung der musikalischen Elemente zu reinen Symbolen gekommen ist. Nur die astrologisch-musikalischen Angaben der Neupythagoreer hat Boëthius vollständig herübergenommen.[2]) Die rein ästhetischen Ausführungen, die sein Werk einleiten,[3]) stellen eine Kombination

---

[1]) S. o. S. 35.
[2]) I, 27.
[3]) Hauptsächlich I, 1.

platonisch-aristotelischer und neupythagoreischer Anschauungen dar.[1]) Der philosophischen Seite der antiken Musiklehre verstand Boëthius weit besser gerecht zu werden, als der rein musiktechnischen. Platon und Aristoteles waren in ihm durchaus lebendig, während er der alten Musikpraxis selbst nicht unmittelbar, sondern durch Vermittlung theoretischer Schriften gegenübertrat. So hat sich denn in seiner Musikästhetik ein beträchtliches Stück der antiken Ethoslehre in das Mittelalter hinübergerettet.

Trotz der gründlichen und systematischen Behandlung des Stoffes, die sich weit über Cassiodors Horizont erhebt, steht Boëthius dennoch, gleich jenem, auf dem Boden der reinen Theorie. Auch er schöpft nicht aus praktisch-musikalischen Quellen, sondern aus theoretischen Schriften. Die Kunst, deren Wesen er uns hier entwickelt, war längst dahin; er schildert uns etwas, dessen Wirkung er an sich selbst niemals erprobt hat. So wenig er aber von der weltlichen Musik seiner Zeit etwas wissen wollte, so wenig nahm er Notiz von der jungen christlichen Tonkunst. Cassiodor hatte in seinem Psalmenkommentar die christliche Musik wenigstens gestreift, für Boëthius existiert sie überhaupt nicht.

So erleben wir hier das merkwürdige Schauspiel, dafs ein Schriftsteller ein ausführliches Bild von einer längst vergangenen, ihm selbst nicht mehr aus unmittelbarer Anschauung bekannten Kunst entwirft, und dafs dieses Bild nun seinerseits wieder mafsgebend wird für eine stattliche Reihe von Autoren, die unter vollständig veränderten Kunstverhältnissen wirken und sich die erdenklichste Mühe geben, die schwebenden praktischen Musikfragen mit Hilfe jener antiken Theorie zu lösen. Nie hat sich in der Musik die Theorie in einem krasseren Widerspruch zur Praxis befunden, als während des Mittelalters. Cassiodor und Boëthius, an und für sich nur als Quellen für die Erkenntnis der antiken Musik von Bedeutung, werden nunmehr die führenden musikalischen Autoritäten des Mittelalters; sie, denen bereits selbst in gröfserem oder geringerem Mafse das Verständnis für ihre antiken Vorlagen abgeht, werden nunmehr die Grundlagen der zunftmäfsigen mittelalterlichen Musiktheorie fast bis an die Schwelle der neueren Zeit. An sie knüpfte aber auch jene blinde

---

[1]) Auch die oben erwähnten varronischen Anschauungen treffen wir bei Boëthius; vgl. p. 184, 7 ff. (Friedlein).

Verehrung der altgriechischen Musik an, die ihren Gipfelpunkt in der Renaissancezeit erreichte und die um so intensiver war, je weniger Positives man von dieser antiken Kunst wußte. Cassiodor und Boëthius sind die Hauptpfeiler jener gräzisierenden Musiktheorie geworden, die sich der Musikwissenschaft wie ein Bleigewicht an die Fersen hing und erst nach langem hartem Kampfe überwunden werden konnte. Wir werden ihren Anschauungen bei den mittelalterlichen Theoretikern auf Schritt und Tritt begegnen.

So bereits bei dem Hauptgrundsatz der mittelalterlichen Musikanschauung, nämlich der Einreihung der Tonkunst unter die sieben freien Künste, speziell unter das Quadruvium (mit Arithmetik, Geometrie und Astronomie zusammen). Die spätantike Lehre, daß die Musik eine Wissenschaft sei, deren Grundsätze so gut erlernbar seien, wie z. B. die geometrischen,[1]) wurde vom Mittelalter ebenfalls sanktioniert. Auch die neupythagoreische Anordnung der Künste innerhalb des Quadruviums, worin der Arithmetik der Vorrang vor den übrigen zugestanden wird,[2]) ist durch Boëthius' Vermittlung[3]) vom Mittelalter übernommen worden. Selbst die dieser Rangordnung zu Grunde liegenden Prinzipien gehen auf die Neupythagoreer zurück. So unterscheidet bereits Aurelianus Reomensis:[4]) die Arithmetik besteht aus feststehenden und mit dem Verstande wahrnehmbaren Zahlen, die Geometrie aus feststehenden und mit den Sinnen wahrzunehmenden. Die Musik dagegen hat es mit Zahlen zu tun, die zwar ebenfalls mit dem Verstande wahrnehmbar, aber beweglich sind und stets in irgend welchen Beziehungen stehen. Die Astronomie endlich beruht auf beweglichen und stets mit den Sinnen erfaßbaren Zahlenverhältnissen. Der alte Grundsatz, daß die Musik die Kunst der immateriellen Bewegung, eine „praktische" Kunst im Sinne des Aristoxenos sei, schimmert hier noch sehr deutlich hindurch. Nur ist für die Neupythagoreer nicht die Bewegung

---

[1]) S. o. S. 21.
[2]) S. o. S. 24.
[3]) Instit. arithm. I, 1; II, 42.
[4]) Gerbert, Scriptores I, 41a: arithmetica de illis constat numeris, qui stabiles sunt et intelligibiles, geometria vero stabiles et sensibiles habet numeros, musica autem aeque intelligibiles, mobiles tamen et ad aliquid pertinentes, astronomia quoque mobili et semper sensibili ratione versatur. Vgl. Nicom. Arithm. I, 1—3; Boëth. Inst. ar. I, 1.

an sich, sondern das ihr zu Grunde liegende Zahlenverhältnis die Hauptsache und die Tonkunst und ihre Theorie infolgedessen nur eine Unterabteilung der allgemeinen Zahlenlehre. Sie stellt sich dar als eine Anzahl von Lehrsätzen, welche denen der Geometrie durchaus parallel laufen; in diesem Sinne definiert sie bereits Cassiodor.[1])

Ganz deutlich spricht den Grundsatz, daſs in der Musik alles, auch der rein ästhetische Genuſs, auf der Zahl beruhe, der Verfasser der musica enchiriadis aus mit den Worten: was in der Melodiebildung Anmutiges erzeugt wird, beruht auf der Zahl durch bestimmtes Abmessen der Töne; was der Rhythmus Angenehmes hervorbringt, sei es in der Melodie oder in beliebigen rhythmischen Bewegungen, allem liegt die Zahl zu Grunde. Die Töne gehen sehr rasch vorüber, die Zahlen aber, welche durch den körperlichen Stoff der Töne und Bewegungen an Eindringlichkeit nur einbüſsen, die Zahlen bleiben.[2])

Aus diesen und ähnlichen mit kategorischer Bestimmtheit ausgesprochenen Worten läſst sich der ungeheure Einfluſs des Nicomachus und seiner Gesinnungsgenossen auf die gesamte mittelalterliche Musikästhetik sehr deutlich erkennen. Sagt doch noch im 13. Jahrhundert Walter von Odington unter ausdrücklicher Berufung auf Nicomachus, der Schöpfer habe sich die Zahl zum Hauptvorbild erkoren, und da die Nachbildung stets dem Vorbild entspreche, so sei klar, daſs alle Kreatur nach zahlenmäſsigen Verhältnissen geschaffen sei.[3]) Noch die Mensuraltheoretiker stehen mit ihren arithmetischen Spekulationen durchaus auf den Boden neupythagoreischer Anschauungen.

Die Musik ist eine Wissenschaft. Das ist der Fundamentalsatz der Musiktheorie sowohl im ausgehenden Altertum, als auch im Mittelalter. Damit war das rein künstlerische Element von

---

[1]) De mus. § 4: musica est disciplina vel scientia, quae de numeris loquitur, qui ad aliquid sunt his, qui inveniuntur in sonis.

[2]) Gerbert, Scriptt. I, 195 b: quidquid in modulatione suave est, numerus operatur per ratas dimensiones vocum; quidquid rhythmi delectabile praestant, sive in modulationibus, seu in quibuslibet rhythmicis motibus, totum numerus efficit. et voces quidem celeriter transeunt, numeri autem, qui corporea vocum et motuum materia decolorantur, manent.

[3]) Coussemaker, Scriptores de musica medii aevi, 1864—1876, I, 183: est autem numerus principale in animo conditoris exemplar, ut ait Nicomachus. cum ergo exemplatum respondeat exemplari, manifestum est quod omnes creaturae factae sunt secundum numeralem proportionem.

Anbeginn an in den Hintergrund gedrängt. Die Tonkunst war nicht mehr Sache des durch Talent bedingten Könnens, sondern des Wissens, sie stellte eine Summe von Lehrsätzen dar, die sich ein jeder mit Hilfe seines Verstandes und Gedächtnisses aneignen konnte und auf Verlangen auch mufste. Mit der Einreihung unter die sieben freien Künste aber wurde sie zu einem unentbehrlichen Bestandteil der mittelalterlichen Bildung, sie mufste von jedem erlernt werden, der nach dem Vollbesitz dieser Bildung strebte.

Daraus ergab sich für das Mittelalter eine Verbreitung der musikalischen Kenntnisse innerhalb der gebildeten, d. h. der geistlichen Welt, die im Vergleich zu der der modernen Zeit wirklich umfassend genannt werden kann. Nur die Blütezeit des hellenischen Volkes hat der Musik eine ähnlich dominierende Stellung innerhalb des allgemeinen Geistes- und Kulturlebens eingeräumt. Und doch, wie grofs ist der Unterschied zwischen beiden Perioden! Die Griechen hatten die Musik um ihrer selbst und um ihrer sittlichen Macht willen in die Jugenderziehung aufgenommen, sie hatten sie als eine Kunst betrachtet, die auf Gemüt und Phantasie des Hörers wirkt. Im Mittelalter dagegen gab sie das Objekt für reine Verstandesoperationen ab und lief als Tummelplatz für Rechenkünste aller Art Gefahr, ihres Charakters als Kunst vollständig entkleidet zu werden.

Immerhin bewahrte diese ihre bevorzugte Stellung die Musik im Mittelalter vor dem Schicksale, in absolute Barbarei zu verfallen. Wenn auch in den Klöstern, den Hauptsitzen der offiziell-kirchlichen Bildung, wo die Musik zu den obligatorischen Unterrichtsfächern gehörte, auf die mathematische Seite der Hauptnachdruck gelegt wurde, so kam doch daneben auch die praktische Kunstübung, Gesang und Instrumentenspiel, nicht zu kurz. Ja, es ist merkwürdig zu beobachten, wie sich trotz allen verstandesmäfsigen Rechenexempeln doch das rein künstlerische, an die Gefühlsseite des Menschen appellierende Element der Musik nach irgend welcher Richtung hin immer wieder Bahn bricht. Dies zeigt sich zunächst in der bedeutenden Stellung, welche die Theoretiker durchweg der Musik im geistigen Leben einräumen, einer Stellung, die nicht allein auf der rein mathematischen Seite beruht, sondern auf der ganz instinktiven Erkenntnis, dafs hier doch mehr wirksam sei, als blofse Zahlenverhältnisse. Ganz nach antikem Vorbilde bezeichnen auch die mittelalterlichen Theoretiker die Musik als die älteste unter allen „Künsten",[1]) ja sie gilt ihnen sogar als angeboren, nach dem Vorbilde des Boëthius, der sie aus ebendemselben Grunde als unentbehrlich für den Menschen erklärt hatte.[2])

Damit ist denn der Musik der Vorrang vor den übrigen Künsten gesichert. Gott kennt kein mangelhaftes Werk; da er aber diese Kunst als die vollkommenste geschaffen hat, so ergibt sich daraus, dafs er an ihr mehr Gefallen findet, als an den andern; darum wünscht er von seiner geliebten Braut, der Kirche, die Lieblichkeit des Klanges zu vernehmen, die allein die Musik zu bewirken imstande ist.[3]) Adam von Fulda bezeichnet die Musik geradezu als Philosophie, aber als die wahre Philosophie, nämlich den beständigen Gedanken an den Tod.[4])

Wir treffen hier die Theoretiker auf ganz ähnlichen Bahnen, wie die Kirchenväter selbst,[5]) nur dafs diese durch das Studium der heiligen Schrift, jene dagegen durch antike Vorbilder zu diesen Anschauungen gelangt sind.

Ähnliche Parallelen finden sich aber auch noch auf einem weiteren Gebiete. Auch die Theoretiker lockte der Reiz der Tonkunst von Anbeginn in die Sphäre mystisch-allegorischer Spekulationen hinüber. Dieselben Männer, die eben noch mathematische Untersuchungen über die Zahlenverhältnisse in der Musik angestellt hatten, sehen wir im nächsten Augenblick in der ausschweifendsten symbolischen Deutung der musikalischen Elemente sich ergehen. Namentlich die Zahlensymbolik steht bei ihnen in vollster Blüte. Der mystische Zug der Zeit, das antik-neupythagoreische Vorbild, insbesondere des Nicomachus, endlich die analogen Tendenzen der Kirchenlehrer, alles wirkte

---

[1]) Aristot. bei Coussem. Scriptt. I, 270: ipsa prior ceteris esse videtur; Adam von Fulda nennt sie *artium antiquissima*, Gerbert III, 334 a.

[2]) Inst. mus. I, 1 (187, 8 Friedlein): apparet ita nobis musicam naturaliter esse coniunctam, ut ea ne si velimus quidem carere possimus, wörtlich wiederholt z. B. von Simon Tunstede bei Coussem. IV, 203.

[3]) In dem Complexus effectuum musices bei Coussem. IV, 192: cum Deus, qui opus imperfectionis non noverit . . ., hanc artem perfectissimam operatus fuerit, tenendum est, quod ab ea prae ceteris delectatur. hinc a dilectissima sponsa sua, quam fideles ecclesiam credunt, optat dulcedinem vocis audire, quam sola musica potest efficere.

[4]) Gerbert III, 335 b: vera philosophia, meditatio mortis continua.

[5]) S. o. S. 79 f.

zusammen, um diese Symbolik in einer Weise auszugestalten, die bei manchen Theoretikern zuweilen einen geradezu visionären Charakter annimmt.

Es leuchtet ein, dafs sich die mittelalterlichen Theoretiker unmöglich einzig und allein dem antiken Vorbild verschreiben konnten. Die zeitgenössische Musik forderte ebenfalls ihre Rechte, und jene Männer haben darauf denn auch mehr oder minder Rücksicht genommen, so gut es eben mit der Theorie der Alten vereinbar war. Dies zeigt sich namentlich bei ihrer Behandlung der Kirchentonarten, die so wichtig ist, dafs wir ihr ein eigenes Kapitel widmen müssen. Denn es ist natürlich, dafs sich an die Einführung und Entwicklung der Tonarten auch neue Reflexionen ästhetischer Natur anschliefsen mufsten.

Aber auch auf den übrigen Gebieten der Theorie läfst sich neben der rein antikisierenden Lehre eine zweite Strömung unterscheiden, die deutlich auf eine Beeinflussung der Theorie durch die Anschauungen der Kirchenväter und somit auf ihren Zusammenhang mit der zeitgenössischen musikalischen Praxis der Kirche hinweist. Vor allem war es Augustinus, dessen Autorität auf dem Gebiete der kirchlichen Musik auch auf die zünftige Theorie nicht ohne Einflufs blieb. Endlich, wenn auch nur verhältnismäfsig selten, findet sich der Versuch, unabhängig von der antiken Lehre vorzugehen und nur aus der Praxis ästhetische Grundsätze abzuleiten.

Wir werden somit die Behandlung der Musikästhetik der Theoretiker in drei Abschnitte zu gliedern haben:

a) ihre rein christlich-ästhetischen, von den Kirchenvätern übernommenen Betrachtungen;

b) das Erbe des klassischen Altertums: die Schicksale der neupythagoreisch-neuplatonischen Zahlenlehre einerseits und der älteren Ethostheorie andrerseits;

c) ihre in a) und b) als Quellen wurzelnde Symbolik und deren Entwicklung.

Nicht immer sind alle drei Richtungen in gleicher Intensität nebeneinander hergegangen. Ziemlich lange war das Interesse der Theoretiker hauptsächlich der ersten und dritten zugewandt, die zweite registrierte man zwar getreu den Quellen, jedoch ohne sie selbständig weiterzubilden. Aber mit der Weiterentwicklung der mittelalterlichen Scholastik im allgemeinen trat auch in der musikalischen Ästhetik ein bemerkenswerter Umschwung ein. Schon im zwölften Jahrhundert hatte die kirchliche Scholastik mit der platonischen Lehre Fühlung gewonnen, noch als weit intensiver erwies sich dagegen im 13. Jahrhundert der Einfluſs der aristotelischen Lehre. Aristoteles durchdrang bald alle Zweige des mittelalterlichen Wissens, nicht zuletzt die Kunstlehre. Durch ihn gewinnt das antikisierende Element in der Musikästhetik neue Bedeutung. Antike Kunsttheoreme tauchen immer häufiger auf und drängen die rein christlichen und symbolischen Tendenzen immer mehr zurück.[1])

Aber die aristotelische Philosophie war dem Abendland zunächst so gut wie unbekannt, erst der weite Umweg über die arabischen Philosophen des 10. bis 12. Jahrhunderts hat sie dem Westen vermittelt. Auch die Musiktheorie ist längere Zeit diesen arabischen Einflüssen ausgesetzt gewesen, für die namentlich Alfarabi von Bedeutung geworden ist. Wir werden diesen orientalischen Pionieren der aristotelischen Lehre im Abendland öfter begegnen.

Antike und christlich-mittelalterliche Elemente muſsten sich gegenseitig stützen und ergänzen, solange die Scholastik in ihrer Blüte stand, solange die Einheit von Philosophie und Glauben gewahrt blieb und die kirchlichen Ordnungen als die Vollendung der natürlichen erschienen. Aber vom 14. Jahrhundert an, wo die Scheidung von Philosophie und Glauben einsetzt, und die Philosophie sich den weltlichen Dingen zuzuwenden beginnt, regt sich auch in der Musikästhetik ein neues Leben. Wie die Philosophie, so fühlt sich auch die Musik nicht mehr ausschlieſslich als die „Magd der Kirche". Man beginnt der Musik an sich, ihren realen Faktoren, seine Aufmerksamkeit zuzuwenden. Im 14. Jahrhundert konnte bereits Johannes de Grocheo mit kräftiger Ironie an die mittelalterlichen Phantasiegebilde herantreten. Mit dem Verfalle der Scholastik verfiel auch die mittelalterliche Musikästhetik, und in dem neuen Gebäude, das auf den Trümmern errichtet wurde, fanden wohl noch einige antike Bausteine Unterkunft, die kirchliche Gebundenheit der Musik dagegen war auf immer dahin.

---

[1]) Vgl. Sammelbände der Internat. Musikges. VI, 3, 352 f.

A. Die christlich-ästhetischen, von den Kirchenvätern übernommenen Betrachtungen der Theoretiker.

Wir haben oben[1]) gesehen, daſs die ästhetischen Spekulationen der Kirchenväter in erster Linie mit durch den Gegensatz zur zeitgenössischen weltlichen Tonkunst hervorgerufen waren. An diesem für die mittelalterliche Musikästhetik grundlegenden Gegensatze sehen wir auch die Theoretiker festhalten. Schon Odo spricht von der lasterhaften, ausschweifenden und allzu eleganten Musik und von der Üppigkeit der verweichlichten Stimmen[2]) und fügt mit Nachdruck die Bemerkung hinzu, daſs Unkenntnis der Musik aus einem Sänger einen Gaukler und Bänkelsänger mache.[3]) Noch deutlicher drückt sich Aribo aus, er redet von Schauspielern, die mit ihrem verführerischen Jubilieren keine Ahnung von der wahren Natur des Jubelsingens haben.[4])

Ferner gehört hierher die strenge Betonung des kirchlichen Charakters aller Tonkunst auch durch die Theoretiker; auch für sie ist die Musik lediglich die Magd der Kirche. Der historische Beweis wird ganz analog den Kirchenvätern geführt, d. h. aus den verschiedenen Berichten des alten und neuen Testamentes.[5]) Auch der Satz, daſs aller kirchliche Gesang nur eine Nachahmung des Gesanges der Engel sei, tritt uns — zuerst bei Aurelianus Reomensis[6]) — wieder entgegen; Elias Salomo geht sogar soweit, zu behaupten, daſs die Musik überhaupt mit den Engeln zusammen erschaffen worden sei.[7]) Magister Arnulphus

---

[1]) S. 77.
[2]) Gerbert I, 272a.
[3]) Gerbert 1, 275a: ignorata musica de cantore ioculatorem facit.
[4]) Gerbert II, 214: nos, qui histrionibus dulce iubilantibus veram iubilandi naturam comparationemque penitus ignorantibus admodum dissimiles esse debemus; vgl. Joh. Cotton. Mus. c. 1 (Gerb. II, 232b) und 10 (240a).
[5]) Noch Johannes de Muris sagt (Summa mus. bei Gerb. III, 197b): auctoritatem autem in ecclesia cantandi causa devotionis traxit a cantu religiosorum antiquorum tam in novo quam in vetere testamento; vgl. Joh. Cotton. Mus c. 17 (Gerb. II, 253b).
[6]) Mus. discipl. c. 1 (Gerb. I, 30a): in hoc (sc. cantandi officio) angelorum choros imitamur; noch ausführlicher c. 20 (Gerb. I, 59b ff.), wo auch die Vision des hl. Ignatius Erwähnung findet.
[7]) Prooem. scient. art. mus. init. (Gerb. III, 17a): (musicam) manifeste constat cum ipsa creatione angelorum eandem creatam fuisse, nam proprium est eis laudare Dominum.

weiſs über die Beschaffenheit dieses himmlischen Gesanges sogar Näheres zu berichten; er scheint sich ihn stark chromatisch vorgestellt zu haben.[1]) Der Satz von der Engelsmusik als dem Vorbild irdisch-kirchlicher Tonkunst besaſs lange Zeit fast dogmatische Geltung, bis im 14. Jahrhundert auch an diesem Punkte die Skepsis einsetzte.[2])

Diesem himmlischen Vorbilde gemäſs ist auch der Zweck der irdischen Tonkunst ausschlieſslich das Lob Gottes. Die opfernden Hirten gaben das Muster für die Form ab, nach der man die kirchliche Musikübung einrichtete, weiſs Adam von Fulda zu berichten.[3]) Als hiebei tätige Ordner werden Ignatius und Ambrosius genannt; sie verlangten, daſs zur höheren Ehre Gottes der Gesang dem Gottesdienste eingefügt werde.[4]) Die Musik hat das Lob Gottes auszuschmücken, sagt Johannes Tinctoris. Darum, fährt er nach Aufzählung einer langen Reihe von biblischen und klassischen Beispielen fort, besitzen wir jetzt auch so viele vortreffliche Sänger, deren Aufgabe in demselben Maſse über den übrigen steht, als Gott, dem sie im Gesange dienen, über allem Andern steht.[5]) Kurz und bündig antwortet ein anderer Schriftsteller auf die Frage, warum man Musik studiere: weil der Dienst und das Lob Gottes gerade durch die Musik ihre Weihe empfangen.[6])

---

[1]) De differ. et generib. cantor. bei Gerb. III, 318a. Weitere, zum Teil sehr detaillierte Berichte über die Musik der Engel bei Marchettus Pom. bei Gerb. III, 187 a f.; Adam von Fulda Mus. I, 6 (Gerb. III, 339 b).

[2]) Von dem feinen ironischen Ton, mit dem der aufgeklärte Johannes de Grocheo (Sammelb. der Intern. Musikg. I, 83) die Sphärenharmonie des Altertums behandelt, fällt auch etwas auf die angebliche Musik der Engel zurück, die hier als enharmonisch gedacht wird. Sehr charakteristisch für den modernen Geist, der damals in die Musiklehre eindrang, sind die Worte: *nec etiam pertinet ad musicum de cantu angelorum tractare, nisi forte cum hic fuerit theologus aut propheta.* Ein interessanter Vergleich findet sich in dem Complexus effectuum musicae bei Coussem. IV, 193 (c. III), wo die Gepflogenheit der Malerei, die Engel und Seligen mit Instrumenten in den Händen darzustellen, zum Beweis für die Existenz jener himmlischen Musik angeführt wird.

[3]) Mus. II, 2 (Gerb. III, 343 b): initium vero psallendi in ecclesia coeptum est ad imitationem pastorum, qui inter sacrificiorum exhibitiones Deo laudes persolvere volebant.

[4]) Joh. de Mur. Summa mus. c. 3 (Gerb. III, 197 a) und öfter.

[5]) Complex. effect. mus. c. 2 bei Coussem. IV, 193: *musica laudes Dei decorat*. Dann von den cantores: *quorum ... tanto praestantius est officium, quantum Deus, cui cantando devote serviunt, rebus ceteris praestat.*

[6]) Anon. XI De mus. plan. et mens. bei Coussem. III, 116: quod cultus divinus sive laus divina per ipsam musicam celebratur.

Eben darum ist uns von der Natur der Sinn für Musik mitgegeben worden, daſs wir diese Kenntnis zum Lobe Gottes und seiner Kirche ausnützen, denn mit gutem Grunde ist die Sitte des Kirchengesangs eingeführt, um den Hörer durch den Reiz der Anmut zur Tugend hinzulenken.[1]) Jener Gemütszustand der buſsfertigen Zerknirschung, den die Kirchenväter beim gottesdienstlichen Gesang gefordert hatten,[2]) wird auch von einigen Theoretikern als Vorbedingung des wirksamen Singens bezeichnet.[3]) Die Art des Singens, sagt Johannes de Muris, soll die Gottergebenheit des Sängers selbst offenbaren, und im Hörer, sofern er guten Willens ist, dieselbe Stimmung erwecken.[4]) Wer aber Gott in dieser richtigen Verfassung zu lobsingen versteht, dem winkt als herrlichster Lohn die unverwelkliche Krone des ewigen Lebens.[5]) Dagegen wird vor einer Gott beleidigenden Art zu singen mit Nachdruck gewarnt: es ist weder gut noch ehrbar, sich beständig mit phantastischen Gesängen zu brüsten und dadurch Gott Unehre anzutun.[6])

Da der Psalmengesang einen der hauptsächlichsten Bestandteile des Kultus ausmacht,[7]) so ist für den Kleriker andauernde Übung in der Musik eine unerläſsliche Vorbedingung, denn ohne sie vermag er das Lob Gottes nicht in der entsprechenden und schuldigen Weise zu verkünden.[8])

---

[1]) Simon Tunst. Quat. princ. mus. bei Coussem. IV, 203: ita tota vis mentis intenta est, ut de musica, quam ex natura habemus scientiam cognitam ad laudem Dei et sanctae matris ecclesiae habere possimus. non enim sine ratione mos cantilenae in Dei ecclesia institutus est, in qua mentes audientium delectantes ad virtutis amorem excitarentur.

[2]) Die *compunctio cordis*, s. o. S. 84.

[3]) Z. B. bei Joh. Tinctor. a. a. O.

[4]) Summa mus. c. 3 (Gerb. III, 197 b): modus canendi et ipsius cantoris devotionem ostendit et in auditore, si bonae voluntatis est, suscitat devotionis affectum et propter hoc in ecclesia merito frequentatur humiliter ac devote. Noch drastischer sprechen dies die Hexameter aus (Gerb. III, 198):
  Cor cupiat, sonet os, et machina tota laboret
  Corporis ad Dominum, quod sic devotius oret.

[5]) Adam von Fulda Mus. p. III prolog. (Gerb. III, 359 a).

[6]) Elias Sal. Scient. art. mus. c. 31 (Gerb. III, 63 b).

[7]) Adam von Fulda Mus. p. I, c. 5 (Gerb. 338 a): inter omnia ecclesiae instituta nullum Deo gratius, quam continua psalmodiae decantatio.

[8]) Joh. Cotton. Tract. de mus. 2 (Gerb. II, 233 a): ars ista haud infima inter artes est reputanda, praesertim cum clericis maxime sit necessaria; Anon. XII Tract. de mus. bei Coussem. III, 476 (vom Kleriker, der im Gesange nicht geübt ist): laudes Dei congruenter et debite cantando pronuntiare non potest.

Wir erkennen deutlich, wie die Theoretiker trotz all ihrer Bewunderung für die antike Theorie die Fühlung mit der Praxis nicht verloren. Hier verhinderte ihr geistlicher Beruf eine vollständige Trennung. Die Autorität der Kirchenväter war zu groſs, als daſs sie sich ihr hätten völlig entziehen können. Namentlich macht sich der Geist Augustins da und dort in merklicher Weise fühlbar.[1]) Ganz im Sinne der Kirchenväter und darum auch auf die zeitgenössische Praxis bezüglich ist die Forderung Bernos von Reichenau, „unser", d. h. der kirchliche Gesang, solle rhythmisch und melodisch wohlgeordnet, einfach und männlich und nicht verweichlicht sein, damit wir durch seine Anmut zu frohem Psalmensingen veranlaſst werden.[2]) Einen späten Nachhall der Anschauungen der Kirchenväter von der wahren Art zu singen finden wir bei Johann Keck von Gingen: es ziemt den Frommen so wenig wie den Greisen im Gesange zu verzieren oder rauhe Töne hervorzubringen, sondern sie sollen mit verhaltener Stimme Gott ihre Lobpreisung darbringen, sodaſs sie nicht sowohl den Eindruck des Musizierens, als vielmehr den des Seufzens erwecken.[3])

Von den Kirchenvätern übernommen und damit auch mit der praktischen Musikübung der Kirche im Zusammenhang erscheinen endlich auch die Ausführungen der Theoretiker über das Verhältnis des musikalischen Ausdrucks zum Inhalte des Textes. Den Kirchenvätern war das Textwort die Hauptsache, die Musik dagegen nur das Mittel zum Zwecke gewesen.[4]) Spuren dieses Prinzips finden sich in der mittelalterlichen Theorie bereits sehr früh. Weit vor der Melodie ist der Sinn des Textes zu beachten, sagt schon Aurelianus Reomensis,[5]) und Johannes

---

[1]) Zitiert wird Augustin z. B. in der Alia musica bei Gerb. I, 151 a; Odo nennt einmal Gregor als Quelle ibid. 276 a.

[2]) Tonar. 14 s. f.: sit nostrae musicae cantilena rata sonorum quantitate distincta, neumarum gravitate ponderata prudenterque coniuncta, modesta, simplex et mascula nec effeminata, quatenus eius dulcedine attracti incitemur ad psallendum Domino laeti, semper memores psalmistae vocis admonentis: psallite sapienter.

[3]) Introductor. mus. c. 4 (Gerb. III, 327a): (religiosorum,) ut senum non est discantare nec rigide sonare..., sed lugubri voce Deo laudes persolvere, ut non tam musicare, quam gemitum facere videantur.

[4]) S. o. S. 87 ff.

[5]) Mus. discipl. c. 13 (Gerb. I, 47 b): potius conservandus est sensus quam modulatio.

Cottonius, der ebenfalls engen Anschluſs der Melodie an den Textausdruck verlangt, bemerkt dazu: wie der Dichter, dem es um Anerkennung zu tun ist, darnach strebt, daſs seine Worte dem Geschilderten entsprechen, so muſs auch der Sänger, der sich Lob verdienen will, seinen Gesang so einrichten, daſs der Inhalt der Worte darin zu vollem Ausdruck gelange.[1])

Ganz auſser Zusammenhang mit der Lehre der Kirchenväter sind damit die Theoretiker keineswegs geblieben. Freilich nehmen die hieran anknüpfenden Vorschriften der auf der antiken Theorie fuſsenden Spekulation gegenüber einen verschwindenden Raum ein, und vor allem bemerken wir, daſs die Theoretiker jene älteste christliche Musikästhetik nicht weitergebildet haben, sondern sie einfach wiederholen. Zumal Augustin wird überaus häufig als Quelle benutzt. Die dogmatische Geltung der Lehre der Kirchenväter zog auch die zünftige Musiktheorie in ihren Bann. Aber man begnügte sich hier mit den allgemeinsten Umrissen. Mit dem Herzen waren diese Musikgelehrten des Mittelalters durchaus bei der antiken Musik, und so dürfen wir denn von dieser Seite her Aufschlüsse über die psalmodische Weise jener ältesten christlichen Zeit nicht erwarten. Die Bedeutung der Theoretiker für die Erkenntnis der mittelalterlichen Musik setzt erst ein mit dem Eindringen concentischer Elemente in die alte Psalmodie, mit der verstärkten Einwirkung des mittelgriechischen Oktoechos auf den lateinischen. Hier erscheinen die ersten Versuche einer selbständigen, direkt aus der Praxis abgeleiteten Theorie, die in letzter Linie auf den von der Kirche sanktionierten Prinzipien der ersten Kirchenlehrer fuſsend entweder — was freilich ein sehr seltener Fall ist — ganz selbständig vorgeht oder doch die immer noch als maſsgebend festgehaltene antike Theorie nach Kräften auf die veränderten Verhältnisse umzudeuten sucht. Es ist dabei nicht immer ganz leicht, zwischen den antiken Vorbildern und den Resultaten eigener Forschung bei diesen Männern zu unterscheiden. Oft findet sich in der seltsamsten Weise Zeitgenössisches und Antikes miteinander verquickt, indem dieses herangezogen wird, um jenes zu erklären, oder umgekehrt. Das instruktivste Beispiel dafür stellt Remigius Altisiodorensis dar, der dem Titel seiner Schrift nach einen Kommentar zu Martianus Capella

---

[1]) Mus. c. 18 (Gerb. II, 253a).

schreibt, daneben aber auch Dinge aus seiner eigenen Zeit einflicht.

Fassen wir zunächst den Anteil ins Auge, der in der mittelalterlichen Musikästhetik den Griechen zukommt.

B. Das Erbe des klassischen Altertums bei den Theoretikern.

Aus den Schriften des Cassiodor und Boëthius übernahmen die mittelalterlichen Theoretiker die antike Lehre vom Ethos in der Gestalt, welche ihr die Neupythagoreer verliehen hatten,[1]) bei Boëthius kommt dabei aufserdem die platonische Lehre noch stark in Betracht. Im 13. Jahrhundert, als Aristoteles in den Mittelpunkt des wissenschaftlichen Interesses trat, zog man auch seine ästhetischen Theoreme, besonders die in der Politik niedergelegten, wieder ans Licht. Die Berichte über die Stellung der Musik im Kulte, im Krieg und in der Medizin, die Anekdoten von ihrer Wunderkraft, all die Dinge, die wir oben als varronisches Eigentum kennen gelernt haben,[2]) gehören zum eisernen Bestand der mittelalterlichen Musikästhetik. Noch im 15. Jahrhundert wirkt bei Adam von Fulda Cassiodors Vorbild deutlich nach.[3])

Die formalistische Ästhetik der Griechen war schon am Ende des Altertums in Vergessenheit geraten. Nur die Musikethik ist vom Mittelalter übernommen worden, d. h. die Überzeugung von der Fähigkeit der Tonkunst, bestimmend auf unseren Charakter einzuwirken. Aber zugleich nahm man auch die griechische Vorstellung von der Musik als einer dienenden Kunst wieder auf, d. h. die Forderung, dafs jene Fähigkeit der Tonkunst zu höheren Zwecken auszubeuten sei. Nur waren diese Zwecke nicht politischer, sondern religiöser Natur. Die Musik als frei auf sich selbst gestellte Kunst hat das Mittelalter noch weniger gekannt, als das Altertum.

Von dem antiken Erbe aber haben die Theoretiker einen verschiedenen Gebrauch gemacht. Die einen nahmen die Ethostheorie unverändert in ihre Schriften herüber, selbst in solchen Abschnitten, die für die praktische Musik ihrer eigenen Zeit gar keine Bedeutung mehr besafsen. So wurden z. B. im Anschlufs an die Behandlung der antiken Klanggeschlechter, der Diatonik,

---

[1]) S. o. S. 25.
[2]) S. o. S. 131.
[3]) Mus. I, 2 (Gerb. III, 334 a).

Chromatik und Enharmonik, deren Unterscheidung für die Praxis längst wertlos geworden war, unbedenklich auch die von den Alten daran geknüpften ästhetisch-ethischen Theoreme wiedergegeben.[1]) Schon Boëthius hatte hierin rein theoretische Spekulation getrieben, indem er neben Diatonon und Chroma auch noch das zu seiner Zeit längst in Vergessenheit geratene Enarmonion behandelte;[2]) bei den mittelalterlichen Theoretikern war der Zwiespalt noch offenkundiger, da in der Musik ihrer Zeit nicht einmal die Chromatik mehr eine nennenswerte Bedeutung besaß. Trotzdem begegnen uns alle drei Klanggeschlechter mit ihren antiken Charakteristika auch das Mittelalter hindurch auf Schritt und Tritt. Ganz im antiken Sinne behandelt sie Remigius Altisiodorensis,[3]) denn seine Bemerkung, daß man „jetzt" am meisten die Diatonik anwende, bezieht sich nicht auf seine eigene Zeit, sondern auf die des Martianus Capella.[4]) Noch im 14. Jahrhundert weiß ein Autor in vollständig antikem Geiste zu berichten:[5]) weil das chromatische Geschlecht allzu weichlich ist und, gute Sitten verderbend, zur Üppigkeit verführt, das enharmonische dagegen, als allzu hart und rauh, das Gehör abstößt, wie Boëthius sagt, so hat Plato angeordnet, daß Kinder und Erwachsene in diatonischer Musik unterrichtet würden, die gemäßigt ist und sittlich. Gemäßigt heißt sie, weil sie die Mitte bildet zwischen allzu weichlichen und allzu rauhen Klängen. Sittlich aber heißt sie deshalb, weil sie den Charakter bildet, und mag dieses Geschlecht auch hart sein, es entspricht doch den natürlichen Verhältnissen.

Trotz all diesen Spekulationen aber vermochten sich die Theoretiker dem Geiste ihrer Zeit nicht vollständig zu entziehen, der nun einmal weder auf die alte Chromatik, noch vollends auf die Enharmonik mehr Rücksicht nahm. Dies zeigt sich darin, daß sie solche Ausführungen ihrer antiken Gewährsmänner, in

---

[1]) Vgl. Lehre vom Ethos S. 100 ff.
[2]) Institut. mus. I, 21. Die Enharmonik war bereits zu Plutarchs Zeiten im Verfall (Plut. De mus. c. 38). Ptolemäus geht stillschweigend über sie hinweg, Gaudentius aber berichtet c. 9 ausdrücklich, daß zu seiner Zeit die Diatonik fast allein noch im Gebrauch, Chromatik und Enharmonik dagegen im Verschwinden begriffen seien.
[3]) Gerb. I, 75 a ff. Auch Engelbert von Admont De mus. IV, 3 (Gerb. II, 340 b) schwimmt noch ganz im antiken Fahrwasser.
[4]) P. 360, 1 Eyssenh.
[5]) Simon Tunstede bei Coussem. IV, 214.

welchen der Diatonik der Vorzug vor den beiden andern Geschlechtern zugestanden wird,[1]) mit besonderer Vorliebe wiedergeben und weiterspinnen. Odo von Clugny, einer der hauptsächlichsten Bahnbrecher für die Verselbständigung der mittelalterlichen Theorie, spricht sich auch hinsichtlich der Klanggeschlechter mit aller Entschiedenheit aus: wir haben es verschmäht, die anderen Geschlechter zu behandeln und nur dieses eine, das die Philosophen selbst als das erste und von der Natur gegebene bezeugen, aufgenommen.[2]) Ein anderer Schriftsteller erwähnt zwar alle drei, fügt jedoch bezüglich der Diatonik alsbald hinzu, sie sei kräftiger und härter und darum zur Vermeidung der Verweichlichung der Hörer und Sänger für den Gebrauch der Kirche auserkoren worden, von dem die Chromatik gänzlich ausgeschlossen sei;[3]) ein anderer preist ihre Vorzüge, die schliefslich zur Verwerfung der beiden andern Geschlechter zu ihren Gunsten geführt haben.[4]) Die Theoretiker der späteren Zeit wagen, trotzdem auch sie sich nicht von dem antiken Schema vollständig loszulösen vermögen, doch eine entschiedenere Sprache und konstatieren lediglich den Brauch ihrer eigenen Zeit. Von den drei Melodiegeschlechtern, die es gibt, sagt Johannes Cottonius, dem enharmonischen, diatonischen und chromatischen, hat die Praxis das erste wegen seiner allzugrofsen Schwierigkeit und das dritte wegen seiner übermäfsigen Weichlichkeit verworfen und nur das mittlere behalten.[5]) Von grofsem Interesse sind dabei die Ausführungen des Johannes de Muris, die sich ausdrücklich auf die christliche Musik beziehen. Auch er wirft einen sehnsüchtigen Blick nach der entschwundenen chromatischen und enharmonischen Herrlichkeit der Griechen und gibt der Verwunderung darüber Ausdruck, dafs die christliche Musik sich niemals jener beiden Geschlechter bedient und stets ausschliefslich die Diatonik bevorzugt hätte;

---

[1]) Vgl. Lehre vom Ethos S. 102 f.
[2]) De mus. bei Gerb. I, 275 b: nos alia musicorum genera tractare contempsimus et hoc solum, quod ipsi philosophi primum et naturale affirmant, recepimus.
[3]) Anon. I bei Gerb. I, 331 a f.: hoc genus fortius et durius comprobatur et ne animi audientium vel canentium dulcedine cantus emolliantur, ecclesiastico usui eligitur. Chromaticum ... mollissimum comprobatur, quocirca ecclesiastico usui non applicatur.
[4]) Anon. II bei Gerb. I, 338 b: diatonon durius et naturalius est ceteris, unde quasi repudiatis aliis hoc usitatius habetur.
[5]) Mus. c. 4 (Gerb. II, 234 b).

aber er weifs sich diese Tatsache auch sehr richtig zu erklären: ich weifs wohl, dafs die menschliche Stimme in den seltensten Fällen in diesen Geschlechtern in Übereinstimmung sich befände und niemals ihrer selbst sicher wäre; nur in der Instrumentalmusik ist so etwas möglich.[1])

Wie wir weiterhin sehen werden, ist auch die Lehre von der Charakteristik der Kirchentonarten trotz der grofsen Verschiedenheit, die beide von einander trennt, in entscheidender Weise durch die antike Theorie vom Ethos der Oktavengattungen bestimmt worden.

An den Grundzügen der antiken Ethoslehre ist dagegen im Mittelalter kaum etwas geändert worden. Man beschränkte sich hier auf das Ausschreiben der Hauptquellen Cassiodor und Boëthius; selbst die von diesen angeführten Quellen werden getreulich wiedergegeben.[2]) Eigene Forschungen auf dem Gebiet der griechischen Originalquellen unternahm man erst mit dem Aufkommen der Autorität des Aristoteles, ohne dafs freilich mehr als ein paar bescheidene Zitate dabei herausgekommen wäre.[3])

Die antike Ethoslehre war auf dem Satze von den engen, auf bestimmten Bewegungsverhältnissen beruhenden Wechselbeziehungen zwischen der Tonkunst und dem menschlichen Seelenleben aufgebaut gewesen.[4]) Auch dieser Satz wurde, wenigstens von bden edeutenderen unter den mittelalterlichen Theoretikern, übernommen. Gleichwie die Alten, erkennen auch sie in den Bewegungen der menschlichen Seele musikalische Verhältnisse wieder, gleichwie die Alten finden sie aber dieselben Verhältnisse nicht nur im Mikrokosmus, sondern auch im Makrokosmos in Wirksamkeit. Beides spricht, einer Stelle Cassiodors[5]) folgend,

---

[1]) Mus. speculat. bei Gerb. III, 281 a: miror non parum super hoc, quod apud nos Christianos nunquam in usum venerint illa duo genera, scilicet chromaticum et enarmonicum, sed in diatonico genere omnis cantus ecclesiasticus omnisque cantus per tempora mensuratus certa ... incidere conspiciuntur ... scio enim quod nunquam aut vix vox humana in his duobus generibus concordaret nec unquam de se ipsa certa esset, sed in instrumento possibile est.

[2]) So nennt z. B. Walther Odington bei Coussem. I, 192 den Varro. Platon wird sehr häufig erwähnt, s. Aribo bei Gerb. II, 226a, Adam v. Fulda ibid. III, 334 b, Joh. Tinctor. bei Coussem. IV, 77.

[3]) Vgl. Engelb. Admont. De mus. c. 3 (Gerb. II, 339b); Joh. de Mur. Mus. theor. praef. bei Gerb. III, 255 a.

[4]) Vgl. Lehre vom Ethos S. 48 ff.

[5]) De mus. 2.

Isidor von Sevilla aus mit den unmittelbar nebeneinander gestellten Sätzen: der Himmel dreht sich unter dem Tönen der Harmonie — die Musik erregt die Affekte.[1]) Ebenso sagt Regino von Prüm von der „natürlichen" Musik, sie offenbare sich entweder in der Bewegung des Himmels oder in der menschlichen Stimme,[2]) und auch Aurelianus Reomensis bringt seine acht Tonarten mit den himmlischen Bewegungen in Verbindung.[3]) Die Harmonik macht aus Geist und Körper Bewegung und aus der Bewegung den Ton, sagt Isidor.[4]) Guido von Arezzo und Johannes Cottonius,[5]) welche beide die Musik als eine Bewegung von Tönen bezeichnen, halten sich mehr innerhalb der Grenzen des rein Musikalischen.

Diese Bewegung aber vollzieht sich für die mittelalterlichen Theoretiker, ganz wie für ihre antiken Vorgänger, durchaus nach bestimmten Zahlenverhältnissen. So wird, wie schon im späteren Altertum, die aristotelische Bewegungstheorie mit der pythagoreischen Zahlentheorie verquickt, ja sehr häufig durch diese stark in den Hintergrund gedrängt. Dies zeigt sich namentlich bei der Stellungnahme zur antiken Sphärenharmonie. Noch Boëthius vertritt durchaus den pythagoreischen Standpunkt, dafs diese Harmonie, wenn wir sie auch nicht vernehmen, dennoch Klangrealität besitze.[6])

Hier war der Punkt, worin sich im Mittelalter zuerst Zweifel an der antiken Tradition regten. Man half sich zunächst damit, dafs man zwei Arten von Musik annahm, eine reale, die Musik des Klanges, und eine ideale, die Musik der Zahl, wobei man die Sphärenharmonie der zweiten Art zuwies.[7]) Aber mit der Auflösung der Scholastik, mit der Emanzipation der Philosophie von

---

[1]) Sentent. de mus. 3 (Gerb. I, 20b): coelum ipsum sub harmoniae modulatione revolvitur. musica movet affectus etc.
[2]) De harm. institut. 4 (Gerb. I, 233b).
[3]) Mus. discipl. c. 8 (Gerb. I, 40a).
[4]) A. a. O. I, 21a.
[5]) Guido Microl. c. 16: musica motus est vocum. Joh. Cotton. Mus. c. 4: est ... musica nihil aliud quam vocum congrua motio.
[6]) Inst. mus. I, 2, 187 f. (Friedlein). Ausdrücklich auch für die christliche Zeit nimmt Regino von Prüm die antike Sphärenharmonie in Anspruch: Gerb. I, 235a: hoc unum addimus, non solum gentilium philosophos, verum etiam Christianae fidei strenuos praedicatores in hac coelesti harmonia assentire.
[7]) So z. B. Walter Odington De specul. mus. bei Coussem. I, 183: non dico, sicut dicunt aliqui super his, quod motus superiorum corporum aliquam

der kirchlichen Lehre waren auch die Tage der Sphärenharmonie gezählt. Zunächst berief man sich auch hier auf den Vorgang des Aristoteles. Johannes Tinctoris z. B. leugnet daraufhin sowohl die reale als auch die bloſs intellektuale Existenz der Sphärenharmonie. Niemals, sagt er, werde ich mir einreden lassen, daſs musikalische Konsonanzen, die doch ohne Ton gar nicht möglich sind, durch die Bewegung der Himmelskörper zustande kommen.[1]) Bald ging man auch über diesen Standpunkt hinaus, man bestritt nunmehr die gesamte antike Tradition von der Musik im Weltall sowohl als im Menschen.[2]) Es war zur selben Zeit, da man sich von dem Mathematisch-Allegorischen zum Rein-Künstlerischen durchzuringen begann.[3])

Aber diese Skepsis taucht erst gegen Ende des Mittelalters auf. Die frühmittelalterliche Musiktheorie war eine so treue Anhängerin der Sphärenmusik, wie die pythagoreische Schule selbst. Ja es kam hier sogar zu einer Verquickung christlicher und antiker Anschauungen, insofern man die pythagoreische Sphärenmusik mit dem aus der heiligen Schrift bewiesenen göttlichen Ursprunge der Tonkunst in innere Beziehung brachte;[4]) so fand der von den Kirchenvätern aufgestellte Satz, daſs die kirchliche Musik von Gott komme und im Gesange der himmlischen Heerscharen ihr Vorbild habe, gewissermaſsen eine philosophische Stütze.

Daſs bei der Gestaltung der mittelalterlichen Musikästhetik in erster Linie neupythagoreische Anschauungen mitgewirkt

---

faciunt harmoniam vel sonum nec etiam innatum nobis et propterea non audiri, sed sunt corpora illa secundum harmonicam proportionem coniuncta et se habent proportionaliter. Ausführlich verbreiten sich über diese „armonie intellectuelle" die Échecs amoureux a. a. O. V. 426 ff.

[1]) De arte contrap. bei Coussem. IV, 77: immo Aristoteli et commentatori cum nostris recentioribus philosophis in coelo nec realem nec intentionalem esse sonum manifestissime probantibus irrefragabiliter credo. quo fit, ut concordantias musicas, quae praeter sonum effici non possunt, motu corporum coelestium fieri nunquam mihi persuaderi poterit.

[2]) Joh. de Grocheo a. a. O. 82: corpora ... coelestia in movendo sonum non faciunt, quamvis antiqui crediderunt, nec findunt orbes secundum Aristotelem ... nec etiam in complexione humana sonus proprie reperitur. quis enim audivit complexionem sonare?

[3]) Joh. de Groch. a. a. O. 77: forte hoc (sc. die Lehre von den drei Konsonanzen) senserunt quidam Pythagorici naturali inclinatione ducti, non ausi tamen sub talibus verbis exprimere, sed in numeris sub metaphora loquebantur.

[4]) Vgl. Odo De mus. bei Gerb. I, 256 a.

haben, zeigt sich vor Allem darin, dafs gerade die bedeutenderen Theoretiker auch die ethischen Wirkungen der Töne und Rhythmen von der Zahl ableiten, eine Anschauung, welche die auf rein künstlerischen Prinzipien beruhende Lehre des Platon und Aristoteles entschieden in den Hintergrund gedrängt hat. Am deutlichsten spricht sich hierüber der Verfasser der Musica enchiriadis aus; er erkennt in der menschlichen Natur das Walten desselben Prinzips, nach dem sich auch das Zusammenklingen der Töne regelt, und dieselben Zahlenverhältnisse, nach denen an und für sich ungleiche Töne einen Zusammenklang eingehen, liegen für ihn der ewigen Harmonie zwischen Seele und Leib, zwischen den sich widerstrebenden Elementen, ja überhaupt des ganzen Weltalls zu Grunde.[1]) Alles *suave* und *delectabile* hat die Musik der Zahl zu verdanken;[2]) bis in Einzelheiten hinein werden die ethischen Wirkungen der Musik an der Hand der Zahlenverhältnisse verfolgt.[3]) Die richtige Harmonie zwingt durch ihr Zahlenverhältnis zur Gerechtigkeit, Sittlichkeit und zum Gehorsam gegen den Staat, sie beseitigt alles Übermafs der Leidenschaft, alle Störungen des geistigen und körperlichen Lebens, sie fördert das Heil der Seele.[4])

Nachdem als letzter Urgrund der ethischen Wirkung der Musik die Zahl herausgestellt ist, werden die einzelnen Seiten ganz nach

---

[1]) Cap. 18 (Gerb. I, 172a): eiusdem moderationis ratio, quae concinentias temperat vocum, mortalium naturas modificat ... iisdem numerorum partibus, quibus sibi collati inaequales soni concordant, et vitae cum corporibus et compugnantiae elementorum totusque mundus concordia aeterna coierunt.

[2]) Mus. enchir. p. II (Gerb. I, 195b): quidquid in modulatione suave est, numerus operatur per ratas dimensiones vocum, quidquid rhythmi delectabile praestant sive in modulationibus seu in quibuslibet rhythmicis motibus, totum numerus efficit.

[3]) Arib. Scholast. Mus. bei Gerb. II, 225a: cum ... dupla proportio, sesquitertia, sesquialtera, sesquioctava iucunditatem mentibus intonat, potest a gentilibus credi non incongrue animas ex eisdem proportionibus consistere, cum similitudo sit amica, dissimilitudo odiosa. nam etiam boni bonos, reprobi diligunt perversos.

[4]) Adam v. Fulda Mus. I, 2 (Gerb. III, 335a): per sui aequam iustamque numerorum proportionem cogit homines ad iustitiam et morum aequitatem ac debitum regimen politiae naturaliter inclinari. nam reducit incontinentes ad castitatem, insanos ad usum rationis, tristes ad laetitiam, debiles ad solatium, aegros ad sanitatem, inordinatas imaginationes ad constantiam et deliberationem, pigros et inutiles ad agilitatem, cum musica spiritus reficiat, et ad tolerantiam laboris exhilarat mentes, animae autem finaliter salutem impetrat, cum ex omnibus artibus finaliter ad laudem sit instituta.

antikem Vorbilde näher ausgeführt. Auch den Theoretikern leistete hierbei der durch Cassiodor ihnen vermittelte alte Varro treffliche Dienste; seine Berichte über die Nützlichkeit der Musik in allen Lebenslagen und seine Anekdoten lieferten gleichsam die historischen Belege für jene Theorie.

Die sittliche Kraft der Musik wird oft und mit Nachdruck betont. Es gibt keinen Gemütszustand, der nicht durch Musik hervorgerufen werden könnte.[1]) Erweist sie doch ihre segensreichen Wirkungen auch an dem, der in die Geheimnisse dieser Kunst nicht eingeweiht ist.[2]) Die Erregung der Affekte, welche vermöge der Autorität Augustins auch bei den Kirchenvätern eine so wichtige Rolle gespielt hatte,[3]) stellt auch bei den Theoretikern seit Isidor von Sevilla[4]) die vornehmste Fähigkeit der Musik dar.[5]) Grofs ist die Macht des Gesanges, die Gemüter der Hörer zu bewegen, sagt Johannes Cottonius.[6])

Im Anschlufs an die durch Cassiodor und Isidor vermittelte varronische Darstellung werden nun diese ethischen Wirkungen näher klassifiziert. Ihre Aufzählung nimmt allmählich einen ganz stereotypen Charakter an, der sich mit den Berichten der Kirchenväter[7]) nahe berührt. Um nur eine der vielen Stellen anzuführen, so weifs Johannes Cottonius von der Musik zu berichten: sie schmeichelt dem Ohre, erhebt den Geist, treibt die Krieger zum Kampfe an, richtet die Gefallenen und Verzweifelnden wieder auf, stärkt die Wanderer, entwaffnet die Räuber, besänftigt die Jähzornigen, heitert die Traurigen und Furchtsamen wieder auf, stiftet Frieden unter den Zwieträchtigen, bannt eitle Gedanken, mäfsigt die Wut der Wahnsinnigen — worauf dann zur Illustration dieser Sätze die bekannten biblischen und antiken Anekdoten folgen.[8]) Die leitenden Gesichtspunkte finden sich

---

[1]) Regino Prumiens. De harm. instit. c. 6 (Gerb. I, 235 b).

[2]) Arib. Schol. Mus. bei Gerb. II, 225 b: ethicam, id est moralem esse musicam quivis ex hoc potest percipere, quod ... sua confert beneficia sine artis perceptione.

[3]) S. o. S. 78.

[4]) Sentent. de mus. c. 3 (Gerb. I, 20 b): musica movet affectus.

[5]) Aurelian. Reom. Mus. discipl. c. 20 (G I, 60 a f.); Engelb. Admont. De mus. c. 3 (G II, 289 a); Joh. de Muris. Tract. de mus. (G III, 249 a); Hieron. de Morav. Tract. de mus. c. 24 (Coussem. I, 86).

[6]) Cap. 17 (G II, 252 a).

[7]) S. o. S. 95 f.

[8]) A. a. O.

auch hierfür bereits in den Worten Cassiodors: alles, was wir reden, und alle Bewegungen unseres Pulsschlages sind durch musikalischen Rhythmus mit der Kraft der Harmonie in Verbindung gesetzt.[1])

Besonderer Wert wird auf die Wirksamkeit der Musik bei psychischen Störungen gelegt, eine Lehre, die direkt aus dem Altertum übernommen ist und die bereits von Cassiodor in seinem berühmten Briefe an den Frankenkönig ins Feld geführt wird.[2]) Nicht ohne Interesse sind die psychologischen Beobachtungen, mit welchen Johannes de Muris jene Theorie zu stützen sucht. Er sagt: die Furchtsamen singen bisweilen, um aus dem Gesange Mut zu schöpfen, ebenso wird der, der sich im Unglücke die Erinnerung an eine in glücklicheren Zeiten mit Genufs gesungene oder gehörte Melodie wachruft, aufseufzen und sich in die Gemütsverfassung von damals zurück zu versetzen suchen; ebenso beginnen die Bedrückten zu singen, um sich durch den Gesang von ihrer Traurigkeit zu befreien.[3])

Auch die gegenteiligen, den normalen Geistes- und Gemütszustand aufhebenden Wirkungen der Musik bilden den Gegenstand lebhafter, ebenfalls unter dem antiken Einflufs geführter Erörterungen.[4]) Namentlich die bereits von den Kirchenvätern aus der antiken Lehre weiterentwickelte Theorie von der Vertreibung böser Geister durch die Musik[5]) spielt auch bei den Theoretikern

---

[1]) De mus. 1 (G I, 15 b): quidquid enim loquimur, vel intrinsecus venarum pulsibus commovemur, per musicos rhythmos harmoniae virtutibus probatur esse sociatum. Vgl. Isid. Sent. c. 3 (G 21 b); Aurel. Reom. c. 20 (G 61 a); Aribo (G II, 225 b); Joh. de Mur. Summ. mus. c. 2 (G III, 195 b); Adam de Fuld. Mus. I, 2 (G III, 334 a); Hieron. de Morav. De mus. c. 24 (Coussem. I, 86); Walth. Odingt. C I, 193; Anon. XII De mus. C I, 475; Aegid. Zamor. Ars mus. c. 2 (G II, 373 b).

[2]) Var. II, 40: (musica) sanat mentis taedium bonis cogitationibus semper adversum, perniciosa odia convertit ad auxiliatricem gratiam et ... per dulcissimas voluptates expellit animi passiones.

[3]) Tract. de mus. G III, 249 a: timentes ... aliquando cantant prae timore, ut ex cantu audaciam apprehendant. item aliquis in statu displicibili revocans ad memoriam cantilenam, quam in rebus prosperis cantavit cum delectatione vel cantare audivit, ingemiscat et statum consimilibus motibus mensuretur, cum fuit, cum illam actu caneret. item perturbati incipiunt cantare conantes se per cantum avertere a tristitia.

[4]) Noch Johannes Keck führt den antiken Gebrauch der Flöte bei der Totenklage in diesem Zusammenhang an, Introd. mus. praef. G III, 320 a.

[5]) S. o. S. 101.

eine wichtige Rolle. Als klassisches Beispiel für diese Art von Heilkraft der Musik gilt auch ihnen der biblische Bericht von Sauls Beschwichtigung durch Davids Saitenspiel. Man war fest davon überzeugt, dafs der Musik eine geheimnisvolle göttliche Kraft innewohne, welche die Behausung der bösen Dämonen, d. h. den Leib des sündenbeladenen Menschen, vermittelst der Töne von Grund aus umgestalte, sodafs die Dämonen zur Flucht gezwungen werden.[1])

Derartige Umdeutungen der antiken Ethostheorie im Sinne der christlichen Musikanschauung finden sich bei den mittelalterlichen Theoretikern noch öfter, sie gehören zu den Punkten, in welchen sich die Theorie ganz augenscheinlich von den der Praxis entstammenden Anschauungen der Kirchenväter beeinflufst erweist.[2]) Vor allem glaubte man die Musik zur Erweckung der Dankbarkeit gegen Gott und der Reue des Sünders besonders geeignet.[3]) Das ist jene vornehmste Wissenschaft, heifst es einmal, mit der sich die Heiligen bei ihren Andachten beschäftigen, die Sünder um Gnade flehen, die Traurigen Trost und die Kämpfenden Mut gewinnen.[4]) Aus diesem Grunde ist die Sitte des Gesanges in der Kirche Gottes eingeführt worden, damit durch ihren Reiz die Liebe zur Tugend wach gerufen würde; doch ist die Macht der Musik so stark, dafs sie bei Anwendung allzu weichlicher Melodien den Hörer zur Üppigkeit verführt, während sie im umgekehrten Falle den Sinn für die geistigen Güter weckt.[5])

---

[1]) Aegid. Zamor. Ars mus. c. 2 (G II, 373 b): ... quodque mirabilius est, (musica) spiritus malignos a corporibus eicit et expellit mirifica et occulta quadam virtute divina, siquidem legimus in corporibus daemones habitare ob vitiorum in hominibus diversas dispositiones iuste altissimo permittente. et cum per melodicam harmoniam ad dispositionem contrariam transit corpus, ut a tristitia vehementi ad laetitiam, spiritus malus recedit. Vgl. Joh. de Mur. Summ. mus. c. 22 (G III, 195 b), 25 (ibid. 244 b) u. ö.

[2]) S. o. S. 101.

[3]) Noch bei Walt. Odingt. (C I, 193) heifst es von ihr: tristia corda consolatur, gratiores mentes facit, fastidiosos delectat, mercedes exsuscitat, peccatores ad lamenta invitat. Vgl. auch Aegid. Zamor. Ars mus. c. 15 (G II, 392 b): ipsa est cordis laetificativa, amoris excitativa et inflammativa, passionum animae expressiva, virtutis organorum spiritualium praestativa, puritatis et bonae dispositionis eorundem ostensiva etc.

[4]) Anon. XII De mus. bei C III, 476.

[5]) Sim. Tunst. bei C IV, 204: non sine ratione mos cantilenae in Dei ecclesia institutus est, in qua mentium audientium [sc] delectantes ad virtutis

Schon Boëthius hatte den Satz aufgestellt, dafs die Musik nicht blofs Sache der Spekulation, sondern auch der moralitas sei, mit der Begründung, dafs nichts tiefer in der Natur des Menschen begründet sei, als sich durch liebliche Melodien weicher, durch kräftige dagegen ernster stimmen zu lassen; daher sei sie nicht an einzelne Individualitäten, Beschäftigungen und Lebensalter gebunden, sondern übe ihre Wirkung bei jeder Berufsart und bei jedem Lebensalter aus.[1]) Dieser Satz wurde ebenfalls, zumeist wörtlich, von der mittelalterlichen Theorie übernommen.[2]) Doch wird hiebei gleich von Anfang an betont, dafs gemäfs der Verschiedenheit der Individualitäten auch der musikalische Eindruck verschieden sei. Man erkannte sehr richtig, dafs auf jeden Menschen die Art von Musik am meisten einwirke, die seiner individuellen Gemütsbeschaffenheit am meisten entspreche. Zur Begründung dieser Erfahrungstatsache hatte bereits Boëthius den alten Kardinalsatz von der engen Verwandtschaft der psychischen Bewegungen mit den musikalischen angeführt[3]) und dabei zugleich auf die Benennung der Tonarten nach den einzelnen Volksstämmen hingewiesen. Auch an diesem Satze hielt das Mittelalter fest; zunächst rein theoretisch, später aber auch unter Anwendung auf die praktische Kunstübung.[4]) Im Grunde

---

amorem excitarentur; tamen tanta est vis musicae, ut, si ultra quam oportet mollioribus modis utatur, animos audientium ad lasciviam delectat [? wohl *deducat*], si autem asperioribus modis et devote moveatur, ad fortiora et ad spiritualia incitat.

[1]) Instit. mus. I, 1 (179, 22 ff. Friedl.): nihil est tam proprium humanitatis, quam remitti dulcibus modis, adstringi contrariis, idque non sese in singulis vel studiis vel aetatibus tenet, verum per cuncta diffunditur studia et infantes ac iuvenes nec non etiam senes ita naturaliter affectu quodam spontaneo modis musicis adiunguntur, ut nulla omnino sit aetas, quae a cantilenae dulcis delectatione seiuncta sit.

[2]) Regino Prum. De harm. inst. c. 6 (G I, 235a); Aribo G II, 225a; Walth. Odingt. C I, 193; Marchett. Lucid. c. 2 (G III, 60a).

[3]) Inst. mus. I, 1 (180, 5 ff. Frdl.): cum enim eo, quod in nobis est iunctum convenienterque coaptatum, illud excipimus, quod in sonis apte convenienterque coniunctum est, eoque delectamur, nos quoque ipsos eadem similitudine compactos esse cognoscimus. ... hinc etiam morum quoque maximae permutationes fiunt. lascivus quippe animus vel ipse lascivioribus delectatur modis vel saepe eosdem audiens emollitur ac frangitur. rursus asperior mens vel incitatioribus gaudet vel incitatioribus asperatur.

[4]) Regino c. 6 (G I, 235b); Aribo b. G II, 225b; Joh. Cotton. c. 18 (G II, 253a); Joh. de Mur. Spec. mus. 6, 74 (C II, 311); Hieron. de Morav. c. 24 (C I, 86).

genommen widersprach ja diese Anschauung den musikalischen Prinzipien der ältesten christlichen Kirche, die aus dem gottesdienstlichen Gesange jedes subjektive und individuelle Moment sorgfältig auszuscheiden bemüht war und bei der Psalmodie eine gleichmäfsige Wirkung auf alle Gemüter voraussetzte.[1]) Später jedoch, als mit dem Aufkommen der Tonarten jener rein objektive Charakter des Kirchengesanges in seiner vollen Strenge nicht mehr aufrecht zu erhalten war, begann man, gestützt auf Boëthius, sein Augenmerk diesen individuellen Wirkungen der Musik zuzuwenden und sie in ähnlicher Weise der Kontrolle der Kirche zu unterstellen, wie sie das Altertum in die Zucht des Staates genommen hatte. So glich sich nach dieser Richtung hin der ursprüngliche Zwiespalt zwischen der antikisierenden Musiktheorie und der liturgischen Praxis im Laufe der Zeit allmählich aus. Johannes Cottonius z. B. zog die vollen Konsequenzen aus den Worten des Boëthius, indem er dem schaffenden Künstler den Rat gab, er solle beim Komponieren stets die Eigenart des Publikums, auf das er wirken wolle, im Auge haben, denn bei der Verschiedenheit des musikalischen Geschmacks komme es sehr häufig vor, dafs derselbe Gesang, der dem einen sehr angenehm klinge, dem andern mifstönend und zusammenhangslos erscheine;[2]) er habe das schon mehrere Male an sich selbst erfahren.

Auf diese mannigfaltigen Grade des musikalischen Eindrucks gründet sich aber auch die Forderung der Abwechslung und des Kontrastes, die von den Theoretikern immer wieder erhoben wird. Engelbert von Admont gibt darüber eingehende Vorschriften. Man darf nicht, so sagt er, Gemüter, die von Natur zum Ernst und zur Schwermut neigen, beständig aufstacheln und erheitern, sondern nur bei günstiger Gelegenheit, ebenso wie man leichte und heitere Gemüter nur gelegentlich zum Ernste stimmen soll. Darum darf denn auch der Gesang nicht einförmig in der Stimmung sein, sondern mufs Abwechslung bringen, bald anfeuern, bald zurückhalten, bald heiter, bald ernst stimmen[3]) —

---

[1]) S. o. S. 97.

[2]) Mus. c. 16 (G II, 251a): quapropter in componendis cantibus cantus musicus ita sibi providere debet, ut eo modo quam decentissime utatur, quo eos maxime delectari videt, quibus cantum suum placere desiderat.

[3]) De mus. IV, 8 (G II, 342b): non conveniebat secundum naturam graves et tristes animos semper incitari et laetificari, sed opportune, neque leves et

Grundsätze, die der Monotonie der Psalmodie gegenüber bereits durchaus modernen Geist offenbaren. Engelbert spricht diesen Grundsatz bei der Frage nach der Wahl der Tonarten aus, und wir werden bei diesen selbst noch näher darauf einzugehen haben. Ähnliche Grundsätze treffen wir bei den übrigen Theoretikern des späteren Mittelalters an; sie alle halten an dem Grundsatz fest, dafs der Komponist den Empfindungsgehalt seiner Schöpfungen der Beschaffenheit seines Publikums nach Lebensalter und Gemütsanlage anpassen müsse.[1])

Dabei läuft nun allerdings die Gefahr mit unter, dafs dem subjektiven Ermessen des Künstlers ein allzugrofser Spielraum verstattet wird, dafs er der Schrankenlosigkeit anheimfällt, die Wirkungen der Musik ins Ungemessene steigert und dadurch die moralische Macht seiner Kunst in ihr Gegenteil verkehrt. Hier tritt, wie bei den Alten und namentlich bei den Kirchenvätern,[2]) das Textwort als Korrektiv ein. Der Gedankengehalt des Textes ist auch für die Theoretiker das ausschlaggebende Moment. Auch für sie hat die Musik einzig und allein den Zweck, den Text dem Hörer durch ihre Mittel eindringlicher zu machen. Wir können keine Melodie blofs nach der Natur ihrer Töne beurteilen, heifst es in der Musica enchiriadis, sondern wir müssen das Textwort hinzunehmen; denn die Stimmung des Gesanges mufs den Empfindungsgehalt des Textes wiedergeben, das ist der Hauptgrundsatz aller Melodiebildung.[3]) Man soll, sagt Johannes Cottonius, die mannigfaltigen Fähigkeiten der Musik, denen sie ihre hervorragende Stellung im christlichen Gottesdienste zu verdanken hat, in der Weise ausnützen, dafs der Gesang dem Sinne des Textwortes zu gesteigerter Wirkung verhilft.[4]) Auch Johannes

---

laetos animos semper deprimi et tristari, sed opportune. ergo per consequens conveniebat harmoniam musicam animos mediante auditu cantus non uniformiter neque semper, sed opportune et varie nunc incitare, nunc sedare, nunc laetificare, nunc contristare.

[1]) Vgl. Joh. de Mur. Spec. mus. C II, 311.
[2]) S. o. S. 89.
[3]) Cap. 17 (G I, 172b): non solum diiudicare melos possumus ex propria naturalitate sonorum, sed etiam rerum. nam affectus rerum, quae canuntur, oportet ut imitetur cantionis affectus, ut in tranquillis rebus tranquillae sint, neumae, laetisonae in iucundis, maerentes in tristibus, quae dure sunt dicta vel facta, duris neumis exprimi, subitis, clamosis, incitatis, et ad ceteras qualitates eventuum et affectuum deformatis. Darnach Guido microl. c. 15 (G II, 17a).
[4]) Mus. c. 18 (G II, 253a); vgl. Hieron. de Morav. c. 24 (C I, 86).

de Muris macht auf die Wichtigkeit der textlichen Grundlage aufmerksam,[1]) ebenso werden Verstöfse gegen den angeführten Grundsatz ausdrücklich gerügt.[2])

Auf dieser, der antiken Ethostheorie nachgebildeten Lehre von den verschiedenen Fähigkeiten (*potentiae*) der Musik hat sich im Verlauf der Zeit die Lehre von den mittelalterlichen Tonarten, ihren charakteristischen Eigentümlichkeiten und ihrer individuellen melodischen Struktur aufgebaut, auf die wir in einem besonderen Abschnitte zurückkommen werden. Hier bildete sich in verhältnismäfsig kurzer Zeit ein ästhetisches System heraus, das in seiner Ausführlichkeit der antiken Theorie von dem Ethos der einzelnen Oktavengattungen nur wenig nachsteht. Gerade in der souveränen Beherrschung dieses Systems erblickte man den Künstler im Gegensatz zu dem ungebildeten Bänkelsänger. Allerdings — und dies ist bei der prinzipiellen Ablehnung aller weltlichen Musik nicht unwichtig zu bemerken — gestanden auch die Theoretiker dem „Gauklervolk" die Fähigkeit zu, angenehm zu singen und anmutige Lieder hervorzubringen, aber das wurde freilich nicht als wirkliche Kunst, sondern nur als eine Art natürlicher Veranlagung betrachtet.[3])

Von der antiken Ethoslehre hatte sich, zuerst bei Theophrast,[4]) die Vorstellung von der Musik als Heilmittel gegen allerhand körperliche Krankheiten abgezweigt. Sie blieb, dank der Autorität des Cassiodor und Boëthius, auch das ganze Mittelalter hindurch in den musiktheoretischen Schriften lebendig, wie das immer wieder angeführte Beispiel des Arztes Asklepiades beweist.[5]) Unter den zahlreichen Belegen sei nur das Zeugnis des Johannes de Muris angeführt, der die Musik als ein Arzneimittel bezeichnet und ihr wundertätige Wirkungen zuschreibt, besonders in Fällen von Melancholie und Trübsinn.[6]) Dieser Glaube an die medizinische Wirkung der Musik gehört zu den antik-mittelalterlichen

[1]) Summ. mus. c. 22 (G III, 236a).
[2]) Carthus. monach. De mus. bei C II, 444.
[3]) Joh. de Mur. Spec. mus. C II, 312: qui cantum cupit componere ..., expedit ut sciat tonorum naturas ..., alias quasi idiota et inscius cantum componit sicut mimi et ioculatores et chorearum praetentores [? praecentores?], si dulciter cantent vel dulcem cantum componant. non hoc facit ars, sed naturalis ad hoc dispositio.
[4]) Vgl. Lehre vom Ethos S. 18.
[5]) Cassiodor. De mus. 10 (G I, 18b).
[6]) Summ. mus. c. 2 (G III, 195b): musica ... medicinalis est et mirabilia

Erbstücken, die auch in der neueren Zeit am längsten ihre Anziehungskraft bewahrt haben. Schriften aus dem 18., ja noch aus dem 19. Jahrhundert, wie die von Peter Lichtenthal, der die Musik sogar gegen die Dummheit als wirksames Mittel preist, geben merkwürdige Zeugnisse dafür.[1])

Werfen wir zum Schluſs einen zusammenfassenden Rückblick auf die Schicksale der antiken Musikästhetik im Mittelalter, so müssen wir vor allem im Auge behalten, daſs sie vom Mittelalter nicht in ihrer klassischen Form, sondern in der ihr von den Neupythagoreern und Neuplatonikern verliehenen Gestalt übernommen wurde. Daſs heiſst, der Kardinalsatz der antiken Lehre, daſs alle Musik auf Bewegung beruhe, ging zwar ins Mittelalter hinüber, aber man begründete darauf nicht eine wirkliche Ästhetik, wie sie im Altertum bei Aristoteles ihren Höhepunkt erreicht hatte, sondern man legte das Hauptgewicht auf die jener Bewegung zu Grunde liegenden Zahlenverhältnisse. Den mathematischen, nicht den rein künstlerischen Faktoren verdankt die Musik ihre weltbeherrschende Stellung, ihre Bedeutung im Gefüge des Universums sowohl wie ihre sittliche Macht im Menschenleben. Auch hier offenbart sich der dem Quadruvium zu Grunde liegende Gedanke, daſs die Musik weit mehr Sache des Wissens, als des Könnens ist. Was sich, abgesehen von der Grundanschauung von der *moralitas artis musicae*, an Einzelheiten von der alten Ethoslehre in die mittelalterliche Theorie herübergerettet hat, entbehrt des systematischen Zusammenhangs, es sind einzelne Reminiszenzen, aus denen die antike Lehre zum Teil in recht trübem Lichte hervorschimmert. Nach dieser Richtung hin vermochte auch die Neubelebung des aristotelischen Studiums nicht viel zu bessern, denn die Frucht derselben für die Musiktheorie bestand wohl in der Wiederaufnahme allgemeiner Kunstprinzipien, wie namentlich des Satzes, daſs alle Kunst Nachahmung der Natur sei; zu einer Wiederbelebung der eigentlichen Musikästhetik des Philosophen ist es dagegen nicht gekommen.

operatur, per musicam morbi curantur, praecipue per melancholiam et ex tristitia generati.

[1]) Vgl. J. G. F. Franz, Abhandlung von dem Einfluſs der Musik in die Gesundheit der Menschen, Leipzig 1770; P. Lichtenthal, Der musikalische Arzt, Wien 1807; W. Bauer, Über den Einfluſs der Musik auf den Menschen im gesunden und kranken Zustand, Wien 1836.

Ein zweites Moment, das dazu diente, das Bild der antiken Lehre wesentlich zu modifizieren, lernten wir in dem Versuche kennen, ihre Reste im Sinne der christlichen Ethik umzudeuten. Das Resultat war dasselbe, das wir auch bei der Lehre der Kirchenväter feststellen konnten:[1]) an Stelle der Bedürfnisse des Staates traten als oberste Norm für die Musiktheorie die Bedürfnisse der Kirche.

So sind denn von der aristotelischen Lehre von den ethischen, praktischen und enthusiastischen Fähigkeiten und Aufgaben der Musik[2]) nur spärliche Trümmer in das Mittelalter hinübergerettet worden. Von der enthusiastischen Kraft der Musik blieb in der Anschauung, daſs von bösen Geistern Besessene durch sie geheilt werden könnten, nur ein kümmerlicher Rest übrig. Aber auch ihre praktischen Eigenschaften wurden lange nicht mehr in demselben Maſse anerkannt und ausgenützt, denn die Haupttugenden des Christen, welche die Musik zu wecken und zu fördern berufen war, waren mehr passiver, als aktiver Natur. Neigen doch die Theoretiker, auch hierin den Spuren der Kirchenväter folgend, der grundsätzlichen Anschauung zu, daſs die Musik in erster Linie der Erweckung buſsfertiger Gesinnung, der *compunctio cordis* zu dienen habe. Aber auch hier ist es zu keiner systematischen Entwicklung gekommen, sondern bei einzelnen Ansätzen geblieben. Eine der antiken Ethoslehre analoge ästhetische Theorie haben die mittelalterlichen Theoretiker nur auf dem Gebiete der Tonarten versucht, im übrigen begnügen sie sich mit einer mehr oder minder allgemein gehaltenen Paraphrasierung der aus dem Altertum übernommenen Theoreme, die mehr den Charakter subjektiver Lobpreisung der Musik, als wissenschaftlicher Spekulation trägt.

Dagegen hat eine andere, aus dem Ende des Altertums stammende Theorie im Mittelalter groſsen Anklang gefunden, die sich auf die Autorität des Boëthius stützt, die Einteilung der Musik in *mundana, humana* und *instrumentalis*.[3]) Auch sie ist in letzter Linie neupythagoreischen Ursprungs, denn sie ergab sich aus der dominierenden Stellung der Zahl in der Musiklehre. Für Boëthius bedeutet die *musica mundana* die Musik

---

[1]) S. o. S. 83 ff.
[2]) Vgl. Lehre vom Ethos S. 96 ff.
[3]) Iust. mus. I, 2 (187, 18 ff. Frdl.).

des Makrokosmus, in erster Linie die Harmonie der Sphären, in zweiter aber auch die überall in der Natur sich offenbarende Harmonie, die harmonischen Verhältnisse der Elemente, der Jahreszeiten usw. unter einander. Die „menschliche" Musik dagegen äufsert sich im Mikrokosmus, hauptsächlich in der Harmonie zwischen Leib und Seele, die nach Boëthius in einer der aus hohen und tiefen Tönen erzeugten Konsonanz entsprechenden Mischung besteht.[1]) Die *musica instrumentalis* endlich bezieht sich auf das Instrumentenspiel, wobei Boëthius die auch von Cassiodor[2]) erwähnten drei Kategorien der Blas-, Schlag- und Zupfinstrumente unterscheidet.[3])

Diese Einteilung des Boëthius findet sich, zum Teile sogar ihrem ursprünglichem Wortlaut nach, bei den meisten Theoretikern des Mittelalters wieder.[4]) Fassen wir sie näher ins Auge, so fällt sofort auf, dafs über der pythagoreischen Spekulation, die mit Vorliebe aufsermusikalische Momente heranzieht, eines der wichtigsten rein musikalischen Elemente keine Berücksichtigung gefunden hat, das gerade der mittelalterlichen Musik ihr charakteristisches Gepräge verliehen hat, nämlich die Gesangsmusik. Jene Einteilung des Boëthius entbehrt des logischen Prinzips. *Musica mundana* und *humana* gehören zumal für den Pythagoreer, eng zusammen, die „instrumentale" Musik dagegen steht in keinem inneren Zusammenhang damit. Ihr Gegenstück, die *musica vocalis*, fehlt; in der *musica humana* suchen wir sie vergeblich, denn diese wird lediglich auf das harmonische Verhältnis zwischen Leib und Seele gedeutet. Nichts spricht deutlicher für den diametralen Gegensatz zwischen der antikisierenden Theorie und der wirklichen liturgischen Praxis im früheren Mittelalter: die Hauptgrundlage der praktischen Musik, nämlich der Gesang, bleibt unberücksichtigt, während die in der Praxis

---

[1]) A. a. O. 188, 27: quid est enim, quod illam incorpoream rationis vivacitatem corpori misceat, nisi quaedam coaptatio et veluti gravium leviumque vocum quasi unam consonantiam efficiens temperatio?
[2]) De mus. 6 (G I, 16 b): percussionalia, tensibilia und inflatilia.
[3]) A. a. O. 189, 5 ff.
[4]) Aurelian. Reom. c. 3 (G I, 32 ff.): Bern. Augiens. prol. in tonar. G II, 66 a; Engelb. Admont. c. 2 (G II, 288 b), wo Boëthius ausdrücklich zitiert ist; Hieron. de Morav. c. 7 (C I, 11). Aegid. Zamor. c. 3 (G II, 377 b ff.) unterscheidet sogar neben der *musica mundana* noch eine besondere *musica coelestis* und versteht darunter die Musik der Himmelskörper, während er unter *musica mundana* das harmonische Verhältnis der Jahreszeiten und Elemente begreift.

verpönten Instrumente als besonders wichtig hervorgehoben werden.

Den tiefer denkenden unter diesen Männern kam dieses Mifsverhältnis, das weder der Logik, noch den tatsächlichen Verhältnissen entsprach, bald deutlich zum Bewufstsein. Sie stellen der boëthianischen Einteilung der Musik eine zweite gegenüber, indem sie die natürliche *(naturalis)* Musik von der künstlichen *(artificialis)* scheiden. Diese Klassifikation findet sich zuerst bei Regino von Prüm. Er versteht unter natürlicher Musik eine solche, die keines Instrumentes, keines Anschlagens der Finger, überhaupt keiner menschlichen Anregung bedarf, sondern von Gott eingegeben allein unter Anleitung der Natur liebliche Melodien hervorbringt, wie dies entweder in der Bewegung des Himmels, oder in der menschlichen Stimme der Fall ist.[1]) Dafs Regino bei dieser Einteilung auch die christliche Gesangsmusik im Auge hatte, beweist eine andere Stelle, wo er die natürliche Musik in den dem Preise Gottes dienenden Gesängen erblickt und unmittelbar daran anschliefsend die acht Kirchentöne behandelt.[2])

Dagegen gilt ihm als künstliche Musik die, die vom menschlichen Geist erfunden ist und von gewissen Instrumenten — es sind die drei Gattungen Cassiodors — erzeugt wird.[3])

Die Vorzüge dieser neuen Klassifikation vor der älteren liegen auf der Hand. Obwohl auch hier der unvermeidlichen Sphärenharmonie eine grofse Wichtigkeit beigelegt wird, so werden doch die tatsächlichen Verhältnisse weit mehr in Rechnung gezogen. Die Singmusik wird nicht übergangen, sondern ganz den natürlichen Verhältnissen entsprechend als die vornehmste Gattung der Musik bezeichnet, eine Anschauung, die sich mit der praktischen Musikübung durchaus deckt und die

---

[1]) De harm. inst. c. 4 (G I, 233 b): naturalis ... musica est, quae nullo instrumento musico, nullo tactu digitorum, nullo humano impulsu aut tactu resonat, sed divinitus adspirata sola natura docente dulces modulatur modos: quae fit aut in coeli motu, aut in humana voce. Andere, fährt Regino fort, fügen noch eine dritte Kategorie hinzu, nämlich die innerhalb der vernunftlosen Kreatur durch Töne oder Stimmen erzeugte Musik. Dieser Zusatz beweist, dafs diese Einteilung zu Reginos Zeit bereits ziemlich bekannt war.

[2]) A. a. O. c. 3 (G I, 232 a): inveniuntur vero in naturali musica, id est in cantilena, quae in divinis laudibus modulatur, quattuor principales toni etc.

[3]) A. a. O. c. 7 (G I, 236 b): artificialis musica dicitur, quae arte et ingenio humano excogitata est et inventa, quae in quibusdam consistit instrumentis.

Grundlagen der mittelalterlichen Tonkunst klar und deutlich zum Ausdrucke bringt: die natürliche (d. h. Gesangs-) Musik steht hoch über der künstlichen (Spielmusik). Ganz nach der Art der Scholastik wird diese These nun auch philosophisch begründet: da wir nur durch die vorhergehende Erkenntnis des Sichtbaren zum Höheren, Unsichtbaren durchzudringen vermögen, so ist die Kenntnis der künstlichen Musik unumgängliche Vorbedingung, um in den Besitz der natürlichen zu gelangen.[1]) Es ist die alte neuplatonische Grundanschauung, die im Mittelalter in der geistesverwandten Philosophie von Männern wie Scotus Erigena wiederaufgenommen wurde und sich hier auch in der Musikästhetik als wirksam erweist.

Die späteren Theoretiker haben die Vorzüge dieses Klassifikationsprinzips wohl erkannt. Da sie sich jedoch von der traditionellen boëthianischen Einteilung nicht vollständig zu emanzipieren wagten, so versuchten sie zwischen beiden zu vermitteln. So unterscheidet zuerst Johannes Cottonius zwei *instrumenta omnium sonorum*, ein *naturale* und ein *artificiale*.[2]) Das *naturale* gliedert sich für ihn wiederum in ein *mundanum* und ein *humanum*. Unter dem *humanum* versteht er aber nicht die Harmonie des Leibes und der Seele, sondern die *arteriae* des Menschen, als den Urquell aller von ihm erzeugten Töne. Das *artificiale instrumentum* dagegen bezieht sich auch bei ihm auf das reine Instrumentenspiel. Auch er hatte, wie man sieht, das Bedürfnis, der Gesangsmusik auf irgend welche Weise in seiner Theorie einen Platz zu verschaffen. Beide Prinzipien in natürlicher und ungezwungener Weise einander einzuordnen, ist erst Adam von Fulda gelungen. Er legt die Klassifikation Reginos zu Grunde und weist der natürlichen Musik die beiden boëthianischen Kategorien der *mundana* und *humana musica* zu, bemerkt jedoch dabei ausdrücklich, dafs diese beiden nicht den Musiker, sondern

---

[1]) A. a. O. c. 7 (G I, 236b): omni autem notitiam huius artis habere cupienti sciendum est, quod, quamquam naturalis musica longe praecedat artificialem, nullus tamen vim naturalis musicae recognoscere potest nisi per artificialem. igitur quamvis a naturali nostrae disputationis sermo processerit, necesse est, ut in artificiali finiatur, ut per rem visibilem invisibilem demonstrare valeamus.

[2]) Mus. c. 4 (G II, 234a). Einen anderen Standpunkt vertritt dagegen Aribo, der unter dem *musicus naturalis* den „Natursänger", d. h. den ungebildeten Bänkelsänger versteht; unter dem *musicus artificialis* aber den in der Kunsttheorie vollständig beschlagenen Musiker (G II, 225b).

nur den Mathematiker und Mediziner angehen. Die Domäne des Musikers bildet für ihn einzig und allein die *musica artificialis* mit ihren beiden Unterabteilungen, der Vokal- und der Instrumentalmusik.[1]) Diese Einteilung ist deshalb von hoher Wichtigkeit, weil hier zum ersten Mal die Musik sich von dem vielgepriesenen Zusammenhang mit dem Weltall und der irdischen Natur emanzipiert und sich auf ihr eigenstes Gebiet zu beschränken beginnt. Adam von Fulda glaubt zwar noch an die Existenz der Sphärenmusik, aber sie ist für ihn nicht mehr mafsgebend für die eigentliche Kunst. Er ist toleranter gegen die Tradition, als de Grocheo und Tinctoris, er leugnet sie nicht, aber er verweist sie in das Gebiet der Naturwissenschaften.

C. Die auf dieser Grundlage aufgebaute Symbolik der Theoretiker.

Wir haben oben[2]) gesehen, dafs die Neigung zu Allegorie und Symbolik in der Musikästhetik der Kirchenväter eine grofse Rolle spielte. Die Theoretiker gehen nach dieser Richtung noch einen Schritt weiter. Hatten jene, dem Vorgange Philos und der Neuplatoniker folgend, die Musik nur beiläufig herangezogen, so gingen die Theoretiker systematisch vor und brachten es zu einer förmlichen Theorie der musikalischen Symbolik, die schliefslich in der später zu behandelnden Symbolisierung aller die Kirche und ihre Lehre bestimmenden Faktoren bei Johannes de Muris ihren Gipfelpunkt erreichte.

Die Anregung zu diesen im Mittelalter ja auf allen Gebieten so beliebten Vorstellungen kam jenen Männern von den verschiedensten Seiten. Ihre Zugehörigkeit zum geistlichen Stande wies sie nicht minder darauf hin, als ihre Ehrfurcht vor ihren spätantiken Quellen.

Der Vorliebe der mittelalterlichen Theologie für die allegorische Schriftauslegung entspricht bei den Musiktheoretikern die Tendenz, ganz besonders die Bibel für die Zwecke der allegorischen Ausdeutung auszubeuten. Auf antike Vorbilder geht dagegen ihre eingehende Behandlung der Zahlensymbolik zurück. Nach dieser Richtung hin stehen die Theoretiker in gleichem

---

[1]) Mus. I, 1 (G III, 333a).
[2]) S. 106 ff.

Grade wie die Kirchenväter unter dem Einfluſs der Neupythagoreer und Neuplatoniker.

Neue Nahrung erhielten diese allegorisierenden Bestrebungen durch das Eindringen arabischer Elemente im 10. bis 12. Jahrhundert. Nicht nur, daſs die aristotelische Philosophie während dieser Zeit durch die Vermittlung der arabischen Philosophen, wie Avicenna und Averroës, in die christlichen Schulen eingeführt wurde, auch die Musiktheorie selbst erlebte eine nachhaltige Befruchtung durch die Araber, besonders durch Alfarabi, dessen Schriften nicht nur in den der arabischen Herrschaft dienstbaren Ländern eine Renaissance der altgriechischen Musiktheorie hervorriefen, sondern auch das gesamte Abendland in hohem Grade beeinfluſsten. Alfarabis hauptsächlichster Gewährsmann aber war der Pythagoreer Ptolemäus. Auſser seinem groſsen astronomischen Werke, dem Almagest, zog der arabische Gelehrte besonders auch die musiktheoretischen Schriften des Ptolemäus heran, die dem Verhältnis der Musik zur Astronomie und im Anschlusse daran auch der Zahlensymbolik einen breiten Raum vergönnen.[1]) Der Grieche kam dabei dem Orientalen gewissermaſsen auf halbem Wege entgegen, denn auch in der arabischen Musik, wie überhaupt im Orient, spielen derartige phantastische Elemente eine groſse Rolle.[2])

So drang denn dadurch eine verstärkte Anzahl von Gleichnissen und Allegorien auch in die Schriften der abendländischen Theoretiker ein und wurde von ihnen mit besonderem Eifer aufgegriffen und weitergebildet. Der erste, bei dem diese Einwirkung ganz offenkundig zu Tage tritt, ist Aribo Scholasticus, sie wird uns noch deutlicher, wenn wir die Art Aribos mit der Guidos von Arezzo vergleichen. Dieser hält als Mann der Praxis die „Lehren der Philosophen" nicht ein für allemal für unfehlbar[3]) und begnügt sich auch nach der ästhetischen Seite hin mit der Wiederholung der traditionellen stereotypen Redensarten von der *virtus musicae*; mystische Spekulationen liegen ihm ziemlich fern. Ganz anders dagegen Aribo. Ihm drängen sich immer und überall symbolische Beziehungen und allegorische Deutungen auf.

---

[1]) Vgl. Lehre vom Ethos S. 7 f.
[2]) Vgl. den bei Ambros, Geschichte der Musik I³, S. 444 f. angeführten „Autor des blühenden Baumes"; und Delaborde, Essai I, c. 20. Alfarabi wird zitiert z. B. bei Hieron. de Morav. Tract. de mus. c. 5.
[3]) Epist. ad Theudald. fin. (G II, 2 f.).

Seit seinem Werke nimmt diese ganze Tendenz der früheren Zeit gegenüber noch einen gesteigerten Ausdruck an, um dann in den breit ausgeführten Allegorien eines Marchettus und de Muris ihren Gipfelpunkt zu erreichen. Insofern ist Aribo für die Geschichte der mittelalterlichen Musikästhetik nicht ohne Bedeutung.

Eine der merkwürdigsten Allegorien, die sich bei den mittelalterlichen Theoretikern finden, ist die Deutung der antiken Sage von Orpheus und Eurydice, die sich in der Musica enchiriadis[1]) und bei Regino von Prüm[2]) findet, in der Folgezeit aber der Vergessenheit anheimgefallen ist. Wir haben hier einen interessanten Nachhall der Art von Allegorie vor uns, die im Altertum bei der stoischen Philosophie eine besondere Rolle gespielt hatte. Die Stoiker hatten, um eine Vermittlung zwischen dem philosophischen und dem gewöhnlichen Bewußstsein zu gewinnen, zur allegorischen Auslegung gegriffen und dabei ihr Hauptaugenmerk auf die alten Götter- und Heroensagen gerichtet.[3]) In ganz analoger Weise behandeln die genannten mittelalterlichen Autoren die Orpheussage. Orpheus erscheint hier als der Idealmusiker, seine Gattin Eurydice dagegen als das allegorische Sinnbild der tiefsten Geheimnisse der Harmonie. Sucht diese ein gewöhnlicher Mensch (Aristeus) zu erhaschen, so entgleitet sie seinen Händen auf göttliche Veranlassung, wie von einer Natter gestochen. Orpheus gelingt es, sie aus den Tiefen hervorzulocken, er verliert sie aber, sobald er sie im Licht des Tages erblickt. Das bedeutet: es wird dem Menschen trotz allen Versuchen niemals gelingen, alle Rätsel der Harmonie mit dem Verstande zu begreifen.[4]) Stoischen Geist atmet endlich auch die an beiden Stellen gegebene Etymologie des Namens Orpheus.[5])

---

[1]) Cap. 19 (G I, 172).
[2]) Cap. 18 (G I, 246a).
[3]) Zeller, Philosophie der Griechen III, 1. 3. Aufl. 1880. S. 321 ff.
[4]) Mus. ench. a. a. O.: Orpheum ... in cantore perito seu dulcisono cantu intelligimus, cuius Eurydicen, id est profundam diiudicationem, si quis vir bonus, quod Aristeus interpretatur, amando sequitur, ne penitus teneri possit, quasi per serpentem divina intercipitur prudentia. sed dum rursus per Orpheum, id est per optimum cantilenae sonum, a secretis suis ac si ab inferis evocatur, imaginarie perducitur usque in auras huius vitae dumque videri videtur, amittitur. scilicet quia inter cetera, quae adhuc ex parte et in aenigmate cernimus, haec etiam disciplina haud ad plenum habet rationem in hac vita penetrabilem.
[5]) A. a. O. von Oreophone, id est optima vox.

Während diese Allegorie noch eines gewissen dichterischen Gehaltes nicht entbehrt, betreten wir mit den meisten andern das Gebiet schrankenloser Phantasterei. So zunächst bei der gleichfalls an das Altertum anknüpfenden Allegorisierung der neun Musen, die in letzter Linie durch Martianus Capella und die in sein Werk eingefügten Lieder der neun Musen angeregt ist. Im Mittelalter wurde diese Neunzahl von den einen in sehr rationalistischer Weise von den *novem officia humanae vocis* hergeleitet (4 Zähne, 2 Lippen, Zunge, Kehle und Lunge), eine Erklärung, die erst ad hoc gemacht zu sein scheint. Sie findet sich bei Berno[1]) und Regino.[2]) Berno kombiniert alsbald weiter die Zahl der neun Stimmfaktoren und der Musen mit der der neun modi, allerdings noch nicht mit der kategorischen Bestimmtheit, mit der die Späteren solche Beziehungen feststellen, sondern in Form einer subjektiven Meinungsäufserung *(instar, ut reor)*. Regino aber springt direkt auf das Gebiet der pythagoreischen Astrologie über und bringt die neun Musen mit den neun Himmelskreisen (den sieben Planeten, der Sphäre des Himmels und der Erde) in Verbindung. Und nun werden die Musen den einzelnen Gestirnen zugewiesen, Urania der Himmelssphäre, Polyhymnia dem Saturn, Euterpe dem Jupiter, Erato dem Mars, Melpomene der Sonne, Terpsichore der Venus, Calliope dem Merkur, Klio dem Monde und Thalia der Erde. Die Theoretiker, die nur acht Sphären annahmen, betrachteten die neunte Muse als die Vertreterin des Zusammenklangs aller übrigen acht.[3])

Wir sehen auch hier wiederum den Fundamentalsatz der mittelalterlichen Symboliker in Geltung: jedes Ding gewinnt Bedeutung nicht durch das, was es ist, sondern durch das, was es ahnen läfst, und zwar ist das Mittelglied zwischen sinnlicher und übersinnlicher Welt hier, wie so oft, die Zahl. Noch bedeutend weiter geht in dieser Hinsicht Aribo. Anknüpfend an den Gebrauch des Altertums, das ja ursprünglich die Zahl der Musen

---

[1]) Prolog in tonar. c. 2 (G II, 64 a).
[2]) De harm. instit. c. 17 (G I, 245). Ein Nachhall dieser astrologischen Ausführungen bei Sim. Tunstede, Quat. princ. mus. bei C IV 205, und in den Échecs amoureux a. a. O. V. 524 ff.: pour ce mettoient li poete, pour ceste armonie secrete segnefiier, par aventure en la celestre contesture noef muses et noef melodies pour les noef esperes polies et musicalment mesurees qui sont au ciel considerees.
[3]) So die Échecs amoureux a. a. O.

auch nicht bestimmt fixiert hatte,[1]) steigert er diese Zahl allmählich von 1 bis 9 und führt dabei bei jeder Zahl irgend eine musikalische Allegorie an. So bedeutet ihm eine Muse die menschliche Stimme, den Urquell aller Musik, zwei Musen versinnbildlichen die Zweiheit von Authentisch und Plagal, von Arsis und Thesis der Stimme und die zwiefache Einteilung der Schlag- und Blasinstrumente; drei Musen die drei Klanggeschlechter, vier Musen die vier *tropi*, oder die vier grundlegenden Tetrachorde oder endlich die vier Konsonanzen, fünf Musen die fünf „gröfseren" Konsonanzen oder die fünf Vokale oder die „verderblichen Fenster der fünf Sinne", durch die die Seele irdische Genüsse einschlürft; sechs Musen die „kleineren" Konsonanzen; sieben Musen die virgilianischen *septem discrimina vocum*[2]) oder die sieben Planeten, acht Musen die acht Tonarten, neun Musen endlich die schon erwähnten neun Himmelskreise.[3])

Wir haben hier das erste Beispiel einer weitausgesponnenen Allegorie vor uns, die um des konsequent durchgeführten Schematismus willen ihre Vergleichsobjekte aus den verschiedenartigsten Gebieten heranholt. Wir treffen hier Astrologisches (die himmlischen Kreise und Planeten) neben Mythologischem (die Sirenen),[4]) Christlich-Asketisches (die verderblichen fünf Sinne) neben rein Musikalischem. Aber auch auf dem musikalischem Gebiete stofsen wir auf sehr gewagte Kombinationen. Nicht allein, dafs Aribo die längst verschollenen drei antiken Klanggeschlechter wieder auftischt — dies taten ja, wie wir sahen, auch andere[5]) —, auch sonst finden sich da und dort Abnormitäten. So namentlich die Subsummierung des Begriffs *symphonia* unter drei verschiedenen Zahlenkategorien. Einmal versteht er darunter die aus der vierfachen Einteilung des Monochords sich ergebenden Intervalle der Oktav, Quint, Quart und des Ganztons, das zweite Mal (unter

---

[1]) Die Neunzahl zuerst bei Homer Odyss. XXIV, 60.
[2]) S. o. S. 120, Anm. 1.
[3]) G II, 219 b ff.
[4]) Es ist merkwürdig, was alles in diesem kurzen Abschnitte kunterbunt durcheinander gemischt ist. Nachdem beiläufig die Syrten und der alte Komiker Syrus erwähnt sind, wird auf den einer jeden Fabel zu Grunde liegenden Wahrheitsgehalt hingewiesen, alsdann werden die Sirenen rationalistisch als das melodische Meeresbrausen erklärt und zum Schlufs noch auf die Verlockungen dieser Welt bezogen, alles im Anschlufs an die drei *musae: vox humana, pulsationis inflationisque mixtura*.
[5]) S. o. S. 150 f.

den *symphoniae maiores*) die aus den Zahlenverhältnissen 3:4, 2:3, 1:2, 1:3 und 1:4 sich ergebenden Intervalle, das dritte Mal endlich die sechs guidonischen Konsonanzen: Halbton, Ganzton, große und kleine Terz, Quart und Quint. Man sieht zur Genüge, wie mächtig der Hang zu phantastischer Symbolik bei Aribo war. Jene Einteilung nach bestimmten Zahlenkategorien drängte bei ihm das Verlangen nach Aufstellung eines eigenen, geschlossenen Konsonanzensystem vollständig zurück und die vorhandenen spannt er je nach Bedürfnis in den Rahmen seiner Zahlensymbolik ein. Diese begann somit in manchen Köpfen nicht mehr allein das rein Musikalische, sondern bereits auch das von der Theorie so bevorzugte mathematische Element allmählich vollständig zu überwuchern. So treffen wir noch in bedeutend späterer Zeit, bei Franciscus Niger, einen ganz ähnlichen Gedankenkreis an wie bei Aribo. Auch er stellt zunächst, wie Regino, die neun Musen auf, kombiniert aber damit außerdem noch die neun für einen richtigen Musiker erforderlichen Eigenschaften, in deren Aufzählung die Musiktheorie sich sehr stark von der antiken Rhetorik beeinflußt erweist.[1]) Hier tritt das Reinmusikalische vollständig gegen die symbolische Spekulation zurück. Für solche Leute war schließlich die Musik kein Spezialgebiet mehr, das mit bestimmten Faktoren, wie Tönen und Rhythmen, operiert, sondern eine Art von Universalgebiet, auf dem sich die entlegensten übersinnlichen Spekulationen ungestört tummeln konnten. Wurde doch schließlich Jesus Christus selbst mit dem Namen *summus musicus* bedacht.[2])

Der Kreis, innerhalb dessen sich diese Allegorien bewegen, ist außerordentlich weit. Aus dem Leben der Natur werden namentlich die Elemente und Jahreszeiten herangezogen, ihnen

---

[1]) Bei C II, 461. Es sind: 1. *voluntas*, in der antiken Rhetorik gleichbedeutend mit „Richtung", „Stil" (Cic. De orat. II, 92, 94); 2. *delectatio*, die auch im Altertum mit zu den Hauptaufgaben des Redners gehört (*delectare, docere, movere* Cic. Orator 69, 101; De or. II, 115); 3. *diligentia*; 4. *capacitas*; 5. *memoria*; 6. *inventio*; 7. *iudicium*; 8. *electio* (?); 9. *pronuntiatio*. Dazu vergleiche man Auct. ad Herenn. I, 2, 3: *oportet igitur esse in oratore inventionem, dispositionem, elocutionem* (die Stilisierung; so möchte ich auch an unserer Stelle statt des unverständlichen *electio* lesen), *memoriam, pronuntiationem*; vgl. Cic. De orat. II, 79. Über *iudicium* vgl. Cic. a. a. O. I, 31, 142. Eine Reminiszenz an die Terminologie des Altertums liegt noch in dem Bachschen Titel „Inventionen", s. Spitta, J. S. Bach I, 665 ff.

[2]) Joh. Tinctor. Proport. mus. bei C IV, 154.

schließen sich innerhalb des Mikrokosmus die vier Temperamente an. Es gibt keine Wissenschaft, sei es historischer, sei es physikalischer Provenienz, die nicht ihren Beitrag zu diesen Allegorien geliefert hätte; sie alle werden bei der Ausführung der Symbolik der einzelnen Zahlen, auf die wir gleich zu sprechen kommen werden, ins Treffen geführt. Noch in später Zeit setzt ein Theoretiker die vier Noten *ut re mi fa* in Beziehung zu den vier Elementen und führt in Betreff der drei Arten von Hexachorden aus, das *hex. durum* entspreche dem Fleische, da *g* der Anfangsbuchstabe von *generare* sei, das *hex. naturale* der Seele und das *hex. molle* der *bona voluntas*.[1])

Die Tugenden, die schon das Altertum in Beziehung zu den harmonischen Zahlenverhältnissen gebracht hatte,[2]) wurden im Mittelalter direkt mit den musikalischen Intervallen kombiniert. Sehr instruktiv ist hierfür eine Stelle bei Johannes Gallicus: wie Glaube und Hoffnung zusammen die Liebe erzeugen, so gelangen auch Quart und Quint, wenn sie miteinander verknüpft werden, zum vollendetsten Einklang. So groß ist die Verwandtschaft jener beiden ersten Konsonanzen mit den beiden genannten Tugenden, daß, gleichwie Glaube und Hoffnung unter schlimmen Verhältnis hinfällig werden, dasselbe der Fall ist mit einer aus drei Ganztönen bestehenden Quart und einer aus zwei Ganztönen und ebensoviel Halbtönen zusammengesetzten Quint: jene erzeugen in ihrer Vereinigung niemals die wahre Liebe, diese bringen keine vollkommene Oktav hervor.[3]) Hier ist tatsächlich der Tritonus, der „diabolus in musica" des Mittelalters, zum Begleiter des wirklichen Teufels geworden.

Andere Allegorien sind der Grammatik und, wie wir bereits sahen, der antiken Rhetorik entnommen. Sehr beliebt ist hiebei die Parallele zwischen den acht Teilen der Rede und den acht Kirchentönen.[4]) Ferner wird auch die alte symbolische Verwandtschaft zwischen den sieben Tönen und den sieben Wochentagen wieder aufgefrischt.[5]) Von hohem Interesse ist dagegen das allegorische Gleichnis des Marchettus von dem Wunderbaume der Musik, dessen Äste vermöge der Zahlen in einem schönen

---

[1]) Joh. Verul. de Anagn. De mus. bei C III, 129.
[2]) Aristid. Quintil. De mus. III, 155 Meib.
[3]) Rit. can. vetustiss. bei C IV, 333.
[4]) Joh. Cotton. c. 10 (G II, 240b); Hieron. de Morav. c. 20 (C I, 74).
[5]) C IV, 210.

Verhältnis zueinander stehen, dessen Blüten die verschiedenen Arten von Konsonanzen, und dessen Früchte die von eben diesen Konsonanzen bewirkten süfsen Harmonien sind.[1]) Dafs Marchettus dieses Gleichnis so unvermittelt vorbringt, läfst vermuten, dafs es seinen Zeitgenossen nicht unbekannt war. Wo sein Ursprung zu suchen ist, das lehrt uns der Autor vom blühenden Baum der arabischen Musiktheorie, der für den Zusammenhang der Töne dasselbe Bild gebraucht.[2])

So sehen wir denn die Phantasie dieser mystischen Ausleger nach allen denkbaren Richtungen hin am Werke; wir sehen aber auch zugleich, wie diese Männer niemals selbst schöpferisch auftreten, sondern von anderen Zeitepochen und Kulturvölkern übernommenes Gut weiterbilden. Die ersten Anregungen erhalten sie vom Altertum, dann folgt eine Zeit, wo diese symbolischen Träumereien wieder von der eigentlichen musiktheoretischen Spekulation zurückgedrängt werden: die Zeit Guidos von Arezzo. Allein unmittelbar darnach tritt abermals ein Rückschlag ein, verursacht durch das Eindringen orientalisch-arabischer Anschauungen, die der Symbolik wieder neue Nahrung zuführen. Von dieser Zeit an gewinnt die allegorisierende Richtung fortwährend an Boden, bis dann mit dem Schwinden des mittelalterlich-mystischen Geistes auch sie der rein musikalischen Theorie endgültig das Feld räumen mufs.

Es bleibt uns nunmehr nur noch übrig, die wichtigste Unterabteilung dieser gesamten Richtung einer näheren Betrachtung zu unterziehen, die Zahlensymbolik.

Der Glaube an die geheimnisvolle Kraft und Bedeutung bestimmter Zahlen tritt bei den Griechen, wie bei den andern Völkern, schon in den ältesten Zeiten hervor; überall steht er zugleich in engen Beziehungen zu Gottesdienst und Religion.[3]) Auf griechischem Gebiete spielt der Zahlenschematismus schon in der ältesten uns bekannten Poesie eine bedeutende Rolle;[4])

---

[1]) Lucidar. c. 2 (G III, 66b): inter ceteras arbores admirabilis musica est, cuius rami sunt pulchre proportionati per numeros; flores eius sunt species consonantiarum; fructus eius sunt harmoniae dulces per ipsas consonantias ad effectum productae.

[2]) S. o. S. 169, Anm. 2.

[3]) Vgl. die Rolle der Siebenzahl im apollinischen Kult (Preller-Robert, Griech. Mythol. S. 238) und die verschiedenen dreigliedrigen Reihen der griechischen Götterlehre.

[4]) Hesiod. Ἔργα καὶ ἡμέραι 763 ff.

wissenschaftlich ausgebildet wurde er zuerst von den Pythagoreern.[1]) Von ihnen stammt der Hauptgrundsatz dieser Symbolik, der auch für das Mittelalter grundlegende Bedeutung besitzt: die ungerade Zahl ist die bessere und glückbringendere, die gerade die unvollkommenere und weniger Glück verheißsende.[2]) Von besonderer Wichtigkeit aber ist, daſs die pythagoreische Schule, wenn auch noch nicht systematisch, bereits die Zahlenlehre mit der Ethik verquickte und so z. B. die Liebe, Freundschaft, Klugheit und Erfindungsgabe auf die Achtzahl zurückführte.[3]) Auch die Definition der Gerechtigkeit als einer Quadratzahl oder als ἀντιπεπονϑός geht von ihr aus.[4])

So wenig auch alle diese Sätze auf den ersten Blick mit musikalischen Dingen zu tun haben mögen, so erlangten sie doch für die Musik mit dem Augenblick eine sehr hohe Bedeutung, als die Pythagoreer die Anerkennung der die Gegensätze versöhnenden Harmonie an die Untersuchung der Tonverhältnisse knüpften und Zahl und Harmonie als fast gleichbedeutende Begriffe ansahen. So gewinnt jene Zahlensymbolik auch für die musikalische Ästhetik unmittelbare Bedeutung. Der Pythagoreismus ist somit die Richtung, die jene uralte, in der Volksanschauung wurzelnde Symbolik zuerst in das musikalische System des Altertums und damit auch auf lange Zeit hinaus in das des Mittelalters hereingezogen hat.

Während diese pythagoreische Symbolik aber in der klassischen Epoche der griechischen Musikästhetik, bei Platon und Aristoteles, für geraume Zeit in den Hintergrund gedrängt worden war, schoſs sie gegen Ende des Altertums, wie wir sahen, wieder üppig ins Kraut. Eine willkommene Unterstützung fand sie dabei in den römischen Anschauungen, die ja ebenfalls seit den

---

[1]) Sie brachten vornehmlich die Bedeutung der planetarischen Siebenzahl zu allgemeiner Anerkennung.

[2]) Die Pythagoreer setzten das Gerade dem Unbegrenzten, das Ungerade dem Begrenzten gleich, danach sagt Aristoteles Eth. II, 5 p. 1106 b 29: τὸ ... κακὸν τοῦ ἀπείρου, ὡς οἱ Πυϑαγόρειοι εἴκαζον, τὸ δ' ἀγαϑὸν τοῦ πεπερασμένου (vgl. auch Metaphys. XIV, 6 p. 1093 b 11). Daher wiesen die Pythagoreer den oberen Göttern eine ungerade, den unteren eine gerade Zahl von Opfertieren zu; vgl. Porphyr. Vit. Pyth. c. 38. Wohl unter pythagoreischem Einfluſs stehen auch die Worte Platos Legg. IV, 717a.

[3]) Iamblich. Theol. arithm. (Ast) S. 56. Allgemein darüber Aristot. Magn. moral. I, 1 p. 1182 a 11.

[4]) Aristot. Eth. Nicom. V, 8 init.; **Magn.** moral. I, 34.

ältesten Zeiten den ungeraden Zahlen vor den geraden den Vorzug zuerkannt hatten.[1]) Schon Aristides Quintilianus räumt dieser Symbolik einen breiten Raum ein, die hauptsächlichste Autorität dagegen ist auf diesem Gebiete Nicomachus von Gerasa, das direkte Vorbild des Cassiodor und Boëthius.[2])

Die theologisierende Zahlensymbolik des Geraseners ist bereits ausführlich besprochen worden. Durch die Vermittlung der letzten Theoretiker des Altertums wurde diese merkwürdige Lehre ins Mittelalter verpflanzt, in dessen mystischem, weltabgewandtem Sinne sie sofort einen sehr empfänglichen Boden fand.

Gehen wir auf die Zahlensymbolik der mittelalterlichen Musiktheoretiker näher ein, so treffen wir alsbald auf den erwähnten Kardinalsatz der Pythagoreer von dem Verhältnis der ungeraden Zahlen zu den geraden. Ganz in pythagoreischem Geiste redet noch Marchettus von Padua über die ungerade Zahl: sie besitzt gröfsere innere Kraft, als die gerade, die dem schwächeren weiblichen Geschlechte zugewiesen ist; denn die gerade Zahl ist veränderlich und teilbar, die ungerade dagegen unteilbar, da sie in ihrer Mitte eine Einheit besitzt, die der Teilung widerstrebt.[3]) Darum erkennt er denn auch den ungeraden Kirchentönen den Vorrang vor den geraden zu.[4]) Am offenkundigsten erweist sich dieser Vorzug bei der gleich näher zu besprechenden Dreizahl, eine Vorstellung, die sich noch in der Mensuraltheorie durchaus lebendig erhalten hat. Noch Adam von Fulda beruft sich bei der Besprechung der Dreiteilung von Modus, Tempus und Prolatio auf die Autorität des Boëthius und Virgil.[5])

Im Anschlufs an die von den Neupythagoreern zuerst zum System erhobene Zahlensymbolik bilden die Musiktheoretiker hinsichtlich der in der Musiktheorie vorkommenden Zahlen eine ebenfalls systematisch entwickelte Lehre aus, unterstützt von der

---

[1]) Plin. Hist. natural. XXVIII, 2, 23; vgl. Schwegler, Röm. Geschichte I, 543, 561.

[2]) S. o. S. 31 ff.

[3]) Lucidar. V, 3 (G III, 85a). Über den Gegensatz von Männlich und Weiblich vgl. Eudorus bei Simplic. Phys. 181, 10.

[4]) Luc. XI, 2 (G III, 101a): quattuor dignioribus, licet imparibus ... nam, ut supra monstratum est, nobilioris proprietatis est numerus impar quam par.

[5]) Mus. III, 5 (G III, 361a). Von Virgil wird der Vers Eclog. VIII, 75 zitiert: *numero deus impare gaudet.*

ungemeinen Popularität, deren sich gerade diese Art von Symbolik während des Mittelalters und zum Teil noch bis tief in die neuere Zeit hinein zu erfreuen hatte.[1]) Die Abhängigkeit von den Neupythagoreern liegt offen zu Tage. Das Neue, das die mittelalterlichen Autoren hinzubringen, beschränkt sich im Wesentlichen auf die den biblischen Schriften entnommenen Auslegungsversuche, von denen wir ja einzelne Spuren ebenfalls bei Nicomachus wahrgenommen haben.[2])

Auch in der mittelalterlichen Theorie wird die Zahl Eins eigentlich gar nicht als solche angesehen, sondern als der Urquell aller übrigen, gleichwie ja auch Gott der Ursprung alles Seienden ist.[3]) Dies kommt namentlich für ihre mystischen Beziehungen zur Dreizahl in Betracht. Eins ist die Musik, soviel Unterabteilungen sie auch haben mag, gleichwie die Kirche trotz ihren zahlreichen Untergliedern Eins ist, weil sie in der Einheit des katholischen Glaubens wurzelt.[4])

Die Zweizahl wird, da sie zwar Anfang und Ende, aber keine Mitte besitzt, noch nicht zu den vollkommenen Zahlen gerechnet. Sie ist die unterste und unvollkommen, sagt Johannes de Muris, nicht allein deshalb, weil sie als die erste sich von der Einheit losreißt, sondern auch deshalb, weil sie in einer Weise zweiteilig ist, die jede Möglichkeit einer Dreiteilung ausschließt;[5]) an anderer Stelle nennt er sie sogar *infamis*.[6]) Dennoch aber besitzt gerade sie neben der Eins grundlegende Bedeutung, insofern diese der Anfang aller Zahlen ist, jene aber das Mittel, durch das die übrigen Zahlen gefunden werden.[7])

---

[1]) Vgl. O. Fleischer, Ein Kapitel vergleichender Musikwissenschaft in den Sammelbänden der Intern. Musikgesellsch. I, 1 S. 38 ff.

[2]) S. o. S. 33.

[3]) Berno Prol. in tonar. c. 4 (G II, 65 b): unum ... non tam numerus, quam principium, fons et origo est omnium numerorum, quod medio et fine caret; nisi forte pro sui perfectione, sicut principium, ita et finis dicatur. Ps.-Aristot. De mus. C I, 270; Joh. de Mur. Spec. mus. VI, 21 (C II, 233); vgl. oben S. 118.

[4]) Joh. de Mur. Summ. mus. c. 25 (G III, 241 a f.).

[5]) Spec. mus. 7 (C II, 397).

[6]) Mus. pract. II init. (G III, 293 a): *binarius infamis*.

[7]) Berno Prol. in tonar. c. 4 (G II, 65 b): dualis ... numerus finem non habet, ad quem per medium perveniri debeat, cuius omnino expers exsistit ... primum illud principium, a quo numeri omnes oriuntur; hoc vero alterum est, per quod omnes numeri inveniuntur. Joh. de Mur. Spec. mus. VI, 21 (C II, 223).

Ihre musikalisch-symbolische Bedeutung für das Leben des Christen erhält die Zweizahl durch die Beziehung der *musica mundana* und *humana* zum alten und neuen Testament, der *musica naturalis* und *instrumentalis* zum beschaulichen und tätigen Leben, endlich des authentischen und plagalen Gesanges zur Gottes- und Nächstenliebe.[1])

Die Zahl Drei spielt bei den Theoretikern unter allen die weitaus bedeutendste Rolle; sie werden nicht müde, ihre Kraft und Bedeutung zu preisen. Antike und christliche Anschauungen wirken zusammen, um die Vorzüge dieser Zahl im hellsten Lichte erscheinen zu lassen. Auf das antik-neupythagoreische Vorbild geht der Fundamentalsatz zurück, der diese Ansicht begründen soll, nämlich dafs Drei die erste ungerade Zahl ist, die Anfang, Mitte und Ende aufweist.[2]) Von dem Mysterium der Dreizahl hatten, so wird behauptet, bereits die Alten eine dunkle Ahnung, denn sonst hätten sie nicht die Gepflogenheit gehabt, ihren Göttern stets drei Stücke einer bestimmten Tiergattung zum Opfer darzubringen.[3]) In der Natur zeigt sich die Vollkommenheit der Dreizahl überall, nicht weniger im körperlichen und geistigen Leben des Menschen. Johannes de Muris weifs eine ganze Reihe von Kategorien aufzuzählen, denen eben diese Zahl zu Grunde liegt,[4]) er leitet aber auch die hohe Bedeutung der Quint von diesem Mysterium der Dreizahl her.

---

[1]) Joh. de Mur. Summa mus. c. 25 (G III, 241 b).

[2]) Berno Prolog. in tonar. c. 4 (G II, 66 a); Joh. de Mur. Spec. mus. VI, 21 (C II, 223); vgl. oben S. 32 und 118.

[3]) Sim. Tunst. Quat. princ. mus. C IV, 261.

[4]) Mus. pract. l. 2 init. (G III, 292): in intelligentia primo divisum dicimus esse et concretum et compositum ex his sub numero ternario reperitur. in primo corporum coelo movens, mobile, tempus. tria sunt in stellis et sole, calor, radius, splendor; in elementis actio, passio, materia; in individuis generatio, corruptio, subiectum; in omni tempore finibili principium, medium, finis; in omni morbo curabili augmentum, status, declinatio. tres operationes intellectus; tres termini in syllogismo; tres figurae arguendi. tria principia intrinseca rerum naturalium. tres potentiae entis non orbati. tres loci differentiae correlativae. in toto universo tres lineae. ternarius primus impar primo, primus et incompositus numerus cubitus ex ductu sui in se ter generatur. nullae duae lineae, sed tres superficiem includunt. in figurarum polygonarum est triangulus. primum omnium eorum rectilineorum triangulare est. omne corpus tres habet dimensiones, aut se aliter nunquam sustineret. Marchettus Lucid. 6, 3 (G III, 85 a) bringt noch folgende Dreiheiten hinzu: *trivium; tempus praesens, perfectum, futurum; calor, frigus et temperies.*

Von der allergröfsten Wichtigkeit ist jedoch die Stellung, welche dieser Zahl in der übersinnlichen Welt zukommt. Es war die demselben mystischen Ideenkreis entstammende Vorstellung von der göttlichen Dreieinigkeit, der die Dreizahl während des Mittelalters ihre führende Rolle innerhalb des Zahlensystems verdankte. Sie bildete das Band zwischen der irdischen und der himmlischen Welt, so glaubte man schon bei den alten Philosophen zu lesen.[1]) Bezüglich der göttlichen Trinität aber argumentierten die Theoretiker in einem merkwürdigen Gemische von Logik und Mystizismus folgendermafsen: da die Dreizahl die höchste Vollkommenheit besitzt, diese aber zugleich natürlich auch eine Eigenschaft Gottes ist, so ist damit das Mysterium der Dreieinigkeit erklärt.[2]) Und da alle Kreatur nach dem Ebenbilde der Gottheit geschaffen ist, so ergibt sich, dafs auch in ihr jene Dreieinigkeit irgendwie mehr oder weniger deutlich zum Vorschein kommen mufs.[3]) Der mittelalterliche Aristoteles weist bei der Ausführung desselben Gedankens auf die drei hauptsächlichsten Konsonanzen hin und zieht zugleich eine symbolische Parallele mit der *potentia, sapientia* und *gratia* des echten Künstlers. Er schliefst seine Betrachtung mit den Worten: wie ein jedes Ding in der Natur nach dem göttlichen Vorbild eine Dreiteilung aufweist und in den Tönen eine dreifache Konsonanz besteht, so mufs jeder gemessene Gesang nach dem göttlichen Vorbilde die Dreiteilung aufweisen; den Beweis dafür liefert die Messung, wo die Dreizahl das Vollkommene darstellt.[4]) So gilt die Dreizahl zugleich als die ewige, die weder Anfang noch Ende hat und immer mit der gepriesenen Dreieinigkeit verbunden ist.[5])

Innerhalb der Musiktheorie fand sich diese Zahl aufser in den bereits genannten drei vollkommenen Konsonanzen wieder

---

[1]) Joh. de Mur. Summ. mus. c. 1 (G III, 193a).
[2]) Joh. de Mur. Spec. mus. 7 (C II, 413).
[3]) Ibid. Spec. mus. 7 (C II, 397): Deus qui est perfectissimus in se et a quo omnis procedit perfectio, sic approbat in ternario perfectionem consistere, ut in ipso perfectissima sit trinitas cum simplicissima tamen unitate, et in aliis etiam omnibus aliqualiter trinitas contineatur, quia creatura omnis vel est producta ad Dei imaginem, ut sunt angeli et homines, vel ad Dei vestigium, ut sunt ceterae creaturae.
[4]) De mus. C I, 270f. Weitere Stellen über die Bedeutung des *ternarius*: Joh. de Mur. Mus. pract. 2 (G III, 292b); Spec. Mus. VI, 21 (C II, 223); Franco Ars cant. mens. c. 4 (C I, 119).
[5]) Walth. Odingt. De spec. mus. C I, 184.

zunächst in der Einteilung eines Musikstückes in Anfang, Mitte und Ende — denn auch hier glaubte man die göttliche Dreieinigkeit wirksam —; ferner in der Scheidung der Töne in tiefe, hohe und überhohe, die eine symbolische Parallele bilden zu der Zerknirschung des Herzens, dem Bekenntnis des Mundes und der Rechtfertigung durch die Werke, also zu den drei vornehmsten Aufgaben des gläubigen Christen; endlich erblickte man in der Einteilung der Instrumente in *vasalia, foraminalia* und *chordalia* das musikalische Symbol von Hoffnung, Liebe und Glaube.[1]) Dafs der *numerus ternarius* gerade dieser mystischen Beziehungen halber bei der Bildung der Mensuraltheorie eine ausschlaggebende Rolle spielte, ist bekannt.

Auch die Vorzüge der Zahl Vier werden zunächst mathematisch bewiesen, in unmittelbarem Anschlusse daran jedoch auf das symbolische Gebiet übertragen. Wiederum antik ist die Grundlage, auf der Berno von Reichenau seine Beobachtungen begründet: da die Vierzahl eine doppelte Mitte besitzt und damit die Aufsenseiten weit enger miteinander verbunden sind, so hat sich die bildende Natur auf Befehl des Schöpfers diese Zahl ausgewählt, um die einander widerstrebenden Elemente durch ein unlösliches Band zu verknüpfen und jene drei Arten von Musik (die *mundana, humana* und *instrumentalis*) durch ein bestimmtes Melodiegesetz zu binden. Ganz mit Recht ist daher der harmonischen Musik eben diese Zahl zuerteilt worden, welche Irdisches und Himmlisches verknüpft, Seele und Leib in das richtige Verhältnis bringt, die tierischen Regungen des Menschen zurückdämmt, die Sitten bessert, die Wut der Dämonen mildert oder ganz beseitigt und endlich auch noch die Erde durch die von ihr bewirkten Zusammenklänge gewissermafsen mit dem Himmel in Verbindung bringt.[2])

Die Stelle ist insofern nicht ohne Interesse, als hier nach pythagoreischem Vorgange die Zahlensymbolik unmittelbar mit der Ethik verknüpft erscheint. Sie schliefst zugleich alle die mannigfachen Beziehungen in sich, welche die Zahl hier mit der irdischen Welt sowohl als mit der überirdischen verbinden. Im Leben der Natur spielt sie eine wichtige Rolle; da aber die

---

[1]) Joh. de Mur. Summ. mus. c. 25 (G III, 242a f.).
[2]) Prol. in tonar. c. 4 (G II, 66a); Joh. de Mur. Spec. mus. VI, 21 (C II, 224); vgl. oben S. 32 f.

Kunst die Natur nachzuahmen hat, so ist notwendig, daſs sie, und zwar speziell die Musik, in ihren Gesetzen auf die Vierzahl Rücksicht nimmt.[1]) In der Natur entfaltete die Vierzahl ihre Wirkungen auf den verschiedenartigsten Gebieten: man zählte 4 Elemente, 4 Jahreszeiten, 4 Winde, 4 Temperamente, 4 Urqualitäten.[2]) Das pythagoreische Vorbild tritt bei dieser und der Siebenzahl am allerdeutlichsten zu Tage. Auch auf psychischem und ethischem Gebiete glaubte man das Mysterium der Zahl Vier feststellen zu können. Auch hier waren die Pythagoreer die unmittelbaren Vorgänger; sollte doch bereits Pythagoras selbst die Seele als ein Quadrat definiert haben,[3]) und nahm doch schon Philolaos einen vierfachen Ursprung alles Beseelten an.[4]) Ihnen schlieſst sich, allerdings mit einigem Vorbehalt, Berno von Reichenau an mit der Bemerkung, die Alten hätten die Vierzahl mit dem vollkommenen Seelenzustand in Verbindung gebracht.[5])

Bereits im Altertum hatte nach Platons Vorgange die stoische Philosophie vier Grundtugenden angenommen, die Einsicht, die Tapferkeit, die Gerechtigkeit und die Selbstbeherrschung.[6]) Auch diese Vierzahl wurde von der mittelalterlichen Lehre übernommen und als Beweis für die gewaltige Macht dieser Zahl angeführt.[7]) So bildete sich schlieſslich die von Wilhelm von Hirsau ausgesprochene Überzeugung heraus, daſs alles, was mit der Zahl Vier

---

[1]) Der Karthäusermönch bei C II, 435 bemerkt: sicut est in natura, sic debet esse in arte. sed natura in multis quadripartito modo se dividit, igitur etiam ars modulandi quadripartitis distingui debet regulis.

[2]) Hermann. Contract. G II, 126 b; Joh. Cotton. Mus. c. 10 (G II, 241 a); Joh. de Mur. Summ. mus. c. 14 (G III, 217 b); Marchett. Lucidar. VI, 3 (G III, 84 a) Carthus. monach. C a. a. O.; Joh. Verul. de Anagn. De mus. C III, 129.

[3]) Joh. Lyd. De mens. c. 8, p. 21.

[4]) Iamblich. Theol. arithm. p. 20 Ast: τέσσαρες ἀρχαὶ τοῦ ζώου τοῦ λογικοῦ, ὥσπερ καὶ Φιλόλαος ἐν τῶι περὶ φύσεως λέγει, ἐγκέφαλος, καρδία, ὀμφαλός, αἰδοῖον.

[5]) Prol. in tonar. 4 (G II, 66 a): adeo etiam antiqui hunc numerum ad animae perfectionem pertinere putabant, si tamen fides eorum sententiae est adhibenda, ut etiam Pythagorici ex eo iuris iurandi religionem sibi facerent, taliter dicendo: per qui nostrae animae numerum dedit ipse quaternum.

[6]) Diog. Laërt. Vit. Platon. 57; Stobaeus Florileg. II, 104.

[7]) Joh. de Mur. Summ. mus. 25 (G III, 242 b): in ecclesia quaternarius est numerus virtutum, scilicet prudentia, temperantia, fortitudo et iustitia, in quarum significatione in tabernaculo extra ornando fecit Moyses vela et saga quattuor colorum, quae sunt purpura, byssus, hyacinthus et coccus.

im Zusammenhange stehe, von vornherein einen höheren Rang einnehme.[1])

Die heilige Schrift lieferte in der Vierzahl der Evangelien ein deutliches Beispiel für die symbolische Macht dieser Zahl, und Aribo benutzt denn auch alsbald die Gelegenheit zu einer ausführlichen symbolischen Parallele zwischen den Evangelisten und den vier Tetrachorden, wobei er das Tetrachord der *graves* auf Matthäus bezieht.[2]) Auch das vierfache *psallite* des Psalmisten wird öfters angeführt.[3])

Der Grund, weshalb gerade die Musiktheorie sich so eingehend mit dem Mysterium der Zahl Vier befafste, ist in der Rechtfertigung des aus dem Altertum überkommenen Tetrachordensystems zu suchen. Diese symbolischen Analogien sollten den Beweis erbringen, dafs die Einteilung in Tetrachorde, die sich hieraus ergebende Vierzahl der Finales, endlich die daraus entspringende Achtzahl der Tonarten eine im natürlichen, wie im göttlichen Gesetz begründete Notwendigkeit sei. Es ist begreiflich, dafs bei der Wichtigkeit dieses Punktes für die musikalische Theorie der Symbolik der Vierzahl ein ganz besonderes Interesse gewidmet wurde, zumal da sie auch bei der Zusammensetzung des Intervalls der Quart eine mafsgebende Rolle spielte. Endlich kam man noch einer weiteren symbolischen Beziehung auf die Spur: die Zahl Vier ergibt nämlich zusammen mit den in ihr enthaltenen Zahlen 3, 2 und 1 als Summe die Zahl Zehn. Damit aber ist die mystische Zahl der Saiten des Psalteriums erreicht, die allein ein würdiges Lob Gottes ermöglicht.[4])

Eine verhältnismäfsig geringe Ausbeute lieferte den Theoretikern die Zahl Fünf. Immerhin aber bot sich ihnen auch hier ein sehr wichtiger Anknüpfungspunkt dar in den fünf Symphonien, beziehungsweise den fünf Arten von Zahlenverhältnissen, welche den Konsonanzen zu Grunde liegen, nämlich der *proportio dupla, tripla, quadrupla, sesquialtera* und *sesquitertia*.[5]) Schon der

---

[1]) Mus. c. 4 (G II, 157a): tanta vis et virtus inest proportioni quadruplae, ut, quidquid per eam fiat, totum nomine, voce et dignitate sit primum.

[2]) In einem besonderen Kapitel: Quomodo tetrachordum gravium mystice pertineat ad Matthaeum et ad humanitatem Christi.

[3]) Berno a. a. O. c. 4 (G II, 66b); Joh. Cotton. Mus. c. 10 (G II, 241a).

[4]) Auch hier liegen pythagoreische Anschauungen zu Grunde, vgl. oben S. 32.

[5]) Vgl. Alia mus. G I, 142a; Arib. ibid. II, 222a.

Verfasser der Alia musica zieht hier eine Parallele zwischen Musik und Astronomie, wenn er sagt, es verlohne sich sehr wohl, die 5 Symphonien mit den 5 Himmelszonen zu vergleichen, da jene die Betrachtung der ganzen Musik, diese dagegen die der gesamten Himmelskunde in sich schlössen.[1]) Die irdischen Dinge lieferten symbolische Parallelen einmal in der Fünfzahl der Vokale, dann aber vornehmlich in den fünf Sinnen, wobei allerdings der Hinweis darauf nicht fehlt, daſs gerade die Sinne die Eingangspforten für allerhand verderbliche weltliche Gedanken und Gelüste bilden.[2])

Die Zahl Sechs wurde, als die Summe von $3 + 2 + 1$, wiederum den vollkommenen Zahlen beigezählt;[3]) sie verdankt diese ihre Eigenschaft ihrer Verwandtschaft mit der Zahl Drei.[4]) Aus der heiligen Schrift werden mit Vorliebe die sechs Schöpfungstage angeführt.[5]) In der Musik aber spiegelte sich die mystische Kraft dieser Zahl vor allem in den alten sechs Symphonien Cassiodors[6]) wieder, die auf diese Weise mit einem neuen Heiligenschein umgeben wurden. Vollends aber, als das Hexachord in Aufnahme kam, bemächtigte sich die Symbolik auch seiner und erblickte in seinen sechs Tonstufen einen neuen Beleg für die mystische Wunderkraft dieser Zahl.[7])

Die Zahl Sieben, schon seit uralten Zeiten unter den Rundzahlen eine der vornehmsten, muſste gerade für die musikalische Theorie eine ganz besondere Bedeutung gewinnen. Tatsächlich hat denn auch das aus sieben Tönen bestehende Material der Musik schon seit den ältesten Zeiten die tiefsinnigsten Denker zu Spekulationen über die mystischen Beziehungen der Tonkunst zu der harmonischen Ordnung des Weltganzen angeregt. Schon die alten Pythagoreer waren durch die Vergleichung der von ihnen so hoch gepriesenen Siebenzahl der Planeten mit den sieben Saiten der alten Lyra zu ihrer Theorie von der Sphärenharmonie gelangt. Das damit gegebene mystische Element war dann von den Neupythagoreern mit ganz besonderer Sorgfalt

---

[1]) A. a. O.
[2]) S. o. S. 172, Anm. 3.
[3]) Joh. de Mur. Summ. mus. c. 7 (G III, 202a); Walth. Odingt. De spec. mus. C I, 185. Vgl. die vorherg. Anm.
[4]) Marchett. Lucidar. VI, 3 (G III, 84b).
[5]) Vgl. z. B. Joh. de Mur. a. a. O.
[6]) S. o. S. 134.
[7]) Joh. de Mur. a. a. O.

weitergebildet worden[1]) und kam durch ihre Vermittlung dann ins Mittelalter hinüber. Diese Vorstellung war es in allererster Linie, welche die Musik in jene engen Beziehungen zur Astronomie überhaupt brachte und stets aufs neue die Überzeugung verstärkte, dafs die Musik eine Unterabteilung der Mathematik sei.[2]) So sagt bereits Regino: die Astrologen oder Musiker behaupten, zwischen der äufsersten Sphäre und den Zirkeln der sieben Planeten seien alle musikalischen Konsonanzen enthalten.[3]) Dieses Thema von den mystischen Beziehungen zwischen der Welt der Töne und dem Universum wurde, zumeist im Anschlufs an die Siebenzahl der Planeten, unzählige Male variiert, und ist auch auf die praktische Musik nicht ohne Einflufs geblieben.[4])

Eng verbunden mit der planetarischen Siebenzahl erscheint, wiederum seit den ältesten Zeiten, die analoge Zahl der Wochentage, ebenfalls in ständiger Beziehung auf die sieben Tonstufen, wobei dann auch die uns bereits bekannten vergilianischen *discrimina vocum*[5]) nicht fehlen. Bereits Hermannus Contractus erklärt mit Bezug auf die musikalischen Notenzeichen, man solle wohl beachten, wie da nicht etwa immer wieder neue entständen, sondern die einmal entstandenen ganz nach der Weise der sieben Wochentage immer wiederholt und erneuert würden.[6])

Auch in der heiligen Schrift und weiterhin in den Einrichtungen und Satzungen der christlichen Kirche erwies sich das Sacramentum der Siebenzahl als wirksam. Johannes de Muris zählt auf: die sieben Geschenke des heiligen Geistes, die sieben Sakramente, die sieben horae officiatae;[7]) Elias Salomo führt die sieben Werke der christlichen Barmherzigkeit und Liebe an, sowie das Prophetenwort: siebenmal am Tage will ich Dir lobsingen, Herr, und zwar bezieht er das Lobsingen ausdrücklich auf die sieben Arten der christlichen Kirchengesänge.[8])

---

[1]) S. o. S. 33 f.
[2]) Vgl. Boëth. Inst. mus. I c. 20 und 27.
[3]) De harm. instit. c. 5 (G I, 234): dicunt *astrologi vel musici* etc. Vgl. oben S. 119.
[4]) Vgl. die sieben Planeten-Suiten Buttstedts, Mattheson, Vollkommener Capellmeister S. 130.
[5]) S. o. S. 120.
[6]) Mus. init. (G II, 125 b); ihm folgen Joh. Cotton. Mus. c. 8 (G II, 239 a) und Joh. de Garlandia bei Coussem. I, 158.
[7]) Summa mus. c. 25 (G III, 243 a).
[8]) Scient. art. mus. c. 29 (G III, 56 b).

Am weitesten aber geht in der Beiziehung solcher symbolischer Allegorien Johannes de Muris, der von dem Mysterium dieser Zahl zu berichten weifs, es beruhe auf der ältesten, von Gott geschaffenen Natur aller Dinge, daher stammen auch die sieben Tonstufen als ein Beispiel für die Siebenzahl, die vermöge des ihr verliehenen besonderen Sakramentes unter den übrigen Zahlen hervorragt.[1])

Die Zahl Acht spielt in der Musik ebenfalls eine grofse Rolle. Ihre mystische Kraft ist allerdings nicht primärer, sondern sekundärer Art, insofern sie ihren Ursprung in der Vierzahl besitzt.[2])

Für die Musik gewann diese Zahl sehr hohe Bedeutung, einmal durch die Zahl der Tonarten, dann aber auch durch die Tönezahl der Oktave. Jene erwähnt bereits Aurelianus Reomensis und zwar als Abbild der Bewegung der sieben Planeten und des von ihm als *aplanes* bezeichneten Zodiacus.[3]) Sehr merkwürdig sind die in der Alia musica enthaltenen Spekulationen, wo für die Vorzüge des *numerus octonarius* eine Reihe naturwissenschaftlicher Tatsachen angeführt wird: 1. dafs bei den Wellen in Flüssen und im Meere stets die erste einen stärkeren Ton von sich gibt, als die sieben folgenden, und dafs sich die Tonstärke der ersten immer wieder bei der neunten wiederholt; 2. die acht verschiedenen Arten des Donners, nach denen Pythagoras die Intervalle der himmlischen Harmonie auf dem Atlasgebirge fand; 3. die acht Gattungen der Winde (nach Vitruv), die ja bei der Erzeugung der Töne eine so grofse Rolle spielen; 4. die Gestirne.[4]) Man sieht aus dieser Stelle, wie alle Wissenschaften das Ihrige zum Zustandekommen dieser transscendentalen Symbolik beisteuern mufsten. Ganz

---

[1]) Spec. mus. C II, 221: hoc (sc. mysterium), ut aiunt, ex antiquissima omnium rerum natura auctore Deo processit, ut dumtaxat septem sunt vocum discrimina, ut tactum est, explicata ad exemplar fortassis septenarii numeri, qui quodam privilegio potioris sacramenti quantum ad aliquas ipsius proprietates inter ceteros eminet numeros vel seorsum in sua sumptus integritate vel ex suarum partium multimoda perfectione, ut eleganter ostendit Macrobius etc.

[2]) Berno Prol. in ton. c. 4 (G II, 66 b): primus omnium ita solvitur in numeros aeque pariter pares, id est, in quattuor et quattuor, ut nihilominus in numeros aeque pariter pares, id est duo et duo ipsa divisio solvatur.

[3]) Mus. disc. c. 8 (G I, 40 a): quod autem octo sint, coelestes motus videntur imitari etc.

[4]) G I, 141 a.

in derselben Weise geht Johannes de Muris vor, der die Achtzahl aus den vier Elementen in der Art ableitet, dafs er jedem Element eine primäre und eine sekundäre Eigenschaft zuspricht und auf diese Weise auch noch das Verhältnis zwischen authentisch und plagal erläutert.[1])

Auf das menschliche Gebiet führt uns der von den Theoretikern den „Alten" zugeschriebene Satz, dafs die Zahl Acht die Gerechtigkeit bedeute.[2]) Dies war nun allerdings ein Mifsverständnis, da die Alten, d. h. die Pythagoreer, wohl gelegentlich die Zahlen 4 und 9, nicht aber die 8 als Gerechtigkeit auffafsten.[3]) Ein beliebter Vergleich ist fernerhin die Parallele der acht Tonarten mit den acht Redeteilen der Rhetorik.[4]) Was dagegen die Analogien aus der Bibel und den kirchlichen Institutionen anlangt, so ging man auch hier, ähnlich wie bei der Siebenzahl, stark ins Detail. Abgesehen von dem öfter auftretenden Vergleiche der acht Töne mit den acht Seligkeiten[5]) bringt Marchettus eine lang ausgesponnene, merkwürdige Allegorie, worin die musikalische Oktave mit der am achten Tage erfolgten Beschneidung Isaaks in Zusammenhang gebracht wird.[6]) Auch die Analogie des Sonntags wird herangezogen.[7])

War die Zahl Acht aus der Vierzahl hervorgegangen, so stammt die Zahl Neun von der Dreizahl ab. Sie gehört damit, gleichwie die Sechs, zu den vollkommenen Zahlen.[8]) Der Beitrag, den die Musik zum Mysterium dieser Zahl lieferte, bestand in den neun modi und den neun consonantiae. Wir sehen daraus, dafs diese Analogien verhältnismäfsig jüngeren Datums sein

---

[1]) Summa mus. 14 (G III, 218 b).

[2]) Prol. in ton. 4 (G II, 66 b): pulchre eundem octonarium antiqui iustitiam vocaverunt; Marchett. Luc. VI, 4 (G III, 85 a).

[3]) Vgl. darüber Aristot. Eth. Nicom. V, 8 init.; Magn. moral. I, 34 p. 1194 a, 28; Alexand. Aphrodis. zu Metaphys. I, 5 p. 985 b, 26. Iamblich. Theolog. arithm. 23 (Ast). Die Vierzahl als $\delta\iota\kappa\alpha\iota\sigma\sigma\acute{\nu}\nu\eta$ bei Aristid. Quint. De mus. p. 155 Meib.

[4]) Joh. de Mur. Spec. mus. bei C II, 240.

[5]) Marchett. Lucidar. VI, 4 (G III, 86 a): per octo suas voces intelligimus octo beatitudines; Joh. de Mur. Summ. mus. c. 25 (G III, 243 a), der die acht Tonarten aus den vier Grundtönen entstehen läfst, gleichwie die acht Seligkeiten aus den vier Grundtugenden.

[6]) A. a. O. 85 b.

[7]) Joh. Verul. de Anagn. C III, 135.

[8]) Marchett. a. a. O. 84 b.

müssen. Tatsächlich beschäftigen sich denn auch die älteren Theoretiker weit mehr mit der aus dem Altertum überkommenen Neunzahl der Musen, an die sie die bekannte Theorie von den neun Himmelsordnungen, von denen acht klingen, die neunte aber, die Erde (Thalia oder Kalliope), stumm ist, anschliefsen.[1]) Ein Abbild aber von dieser Neunzahl der Musen am Himmel stellen in der irdischen Musik die neun Konsonanzen dar.[2])

Ganz rationalistisch ist eine nicht selten auftauchende Analogie aus der medizinischen Sphäre: man verglich nämlich hier die neun Modi der Musik mit den ihnen an Zahl gleichen Faktoren, welche der menschlichen Stimme zu Grunde liegen, der Zunge, den vier Zähnen, den Lippen, der Kehle und der Lunge.[3])

Der einzige, der bei dieser Zahl das christlich-kirchliche Gebiet berücksichtigt, ist Johannes de Muris. Er vergleicht die neun Intervalle mit den neun Ordnungen der Engel, wie sie das kirchliche Dogma lehrte, die neun Zwischenräume zwischen den Notenlinien aber mit den neun Lektionen, den neun Responsorien und den neun Psalmen.[4])

Die Zahl Zehn findet sich auf musikalischem Gebiete seltener, so sehr im übrigen ihr Sacramentum betont wird. Auch sie ist ein Abkömmling der Vierzahl, insofern als $1 + 2 + 3 + 4$ die Summe 10 ergibt.[5]) Bei den Kirchenvätern spielt sie mit Rücksicht auf die zehn Saiten des Psalteriums eine grofse Rolle,[6]) und es ist auffallend, dafs sich die Theoretiker gerade diesen Anknüpfungspunkt haben entgehen lassen; nur der einzige Johannes de Muris tut ihrer Erwähnung.[7]) Auch die Parallele der zehn Saiten des Psalters mit den zehn Geboten, auf die die Kirchenväter ebenfalls grofsen Wert legten, findet sich bei den Theoretikern nicht; vielmehr setzt derselbe Johannes de Muris die zehn Gebote in Beziehung zu den zehn Notenlinien.[8])

---

[1]) Regino Prum. De harm. inst. 17 (G I, 245a): quod vero Martianus introducit novem musas in nuptiis philologiae diversa carmina cantantes, ad harmoniam coelestem pertinet, quae novem ordines habere dignoscitur, scilicet propter septem planetas octavamque sphaeram coelestem et nonam terram.

[2]) Aribo bei G II, 220b.

[3]) Regino a. a. O.; Berno a. a. O. 64a; Joh. de Mur. Spec. mus. C II, 240.

[4]) Summa mus. 25 (G III, 243a).

[5]) Joh. de Mur. Spec. mus. bei C II, 224; vgl. oben S. 33.

[6]) S. S. 120.

[7]) A. a. O.

[8]) Summa mus. c. 25 (G III, 243b): amplius in musica decem lineae

Mit der Betrachtung der Zehnzahl hatten die Neupythagoreer ihre theologisch-metaphysischen Erörterungen der Hauptsache nach abgeschlossen. Auch bei den Musiktheoretikern des Mittelalters finden sich in Betreff der darüber hinausliegenden Zahlen nur sehr spärliche Angaben. So tun sie z. B. der Zahl Elf, welche die Kirchenväter als die Zahl der Sünde brandmarkten, weil sie die Zehn um Eins überragt, gar keine Erwähnung. Dagegen spricht sich bereits die Alia musica über die Bedeutung der Zwölfzahl aus, zu der jede durch 3 und 4 teilbare Zahl im Verhältnis der musikalischen Konsonanzen stehe,[1]) und ein späterer Theoretiker erinnert dabei noch an die Zahl der Apostel.[2]) Ferner erwähnt noch Johannes de Muris die Zahl 19 und zwar als Summe der 8 tiefen, 7 hohen und 4 überhohen Töne, die er zur Hierarchie der verschiedenen christlichen Orden in Beziehung bringt.[3]) Dagegen findet weder die von Nicomachus auch für die Musiktheorie so hoch gestellte Zahl 28,[4]) noch die von den Pythagoreern, auch von Aristides[5]) hervorgehobene Zahl 36 bei den mittelalterlichen Theoretikern irgendwelche Berücksichtigung.

Es ist eine seltsame Welt, die sich hier vor unseren Blicken auftut. Der uralte Glaube an die Wunderkraft bestimmter Rundzahlen, der gegen das Ende des Altertums von den Schulen der Neuplatoniker und besonders der Neupythagoreer in ein förmliches wissenschaftliches System gebracht worden war, hat durch deren Vermittlung und unterstützt von dem christlichen Mystizismus auch die musikalische Ästhetik des christlichen Mittelalters in entscheidender Weise beeinflußt. Daß diese Zahlensymbolik aber nicht allein in der gelehrten Welt zu Hause war, sondern tief in das Volk gedrungen ist, das beweist uns eine

---

possunt videri, sicut et in ecclesia decalogus, id est decem legis praeceptorum continentia reperitur, quae propter imperitiam minus provectorum hic scripta sunt et leguntur.

[1]) G I, 142 b: duodenarii potentiam praeterire non debeo, ad quem omnis numerus, qui per ter et quater divitur, musicis consonantiis aptatur.

[2]) Joh. Verul. de Anagn. De mus. bei C III, 135.

[3]) A. a. O.: amplius in musica sunt articuli novemdecim, octo in gravibus, septem in acutis et quattuor in peracutis, sicut in ecclesia sunt gradus quidam inferiores, quidam superiores, quidam vero medii praedicatorum, in quibus ab orthodoxis Deo iugiter ministratur.

[4]) Excerpt. c. 5 (Jan); Isag. arithmet. I, 16; vgl. Aristid. Quint. III, 136 Meib.

[5]) III, 152 Meib.

ganze Anzahl von Volksliedern aus den verschiedensten Kulturgebieten, deren Inhalt eben die Zahlensymbolik bildet, und zwar eben in der geschilderten christlich-dogmatischen Form.[1]

Die immer wieder zum Durchbruch gelangende Neigung, gerade die Töne als Symbole der verschiedenen, das Weltganze zusammensetzenden Faktoren aufzufassen, entsprach dem mystischen Sinne des Mittelalters ebenso sehr wie dem weltflüchtigen Grundzuge der letzten antiken Philosophenschulen. Hier wie dort verfolgte die Symbolik den Zweck, die Musik als die Vermittlerin zwischen der sinnlichen und der transscendentalen Welt zu erweisen. Antike, christlich-dogmatische, ja sogar orientalische Anschauungen wirkten zusammen, um jenes seltsame Gebäude der musikalischen Symbolik aufzuführen, das während des Mittelalters in vielen Beziehungen die Stelle einer eigentlichen Musikästhetik vertrat. Mögen uns immerhin alle diese allegorischen und symbolischen Auslegungsversuche der Musiktheoretiker heutzutage, vom modernen Standpunkt aus, als ein studium inutile erscheinen, so dürfen wir doch auf der anderen Seite niemals vergessen, daſs die Musik im Mittelalter eben dieser Betrachtungsweise einen Grad von Wertschätzung zu verdanken hatte, dessen sich keine andere Kunst rühmen konnte. Galt die Musik einmal als eine Brücke zwischen diesseits und jenseits, so war nichts natürlicher, als daſs sie in den Mittelpunkt aller Bildungsinteressen trat und daſs man darnach strebte, ihre Geheimnisse und Segnungen möglichst weiten Kreisen zugänglich zu machen. Die Zeiten des Formalismus in der Musikästhetik, wie ihn noch am Ende des Altertums die skeptische Schule gepredigt hatte, waren auf Jahrhunderte hinaus vorüber.

Freilich lag daneben die Gefahr sehr nahe, daſs diese mystische Spekulation sich in unfruchtbare Träumereien verlor und daſs die Musik schlieſslich in einem Gespinst phantastischer Tifteleien gewissermaſsen erstickte. Wir haben gesehen, daſs diese Gefahr im Laufe der Zeit sich immer drohender geltend machte. Tatsächlich ist denn auch am Ende diese Art von Spekulation weit eher zum Schaden, als zum Nutzen einer

---

[1] Vgl. die von Erk-Böhme, Deutscher Liederhort III, S. 825 ff. angeführten Lieder nebst der angegebenen Litteratur, und O. Fleischer, Ein Kapitel vergleichender Musikwissenschaft a. a. O. S. 38 ff., wo darauf hingewiesen wird, daſs verschiedene dieser Lieder später in den Kindermund gelangten und heutzutage als Abzähllieder dienen.

gesunden Weiterentwicklung der musikalischen Theorie ausgeschlagen. Noch lange Zeit sehen wir sie in tiefsinnige mystisch-symbolische Grübeleien versunken, als die musikalische Praxis sich längst den Fesseln der altersgrauen Kunstlehre entrungen hatte.

Um zum Schlusse ein zusammenfassendes Bild von der musikalischen Symbolik des Mittelalters zu geben, sei hier noch die grofse Symbolik des Johannes de Muris im Schema angeführt, die eingehendste Zusammenfassung der im Vorstehenden geschilderten Anschauungen. Die Musik gleicht durchaus der Kirche, und zwar deshalb: quod patet per ea, quod utrobique in eisdem speciebus numeri radicantur. Die Parallele der numeri zeigt sich nun folgendermafsen:

Zahl	Musik	Kirche
1	musica	ecclesia
2	mundana — humana naturalis — instrumentalis cantus authentus — plagalis	die beiden Testamente vita contemplativa — activa amor Dei — amor proximi
3	cantus gravis, acutus, superacutus instrumenta vasalia, foraminalia, chordalia principium, finis, medium	cordis contritio, oris confessio, operis satisfactio fides, spes, caritas Pater, Filius, Spiritus sanctus
4	tonus protus, deuterus, tritus, tetrardus 4 Notenlinien	prudentia, temperantia, fortitudo iustitia 4 Evangelien
7	claves finales Notenbuchstaben articuli des cantus acutus	horae officiatae Sakramente dona Spiritus sancti
8	Tonarten (aus den 4 finales)	beatitudines (aus den 4 virtutes)
9	Intervalle Zwischenräume (Notenlinien)	ordines angelorum lectiones, responsoria, psalmi
10	Notenlinien	Gebote Gottes
19	articuli	die verschiedenen gradus der Gläubigen.

Epochen, in denen sich grundlegende Umwälzungen auf dem Gebiete der Kunst vollziehen, stellen der Kunsttheorie schwere, nur im Laufe längerer Zeit zu bewältigende Aufgaben. In den seltensten Fällen werden die von der Praxis geschaffenen Probleme von der Theorie alsbald richtig erkannt und begrifflich fest umgrenzt. Die Ehrfurcht vor dem Alten trübt den Blick für die Erkenntnis des Neuen; jedenfalls hat dieser konservative Zug, der der Musiktheorie zu allen Zeiten innewohnt, stets bei den Theoretikern das Bestreben wachgerufen, neue Erscheinungen zunächst mit dem durch die Tradition gegebenen Mafsstabe zu messen. Diese Tendenz, die, bis ins äufserste Extrem getrieben, schon so mancher einzeln auftretenden Kunsterscheinung hemmend in den Weg getreten ist, mufste sich bei einer so epochemachenden Umwälzung, wie sie das Aufkommen der christlichen Musik darstellt, in um so stärkerem Grade bemerkbar machen. Hier ist es eine Zeit lang sogar zu einer vollständigen Trennung von Theorie und Praxis in der Musik gekommen. Die ausführenden Kirchenmusiker waren keine Musikgelehrten, und diese selbst standen mit der liturgischen Praxis in gar keiner Verbindung. Was wir aus jenen ältesten Zeiten von dem musikalischen Empfinden überhaupt wissen, das erfahren wir nicht durch die Männer der Theorie, sondern die der Praxis, die Kirchenväter. Von den zünftigen Gelehrten fiel es lange Zeit hindurch keinem ein, trotz der Zugehörigkeit zur christlichen Kirche, den zeitgenössischen Kirchengesang zum Gegenstand seiner Studien zu machen. Sie halten durchaus an der griechischen, speziell neupythagoreischen Musiklehre fest. Je mehr aber die christliche Musik an Bedeutung zunahm, je mehr die alte psalmodische Weise mit concentischen Elementen durchsetzt wurde, um so weniger liefs sich jener einseitig antikisierende Standpunkt aufrecht erhalten. Es beginnt das merkwürdige Schauspiel der allmählichen Emanzipation der Theorie von der Antike, die zum vollen Abschlufs erst am Beginn der neueren Zeit geführt hat. Die erste Stufe dieser Entwicklung, welche das Mittelalter Jahrhunderte hindurch in Anspruch genommen hat, war die, dafs man zwar die christliche Musik in den Kreis der theoretischen Spekulation hereinzog, aber sie zugleich um jeden Preis mit Zuhilfenahme der antiken Lehre zu erklären suchte. Dies war namentlich hinsichtlich der allgemeinen ästhetischen Grundsätze der Fall. Hier haben die mittelalterlichen Theoretiker, wie wir sahen, dem

Altertum gegenüber keine neuen Gesichtspunkte aufgestellt. Ihre allgemeine Musikästhetik enthält kein Element, das nicht schon im Prinzip in der antiken, speziell der neupythagoreischen Lehre enthalten wäre, es sei denn, dafs an Stelle der politischen Funktionen der Musik im Altertum nunmehr die kirchlichen Bedürfnisse des Mittelalters traten. Die Musik hatte wohl ihren Herrn gewechselt, nicht aber die Art ihres Dienerberufs.

Einen wirklichen Fortschritt in der Geschichte der musikalischen Ästhetik hat diese antikisierende Richtung nicht zu erzielen vermocht. Im Gegenteil, gegenüber der antiken Ethostheorie nimmt sich die Lehre von der *moralitas* der Musik recht dürftig aus. Der Fortschritt kam von anderer Seite, von der praktischen Musik. Schon in der weiteren Entwicklung der Psalmodie tauchen neue Gesichtspunkte auf, die Hymnodie stellt neue Probleme, vor allem aber ergab sich aus der mit den Kirchentonarten entstehenden Melodiebildungslehre auch für die Ästhetik ein neues Feld der Betätigung, das weit zukunftsreichere Früchte zeitigen sollte, als jene alte, im Hellenentum wurzelnde Lehre.

Viertes Kapitel.
Psalmodie und Hymnodie. Die Instrumente.

Die Stellung des frühesten Mittelalters zur Psalmodie fällt, wie aus dem Vorhergehenden ersichtlich ist, zusammen mit seiner Stellung zur Musik überhaupt. Alle Mahnungen und Lobpreisungen der Kunst, die wir bei den ältesten Kirchenvätern gefunden haben, beziehen sich auf die Psalmodie, und diese Gesangsart mit ihrem geringen, wesentlich durch den Umfang eines Tetrachords begrenzten melodischen Spielraum, mit ihrer starken Betonung der textlichen Seite hat denn auch den Anforderungen jener Männer an die Kirchenmusik vollauf entsprochen. Ließ sich doch gerade hier der gewaltige Unterschied zwischen geistlicher und weltlicher Tonkunst am klarsten erweisen.[1]

Schroffer haben sich die beiden Gattungen der accentischen und der concentischen Musik wohl nie gegenübergestanden. Der byzantinische Patriarch Nicephorus bezeugt ausdrücklich, daß die christliche Musik der drei ersten Jahrhunderte keinen melodischen Gesang kannte.[2] Auch sonst wird die rein rezitatorische Art des Psalmengesanges ausdrücklich hervorgehoben. Sokrates z. B. redet von ihm geradezu als von einer *recitatio*,[3] und Eusebius erwähnt ihre ehrsamen Tonwendungen.[4] *Psalmum legere* ist ein den Kirchenvätern ganz geläufiger Ausdruck, und

---

[1] Clemens Alexandr. Protrept. I, 1: ᾄδει δέ γε ὁ Εὔνομος ὁ ἐμὸς οὐ τὸν Τερπάνδρου νόμον οὐδὲ τὸν Καπίτωνος οὐδὲ μὴν φρύγιον ἢ λύδιον ἢ δώριον, ἀλλὰ τῆς καινῆς ἁρμονίας τὸν ἀΐδιον νόμον, τὸν φερώνυμον τοῦ Θεοῦ, τὸ ᾆσμα τὸ καινόν.

[2] Breviar. historic. IX, 16.

[3] Hist. eccles. II, 8.

[4] Hist. II, 17.

nicht selten werden die Psalmsänger geradezu mit *lectores* bezeichnet.[1]) Um beide Gattungen von einander deutlich zu unterscheiden, führen die Theoretiker mit Vorliebe die in letzter Linie auf Aristoxenos von Tarent zurückgehende Einteilung der Tonerzeugung in *vox diastematica* und *systematica* an.[2])

Dieser scharf ausgeprägte accentische Zug bestimmte das Ethos der Psalmodie ein für allemal; selbst später, als mit der Einführung der Tonarten auch in der Psalmodie gröfsere Mannigfaltigkeit zur Herrschaft gelangt war, bildete jene grandiose Monotonie ihr Hauptcharakteristikum. Es war eine grofse Kluft, die sie von der griechischen Kunst und ihren Formen trennte: hier herrschte am Ende des Altertums schrankenloser Subjektivismus und ein hinsichtlich der Ausführung auf den Gipfel getriebenes Raffinement, dort streng behütete Objektivität und Einfachheit, eine Technik, die in ihrer Simplizität ein jeder ausführen konnte und mufste.

Trotzdem aber wäre die Annahme verfehlt, dafs die musikalische Seite bei der Psalmodie gar keine Rolle gespielt hätte. Mochten anfänglich auch Gründe rein praktischer Natur bei ihrer Einführung mitgespielt haben, wie vor allem der, der Gemeinde das Auswendiglernen dieser Gesänge zu erleichtern,[3]) so begann man doch schon in den frühesten Zeiten der rein ästhetischen Wirkung dieser Weisen sein Augenmerk zuzuwenden. Der Unterschied zwischen dem blofsen Sprechen und dem Rezitieren der Psalmen wird seitens der Kirchenväter stets mit Nachdruck festgehalten.[4])

Nach dem obersten Zwecke des Psalmengesangs, der *compunctio cordis*,[5]) richtet sich auch seine Ausführung. Der Grundcharakter des psalmodischen Gesangsvortrages ist von Hause aus, um einen Ausdruck der antiken Musikästhetik zu gebrauchen, ein threnodischer. Man wufste wohl, warum man aus dem Psalmengesange der Gemeinde jedes individuelle Hervortreten des einzelnen Mitsängers verbannte, denn nur jener streng objektive

---

[1]) Augustin. Comm. in psalm. 138.
[2]) Z. B. Remigius Altis. Mus. G I, 68 b f.
[3]) S. o. S. 84.
[4]) Instructiv hierfür ist das Zeugnis des Tertullian (De orat. c. 27), der den Psalmengesang eine *saturata oratio* nennt; augenscheinlich spielt hier der Gegensatz zu der *ieiuna oratio* der antiken Rhetorik herein.
[5]) S. o. S. 85.

Vortrag war imstande, jene Stimmung reuiger Hilfsbedürftigkeit zu erzeugen, der dem Christen in seinem Verkehre mit der Gottheit geziemte. Der Psalmengesang tritt damit in enge Parallele zum Gebet, das nach den Worten des Justinus Martyr nur dann seiner Wirkung auf Gott sicher ist, wenn es unter Seufzen und Weinen und mit gebeugten Knien vor sich geht.[1])

Darnach richten sich denn auch die für den Vortrag der Psalmodie gegebenen Vorschriften, die den Gemeindemitgliedern aufser der strengen Beobachtung der kirchlichen Satzungen vor allem eine geordnete und von allem überlautem Schreien freie Singeweise ans Herz legen und einen Vortrag mit gedämpfter Stimme fordern. Sehr anschaulich zeigen dies die Beschlüsse eines byzantinischen Konzils, die es den Psalmensängern zur strengen Pflicht machen, sich sowohl vor regellosem und unnatürlichem Schreien, als auch vor eigenmächtigem Abändern des kirchlichen Brauches zu hüten; sie sollen vielmehr mit gespannter Aufmerksamkeit und tiefster Zerknirschung sich Gott nähern. Der Kommentator Balsamon fügt sogar noch hinzu, der Gesang solle unter Weinen und demütiger Selbsterniedrigung vor sich gehen.[2]) Ganz ähnliche Weisungen gibt im Abendlande Bischof Chrodegang von Metz, der namentlich vor allzuhoher Stimmlage beim Psalmodieren warnt mit der Bemerkung, bei anderen kirchlichen Gesängen sei die hohe Stimmlage wohl gestattet, bei der Psalmenrezitation dagegen unter allen Umständen verwerflich.[3]) Und noch Johannes Keck empfiehlt, mit trauernder Stimme Gott zu lobsingen, damit weniger der Eindruck des Musi-

---

[1]) Dial. c. Tryph. bei Migne, Patrol. 6, 188: τίς οὐκ ἐπίσταται ὑμῶν, ὅτι μάλιστα μὲν ἡ μετὰ οἴκτου καὶ δακρύων εὐχὴ μειλίσσεται τὸν θεὸν καὶ ἡ ἐν πρηνεῖ κατακλίσει καὶ ἐν γόνασιν ὀκλάσαντός τινος.

[2]) Migne 125, 770: τοὺς ἐπὶ τὸ ψάλλειν ἐν ταῖς ἐκκλησίαις παραγινομένους βουλόμεθα μήτε βοαῖς ἀτάκτοις κεχρῆσθαι καὶ τὴν φύσιν πρὸς κραυγὴν ἐκβιάζεσθαι, μήτε τι ἐπιλέγειν τῶν μὴ ἐν τῇ ἐκκλησίαι ἁρμοδίων τε καὶ οἰκείων, ἀλλὰ μετὰ πολλῆς προσοχῆς καὶ κατανύξεως τῆς ψαλμωδίας προσάγειν τῶι τῶν κρυπτῶν ἐφόρωι θεῶι. Balsamon: οἱ προσευχόμενοι παρακαλεῖν τὸν θεὸν ὀφείλουσιν μετὰ δακρύων καὶ ταπεινώσεως, οὐ μὴν μετὰ ἀτάκτου καὶ ἀναιδοῦς σχήματος.

[3]) Reg. canon. 50 (vgl. Amalar. Reg. canon. I, 137): psalmi in ecclesia non cursim aut in excelsis atque inordinatis seu intemperatis vocibus, sed plane et lucide cum compunctione cordis recitentur, ut et recitantium mens illorum dulcedine pascatur et audientium aures illorum pronuntiatione demulceantur, quoniam, quamvis cantilenae sonus in aliis officiis excelsa soleat fieri voce, in recitandis tamen psalmis huiuscemodi vitanda est vox.

zierens, als der des Seufzens entstehe.¹) Von denselben Grundsätzen gehen die uns erhaltenen ausführlichen Vorschriften aus. Es soll das Psalmsingen weder allzusehr gezogen, noch allzu hastig vor sich gehen, sondern im richtigen gemäfsigten Zeitmafse, es soll sich nach dem Winke des Priors richten, je nachdem er einen erhobeneren oder gedämpfteren Gesang verlangt, doch soll es immer klingen, wie aus Einem Munde, und es soll sich niemand unterfangen, ohne Erlaubnis des Priors, sei es durch allzuhohes Erheben der Stimme, das bei den Unvorsichtigen leicht Hoffart und Prahlerei erzeugt, sei es durch unordentliches Vorwärtsdrängen, das richtige Mafs zu überschreiten oder zu ändern.²) Jeder bestrebe sich, seine Stimme im Chorgesang vollständig aufgehen zu lassen, denn jedes individuelle Hervortreten des Einzelnen ist ein Zeichen törichter Selbstgerechtigkeit, die den Menschen mehr als Gott zu gefallen strebt.³) Dafs für den Psalmengesang solch strenge Vorschriften nötig waren, geht deutlich aus verschiedenen Stellen hervor, die beweisen, dafs man es keineswegs mit einer künstlerisch wohl disziplinierten Masse zu tun hatte.⁴)

Wir haben oben der Psalmodie ein threnodisches Ethos zugeschrieben. Doch stimmt diese Bezeichnung keineswegs allseitig mit dem antiken Begriffe überein. Der Unterschied zeigt sich am deutlichsten bei der Verwendung der Psalmodie im Dienste der Toten, wo ja in der griechischen Musik die threnodischen

---

¹) Introductor. mus. c. 4 (G III, 327a): ... lugubri voce Deo laudes persolvere, ut non tam musicare quam gemitum facere videantur (sc. religiosi).

²) SS. Pauli et Stephani Regul. ad monach. c. 7: psallendi modus ... nec nimium protracte nec supra modum correpte, sed ... temperata semper modulatione dicatur ... ad eius (sc. prioris) nutum, sive etiam elevatius, sive humilius voluerit, consona tamen, quasi ex uno ore voce dicatur, nec quisquam praesumat absque prioris permissu vel elata vocis extollentia, quae inflationis iactantiam et arrogantiam elationis minus cantis generat, aut turbulenta festinatione temperamenti modum excedere vel mutare.

³) Nicet. bei G I, 13 a: innitatur humiliter unusquisque suam vocem inter sonum chori concinentis includere non extrinsecus extollentes aut protrahentes quasi ad stultam ostentationem indecenter efferre neque hominibus placere velle. totum enim tamquam in conspectu dei, non hominibus placendi studio celebrare debemus. Vgl. auch die Vorschriften für den psalmista bei Isid. Hispal. De eccl. offic. II, 12.

⁴) Auctor. incert. Regula c. 47, bei Migne 88, 1009: cavendum est, dum psallitur, ne frequens tussis aut anhelitus prolixius abundet aut salivarum exsecratus assiduus aut narium spurcitiae detractae a psallente inante iactentur.

Elemente ihre Hauptstätte gefunden hatten. Dafs rezitierende Gesänge auch in der christlichen Zeit bei Begräbnissen zum Vortrage kamen, ist uns hinsichtlich der Klagelieder Jeremiä durch eine Stelle bei Isidor von Sevilla bezeugt.[1]) Aber auch die Psalmodie im eigentlichen Sinne wird in Verbindung mit dem Totenkult erwähnt,[2]) und Johannes Chrysostomus bezeichnet deutlich die Rolle, die ihr dabei zufiel, mit den Worten, sie sei nicht dazu da, um der Wehklage um den Toten, sondern der Dankbarkeit gegen ihn Ausdruck zu verleihen.[3]) Hier wird der Zweck der Psalmodie in direkten Gegensatz gesetzt zu den fessellosen Ausbrüchen des Schmerzes, die sich im alten Griechenland an der Bahre eines Verstorbenen abspielten. Auch hier ist kein Raum für den Subjektivismus in irgend welcher Form; die durch die Psalmodie bewirkte innere Zerknirschung ist keineswegs begleitet von einer Lähmung der sittlichen Energie, von einer tatenlosen Verzweiflung, wie dies bei der threnodischen Musik der Griechen mit ihrem systaltischen Charakter der Fall gewesen war.[4]) Sie hat vielmehr nur das innere Verhältnis des Menschen zu Gott, die Erkenntnis seiner eigenen Sündhaftigkeit zum Ziele und verfolgt allein den Zweck, die innerliche Erneuerung durch die Bufse vorzubereiten.

Dafs die Kirchenväter den Hauptwert bei der Psalmodie auf die richtige, gottgefällige Gemütsverfassung des Singenden zu legen pflegten, ist bereits gezeigt worden,[5]) ebenso dafs manche geneigt waren, die rein musikalische Seite als nebensächlich, ja sogar geradezu als ein notwendiges Übel zu betrachten. Diese Anschauung erfuhr eine Modifikation zu Gunsten der Musik, sobald diese über die ersten, primitivsten Stadien ihrer Entwicklung hinaus war. Schon in einer dem Hucbald zugeschriebenen Schrift heifst es: mag auch der, der mit dem Herzen singt, Gott mehr gefallen, als der, welcher blofs mit der Stimme singt, so stammt doch beides von Gott und bringt doppelten Nutzen, insofern einmal Gott durch den Gesang im Geiste geehrt wird, und zweitens

---

[1]) Origines I, 38.
[2]) Gregor. Tur. De glor. conf. c. 106.
[3]) De Lazar. conc. 5, 2: ψαλμωιδίαι καὶ εὐχαὶ καὶ πατέρων σύλλογος καὶ πλῆθος ἀδελφῶν τοσοῦτον, οὐχ ἵνα κλαίηις ... ἀλλ' ἵνα εὐχαριστῆις τῶι θανόντι.
[4]) Vgl. Cleonid. Isag. p. 21 f. Meib.; Aristid. Quintil. I, 29 f. Meib.
[5]) S. o. S. 90.

in den Menschen durch die Süfsigkeit des Gesanges heilige Gefühle erregt werden. Wenn auch die Andacht vieler Gott sehr wohlgefällig ist, die in der Psalmodie nicht einmal die Worte richtig vorzutragen imstande sind, so ist es doch nicht die richtige Art der Andacht, wenn ein Mensch seine Pflichten Gott gegenüber nicht so gut und ehrerbietig, wie es ihm überhaupt möglich ist, erfüllt.[1])

Im richtigen Geiste betrieben, bildet die Psalmodie für den gläubigen Christen geradezu die Brücke zum Reiche Gottes. Schon hienieden ist Gott mit seinen himmlischen Heerscharen bei solchem Gesange gegenwärtig, der Gesang selbst aber gewährt der Gemeinde einen Vorgeschmack der himmlischen Freuden und die Gewifsheit der ewigen Seligkeit.[2]) Gleichwie die Musik bei den Neupythagoreern dem Menschen als eine Stufe auf dem Wege zur höchsten Erkenntnis gedient hatte, so bildet in der frühesten Zeit die Psalmodie den Anknüpfungspunkt für die Vereinigung mit Gott. Denn sie ist nicht allein Sache der Menschen, sondern in demselben Mafs aller zwischen Gott und dem Menschengeschlecht innewohnenden Mittelwesen.[3]) An anderen Stellen wird

---

[1]) Commemorat. brev. de ton. et psalm. modul. init. (G I, 213): quamvis ... Deo magis placeat, qui corde, quam qui voce canit, utrumque tamen ex ipso est et dupliciter prodest, si utrumque fiat, si scilicet et animo apud Deum dulciter canitur et homines canoris dulcedo sancto affectu commovet. licet quoque multorum devotio Deo valde placet, qui in psalmodia nec ipsa verba rite effari queant, nequaquam tamen integrae est ille devotionis, qui, quod exhibere debet, quam optime et quam reverentissime id possit, Deo non exhibet.

[2]) Ein anschauliches Bild davon entwirft die Regel des heil. Benedikt (a. a. O., vgl. G I, 8 b): cantantes et psallentes in conspectu sanctae Trinitatis et sanctorum angelorum, compuncti corde cum tremore et in timore divino, devota mente, amore supernorum, spiritus ardore, intimo desiderio accensi, ut per verba, quae pangimus, ad coelestia elevati, coelites effecti, arcana contemplantes, suavi animo, pura anima, iucunda spiritus gravitate, concordi levitate, dulci melodia, nectareo iubilo, organica voce et ineffabili laetitia iubilemus Deo creatori nostro, ut tandem inter Sanctos resuscitati mereamur eum, qui nos vocavit. Über den Gesang der Engel s. o. S. 78; 144 f.; bezüglich der Psalmodie vgl. Basil. Homil. in psalm. 1, 2: ψαλμὸς τὸ τῶν ἀγγέλων ἔργον, τὸ οὐράνιον πολίτευμα, τὸ πνευματικὸν θυμίαμα.

[3]) Siehe vor. Anm. u. Antioch. monach. Hom. 105 bei Migne 79, 1749: (von der Psalmodie) ἔργον τῶν ἀσωμάτων δυνάμεων τῶν λειτουργούντων καὶ παρισταμένων ἀδιαλείπτως τῶι θεῶι. Ja sogar die Verstorbenen nehmen teil, vgl. Joh. Chrysost. Homil. V de stud. praesent. c. 2. Vgl. im Allgemeinen noch Maxim. Schol. in libr. de eccl. hierarch. bei Migne 4, 66: ὁ σκοπὸς τῶν ψαλμῶν ἐστι ... τὸ ἐμνεῖσθαι θεόν τε καὶ τοὺς αὐτοῦ γνησίους θεράποντας ὑπαγορεύ-

die Psalmodie geradezu als der Weg zum Herzen Gottes bezeichnet.[1])

Was der Psalmodie innerhalb des menschlichen Lebens für Aufgaben zufielen, haben wir bereits gesehen, denn in jenen frühesten Zeiten hatte man bei allen musikalischen Erörterungen eben die psalmodische Weise im Auge. Es ist kein unbefangenes Gemüt, an dem die Musik ihre Macht erproben soll, sondern ein von Zweifeln und Sorgen aller Art erschüttertes Herz, dem die Psalmodie den Weg zum Heile bahnen soll. Und dieses Heil liegt nicht etwa in der sittlichen Festigung als solcher, sondern eben in einem Gemütszustand, der den sündigen Menschen für die Aufnahme der kirchlichen Heilswahrheiten empfänglich macht. Da jedoch bei der Verschiedenheit der einzelnen Individualitäten dieser Zweck niemals auf einem und demselben Wege erreicht werden kann, so werden auch die Wirkungen der Psalmodie verschieden sein müssen. Sie wird den einen noch mehr erschüttern und ihm Tränen der Reue entlocken,[2]) bei dem andern aber wird es ihre Aufgabe sein, zu beruhigen und zu trösten. So nennt sie schon Gregor von Nazianz ein wohltönendes Heilmittel der Seele,[3]) und der heilige Nilus rühmt von ihr, dafs sie die Leidenschaften beschwichtige und die unmäfsigen Gelüste des Leibes zur Ruhe bringe.[4]) In ähnlichem Sinne spricht sich im Abendlande schon Cassiodor aus,[5]) der sich gelegentlich sogar zu dem Satze versteigt, dafs Psalmodie und Bufse zusammen allein den wahren Christen ausmachen.[6]) Losgelöst von allem Irdischen trete der Christ an die Psalmrezitation heran, keine irdische Regung trübe seine Andacht,[7]) er singe die Psalmen so, als wären

τικὴν τῶν τοιούτων καὶ περιεκτικὴν ἐχόντων δύναμιν, ἥτις ... ἀναγκαίως ἐν πᾶσι τοῖς ἱερατικῶς τελουμένοις παραλαμβάνεται ἔμμονον τὴν τῶν ψαλμῶν μνήμην ἐμποιοῦσα τοῖς ψάλλουσι.

[1]) S. Gregor. Homil. in Ezechiel. 1, 1; Hugo de S. Victore Miscell. III, 130.

[2]) Alcuin. Exposit. in psalm. poenitent. bei Migne 100, 574: in his (sc. psalmis) confessiones peccatorum, in his poenitentiales lacrimae excitantur, in his compunctio cordis renovatur ... quicunque psalmos intenta mente decantare et scrutari didicit, inveniet in eis omnem salutis nostrae dispensationem praedictam, miras coelestium iucunditates gaudiorum.

[3]) Ἐμμελὲς ψυχῆς ἄκος, Carm. II, 2, 8.

[4]) De oratione c. 83: τὰ πάθη κατευνάζει καὶ τὴν ἀκρασίαν τοῦ σώματος ἠρεμεῖν ἀπεργάζεται.

[5]) In psalm. 136.

[6]) In psalm. 41.

[7]) Smaragd. Comm. in reg. S. Benedict. 19: sic mens nostra intenta ad

sie kein fremdes, sondern sein ureigenstes Eigentum.[1]) Dann wird aber auch der Segen eines solchen Gesanges nicht ausbleiben, dann wird die Psalmodie zum „Instrument der Tugenden", das der heilige Geist mit dem Plektron schlägt;[2]) vor allem aber bietet die Psalmodie für die vornehmste Tugend des Christen, die Liebe, das beste Symbol.[3])

Darum rechnet denn auch Makarius das Psalmodieren neben der Armut, dem Fasten und Wachen zu den hauptsächlichsten Mönchspflichten.[4]) Es soll aber seinen Platz nicht allein im Gottesdienste haben, sondern, wie bereits Augustinus empfiehlt,[5]) auch während der Arbeit des Tages geübt werden, ja der heilige Dunstanus sagt sogar, wenn man nichts Notwendiges zu besprechen habe, so solle man bei Reisen zu Pferd oder zu Fuſs lieber sich der Psalmodie hingeben als sich mit müſsigem Geschwätz befassen.[6])

Neben die Psalmodie trat schon in früher Zeit die **Hymnodie**. Sie weist einen von jener wesentlich verschiedenen Ursprung auf,

---

psallendum incedat, qualiter nullo praepedita saecularis desiderii obstaculo, nullo temporis fuscata vitio, sed semper intenta in coelestibus humilitate ac puritate promptissimaque devotione ornata ad aeterna praemia pervenire contendat.

[1]) Ibid. Praef. in expos. psalm. bei Migne 129, 1022: est et aliud in psalmorum thesauro mirabiliter a Spiritu sancto compositum ... ut, quicunque psalmorum verba cantat aut recitat, sive in orationibus pro peccatis abluendis, sive in obsecrationibus pro virtutibus adipiscendis, sive in gratiarum actionibus pro iam adeptis non quasi aliena prophetia, sed quasi sua et propria verba cantat et recitat.

[2]) Ambros. In psalm. 1,11: organum virtutum, quod sancti Spiritus plectro pangens propheta venerabilis coelestis sonitus fecit in terris dulcedinem resultare. Eine andere, ebenfalls dem Gebiete der Musik entnommene Allegorie bei demselben Expos. evang. Luc. VII, 238: haec est symphonia, quando concinit in ecclesia diversorum actuum atque virtutum velut variarum chordarum indiscreta concordia psalmus respondetur, amen dicitur.

[3]) Basil. In psalm. 1,2: τὸ μέγιστον τῶν ἀγαθῶν, τὴν ἀγάπην ἡ ψαλμῳδία παρέχεται οἱονεὶ σύνδεσμόν τινα πρὸς τὴν ἕνωσιν τὴν συνῳδίαν ἐπινοήσασα καὶ εἰς ἑνὸς χοροῦ συμφωνίαν τὸν λαὸν συναρμόζουσα.

[4]) De custod. cord. c. 12: καλὸν οὖν ἐστιν ἡ ἀκτημοσύνη καὶ ἡ ψαλμῳδία καὶ ἡ νηστεία καὶ ἡ ἀγρυπνία καὶ τὸ λαβεῖν χάριν θεοῦ.

[5]) De opere monach. c. 17: cantica vero divina cantare etiam manibus operantes facile possunt et ipsum laborem tanquam divino celeusmate consolari. Ihm folgt S. Benedikt. Conc. reg. c. 55 bei Migne 103, 1187.

[6]) De regim. monach. prooem. bei Migne 137, 477: equitando ... vel pedites iter agendo non otiosis fabulis vacent, sed vel psalmodiis inserviant vel de re necessaria opportuno tempore loquantur.

folgt anderen musikalischen Prinzipien, und hat denn auch der musikalischen Ästhetik nicht unwesentliche neue Elemente zugeführt.

Die Psalmodie war in ihrer ursprünglichen Gestalt, wie wir sie im Vorstehenden gekennzeichnet haben, als einfache Rezitation, nicht auf rein musikalisch-melodischer, sondern auf sprachlich-grammatikalischer Grundlage erwachsen. Die Sprache ist es, der sie sowohl ihre melodischen, als ihre rhythmischen Qualitäten verdankt. Nunmehr trat mit dem Hymnengesang ein spezifisch gesangliches, also recht eigentlich musikalisches Element hinzu. Hier wurde nicht mehr allein auf den Wortsinn der Hauptwert gelegt, sondern zugleich auch auf seine musikalische Einkleidung. Hier war die Musik kein mnemotechnisches Mittel mehr, sondern sie trat als selbständige Kunst auf. Sie begann mehr und mehr Anspruch darauf zu erheben, durch ihre eigenen Mittel zu wirken, ein Anspruch, den ja, wie wir gesehen haben, gerade die ältesten Kirchenväter mit aller Schroffheit als weltlich und damit als teuflisch zurückgewiesen hatten.

Die orthodoxen Kreise der Kirche erkannten alsbald die Gefahr und setzten dem Eindringen dieser neuen Gesänge von Anfang an den nachhaltigsten Widerstand entgegen. Man denke nur an die fanatischen Worte des ägyptischen Abtes Pambo: wehe uns, daſs die Tage erschienen sind, da die Mönche die tüchtige, vom heiligen Geist ihnen gewiesene Nahrung im Stiche lassen und Liedern und Tonarten nachjagen! Welche Buſsfertigkeit, welche Tränen vermögen überhaupt aus solchen Melodien zu erwachsen? Was ist das für eine Buſsfertigkeit, wenn ein Mönch in der Kirche oder in seiner Zelle steht und seine Stimme erhebt wie ein Rind?[1]) Hier, sowie in der Schilderung von der Lehrmethode des heiligen Nilus[2]) wird das Aufkommen der rein melodischen Gesänge geradezu als der Untergang aller wahren Kirchenmusik bezeichnet. Tatsächlich hat denn auch die römische

---

[1]) Geronticon bei G I, 3a: οὐαὶ ἡμῖν τέκνον, ὅτι ἔφθασαν αἱ ἡμέραι, ἐν αἷς ὑπολείψουσιν οἱ μοναχοὶ τὴν στερεὰν τροφὴν τὴν διὰ τοῦ ἁγίου πνεύματος ῥηθεῖσαν καὶ ἐξακολουθήσουσιν ἄισματα καὶ ἤχους. ποία γὰρ κατάνυξις, ποία δάκρυα τίκτονται ἐκ τῶν τροπαρίων; ποία γὰρ κατάνυξις τῶι μοναχῶι, ὅταν ἐν ἐκκλησίαι ἢ ἐν κελλίωι ἵσταται καὶ ὑψοῖ τὴν φωνὴν αὐτοῦ ὡς οἱ βόες;

[2]) Vgl. Pitra, Iuris ecclesiastici Graecorum historia et monumenta I, 220, und O. Fleischer, Neumenstudien II, 52 f.

Kirche den Gebrauch der Hymnen in den Offizien nicht zugelassen.[1])

Aber auch in den Reihen der Orthodoxie erwachte schon früh die richtige Erkenntnis, dafs die Hinneigung zu melodisch-rhythmischem Singen im Volke zu tief eingewurzelt war, als dafs man ihr durch Verbote wirksam hätte begegnen können. Wie immer, so war es auch hier das Volk, das der Tonkunst zu ihrem Rechte als selbständiger Kunst verhalf, denn es bevorzugte gerade die Faktoren, die den rein musikalischen Charakter der Hymnodie bestimmen, nämlich melodischen Gesang und rhythmische Gliederung. Die rhythmische Hymnendichtung bildete den Kanal, auf dem die rein melodischen, noch an das Altertum anknüpfenden Tonformen aus dem Orient auch in die abendländische Kirche eindrangen. Denn während als erster Vertreter der Hymnendichtung im Abendlande Hilarius von Poitiers erscheint, können wir die Hymnodie im Orient bedeutend weiter zurückverfolgen. Hier laufen die Fäden direkt zur antiken Musik hinüber.

Das älteste uns bekannte Beispiel des griechisch-christlichen Hymnengesangs ist das Parthenion des Methodius von Tyrus (gest. 312).[2]) Die Form dieses Hymnus, seine Gliederung in Strophen, die von der Vorsängerin Thekla gesungen werden und je am Schlusse in einen Refrain des Chores (ὑπακοή) ausmünden, zeigt deutlich das Vorhandensein einer bereits weit vorgeschrittenen Kunstpraxis. Sie ist aber auch nach einer anderen Richtung hin von der gröfsten Bedeutung, denn sie beweist, dafs das musikalische Empfinden schon in jenen frühesten Jahrhunderten Bahnen einschlug, die von dem antiken Geiste erheblich abweichen.[3]) Der Hymnus des Methodius bezeichnet eine merkwürdige Mittelstufe zwischen der quantitierenden Poesie der Antike und der accentuierenden der späteren Hymnendichtung. Die Rücksicht

---

[1]) Vgl. M. Gerbert, De cantu et musica sacra, 1774, I, 253.
[2]) Sympos. c. 11. Ein weiteres interessantes Zeugnis für diese älteste Hymnodik des Morgenlandes findet man in den Acta Johannis, ed. Zahn, p. 220, einen Bittgesang, dessen einzelne, vom Vorsänger vorgetragene Strophen durch den Chorrefrain ἀμήν unterbrochen werden. Der Schlufs klingt wie ein Nachhall der antiken θρῆνοι und ὑπορχήματα: ἡ χάρις ὀρχεῖται, αὐλῆσαι θέλω, ὀρχήσασθε πάντες, ἀμὴν θρηνῆσαι θέλω, κόψασθε πάντες, ἀμήν.
[3]) Vgl. Wilh. Meyer, Anfang und Ursprung der lateinischen und griechischen Hymnendichtung, in den Abhandlungen der Kgl. Bayr. Akademie der Wissenschaften, philos.-histor. Klasse Band 17, Abteilung II.

auf die Quantität der Silben tritt bereits stark in den Hintergrund, andererseits ist aber auch das accentuierende Prinzip nur in den allgemeinsten Umrissen zu erkennen. Es ist eine durchaus freie Form, die lediglich aus dem musikalischen Gefühl heraus geboren ist; sehr charakteristisch dafür ist die Bedeutung der Kurzzeilen.

Wir haben also hier Gesänge vor uns, deren letzter Ursprung nicht auf dem Gebiete der Sprache, wie bei der Psalmodie, liegt, sondern auf dem der Musik selbst. Wäre uns zu dem Hymnus des Methodius die Melodie erhalten, so gewännen wir ohne weiteres eine klare Anschauung von der Wandlung des musikalischen Empfindens, die sich eben in jener Zeit anbahnte. So aber sind wir einerseits auf die Betrachtung der aus späterer Zeit uns überlieferten Hymnenkompositionen angewiesen, die für die byzantinische Zeit erst in neuerer Zeit durch die Untersuchungen Fleischers[1]) Bedeutung zu gewinnen begonnen haben, andererseits aber auf die Berichte der Alten über die Troparien.

Die ältesten Zeugnisse dafür haben wir bereits kennen gelernt.[2]) Ihre ganz allgemein gehaltene Fassung sagt uns nur, dafs jene Gesänge Liedcharakter trugen und in Tonarten gesetzt waren. Weit ausführlicher spricht sich Johannes Zonaras über diesen Gegenstand aus. Die Troparien haben nach ihm ihren Namen davon, dafs sie ihre Melodiewendungen nach den Hirmusgesängen richteten, die sowohl nach der melodischen, als nach der rhythmischen Seite das Vorbild für die Troparien bilden. Richte man sich beim Singen nicht nach den Hirmusgesängen, so komme eine unrhythmische und unmelodische Weise zum Vorschein, die keine Melodie darstelle, sondern mifstönende und unharmonische Laute.[3]) Dieselben engen Beziehungen zwischen Hirmus und Troparion bilden auch den Grundgedanken der Definition, die Zonaras weiterhin vom Hirmus selbst gibt: Hirmus heifsen diese Gesänge, weil sie das Vorbild und die Ordnung in

---

[1]) Die spätgriechische Tonschrift (Neumenstudien, III. Teil), Berlin 1904.
[2]) S. 202.
[3]) Praefat. in comment. in canon. anastasim. Damasceni: τροπάρια λέγονται ὡς πρὸς τοὺς εἱρμοὺς τρεπόμενα καὶ τὴν ἀναφορὰν τοῦ μέλους πρὸς ἐκείνους ποιούμενα· ἢ καὶ τρέπουσι τὴν φωνὴν τῶν ᾀδόντων πρὸς τὸ μέλος καὶ τὸν ῥυθμὸν τῶν εἱρμῶν. εἰ μή γε πρὸς ἐκείνους ὁ τῶν αὐτὰ ψαλλόντων φθόγγος εὐθύνοιτο, οὐκ εὔρυθμον ἔσται τὸ μέλος οὐδὲ ἐναρμόνιον, οὐδὲ μέλος ἂν γένοιτο, ἀλλ᾽ ἀπηχὲς καὶ ἀνάρμοστον φώνημα.

Melodie und Harmonie für die mit ihnen verbundenen Troparien abgeben; von der Hirmusmelodie erhalten diese ihre rhythmische und harmonische Gestaltung, sie folgen der Harmonie ihrer Melodiewendungen.[1])

Grundsätze rein melodischer Art sind es also, nach denen diese Gesänge gebildet werden. Von dem sprachlichen Ausdrucke des Textes und seiner Wiedergabe durch die Musik, also von der Seite, die bei der Psalmodie die Hauptrolle spielt, ist hier mit keinem Worte die Rede, dafür stehen die rein musikalischen Begriffe: Melodie, Rhythmus und Harmonie, durchaus im Vordergrund, Begriffe, die wir bei der Psalmodie nur in sehr beschränktem Maße angetroffen haben. Geschichtlich von hoher Bedeutung ist, daß solche rein melodischen Gesänge gerade im Mutterlande der altgriechischen Tonkunst ihren Ursprung haben; erst von hier aus gelangten die Troparien auch in die abendländische Kirchenmusik hinüber.

Aber noch eine zweite Tatsache ist für die Musikforschung nicht minder bemerkenswert. Mit diesen Gesängen drang nämlich ein Element in die christliche Tonkunst ein, das den ursprünglichen Anschauungen der Kirche von dem Wesen und den Aufgaben der Musik fremd war, ja ihnen geradezu widerstrebte. Mag man den Ursprung dieser Gesänge vermuten, wo man will, die Annahme läßt sich nicht von der Hand weisen, daß hier weltliche, also volkstümliche Elemente zu Grunde liegen. Und gerade diese waren, wie gezeigt wurde, der ältesten Kirche ein Dorn im Auge. Sie ging denn auch zunächst ganz folgerichtig vor, als sie das Eindringen derartiger Gesänge mit allen ihr zu Gebote stehenden Mitteln zu verhindern trachtete. Freilich gelangte sie alsbald nach den ersten Versuchen zur Erkenntnis, daß alle diese Bemühungen fruchtlos waren. Die Beliebtheit der melodischen Singweise beim Volke erwies sich als zu stark, als daß man ihr durch kirchlich-orthodoxe Repressalien wirksam hätte begegnen können; sie war zugleich zu gefährlich, als daß man sie einfach hätte ignorieren dürfen. So gab man schließlich der

---

²) A. a. O.: εἱρμὸς δὲ λέγεται ὡς ἀκολουθίαν τινὰ καὶ τάξιν μέλους καὶ ἁρμονίας διδοὺς τοῖς μετ' αὐτοῦ τροπαρίοις. πρός γε τὸ τῶν εἱρμῶν μέλος κἀκεῖνα ῥυθμίζονται καὶ πρὸς ἐκεῖνον ἀναφερόμενα ἁρμόζονταί τε καὶ ψάλλονται καὶ τῇ ἁρμονίᾳ τοῦ μελωιδήματος ἐκείνου ἀκολουθοῦσιν. Und nun folgt die Etymologie: ἢ ὅτι συνείρει καὶ συμπλέκει ἑαυτῶι κατὰ τὸ μέλος ὁ εἱρμὸς τὸ τροπάριον.

Notwendigkeit nach, die man nicht hemmen konnte, und suchte die gefährliche Konkurrenz jener Gesänge dadurch aufzuheben, dafs man sie in den Dienst der Kirche mit hereinzog und die damit gegebenen Kräfte im eigenen, kirchlichen Sinne auszunutzen versuchte. Das Beispiel des heil. Ephrem zeigt, wie man jene Liedmelodien dadurch unschädlich zu machen suchte, dafs man ihnen Texte orthodoxen Inhalts unterlegte.

Wiederum war es das Morgenland, das mit diesen Bestrebungen den Anfang machte. Aber auch nach der Überführung der Hymnodie nach dem Westen läfst sich die Beobachtung machen, wie sie auch hier sehr bald Beziehungen zu der Volksmusik der betreffenden Nationen anzuspinnen beginnt.[1])

Die ästhetischen Betrachtungen, welche die Kirchenväter dem Hymnengesange widmen, sind bei weitem nicht so zahlreich und eingehend, wie ihre Bemerkungen über die Psalmodie. Zumal von Seiten der römischen Kirche, die ja den Hymnengesang in den Offizien überhaupt nicht zuliefs, fliefsen unsere Quellen sehr spärlich.[2]) Aber auch im Orient bewegen sich die Kirchenlehrer zumeist in ganz allgemein gehaltenen Ausdrücken. Johannes Chrysostomus z. B. entfernt sich in keiner Weise aus der uns bereits von der Psalmodie her bekannten Gedankensphäre, wenn er sagt, bei den heiligen Hymnen solle man sein Augenmerk nicht allein den Worten schenken, sondern auch der Gesinnung, die sie zusammengefügt hat.[3]) Gregor von Nazianz bezeichnet seinerseits den Hymnus als einen αἶνος ἐμμελής,[4]) und Johannes Klimakus endlich spricht von der trostreichen Wirkung der Hymnen, die die Seele in einen heiteren und zufriedenen Zustand versetzen.[5]) Die übrigen begnügen sich damit, dem Hymnus

---

[1]) Vgl. den mehrfach erwähnten Aufsatz O. Fleischers „Ein Kapitel vergleichender Musikwissenschaft" S. 23 ff.

[2]) Von manchen Seiten wurde sogar die Hymnendichtung des Hilarius und Ambrosius angefochten, so dafs auf dem vierten Toletaner Konzil beschlossen wurde: sicut orationes, ita et hymnos in laudem Dei compositos nullus nostrum improbet, sed pari modo in Callaecia Hispaniaque celebret; excommunicatione plectendi qui hymnos reicere fuerint ausi (Isidor. Mercat. Collect. decretal. bei Migne 130, 468).

[3]) Sermo, cum presbyt. fuer. ordin. 2: ἐπὶ τῶν ὕμνων τῶν ἱερῶν οὐχὶ τοὺς λόγους εὐλαβείας μετέχειν χρὴ μόνον, ἀλλὰ καὶ τὴν πλέκουσαν αὐτοὺς ψυχήν.

[4]) Carm. I, 34.

[5]) Scala parad. 27: τὸ ἱλαρὸν καὶ ἄλυπον ὑπὸ τῆς ψυχῆς κατάστημα αἱ τῶν ὕμνων παρηγορίαι χαρίζονται.

den Charakter eines ausschliefslich Gott geweihten Lobgesanges zuzusprechen, so bereits Ambrosius.[1]) Johannes Chrysostomus erblickt in der Hymnodie, im Gegensatze zu der alle Sphären durchdringenden Psalmodie, speziell die Domäne der höheren Mächte.[2])

Die bedeutende Rolle, die dem concentischen Element im Hymnengesange zufiel, fand einen noch mehr gesteigerten Ausdruck in den Jubilationen, d. h. in jenen mehr oder minder ausgedehnten Vokalisen über Worten und Silben, die aufserhalb der eigentlichen Rezitation standen und nur diakritische Bedeutung hatten; sie hatten ihren Platz vorzugsweise am Schlufs der Antiphonen. Das Prinzip, das diesen ausgedehnten melismatischen Verzierungen zu Grunde lag, steht in striktem Gegensatze zu der von den Kirchenvätern für die Psalmodie aufgestellten Forderung; die melodische Ausführung galt hier alles, der Sprachtext nichts. Es war ein Schwelgen in Tönen, das einen seltsamen Kontrast zu dem asketischen Grundzug der frühmittelalterlichen Musikästhetik bildet. Wie grofs aber die Ausdehnung war, die dieser rein melismatische Gesang allmählich annahm, das zeigen uns die Alleluiagesänge der griechischen Kirche, in denen der eigentliche Sprachtext von lautphysiologischen Silbenformeln fast vollständig überwuchert wird.[3])

Dafs diese Art des Singens schon sehr früh in Aufnahme kam, wird mehrfach bezeugt. Bereits zu Cassiodors Zeit pflegte an Festtagen die versammelte Gemeinde dem Rufe des Sängers mit einer derartigen melismatischen Tonformel „wie mit einem Gute, dessen man nicht satt wird", zu antworten.[4]) Aber der Jubilus erscheint schon früher, bei Hilarius von Poitiers, der in ihm die Singeweise der Hirten erblickt, wie sie auf einsamem Felde gewissermafsen als Frage und Antwort zum Ausdruck zu

---

[1]) De offic. ministror. I, 45: hymnus specialiter Deo dicitur; vgl. Augustin. In psalm. 43, 13; Bruno Herbipol. In psalm. 67, 4; Bruno Carthus. In epist. ad Ephes. c. 5.

[2]) In epist. ad Coloss. 3, 9, 2: οἱ ψαλμοὶ πάντα ἔχουσιν, οἱ δὲ ὕμνοι πάλιν οὐδὲν ἀνθρώπινον· ὅταν ἐν τοῖς ψαλμοῖς μάθῃ, τότε καὶ ὕμνους εἴσεται, ἅτε θειότερον πρᾶγμα· αἱ γὰρ ἄνω δυνάμεις ὑμνοῦσιν, οὐ ψάλλουσιν.

[3]) Vgl. die bei Fleischer, Die spätgriechische Tonschrift, angeführten Beispiele.

[4]) Cassiod. In ps. 104: hinc ornatur lingua cantorum: istud aula Domini laeta respondet et tanquam insatiabile bonum tropis semper variantibus innovatur.

kommen pflegt,[1]) eine Herleitung, die auch noch in späterer Zeit einige Male wiederkehrt. Tiefer dringt in das Wesen der Sache selbst Augustinus ein; er hat zugleich der Kirche die wissenschaftliche Begründung für diese von ihren Grundprinzipien so stark abweichende Gesangsart geliefert. Er geht davon aus, daſs der Mensch im Übermaſs des Jubels keine Worte mehr gebrauche, sondern seiner Freude in Lauten allgemeineren Charakters Ausdruck verleihe; in diesem Zustande komme es nicht darauf an, den Wortsinn zu begreifen, sondern allein seinen Gefühlen elementaren Ausdruck zu verleihen.[2]) An anderer Stelle zieht er denn auch daraus die Nutzanwendung für den Gebrauch des *iubilus* im Gottesdienst mit den Worten: der *iubilus* ist ein Laut, der da bekundet, daſs im Gemüte etwas nach Ausdruck ringt, das sich mit Worten nicht sagen läſst, und wem anders kommt dieser Jubellaut zu, als dem unaussprechlichen Gott?[3]) Demselben Gedanken verleiht ein dem hl. Gregor zugeschriebenes Wort Ausdruck, nämlich, daſs der *iubilus* dann eintrete, wenn das Herz von unaussprechlicher Freude ergriffen sei, die man weder verbergen, noch in Worten ausdrücken könne.[4]) In späterer Zeit lenkt Durandus bereits wieder in die Bahnen der Symbolik ein, wenn er in dem Pneuma den Ausdruck der unaussprechlichen Freude über das Ewige erblickt, daher komme es denn auch, daſs das Pneuma eine Stimme ohne bestimmte Bedeutung sei.[5])

Den Unterschied in der ästhetischen Wirkung dieser concentischen Gesänge, die im letzten Grunde auf rein musikalischen Faktoren beruht, wuſste man wohl zu würdigen, das Überraschende,

---

[1]) In psalm. 65, 3: iubilum pastoralis agrestisque vocis sonum nuncupamus, cum in solitudinibus aut respondens aut requirens per significantiam ductae in longum et expressae in nisum sonus vocis auditur.

[2]) Aug. in psalm. 99, 4: qui iubilat, non verba dicit, sed sonus quidam est laetitia sine verbis; vox est enim animi diffusi laetitia, quantum potest, exprimentis affectum, non sensum comprehendentis.

[3]) In ps. 32, 2: iubilus sonus quidam est significans cor parturire quod verbis dicere non potest, et quem decet ista iubilatio, nisi ineffabilem Deum? Vgl. In psalm. 65, 2; Prosper Aquitan. In psalm. 150.

[4]) Moral. l. 24 in Iob 33: iubilus dicitur, quando ineffabile gaudium mente concipitur, quod nec mente abscondi possit nec sermonibus aperiri. Vgl. Hildebert. Turon. Sermon. 9 bei Migne 171, 388; Petr. Lombard. In psalm. 56, 4; ibid. 191, 456.

[5]) Ration. divin. offic. V, 2.

das sich hier mit einem Male im Kirchengesang offenbarte, kam den Sängern deutlich zum Bewuſstsein.[1]

Die Erklärung, aus der Augustinus die Berechtigung dieses melismatischen Gesangs im Gottesdienst herzuleiten versucht, vermochte den Widerspruch, der zwischen ihm und den Anschauungen der Kirchenväter über die Aufgabe der geistlichen Tonkunst grundsätzlich bestand, wohl zu verschleiern, aber nicht aufzuheben. Tatsächlich war hier ein Element in die kirchliche Tonkunst eingedrungen, das mit den Prinzipien der offiziellen Ästhetik nicht vereinbar war. Hier handelte es sich nicht mehr um eine Hebung der Verständlichkeit des Textes, nicht mehr um die grundsätzliche Ausschaltung aller sinnlichen Wirkungen der Musik, sondern es war dem rein musikalischen Elemente der weiteste Spielraum zur Entfaltung, selbst auf Kosten der Verständlichkeit des Textes, gegeben. Nicht mehr das Gefühl der buſsfertigen Zerknirschung, die Klage des reuigen Sünders vor Gott sollten jene Gesänge zum Ausdruck bringen, sie dienten vielmehr gerade den entgegengesetzten Empfindungen, der jauchzenden Freude über den Verkehr mit Gott. Und da diese concentischen Weisen im Verlauf der Zeiten immer mehr an Ausdehnung und Wichtigkeit zunahmen, so erkennen wir die bedeutungsvolle Tatsache, daſs der asketische Grundcharakter der ältesten kirchlichen Musikanschauung während des Mittelalters selbst eine tiefgreifende Wandlung erfuhr, eine Wandlung, die in der liturgischen Gesangspraxis ihren Ursprung hatte und bald auch die Theorie zum Anschluſs zwang.

Der Grundsatz der gesamten mittelalterlichen Musikästhetik, daſs die Musik eine dienende Kunst sei, blieb zwar auch bei diesen neuen Gesängen in voller Geltung. Aber wie die Herrin, so begann sich auch die Dienerin allmählich zu verwandeln. Aus der ecclesia militans wurde mehr und mehr die ecclesia triumphans; so vertauschte denn auch ihre Dienerin ihre ursprüngliche schlichte Gewandung mit einer reicheren, sie diente der Kirche nicht mehr allein durch Verdeutlichung des Sprachtextes, sondern mit ihren eigenen Mitteln.

---

[1] Vgl. Rupert. Tuit. De divin. offic. I, 35 bei Migne 170, 30: (beim Alleluia) iubilamus magis quam cantamus unamque brevem digni sermonis syllabam in plures neumas vel neumarum distinctiones protrahimus, ut iucundo auditu mens attonita repleatur.

Der Ursprung dieses melismatischen Gesanges ist noch nicht völlig aufgehellt, indessen hat die Vermutung O. Fleischers,[1]) der darin einen Nachzügler des instrumentalen Zwischenspieles beim Psalmengesang, des ὑπόψαλμα, erblickt, viel Wahrscheinlichkeit für sich. Damit aber berühren wir einen weiteren vielumstrittenen Punkt, der auch für die Erkenntnis der Ästhetik von Wichtigkeit ist, nämlich die Frage nach der Stellung des Instrumentenspiels im frühmittelalterlichen Gottesdienst.

Der durchaus vokale Grundcharakter der mittelalterlichen Kirchenmusik ist längst allbekannt und ergibt sich auch ohne weiteres aus dem bisher Ausgeführten, sowie aus der Tatsache, daſs die mittelalterliche Tonschrift sich nur auf den Gesang, niemals auf das Instrumentenspiel bezog. Eine bedeutende Rolle haben demnach die Instrumente in jenen frühesten Zeiten des christlichen Gottesdienstes nicht gespielt. Schon die Stellung, die sie in der heidnischen Musik einnahmen, muſste ihren Gebrauch den Kirchenvätern als bedenklich erscheinen lassen, noch weit mehr aber die Rücksicht auf die praktischen Verhältnisse. Die Zeiten der Verfolgungen waren nicht geeignet zur Entfaltung groſsen instrumentalen Prunkes.

Aber hat darum die Kirche auf den Gebrauch der Instrumente überhaupt gänzlich verzichtet? Diese Frage wird heutzutage gemeinhin in bejahendem Sinne beantwortet,[2]) ohne daſs jedoch den beiden oben genannten inneren Gründen ein äuſserer von zwingender Natur zur Seite träte.

Demgegenüber muſs es im höchsten Grade auffallen, daſs die Kirchenväter, also gerade die Männer der Praxis, in ihren Schriften immer und immer wieder auf die Instrumente zurückkommen. Allerdings spielt dabei die Symbolik eine sehr wichtige Rolle, wie gleich zu zeigen sein wird; aber dies war doch nur möglich unter der Voraussetzung, daſs die Gemeinde zum mindesten mit den Instrumenten wohl bekannt war, denn symbolische Beziehungen werden natürlich nur auf solche Hörer den gewünschten Eindruck machen, die mit ihren Anknüpfungspunkten innerhalb der sichtbaren Welt vertraut sind.

---

[1]) Neumenstudien II, 1897, S. 56 f.; 111.
[2]) So schon M. Gerbert in seinem Werke De cantu et musica sacra; ihm folgt in späterer Zeit Ambros, Gesch. der Mus. II², 3 ff. Weit vorsichtiger drückt sich Fleischer, Neumenstud. II, 133 aus: er meint, die christliche Kirche habe „im allgemeinen" auf den Gebrauch der Instrumente in der Liturgie verzichtet.

Im allgemeinen vertreten die Kirchenväter den Instrumenten gegenüber einen ähnlichen Standpunkt, wie sie ihn dem Theater und Zirkus gegenüber einnehmen:[1]) sie knüpften an die bestehenden Gebräuche an, um sie dann durch symbolische Auslegung in reinere, der christlichen Anschauung entsprechende Sphären zu erheben. Ihre Polemik gegen die heidnische Instrumentalmusik steht aufser Zweifel, aber sie richtet sich nicht sowohl gegen die Instrumente selbst, wie gegen die Art ihrer gottesdienstlichen Verwendung. Von diesem Standpunkt aus haben wir das Wort des Clemens von Alexandrien aufzufassen, das den heidnischen Instrumenten, Psalterium, Pauken, Trompeten und Flöten, als das einzige christliche Instrument das Wort des Friedens, mit dem wir Gott verehren, gegenüberstellt.[2]) Derselbe Clemens lehnt für den christlichen Gottesdienst von den antiken Musikinstrumenten direkt nur den Aulos und die Syrinx ab. Die Syrinx weist er den Hirten zu, den Aulos aber den abergläubischen und götzendienerischen Menschen, mit der Begründung, dafs diese Instrumente den wilden Tieren und den unvernünftigen unter den Menschen zukommen.[3]) Dieses Verbot hinderte freilich nicht, dafs auch der Aulos, wie wir gleich sehen werden, in den Kreis der Symbolik hereingezogen wurde.

Neben den Zahlen bilden gerade die Instrumente das Gebiet, auf dem die Neigung sämtlicher mittelalterlichen Musikschriftsteller, Laien wie Fachmänner, zur Symbolik und Allegorie ihren konsequentesten Ausdruck gefunden hat. Die Ausführungen der ältesten Kirchenväter und Theoretiker bieten nach dieser Richtung hin eine instruktive Parallele zu den Erzeugnissen der ältesten christlichen Malerei, auf denen die Lyra als Sinnbild des Gottesdienstes erscheint. Über die rein praktische Verwendung der Instrumente erfahren wir dabei freilich so gut wie nichts; nur ganz allgemein wird daran erinnert, dafs sie nicht als Selbstzweck betrachtet werden dürfen.[4]) Dagegen bilden sie den Anknüpfungs-

---

[1]) S. o. S. 76.
[2]) Paedag. II, 4.
[3]) Ibid.: σύριγξ οὖν ποιμέσιν ἀποτετεμήσθω, αὐλὸς δὲ ἀνθρώποις δεισιδαίμοσιν εἰς εἰδωλολατρείας σπεύδουσιν. καὶ γὰρ ὡς ἀληθῶς ἀποπεμπτέα τὰ ὄργανα ταῦτα νηφαλίου συμποσίου θηρίοις μᾶλλον ἢ ἀνθρώποις κατάλληλα καὶ ἀνθρώπων τοῖς ἀλογωτέροις. Vgl. Basil. Homil. 4 in hexaëm. 1; Gregor. Nazianz. Carm. II, 100 ff.; Joh. Chrysost. Propt. fornicat. I, 2; Homil. 56 in Genes. 29.
[4]) Joh. Chrysost. In psalm. 150.

punkt für ein breit ausgesponnenes allegorisch-symbolisches System. Allerdings erhoben sich gegen eine Überschätzung dieser Methode, wenn auch nur vereinzelte, Einsprüche. So setzt z. B. Johannes Chrysostomus der gebräuchlichen Ausdeutung von Tympanum und Psalterium in ziemlich rationalistischer Weise seine eigene Ansicht entgegen: „ich möchte das dazu anführen, dafs die Leute in älterer Zeit von diesen Instrumenten so erregt wurden wegen der Stumpfheit ihres Sinnes und weil sie sich eben erst von den Götzen abgewandt hatten." [1]

Die Mehrzahl aber hielt mit grofser Zähigkeit an jener Symbolik fest. Ihr Grundgedanke ist antiken Ursprungs. Schon Platon hatte die Seele als Harmonie, den Leib aber als eine Leier bezeichnet, auf der jene zum Ausdruck komme,[2] und Nemesius z. B. nimmt auf diese Stelle ausdrücklich Bezug.[3] Bei den Neuplatonikern war dieser Gedanke noch weiter ausgesponnen worden: hier haben wir bereits den Satz gefunden, dafs der von Gott erfüllte Mensch, der θεόπνευστος, das Instrument ist, auf dem die Gottheit spielt.[4]

Derselbe Grundgedanke liegt auch der mittelalterlichen Instrumentensymbolik zu Grunde. Gott oder der heilige Geist bedient sich des Menschen wie eines musikalischen Instrumentes, um sein Wesen und seine Kraft zu offenbaren.[5] In den Kreis dieser Betrachtungen werden sämtliche Instrumente mit einbezogen, selbst der in praxi verpönte Aulos.[6]

Wiederum ist es die griechische Kirche gewesen, welche diese antiken Anregungen zuerst weitergebildet hat. Hier wirkte sogar der platonische Gedanke noch unmittelbar nach, so z. B. gleich bei Athanasius.[7] Die ältesten Kirchenväter betonen denn

---

[1] In psalm. 149, 2: ἐγὼ δὲ ἐκεῖνο ἄν εἴποιμι, ὅτι τὸ παλαιὸν οὕτως ἤγοντο διὰ τῶν ὀργάνων τούτων διὰ τὴν παχύτητα τῆς διανοίας καὶ τὸ ἄρτι ἀπεσπάσθαι ἀπὸ τῶν εἰδώλων.

[2] Phaed. 85 E ff.

[3] De nat. hom. 35.

[4] S. o. S. 57 f.

[5] Justin. Martyr. Paraenes. 61; Athenagor. Legat. 36 und 56; Clem. Alexandr. Paedag. II, 4; Strom. VI, 658 f.

[6] Clem. Alex. Protrept. I, 1; die Propheten als αὐλοί Basil. In psalm. 29, 7.

[7] Orat. contr. gent. c. 31: ἔοικέ γε τὸ τοιοῦτον ... λύραι καλῶς κατεσκευασμένηι καὶ τῶι ταύτην κρατοῦντι μουσικῶι μετ' ἐπιστήμης. ὡς γὰρ αἱ ἐν τῆι λύραι νευραὶ ἕκασται μὲν ἔχουσι τὸν ἴδιον φθόγγον ..., ἀδιάκριτος δέ ἐστιν αὐτῶν ἡ ἁρμονία καὶ ἀδιάγνωστος ἡ σύνθεσις χωρὶς τοῦ ἐπιστή-

auch bei der Übertragung dieses Gedankens auf die christlichen Verhältnisse ausdrücklich den Charakter des Gleichnisses. Daſs wir Gott mit mancherlei Instrumenten preisen, sagt derselbe Athanasius, ist als ein Symbol gedacht dafür, daſs die Glieder des Körpers, gleichwie Saiten, richtig zusammengefügt sind und die Gedanken der Seele wie Kymbeln wirken, und daſs im übrigen alles dies durch den Gesang und Wink des Geistes Bewegung und Leben empfängt.¹) Auch Clemens von Alexandrien vergleicht den Psalmensänger mit der Kithara.²)

Bald aber war den Kirchenvätern diese Art von Symbolik so geläufig geworden, daſs der Charakter des Gleichnisses vollständig aufgegeben wurde und daſs damit Anschauungen über die Instrumente und ihren Gebrauch ins Leben traten, die die moderne Forschung nur allzusehr geeignet waren in die Irre zu führen. Harmlos ist es zunächst noch, wenn Johannes Chrysostomus seine Gemeinde als Aulos und Kithara bezeichnet, die sich selbst dem heiligen Geiste zum Spielen übergeben habe und dadurch zu einem vollkommenen, nicht allein die Menschen, sondern auch die oberen Mächte ergötzenden Gesange gelangt sei.³) Aus derselben Grundanschauung leitet Clemens von Alexandrien die Begründung des Psalmengesangs durch König David her.⁴)

μόνος ..., τοῦτον τὸν τρόπον καὶ τῶν αἰσθήσεων ἐν τῶι σώματι ὡς λύραι ἡρμοσμένων, ὅταν ὁ ἐπιστήμων νοῦς αὐτῶν ἡγεμονεύῃ, τότε καὶ διακρίνει ἡ ψυχὴ καὶ οἶδεν ὃ ποιεῖ καὶ πράττει. Vgl. Theodoret. In psalm. 97, 5 und noch später Theophylact. Bulgar. In epist. ad Roman. 7, 5: ἡ ψυχή ἐστιν οἷόν τις κιθαριστής, τὰ δὲ μέλη κιθάρα. κακῶς οὖν κρούοντος τοῦ κιθαριστοῦ κακῶς ἠχεῖ ἡ κιθάρα.

¹) Ep. ad Marcellin. 29: καὶ γὰρ αἰνεῖν τὸν θεὸν ἐν κυμβάλοις εὐήχοις καὶ κιθάραι καὶ δεκαχόρδωι ψαλτηρίωι σύμβολον πάλιν ἦν καὶ σημαντικὸν τοῦ συγκεῖσθαι μὲν νομίμως τὰ μέλη τοῦ σώματος ὡς χορδάς, τοὺς δὲ λογισμοὺς τῆς ψυχῆς ὡς κύμβαλα γίνεσθαι καὶ λοιπὸν τῆι ἠχῆι καὶ τῶι νεύματι τοῦ πνεύματος ταῦτα πάντα κινεῖσθαι καὶ ζῆν.

²) Strom. VI, 11 (bei der Ausdeutung zweier Terpanderscher Verse): εἴη δ' ἂν τῶι ψαλμωιδῶι κιθάρα ἀλληγορουμένη κατὰ μὲν τὸ πρῶτον σημαινόμενον· ὁ κύριος, κατὰ δὲ δεύτερον οἱ προσεχῶς κρούοντες τὰς ψυχὰς ὑπὸ μουσηγέτηι τῶι κυρίωι.

³) De Lazaro Conc. 5, 2: αὐλὸς ἐγένεσθε καὶ κιθάρα τῶι πνεύματι τῶι ἁγίωι καὶ ... ὄργανα ... κατασκευάσαντες ἑαυτοὺς ... ἐδώκατε τῶι πνεύματι κροῦσαι τὰς ὑμετέρας ψυχάς ... ὅθεν καὶ παραρμόνιον ἠχήσατε μέλος, οὐχ ἀνθρώπους μόνον, ἀλλὰ καὶ τὰς ἄνω δυνάμεις εὐφραῖνον.

⁴) Protrept. I, 1: ὁ ἐκ Ἰαβίδ ... καὶ πρὸ αὐτοῦ, ὁ τοῦ θεοῦ λόγος, λύραν μὲν καὶ κιθάραν, τὰ ἄψυχα ὄργανα ἐπεωιδῶν, κόσμον δὲ τόνδε καὶ δὴ καὶ τὸν σμικρὸν κόσμον, τὸν ἄνθρωπον, ψυχήν τε καὶ σῶμα αὐτοῦ, ἁγίωι

Vom Orient, der Wiege aller dieser mystisch-symbolischen Anschauungen, ist auch die Instrumentensymbolik in die abendländische Kirche verpflanzt worden, und zwar in einer bereits sehr weit entwickelten Form. Wir haben oben[1]) die von Hippolytus, Eusebius u. a. zuerst eingeführte Scheidung der Gesänge nach Psalm, Lied und ihren verschiedenen Zwischenstufen samt den daraus abgeleiteten Allegorien kennen gelernt. Damit wird nun die Instrumentensymbolik in einer Weise kombiniert, die einer Erörterung über den praktischen Gebrauch der Instrumente im Gottesdienst auf den ersten Blick täuschend ähnlich sieht. Hilarius nämlich, der dem Abendland auch diese Theorie vermittelt hat, bezeichnet den Psalm als reine Instrumentalmusik ohne Gesang, das Lied dagegen als reine Vokalmusik; ein Psalmlied entsteht, wenn der Chorgesang einem vorangehenden Instrumentalstück nachfolgt, dagegen ein Liedpsalm, wenn sich das Instrument einer vorhergehenden Chorgesangspartie anschließt.[2]) Stünde diese Stelle für sich allein, so wüßten wir den Widerspruch der darin enthaltenen Angaben mit der uns sonst bekannten Art des Psalmengesanges auf keine Weise zu lösen, kombinieren wir sie dagegen mit der früher angeführten Allegorie,[3]) so zeigt sich sofort, daß sie nur symbolisch zu verstehen ist. Es ist nur begreiflich, daß schärfere Denker, wie z. B. Augustinus, eindringlich vor einer Übertreibung dieser Art von Symbolik warnten.[4]) Freilich hatten sie keinen Erfolg damit. Denn schon in den frühesten Zeiten findet sich die Instrumentensymbolik mit staunenswertem Aufwande

---

πνεύματι ἁρμοσάμενος ψάλλει τῶι θεῶι διὰ τοῦ πολυφώνου ὀργάνου καὶ προσᾴδει τούτωι τῶι ὀργάνωι· σὺ γὰρ εἶ κιθάρα καὶ αὐλὸς καὶ ναὸς ἐμός, κιθάρα διὰ τὴν ἁρμονίαν, αὐλὸς δὲ διὰ τὸ πνεῦμα ...

[1]) S. 107.
[2]) S. Migne 9, 244: in musicis artibus hae sunt officiorum et generum varietates. psalmus est, cum cessante voce pulsus tantum organi concinentis auditur, canticum est, cum cantantium chorus libertate sua utens neque in consonum organi obsequium hymno canorae tantum vocis exsultat. canticum autem psalmi est, cum organo praecinente subsequens et aemula organi vox chori cantantis auditur modum psalterii modulis vocis imitata. psalmus vero cantici est, cum choro ante cantante humanae cantationis hymno ars organi consonantis aptatur vocisque modulis praecinentis pari psalterium suavitate modulatur.
[3]) S. o. S. 107 f.
[4]) S. 113, Anm. 1.

von Phantasie durchgebildet, man vergleiche nur den merkwürdigen Bericht des Petrus Chrysologus über die büfsende Magdalena,[1]) oder die lang ausgesponnene Allegorie des heiligen Gregor über die von den Engeln auf die Erde gebrachten symbolischen Instrumente.[2])

Die Stelle Gregors orientiert uns zugleich über die Instrumente, die für die Symbolik in Betracht kommen. Die wichtigsten darunter sind Psalterium und Kithara. Sie bilden den eigentlichen Tummelplatz für die Auslegungskünste und werden auch gewöhnlich gemeinsam und mit Beziehung aufeinander behandelt.

Die Allegorie knüpft dabei unmittelbar an die äufsere Konstruktion der Instrumente an. Wiederum ist es Hippolytus, bei dem wir zuerst die Unterscheidung beider Instrumente, sowie die daraus sich ergebenden allegorischen Folgerungen antreffen. Die Vorzüge des Psalteriums rühren nach ihm daher, dafs es das einzige Instrument ist, dessen äufsere Gestalt keine gekrümmte Linie aufweist; auch ist die Tonquelle nicht, wie bei der Kithara, unten, sondern oben, damit auch wir den oberen Dingen nachstreben und nicht durch die sinnliche Freude am Gesange in die Leidenschaften des Fleisches hinabgezogen werden. So ist das Psalterium das Sinnbild des Leibes Christi und der Heiligen, der den höchsten Grad der Vollkommenheit darstellt.[3])

---

[1]) Sermon. 93: totam pulsat cordis sui et corporis symphoniam; organi planctus dat clamorem, citharam per suspiria longa modulatur, gemitus aptat in fistulam, et dum pectus ipsam conscientiam arguens saepe percutit, facit placitura Deo cymbala personare.

[2]) Expos. in reg. 1, 20: cum descendunt, ante se psalterium, tympanum, tibiam et citharam deferunt. psalterium quippe habent, quia regnum coelorum annuntiant, tympanum habent, quia praedicant mortificationem carnis, tibiam habent, quia flere subditos iubent pro acquisitione aeternae laetitiae, citharam quoque habent, quia gaudere pios pro certitudine aeternorum bonorum edocent.

[3]) Comm. in psalm. c. 6: (über das Psalterium) ὅπερ μόνον ὀργάνων ὀρθότερον εἶναι, οὐδὲν ἔχον ἐπικαμπές. καὶ μὴν οὐδὲ συνεργεῖσθαι εἰς ἦχον ἐκ τῶν κάτω μερῶν, ὡς συμβαίνει ἐπὶ κιθάρας καὶ ἄλλων τινῶν, ἀλλ' ἄνωθεν. τῆι κιθάραι μὲν γὰρ καὶ τῆι λύραι κάτωθεν ὁ χαλκός ὑπηχεῖ πρὸς τὸ πλῆκτρον. τὸ ψαλτήριον δὲ τοῦτο τῶν ἁρμονικῶν ῥυθμῶν ἄνωθεν ἔχει τὰς ἀφορμάς, ἵνα καὶ ἡμεῖς τὰ ἄνω ζητεῖν μελετῶμεν καὶ μὴ τῆι ἡδονῆι τοῦ μέλους ἐπὶ τὰ τῆς σαρκὸς πάθη καταφερώμεθα ... ὄργανον δὲ πάλιν ἐκ τῶν ἄνω τὴν ἀφορμὴν τοῦ ἠχεῖν ἐν ῥυθμῶι λαμβάνον, ποῖον ἂν εἴη τὸ σῶμα τοῦ Χριστοῦ καὶ τῶν ἁγίων αὐτοῦ, ὄργανον τὴν εὐθύτητα μόνον τετηρηκός (hier wird Isai. 53, 9 zitiert), ὄργανον σύμφωνον, ἐναρμόνιον, ἐμμελές, οὐδεμίαν ἀνθρωπίνην ἀσυμφωνίαν εἰληφός, οὐδὲ παρὰ μέλος τι πεποιηκός, πάντῃ

Diese Stelle enthält der Hauptsache nach bereits alles Wesentliche, was die Kirchenväter über den Unterschied beider Instrumente nach der symbolischen Seite hin zu sagen wufsten. Sie gewährt uns aber auch einen Einblick in den Unterschied beider im Bau, sowie er jenen Männern am meisten charakteristisch erschien. Die beiden Ausdrücke „oben" und „unten" beziehen sich, wie aus der Bezeichnung ὑπηχεῖν hervorgeht, auf die bei beiden Instrumenten verschiedene Lage des Resonanzbodens. Tatsächlich befand sich dieser bei der antiken Kithara vom Standpunkt des Spielers aus unten, während der Schallkasten des trapezförmigen Psalteriums oben eine gröfsere Ausdehnung besitzt, als unten. Aufserdem ist der Boden des Resonanzkörpers bei der Kithara gewölbt, während er beim Psalterium eine ebene Fläche bildet. Eben dieser geradlinige Bau ist es, an welchen, wie die entsprechende Stelle bei Hilarius beweist, der Vergleich mit dem Leibe Christi anknüpft.[1])

War somit das Psalterium das Symbol des Leibes Christi, so erblickte man in der Form der Kithara das mystische Zeichen seines Kreuzes. Ja, man behauptete geradezu, David habe mit seiner Kithara den Wahnsinn König Sauls beschwichtigt, nicht etwa weil der Kithara an und für sich eine solche Macht innewohne, sondern weil die Figur des Kreuzes Christi, welche sich im hölzernen Bau und in der Stellung der Saiten auf mystische Weise offenbarte, schon damals den bösen Geist zu vertreiben vermochte.[2])

So wird das Psalterium das Symbol des Göttlichen, die Kithara das des Menschlichen im irdischen Dasein, ein Gedanke, der nach den verschiedensten Richtungen hin ausgeführt wird. Beide ergänzen sich nach den Worten der heiligen Schrift, die

---

δὲ τὴν ἁρμονίαν τὴν πρὸς τὸν πατέρα τετηρηκός, vgl. Euseb. Comm. in psalm. init.; Basil. Homil. in psalm. 32, 2. Auch diese Theorie hat Hilarius, Prolog. in libr. psalmor. c. 7 dem Westen vermittelt.

[1]) Hilar. a. a. O.: per hunc ergo supernum spiritum Deus cantatur in psalmis, in formam Dominici corporis, in quo coelestis spiritus est locutus; forma quoque terreni huius et musici et ex supernis concinentis organi comparata; vgl. Rufin. In psalm. Dav. bei Migne 21, 872; Augustin. In psalm. 32, 2; Cassiodor. Praefat. in psalt. c. 4.

[2]) Nicet. De laude et utilitat. canticor. c. 3 (G I, 10 a): non quod citharae illius tanta virtus esset, sed quia figura crucis Christi, quae in ligno et extensione nervorum mystice gerebatur, iam tunc spiritum daemonis opprimebat, vgl. Beda Expos. allegor. in Samuel. 3, 1.

von zweierlei Gütern redet.[1]) Rufinus sagt: das Fleisch, welches Göttliches schafft, ist das Psalterium, das Fleisch aber, welches Menschliches erduldet, die Kithara;[2]) und auch Augustinus bemerkt, da der Geist von oben, das Fleisch aber von der Erde stamme, so scheine jener durch das Psalterium, dieses aber durch die Kithara versinnbildlicht zu werden.[3]) Auch Basilius bringt die beiden Instrumente in symbolische Beziehung zu Seele und Leib.[4]) Vollends aber liebten es die Späteren, diesen Gedanken noch weiter allegorisch auszuspinnen. Wie weit man hier ging, zeigt deutlich das Beispiel des Karthäusers Bruno, der daran die Bemerkung knüpft, dafs, wie die Saiten des Instruments anfangs fett und zum Musizieren unbrauchbar seien, auch die Frommen erst durch längere Übung im Fasten usw. allmählich für den Himmel reif würden.[5])

Aus dem angeführten Grundgedanken leitet Prosper von Aquitanien die Mahnung ab, mit dem Psalterium solle man die himmlischen, mit der Kithara dagegen die irdischen Dinge preisen,[6]) während Augustinus seinerseits darin die Forderung erblickt, mit der Kithara Bufse zu tun, mit dem Psalterium dagegen Gott zu lobsingen.[7]) Cassiodor endlich, der hier ein überaus dankbares Feld für seine mystischen Bestrebungen fand, hat denn auch die Instrumente und ihre Symbolik mit besonderer Liebe behandelt. Nach ihm ist das Psalterium, dieses klangschöne und einzige Instrument, dem Leibe unseres Herrn angemessen, da es, wie dieser, seine segensreichen Wirkungen von oben herab ausübt,[8]) die Kithara dagegen gilt ihm als das Symbol der sittlichen Tugenden in ihrem harmonischen Zusammenwirken.[9])

---

[1]) Joh. Chrysost. In psalm. 91, 1: $διπλ\tilde{α}, φησίν, ἔχω τὰ ἀγαθά$.
[2]) Comm. in psalm. a. a. O.
[3]) Enarrar. in psalm. 70, 22.
[4]) Homil. in psalm. 32, 2.
[5]) In psalm. 150 bei Migne 152, 1491; noch ausführlicher bei Rupert. Tuit. In Reg. I, 28, ibid. 168, 1096.
[6]) In psalm. 150: psalterio coelestia, cithara autem terrena laudentur.
[7]) In psalm. 32, 2: iubemur autem confiteri in cithara et psallere in psalterio.
[8]) Praef. in psalt. c. 4: hoc genus organi canorum atque singulare aptatur corpori Domini Salvatoris, quoniam, sicut istud de altioribus sonat, sicut et illud gloriosae institutionibus superne concelebrat.
[9]) In psalm. 146: virtutes morales consona operatione praecinentes, quae tunc veram citharam reddunt, quando se foederata societate coniungunt.

An anderer Stelle bezeichnet er das Psalterium als das Symbol des tätigen Gehorsams des Fleisches gegen die göttlichen Befehle, die Kithara dagegen als das Sinnbild des ruhmreichen Duldens.[1]

Seit Walafrid Strabo wurde diese Allegorie auch auf die Kirche und ihre Ordnungen ausgedehnt.[2] Ganz systematisch werden von einem anderen Autor die verschiedenen Instrumente den einzelnen Stufen der kirchlichen Hierarchie zugewiesen: die Trompete den *praedicatores*, das Psalterium den *monachi*, die Kithara den *eremitae*, die Pauke den *martyres*, der Sängerchor den ordnungsmäfsigen *canonici*, die Saiten den *poenitentes*, die Orgel den *confessores* und endlich die Cymbala den übrigen Gläubigen.[3]

Wurden somit die beiden Hauptinstrumente zunächst mit gegenseitiger Beziehung aufeinander behandelt, so wandten ihnen die Kirchenväter doch auch einzeln ihr Augenmerk zu. Zumal das Psalterium bildete den Gegenstand ausgedehnter symbolischer Erörterungen, hauptsächlich wegen der Zehnzahl seiner Saiten, in der man das mystische Abbild der zehn Gebote Gottes erblickte.[4] Wer alle Gesetze Gottes im Auge behält, sagt Basilius, und sie gewissermafsen zu einer vollen Konsonanz zu gestalten weifs, der besingt Gott mit dem zehnsaitigen Psalterium, weil die Zahl der ursprünglichen Gebote Gottes zehn beträgt.[5] Augustinus, der demselben Gedanken an verschiedenen Stellen Ausdruck verleiht,[6] zieht sogar die bekannte Zweiteilung des

---

[1] In psalm. 56: psalterium fuit, quando caro operabatur divina mandata, ut sancta se conversatione tractaret. cithara vero gloriosam significat passionem, quae tensis nervis dinumeratisque ossibus virtutem patientiae intellectuali quodam carmine personat.

[2] Walafrid versteht (Gloss. ord. I, 15) unter dem Psalterium die *ecclesia cum decalogo legis*, unter der Kithara dagegen die *ecclesia quae cum XXIV seniorum dogmatibus trinam habet formam in modum Δ litterae et fidem sanctae trinitatis significat*.

[3] Honor. Augustodun. Expos. in psalm. select. bei Migne 172, 308.

[4] Vgl. oben S. 120.

[5] In psalm. 32, 2: ὁ τοίνυν ἐπὶ πάσας τὰς ἐντολὰς ἐπιβλέπων καὶ οἱονεὶ συνῳδίαν αὐτῶν καὶ συμφωνίαν ποιῶν, οὗτος ἐν δεκαχόρδῳ ψαλτηρίῳ ψάλλει τῶι Θεῶι διὰ τὸ δέκα εἶναι τὰς γενικὰς ἐντολὰς κατὰ τὴν πρώτην τοῦ νόμου παράδοσιν γεγραμμένας. Vgl. Rufin. Comm. in psalm. David. bei Migne 21, 644: decem chordae psalterii decem praecepta legis significant, quae omnia bene implet, qui ea exsequitur, quae in psalterio scripta decantantur.

[6] De doctrin. Christian. II, 16; In psalm. 91, 5; 110, 1; 143, 2; Sermon. I, 33, 1.

Dekalogs heran;[1]) auch Rabanus Maurus schreibt dem Psalterium wegen seiner Saitenzahl eine besonders hervorragende Bedeutung zu.[2]) Arnobius endlich zieht außer dem Dekalog noch eine zweite allegorische Beziehung aus der heiligen Schrift heran: ihm gilt das zehnsaitige Psalterium als ein Sinnbild der zehn ägyptischen Plagen.[3]) Dagegen treten die nicht aus der Bibel entnommenen symbolischen Parallelen stark zurück. So bedeutet z. B. dem Athanasius ganz im Sinne der Neuplatoniker das zehnsaitige Psalterium den menschlichen Leib mit seinen fünf Sinnen und seinen fünf Seelenkräften,[4]) ein Vergleich, der jedoch in der Folgezeit keinen Nachahmer mehr gefunden hat. Aus allem Angeführten geht indessen hervor, daß gerade die Saitenzahl des Psalteriums für die Kirchenväter der hauptsächlichste Beleg für das Mysterium der Zehnzahl war, hier treten Zahlen- und Instrumentensymbolik in direkte Berührung zueinander.

Auch die Kithara wurde für sich allein symbolisch ausgedeutet. Daß sie die „Symphonie der Tugenden" darstellt, lehren Johannes Chrysostomus und Cassiodor.[5]) Dem Chrysostomus gilt sie zugleich aber auch als das Symbol des Alten Testaments, während die Trompeten das Neue bedeuten.[6]) Am ausführlichsten aber behandelt er noch eine dritte Allegorie mit den Worten: wie es auf der Kithara zwar verschiedene Klänge, aber nur eine Konsonanz und nur einen das Instrument handhabenden Musiker gibt, so ist hienieden die Kithara die Liebe selbst, die einzelnen Klänge aber sind die von der Liebe eingegebenen Worte, die alle dieselbe Harmonie und Konsonanz erzeugen, der Musiker aber ist die Macht der Liebe, sie ist es, welche die süße Melodie zum Tönen bringt.[7]) Wiederum einen anderen Gedankenkreis

---

[1]) In psalm. 32, 2: (iubemur) psallere in psalterio decem chordarum ... praecepta enim legis decem sunt ... habes ibi dilectionem Dei in tribus et dilectionem proximi in septem, vgl. Sermon. I, 9, 5.

[2]) Comm. in ecclesiast. VIII, 18.

[3]) In psalm. 143 bei Migne 53, 557: in psalterio decem chordarum psallam tibi, decem praecepta legis suscipiens et decem plagis Aegyptum percussum fugiens; vgl. Augustin. Serm. I, 8.

[4]) In psalm. 143, 9: ψαλτήριον δεκάχορδον τὸ σῶμά ἐστιν ἅτε πέντε αἰσθήσεις ἔχον καὶ πέντε ἐνεργείας ψυχῆς, δι' ἑκάστης αἰσθήσεως γιγνομένης ἐνεργείας ἑκάστης.

[5]) Joh. Chrysost. In psalm. 98, 2.

[6]) A. a. O.

[7]) Homil. in act. apost. 40, 4: καθάπερ ἐπὶ κιθάρας διάφοροι οἱ φθόγγοι,

eröffnet uns der heilige Gregor, der die Kithara mit der Orgel zusammenstellt. Da diese ein Pfeifen-, jene aber ein Saiteninstrument ist, so erscheint ihm die Kithara als das Symbol der gottgefälligen Werke, die Orgel dagegen als das Symbol des in Worten zum Ausdruck gelangenden Preises Gottes.[1]) Ganz in mystische Fernen verliert sich endlich eine Allegorie aus späterer Zeit, die eine Parallele zwischen der himmlischen Kithara und der einträchtigen Kirche zieht.[2])

Gegenüber diesen beiden Instrumenten treten die übrigen hinsichtlich ihrer Bedeutung für die Symbolik stark zurück. Zunächst ist das Tympanum zu nennen. Auch bei ihm knüpfte die Allegorie an die Konstruktion des Instrumentes an. Das Tierfell der Pauke galt als Symbol des vergänglichen, dem Tode verfallenen Menschen. Im Tympanum, das aus Haut gefertigt wird, stellt sich das Fleischliche dar, sagt Augustin.[3])

Sehr bezeichnend für diese ganze Symbolik ist die Art und Weise, wie die Kirchenväter die Aufforderung der heil. Schrift, Gott mit Paukenschall zu preisen, ausdeuten. Athanasius erblickt in der Pauke das Sinnbild der Abtötung alles Fleisches,[4]) ebenso Prosper von Aquitanien,[5]) und der heilige Gregor führt aus, da beim Tympanum nur ein trockenes Fell erklinge, beim Chore aber ein einheitlicher Gesang der Stimmen, so stelle jenes die Enthaltsamkeit und dieser die Eintracht der Liebe dar.[6]) Man

---

μία δὲ ἡ συμφωνία, εἷς δὲ μουσικὸς ὁ τὴν κιθάραν μεταχειρίζων, οὕτως ἐνταῦθα κιθάρα μὲν ἐστιν αὐτὴ ἡ ἀγάπη, φθόγγοι δὲ ἠχοῦντες τὰ δι' ἀγάπης προφερόμενα ῥήματα φιλικά, μίαν καὶ τὴν αὐτὴν ἅπαντες ἀφιέντες ἁρμονίαν καὶ συμφωνίαν. ὁ δὲ μουσικὸς ἡ τῆς ἀγάπης δύναμις· αὕτη κρούει τὸ μέλος τὸ ἡδύ.

[1]) Moral. lib. 20: quia organum per fistulas et cithara per chordas sonat, potest per citharam recta operatio, per organum vero sancta praedicatio designari. per fistulas quippe organi ora praedicantium, per chordas vero citharae intentionem recte viventium non inconvenienter accipimus; vgl. In Iob c. 30.

[2]) Terald. Exposit. super missam bei Migne 138, 1176.

[3]) In psalm. 80, 3: tympanum, quod de corio fit, ad carnem pertinet; vgl. lu ps. 149, 8.

[4]) De titul. psalm. 150, 7: τῆι νεκρώσει παντὸς τοῦ σώματος ὑμῶν ἀναμνήσατε αὐτόν.

[5]) In psalm. 149: in tympani extensione crucifixio carnis accipitur.

[6]) Homil. I, 8: in tympano corium siccum resonat, in choro autem voces concorditer cantant. quid ergo per tympanum, nisi abstinentia, et quid per chorum nisi caritatis concordia designatur? Ein späterer Nachhall dieser

gelangte sogar noch dazu, den Leib des gekreuzigten Heilands mit diesen Gedanken in Verbindung zu bringen.[1]

In der Trompete, bei der vor allem die Klangstärke hervorgehoben wird,[2]) erblickte man das Sinnbild des göttlichen Wortes, das die Seele des Hörers aufweckt.[3]) Gregor von Nyssa vergleicht sie mit dem Lobe Gottes, da auch sie die Harmonie des Alls darzustellen vermöge.[4]) Ganz besonders beliebt aber ist der Vergleich eines seine Leiden mit Geduld ertragenden Menschen, dessen biblisches Vorbild Hiob ist, mit der metallenen Trompete, während die Trompete aus Horn das Symbol der Bezwingung aller fleischlichen Lüste ist.[5])

Von der symbolischen Beziehung der Trompete zu den vier Evangelien ist bereits die Rede gewesen; Johannes Chrysostomus bringt den Gedanken auſserdem auch noch auf die zwölf Apostel in Anwendung.[6])

Verhältnismäſsig selten wird die Orgel in den Kreis der Symbolik hereingezogen, wie z. B. in der bereits angeführten Stelle des heiligen Gregor.[7]) Merkwürdig ist die von Arnobius ausgeführte Allegorie, welche die Pfeifen dieses Instrumentes mit der Schamhaftigkeit in Beziehung bringt.[8]) In späterer Zeit

---

Anschauung bei Bruno Carthus. In psalm. 23 bei Migne 152, 769 (von David): sonum dulcem de tympano protulit: doctrinam scilicet carnis mortificandae et sic dulcem cantum Domino prolaturae, quae per tympanum figuratur, quod ex pellibus mortuorum animalium compositum dulciter sonat.

[1]) Augustin. Sermon. 363, 4: in ligno ... caro extenditur, ut tympanum fiat et ex cruce discant suavem sonum gratiae confiteri.

[2]) Euseb. In psalm. 150.

[3]) Origines Homil. in Jerem. 5, 161.

[4]) Homil. 4 in ecclesiast.: ὅτι καὶ μιμεῖται τὴν τοῦ παντὸς ἁρμονίαν τῶι ποικίλωι τε καὶ πολυειδεῖ τῶν ἀρετῶν, ὄργανον ἐν ῥυθμῶι μελωιδίας τῶι θεῶι γενομένη.

[5]) Augustin. In psalm. 97, 6: ductiles tubae aereae sunt, tundendo producuntur. si tundendo, ergo vapulando. eritis tubae ductiles, si, cum tribulamini, proficiatis. tribulatio tunsio, profectus productio est. tuba ductilis erat Iob ... vox tubae corneae quid est? cornu excedit carnem; necesse est ut carnem superando sit firmum ad perdurandum et capax vocis. quid est superet carnem? transcendat carnales affectus, vincat carnales libidines ... qui vult esse tuba cornea, superet carnem ... tuba cornea te erigat adversus diabolum etc.

[6]) In psalm. 4, 6, 5: οὐκ ἂν δέ τις ἁμάρτοι σάλπιγγας τὰ στόματα τῶν ἀποστόλων εἰπών.

[7]) S. 220.

[8]) In psalm. 150 bei Migne 53, 369 f.: etiam pudicitiam quam continentiae calamellis ab omni rubigine peccati mundantes Deo sonos mellifluos exhibemus.

erblickte man in der Orgel jede zum Preis der göttlichen Wahrheit vorgebrachte Äußerung des Herzens oder Mundes.[1]

Der Ursprung dieser seltsamen, von musikalischer Seite bisher noch nicht beachteten Instrumentensymbolik führt uns wiederum in die Sphäre der griechisch-alexandrinischen Religionsphilosophie Philos und seiner Anhänger. Auch Philo hatte bei seiner allegorischen Schrifterklärung, wie wir sahen,[2] an den Gebrauch der Instrumente im jüdischen Gottesdienste angeknüpft. Von hier aus gelangten jene Anschauungen in die Lehre der griechischen Kirche. Sie ist es gewesen, die ihnen das Bürgerrecht in der christlichen Lehre verschafft und sie folgerichtig weiter entwickelt hat. Das Abendland, dem sie durch Hilarius, Ambrosius und Augustin vermittelt wurden, hat sie unverändert übernommen, eine selbständige Weiterbildung hat hier nicht stattgefunden.

Dieser Unterschied ist nicht ohne Bedeutung. Wir hatten schon mehrfach Gelegenheit zu beobachten, daß die christliche Musik im Orient in engeren Beziehungen zu der antiken stand, als es im Occident der Fall war. Dasselbe Verhältnis scheint auch hinsichtlich der Instrumente bestanden zu haben. Denn während im Westen immer dieselben Sätze in fast sterotyper Form wiederkehren, eine Art, die jedenfalls auf keine besondere Vertrautheit mit den Instrumenten schließen läßt, geht durch die Schriften der griechischen Kirchenlehrer ein weit freierer und lebendigerer Zug, der von Anfang an auf eine engere Fühlung mit der Instrumentenmusik, zum mindesten auf ein weit lebhafteres Interesse an ihr hinweist. Die große Rolle der Instrumentensymbolik in ihren Schriften setzt auch bei ihren Gemeinden einen Grad von Vertrautheit mit den Instrumenten voraus, der ohne ein weitverbreitetes Interesse an der Instrumentalmusik nicht denkbar wäre. Bedenken wir nun aber, daß gerade zur Zeit des Verfalles der antiken Musik das Instrumentalvirtuosentum eine große Rolle spielte, so erklärt sich dieses Verhältnis ohne weiteres. Die griechische Kirche, die ja auch den concentischen Gesängen weit früher Einlaß gewährte, als

---

[1] Richard. S. Victor. Adnotat. mystic. in psalm. bei Migne 96, 373: intelligimus in organis quamlibet modulationem mentis et oris in praeconia veritatis.

[2] S. oben S. 41.

die abendländische, steht auch hinsichtlich der Stellung der Instrumente in weit höherem Mafse, als jene unter dem Einfluſs der Antike. Es wäre natürlich verfehlt, aus der Bedeutung der Instrumentensymbolik etwa unmittelbare Schlüsse auf irgend welche praktische Verwendung der Instrumente im Gottesdienste selbst ziehen zu wollen. Aber die eine Tatsache erkennen wir doch daraus, daſs man im Morgenlande auch von kirchlicher Seite aus mit den Instrumenten wohl vertraut war, daſs man sie nicht schlechtweg ablehnte, sondern mit ihnen zu rechnen wuſste.

Eine weitere bemerkenswerte Tatsache ist die, daſs diese Art von Symbolik sich fast ausschlieſslich nur bei den Kirchenvätern findet, nicht aber bei den Theoretikern. Wo diese sich mit den Instrumenten beschäftigen, da tun sie es lediglich nach der rein technischen Seite hin. Ihre Vorbilder Cassiodor und Boëthius kennen diese Art von Symbolik nicht, und da sie, wie wir sahen, auch bei den abendländischen Kirchenvätern lange nicht dieselbe Bedeutung besitzt, wie im Osten, so erklärt es sich, warum die Theoretiker auf sie nicht zurückgekommen sind. So bildet denn die Instrumentensymbolik das einzige Gebiet innerhalb jener mystischen Tendenzen, auf das die zünftige Musiktheorie den Kirchenvätern nicht nachgefolgt ist. Hier wenigstens hat sie sich von der beliebten Spekulation mit auſsermusikalischen Elementen freigehalten und die Sphäre der tatsächlich gegebenen Verhältnisse nicht überschritten.

Fünftes Kapitel.

Die empirische Ästhetik.
Tonarten- und Melodiebildungslehre.

Dafs die mittelalterliche Musiktheorie hinsichtlich der allgemeinen ästhetischen Prinzipien nicht selbständig vorging, sondern durchaus von der antiken Lehre einerseits und den Anschauungen der ältesten Kirchenväter andererseits abhängig war, ist im zweiten Kapitel ausführlich dargestellt worden. Wir haben dabei zugleich auch alle jene Einflüsse kennen gelernt, die der Herausbildung einer wirklichen, auf rein musikalischem Boden beruhenden und rein künstlerische Zwecke verfolgenden Ästhetik hindernd im Wege standen: das zähe Festhalten an dem vom späteren Altertum gelehrten mathematischen Charakter der Musik, die Durchsetzung der Kunsttheorie mit allerhand aufserkünstlerischen Elementen, vor allem aber das lange Zeit hindurch unerschütterlich festgehaltene Bestreben, alle musikalischen Erscheinungen mit Hilfe der antiken Theoreme zu erklären.

Wollte die Ästhetik sich nicht dauernd an ein längst verschollenes Kunstideal binden, wollte sie sich nicht vollständig in arithmetischer Spekulation und in phantastischer Symbolik verlieren, so mufste sie die Fühlung mit der lebendigen Kunstübung der Zeit wiederzugewinnen trachten. Die Kluft zwischen theoretischer Spekulation und liturgischer Praxis, welche durch die unbeschränkte Anerkennung der Autorität des Cassiodor und Boëthius hervorgerufen worden war, mufste überbrückt werden.

Der Anfang dazu konnte aber erst in einem Stadium der praktischen Kunstentwicklung gemacht werden, das die Stellung ästhetischer Probleme überhaupt ermöglichte. Es mufste eine

Stufe erreicht werden, auf der das rein musikalische Element bereits ein solches Maſs von Bedeutung gewonnen hatte, daſs es von selbst zu ästhetischen Untersuchungen anregte.

Bei der Psalmodie war dies in ihrer ursprünglichen Form noch keineswegs der Fall. Die einfachen ästhetischen Prinzipien, die ihr zu Grunde lagen, nämlich der enge Anschluſs an den sprachlichen Text und in Verbindung damit die grundsätzliche Ablehnung aller rein sinnlichen Klangwirkung, sind bereits von den Kirchenvätern erschöpfend behandelt worden. Das rein musikalische Element war hier von durchaus untergeordneter Bedeutung. Keine musikalische Norm zeichnete jener primitivsten Form der Psalmodie ihre bescheidenen melodischen Konturen vor, sondern allein die sprachliche Gestaltung des zu Grunde liegenden Textes. Das Tonmaterial war das denkbar einfachste; es umfaſste nur ein Tetrachord, und auch innerhalb dieses beschränkten Spielraums blieb die Stimme für gewöhnlich auf dem tonus currens liegen und berührte die übrigen Tonstufen nur bei sprachlichen und syntaktischen Einschnitten. Hier kann also von einer Melodiebildungslehre in rein musikalischem Sinne nicht die Rede sein. Was allein bemerkenswert ist und auch auf die spätere Entwicklung einen wesentlichen Einfluſs ausgeübt hat, ist der Umstand, daſs jenes Tetrachord der ursprünglichen Psalmodie Durcharakter aufweist. Damit war von vornherein der Keim zu einem musikgeschichtlichen Konflikte gelegt, der auf die ganze Weiterentwicklung der Tonkunst einen befruchtenden Einfluſs ausgeübt hat: nämlich dem Gegensatze zwischen dem der Psalmodie zu Grunde liegenden Durprinzipe und dem mit dem Eindringen der griechischen Tonarten sich geltend machenden Mollprinzipe.

Eine eigentliche, mit ästhetischen Reflexionen verknüpfte Melodiebildungslehre konnte sich erst entwickeln, als das Melodische überhaupt sich bereits einen gewissen Grad von Geltung und Anerkennung errungen hatte, d. h. erst nach der Übernahme des griechischen Oktoechos durch das Abendland.

Im Altertum waren es die Oktavengattungen gewesen, welche der Ästhetik den meisten Stoff zu ihren theoretischen und praktischen Erörterungen geliefert hatten; nur wer ihre innere Konstruktion und die daraus sich ergebenden Gesetze der Melodiebildung genau kannte, galt als vollwichtiger Musiker, und das Publikum war feinhörig genug, um etwa nach dieser

Richtung hin vorkommende Verstöfse alsbald zu empfinden und zu rügen.¹)

Wenn wir nun zur Zeit der voll ausgebildeten mittelalterlichen Musiktheorie eine ähnliche Erscheinung antreffen, so erhebt sich natürlich alsbald die Frage nach dem Grade des Einflusses, den die antike Theorie auf die mittelalterliche ausgeübt hat, und damit stehen wir vor dem viel erörterten, aber noch keineswegs gelösten Problem des Verhältnisses der mittelalterlichen Tonarten zu den antiken. Und dies führt uns weiterhin zu der Frage nach der Einführung der Tonarten in der abendländischen Kirche. Die Musikforschung steht hier, wie früher vor der Legende, so heutzutage vor der Hypothese.²)

Mit vollem Recht weist Wagner³) auf die Unmöglichkeit hin, dieses Problem auf einseitig musikalischem Wege zu lösen; die Frage läfst sich nur im Zusammenhange mit der Geschichte der liturgischen Entwicklung überhaupt beantworten. Die Geschichte der Musiktheorie weifs uns nur soviel zu berichten, dafs, während Cassiodor und Boëthius die neuen Tonarten noch nicht kennen, der früheste mittelalterliche Theoretiker, der ihrer Erwähnung tut, Flaccus Alkuin aus dem Kreise Karls des Grofsen, sie bereits in ihrer vollen Zahl aufführt und von ihren Benennungen als zu seiner Zeit längst gebräuchlichen redet.⁴) Wir kommen von hier aus zu demselben Schlusse, den auch die Geschichte der Liturgie zieht, nämlich, dafs die Tonarten nicht erst in der Karolingerzeit aufkamen, sondern damals bereits als etwas ganz Gebräuchliches betrachtet wurden. Die von Alkuin angeführten, aus der griechisch-byzantinischen Gemeinsprache herstammenden Benennungen der Tonarten (*protus, deuterus, tritus* und *tetrardus*⁵)) beweisen zur Genüge, dafs es sich hier um ursprünglich griechisches

---

¹) Vgl. Lehre vom Ethos S. 64 f.
²) Vgl. darüber R. Eitner, Monatsh. f. Musikgesch. IV, 169 ff.; W. Brambach, Das Tonsystem und die Tonarten des christlichen Abendlandes, Leipzig 1881, 5 ff.; Gevaert, La mélopée antique dans le chant de l'église latine 1895; Fleischer, Neumenstudien II, 51 ff.; P. Wagner, Neumenkunde 1905.
³) A. a. O.
⁴) *nomina apud nos usitata* Mus. bei G I, 26a.
⁵) Die Handschrift weist hier die auffallende Form *tetrachius* auf, die ich doch nicht ohne weiteres mit Gerbert I, 27 und H. Riemann (Gesch. der Musiktheorie 1898, S. 12) für einen blofsen Schreibfehler halten möchte. Steckt vielleicht das griechische ἦχος dahinter? Vgl. *tetrarchus* bei Aurelian. Reom. c. 8.

Gut handelt. Wiederum offenbart sich die schon öfter beobachtete Erscheinung, daſs im Osten der Faden der antiken Tradition, im Gegensatz zum Westen, niemals abgerissen ist. Denn daſs wirklich bei der Herausbildung des griechischen Oktoechos die Vorstellung von den antiken Oktavengattungen noch lebendig nachwirkte, zeigt sich schon darin, daſs die Byzantiner bereits in den frühesten Zeiten dem Ethos ihrer einzelnen Tonarten ein besonderes Augenmerk zugewandt haben. Bereits der sog. Hagiopolites macht darauf aufmerksam, daſs es bei den Tonarten nicht auf die Quantität, sondern auf die Qualität der einzelnen Töne ankomme; so erkenne man z. B. das Hypodorische an seiner Kraft, das Hypophrygische an seiner Lieblichkeit, und das Hypolydische an seiner Schlaffheit.[1])

Wenn aber auch die Annahme von der Einführung der griechischen Tonarten während der Karolingerzeit sich als nicht stichhaltig erweist, so erkennen wir doch, daſs eben zur Zeit Karls des Groſsen zwischen Aachen und Byzanz zeitweilig ein reger Verkehr herrschte, der sich insbesondere auch auf dem Gebiete der Musik bemerkbar machte. Die Kenntnis der liturgischen Gesänge der Byzantiner war damals zwar keine Neuheit mehr, aber sie wurde nunmehr durch die Bemühungen Karls, vor allem durch die Heranziehung griechischer Sänger bedeutend erweitert und vertieft. Unser erster abendländischer Bericht über die Tonarten stammt aus Karls unmittelbarer Umgebung, er lehnt sich durchaus an die griechische Terminologie an, und auch bei Aurelianus Reomensis tritt die Abhängigkeit von den Griechen noch deutlich zu Tage. Offenbar erreichte der griechische Einfluſs, der sich lange vor den Karolingern in der liturgischen Praxis als wirksam erwiesen hatte, eben damals einen solchen Grad der Intensität, daſs er nunmehr auch die Aufmerksamkeit der Theorie auf sich lenkte. So bezeichnet die

---

[1]) Fol. 7: τοῦτο δὲ δεῖ νοεῖν ἐπὶ τῶν ἤχων, ὅτι οὐ ποσότητα φωνῶν ὀνομάζομεν, ὀξύτητα γὰρ καὶ βαρύτητα καὶ τελειότητα καὶ λαμπρότητα φωνῶν εἰώθαμεν λέγειν ἅπαντα· τῆς ποιᾶς δὲ φθογγῆς εἰσι σημαντικά, οὐ τῆς πόσης ... ὥστε οὐχὶ πρὸς ἀρίθμησιν ἡμῖν τῆς τῶν ἤχων σημασίας εἰσάγουσι, ἀλλ' ἡ ποιὰ τοῦ μέλους φθογγὴ ἐκ τούτων παρίσταται. διά τε τοῦτο οὐδὲ τὸ δώριον μέλος τὴν προτίμησιν ἐν τοῖς ἤχοις ἐδέξατο, οὐδὲ τὸ ὑποδώριον (folgen alle übrigen ἦχοι) ..., sondern man kennt ἐν τῇι εὐτονίαι τῶν φθόγγων τὸ ὑποδώριον, ἐν τῇι ἡδύτητι τὸ ὑποφρύγιον, ἐν δὲ τῇι χαυνότητι τὸ ὑπολύδιον, ἃ τοὺς πρώτους φθόγγους τῆς μουσικῆς διαρρήδην εἰσάγουσι.

Regierungszeit Karls des Grofsen zwar nicht den Beginn, wohl aber ein kritisches Stadium in der Entwicklung der gräzisierenden Bestrebungen, wie allein schon die legendenhafte Tradition von der Einführung von neuen vier Tonarten durch Karl und die Griechen beweist.[1]

Der Bericht des Aurelianus zeigt übrigens deutlich, dafs die Bewegung auch damals noch nicht zum Stillstand gelangt, sondern noch in vollem Flusse begriffen war. Es erhellt dies daraus, dafs Aurelianus alle Melodien nur nach ihrem Anfange benennt, für den weiteren Fortgang dagegen kommt es ihm nicht darauf an, ob die Tonart beibehalten wird oder nicht.[2] Aufserdem ist die Zahl der Kadenzformeln (*differentiae*) für die einzelnen Töne noch keineswegs bestimmt normiert. Man sieht ganz deutlich, dafs in der praktischen Kunstübung, die Aurelianus beobachtete, der Begriff und die Unterschiede der Tonarten noch nicht so scharf begrenzt waren, wie in späterer Zeit.

Eben deshalb aber ist es angezeigt, die Tonarten in diesem Bericht etwas näher zu beleuchten, vor allem um ihr Verhältnis zu den griechischen Tonarten, das natürlich auch für die Betrachtung der ästhetischen Seite von hoher Wichtigkeit ist, von vornherein klarzustellen.

Wir haben bereits gesehen, dafs das Gefühl für die Unterschiede der einzelnen Tonarten ihrem Ethos nach schon bei den spätlateinischen Theoretikern, zumal bei Cassiodor und Boëthius stark getrübt war.[3] Trotz der eingehenden Behandlung der griechischen Tonarten waren bereits diese Männer sich nicht mehr vollständig über Begriff und Wesen der antiken Tonart im Klaren, und diese Unklarheit hat denn auch bis weit ins Mittelalter hinein ihre Spuren hinterlassen. Denn trotzdem die Theoretiker in diesem Punkte meist von der Praxis ausgingen, so steckte ihnen doch die Achtung vor der Autorität der Alten zu tief im Blute, als dafs sie nicht auch hier den Versuch gemacht hätten, die zeitgenössische Praxis mit der antiken Tradition in Übereinstimmung zu bringen.

Im Altertum hatte die Charakteristik der einzelnen Oktavengattungen von den verschiedenen Arten der Tetrachorde, die sich

---

[1] Aurelian. Reom. a. a. O.
[2] Cap. 19.
[3] S. o. S. 134.

nach der Aufeinanderfolge von Ganz- und Halbtönen von einander unterschieden, ihren Ausgang genommen. Von bestimmten Melodieformeln, die das Kennzeichen einer bestimmten Tonart gebildet hätten, wissen wir nichts. Das feine Ohr des Griechen unterschied die einzelnen Tonarten lediglich nach ihrer inneren Konstruktion von einander, wie dies für eine Zeit, die von der Musik in erster Linie die Steigerung des Dichterwortes zum Gesang forderte, ganz natürlich war.[1]

Nun bestimmte zwar allerdings auch bei den mittelalterlichen Theoretikern die Verschiedenheit der Tetrachorde auch die Unterschiede der Tonarten; allein nach anderen Richtungen hin gingen sie doch einen erheblichen Schritt über die Griechen hinaus. Wenn bereits Aurelianus jeder Tonart ihre bestimmte, stets wiederkehrende melodische Formel zuweist, so findet sich hiefür in der griechischen Musiktheorie kein Analogon. Die Lehre von den *differentiae* der einzelnen Kirchentöne ist dem Altertum durchaus fremd.[2]

Dagegen kam im Laufe der Zeit wiederum ein echt griechisches Moment hinzu, nämlich die Lehre vom Ethos der Tonarten. Natürlich konnte der Einfluſs dieser Lehre seine Wirkungen erst dann entfalten, als es überhaupt Tonarten gab, die sich in ihrem charakteristischen Bau scharf voneinander abgrenzten.

Wie rasch die griechische Musiktheorie, auch im Abendlande, zumal in der fränkischen Schule, Wurzel gefaſst hat, zeigt das Beispiel des Remigius Altisiodorensis. Hatte Aurelianus noch vorwiegend die praktischen Musikverhältnisse seiner eigenen Zeit vor Augen gehabt, so stellt sich Remigius von vornherein vollständig auf den Boden der antiken Theorie und dokumentiert diesen seinen Standpunkt schon äuſserlich dadurch, daſs er keinen selbständigen Musiktraktat, sondern einen Kommentar zur Martianus Capella verfaſst. Aurelianus hatte die damals noch durchaus im Flusse befindlichen musikalischen Anschauungen seiner Zeit in möglichst getreuer Darstellung zusammenzufassen gesucht, Remigius dagegen ist der erste, der sich gänzlich in das System

---

[1] Lehre vom Ethos S. 69 ff.
[2] Wenn daher Aur. Reom. am Schlusse seiner Ausführungen über die Tonarten (c. 19) sagt, daſs alle ihre varietates aus griechischer Quelle stammen, so bezieht sich dies nicht auf die altgriechische, sondern auf die byzantinische Musik seiner eigenen Zeit.

der altgriechischen Theorie einspinnt. Er geht sogar soweit, sich direkt auf den Standpunkt eines alten Hellenen zu stellen, ein Standpunkt, der ihn ganz naturgemäfs in den meisten Fällen von dem Boden der gleichzeitigen musikalischen Praxis abführen mufste. In dem Bestreben, nur überhaupt erst einen systematischen Untergrund für eine Musiktheorie zu gewinnen, verliert er sich nicht selten in Spekulationen, die seine Theorie in direkten Widerspruch mit der Praxis setzen.[1]) So treten bei ihm unter dem Namen *tropi*[2]) auch die alten Oktavengattungen wieder auf, ohne dafs freilich von einem Unterschiede des Ethos dabei die Rede ist.

Der stetig wachsende Einflufs der antiken Musiktheorie hatte zur Folge, dafs man in den mafsgebenden Kreisen nach Analogie der alten Oktavengattungen auch dem Systeme der Kirchentonarten einen erhöhten Grad von Aufmerksamkeiten zuwandte. Wir sahen bei Aurelianus, dafs damals die Tonarten noch keineswegs die feste Gestalt der späteren Zeit aufweisen. Dasselbe ist bei Regino von Prüm der Fall, der sich ebenfalls im Gegensatz zu Remigius noch auf dem Boden der praktischen Musik seiner Zeit bewegt. Auch er steht noch in Fühlung mit der zeitgenössischen byzantinischen Kunst, ist aber daneben von den antiken Quellen bereits ungleich stärker beeinflufst, als Aurelianus. Was die Tonarten anbetrifft, so ist auch bei ihm noch keine straffere Ausgestaltung und gegenseitige Abgrenzung zu bemerken, denn auch für ihn gibt es, byzantinischen Vorbildern gemäfs, noch „unechte" Antiphonen, die in einer Tonart anfangen, eine zweite in der Mitte und eine dritte am Ende aufweisen.[3]) Die Stelle zeigt deutlich, dafs das Gesetz der Einheit der Tonart in der damaligen Zeit noch nicht allgemein anerkannt war, trotzdem bereits dem Regino der „zwiespältige und zweifelhafte" Charakter solcher Gesänge deutlich zum Bewufstsein kam;[4]) er legt dem

---

[1]) So namentlich in seiner geflissentlichen Betonung der Vierteltöne, die bei den drei antiken Klanggeschlechtern (G I, 75), bei den Transpositionsskalen (*toni*, ibid. 77) und bei den verschiedenen Arten des der griechischen μεταβολή nachgebildeten transitus (ibid. 78) zu Tage tritt.

[2]) Ibid. 66 a.

[3]) De harm. inst. c. 2: sunt namque quaedam antiphonae, quas nothas, id est degeneres et non legitimas appellamus, quae ab uno tono incipiunt, alterius sunt in medio, et in tertio finiuntur.

[4]) Er redet a. a. O. von der *dissonantia* und *ambiguitas* solcher Weisen.

verständigen Sänger ans Herz, je nach der liturgischen Bestimmung der einzelnen Gesänge bald den Anfängen, bald den Schlüssen sein Hauptaugenmerk zuzuwenden.[1]) Hier sind also noch durchaus praktische Rücksichten mafsgebend, während ästhetische Reflexionen nach antikem Vorbild noch fehlen.

Ebenfalls dem Boden der Praxis entstammt die erste Unterscheidung, die man hinsichtlich der Tonarten machte, geraume Zeit bevor die Tonartencharakteristik nach griechischem Muster aufkam: die Scheidung in authentische und plagale Töne. Das stehende Bild dafür ist das Verhältnis zwischen Meister und Schüler.[2]) Durchaus wird an dem Satze festgehalten, dafs die plagalen Töne geringeren Ranges sind als die authentischen;[3]) zum Beweise dafür wird nicht selten die alte pythagoreische Lehre von dem Vorzug der ungeraden vor den geraden Zahlen angeführt.[4]) Aribo, hier wie immer zur Symbolik geneigt, vergleicht Authentisch und Plagal mit den Reichen und Armen, die trotz ihrer gegensätzlichen Lebensstellung doch endlich bei demselben Abschlufs anlangen,[5]) ein Vergleich, der bei den Späteren sehr beliebt war.[6]) Ebenso häufig kehrt der Vergleich des Sohnesverhältnisses des plagalen gegenüber dem authentischen Ton wieder, das Elias Salomo zu einer Verwandtschaft grofsen Stiles ausgearbeitet hat.[7])

Aber Aribo bringt zugleich noch ein zweites Gleichnis, das für diesen Symboliker überaus charakteristisch ist: es verhalten sich nämlich seiner Ansicht nach authentische und plagale Töne ganz ähnlich zueinander, wie wenn aus vier verschiedenen

---

[1]) C. 2 fin.: illud autem summopere prudens cantor observare debet, ut semper magis principium antiphonae, introitus vel communionis attendat in toni sonoritate, quam finem, et in contrario in responsoriis magis consideret finem et exitum in toni consonantia quam initium.

[2]) Magister und discipulus schon bei Aurel. Reom. c. 2 (G I, 31 b).

[3]) Tonale S. Bernardi bei G II, 266 a.

[4]) Marchett. Lucidar. XI, 2 (G III, 101 a); vgl. Hieron. de Morav. bei C I, 86.

[5]) G II, 205 a: concordant discordantque authenti et plagales sicut divites et pauperes, quia licet hi in alto, hi in humili degant loco, quamvis isti ambulent in tragoedia, illi mussitent in comoedia, unum tamen et aequalem exspectant obitum et finem, ita quamvis ascendant descendantque diverse, eosdem tamen finales sortiuntur authenti et plagales.

[6]) Joh. de Mur. Spec. mus. 6 bei C II, 242.

[7]) *patres, filii, nepotes*, Scient. art. mus. c. 10 (G III, 27 a).

Brautgemächern ebensoviele Ehefrauen mit ihren Männern herausträten und zwei Tanzreigen schlängen, jedoch so, dafs die Brautgemächer für den Frauenreigen die Mitte, für den Männerreigen den Endpunkt bildeten; ja Aribo steht nicht an, daraufhin auch noch die vier Evangelien zur Weiterführung dieser Symbolik heranzuziehen.[1])

Diese Gleichnisse beweisen zur Genüge, welch grofsen Nachdruck man gerade in den frühesten Zeiten auf das Verhältnis von Authentisch und Plagal legte, eine Tatsache, die in der antiken Theorie kein Vorbild besitzt, sondern durchaus aus der Beobachtung der praktischen Verhältnisse hervorgegangen ist. Schon Aurelianus sagt, es sei schlechterdings unmöglich, den ersten Plagalton von seinem Herrn und Meister, dem ersten authentischen, zu trennen und ihn mit irgend einem andern zu verbinden.[2])

Alle diese Beobachtungen leitete Aurelianus unmittelbar aus der Praxis ab, zu einer weiteren, auf ästhetischer Grundlage zu erreichenden Abgrenzung der einzelnen Tonarten voneinander ist er nicht gelangt, in erster Linie wohl deshalb nicht, weil das Bewufstsein von der Charakteristik der einzelnen Tonarten damals überhaupt noch nicht vollständig entwickelt war. Erst nachdem dieses Bewufstsein sich allgemein konsolidiert hatte, tauchten auch die Reminiszenzen an die antike Tonartenästhetik auf, zunächst allerdings in der primitiven Form, die wir bei Boëthius finden. In seinen Fufsstapfen wandelt Regino, wenn er die verschiedenen Tonarten nach dem Charakter verschiedener Völker unterschieden wissen will.[3])

Erst später begann man, die innere Konstruktion der Tonarten genauer zu analysieren und sich zugleich mit der Charakteristik

---

[1]) A. a. O.: concordant discordantque authenti cum plagis, quomodo si procederent de quattuor thalamis totidem nuptae modestae cum suis sponsis copularentque duos chorearum circulos, ut ipsi thalami matronali choro essent centra: id est medietates virilibus choris terminales, ut in hoc etiam evangelistarum exprimerentur volumina, de quibus pronuntiat propheticus Ezechielis spiritus, quasi sit rota in medio rotae: quia sicut evangelistarum opera concordant discordantque, ita authenti cum plagis. Auch dieses Gleichnis hat Nachahmer gefunden; vgl. Joh. de Mur. a. a. O.

[2]) C. 2 (G I, 31 b).

[3]) Boëth. Inst. mus. I, 1 (p. 180 f. Frdl.); Reg. Prum. c. 6 (G I, 235): quae asperiores sunt gentes, durioribus delectantur modis, quae vero mansuetae ac pacificae, lenioribus.

jeder einzelnen zu beschäftigen. Natürlich war dabei die Voraussetzung, daſs nunmehr das Bewuſstsein von der Einheit der Tonart innerhalb eines und desselben Stückes genügend gefestigt war und sich infolgedessen die verschiedenen Tonarten in ihrer Eigenart scharf voneinander abhoben.

Wie die alten, so erblickten auch die mittelalterlichen Theoretiker den Hauptunterschied der Tonarten in der verschiedenen Anordnung der Ganz- und Halbtöne. Der erste, der mit Nachdruck auf diesen Punkt hinwies, war Odo von Clugny in seinem Dialogus[1]) unter ausdrücklicher Polemik gegen die Possenhaftigkeit und Faulheit der Sänger, die von der Unterscheidung der Tonarten nichts verstünden.[2]) Odos Beispiel folgte Guido von Arezzo; er ist der erste, der eine bestimmte Charakteristik der einzelnen Tonarten entwirft.[3]) Auch er geht im Anschluſs an Boëthius von den nationalen Eigentümlichkeiten der verschiedenen Völkerschaften aus.[4]) Die Späteren haben sich mit Vorliebe dieser Stelle erinnert.[5])

Seit dieser scharfen Abgrenzung der Tonarten voneinander wird die Kenntnis ihrer einzelnen Charakteristika als ein Haupterfordernis eines tüchtigen Musikers betrachtet. Schon Hermannus Contractus weist darauf, als auf etwas ganz besonders Notwendiges, aber auch Schwieriges hin;[6]) während jede Tonart, sagt Johannes Cottonius, einen ganz bestimmten Lauf nimmt, bringen so viele Sänger, nur um des Ohrenkitzels willen, sehr häufig die Tonarten durcheinander, indem sie einer Melodie zwei Tonarten

---

[1]) C. 17: non enim, ut stultissimi cantores putant, gravitate vel acumine unum modum ab alio discrepare scimus ... sed tonorum ac semitoniorum ... diversa positio diversos ab invicem ac differentes modos constituunt.

[2]) Ibid. 263a.

[3]) Microlog. c. 14 (G II, 14a): horum quidam troporum exercitati usu ita proprietates et discretas facies, ut ita dicam, exemplo ut audierint, recognoscunt, sicut peritus gentium coram positis multis habitus eorum intueri potest et dicere: hic Graecus est, ille Hispanus, hic Latinus et ille Teutonicus, iste vero Gallus, atque ista diversitas troporum diversitati mentium coaptatur, ut unus authenti deuteri fractis saltibus delectetur, alius plagae triti eligat voluptatem etc.

[4]) O. Fleischer (Neumenstudien I, 110) weist treffend auf die Bedeutung des altgriechischen τρόπος = menschlicher Charakter hin.

[5]) Hermann. Contract. bei G II, 132a; Joh. Cotton. c. 16 (G II, 251a): Engelb. Admont. IV, 9 (G II, 344b); Joh. de Mur. Spec. mus. bei C II, 311.

[6]) G II, 140b: maxime ... troporum tibi curae sit agnitio, propter quos fere omnis musicae laboret intentio.

zuteilen.¹) Man erkennt deutlich, wie hier bereits jede Tonart ihren eigenen melodischen Ductus besitzt. Finales und Reperkussionstöne nehmen schon die ihnen eigentümliche dominierende Stellung ein, nach den Worten Wilhelms von Hirsau: wenn die Melodie einer bestimmten Tonart gewählt wird, so nehmen ihre Haupttöne über die ganze Dauer des Gesanges den Vorrang und die Herrschaft im ganzen Monochord in Anspruch und stehen über den übrigen, die ihnen willige Knechtsdienste leisten.²)

Aus dieser endgültigen Feststellung der Kirchentöne ergab sich im Anschluſs an die antike Lehre vom Ethos der Tonarten ebenfalls Gelegenheit zur Anknüpfung ästhetischer Reflexionen. Wie die altgriechischen Philosophen und Musikschriftsteller seit Platon sehr häufig dem Ethos der einzelnen Tonarten ein besonderes Kapitel gewidmet hatten, so fügen von nun an auch die mittelalterlichen Theoretiker ihren Schriften einen Abschnitt über die *virtus* der einzelnen *toni* ein. Die Anlehnung an das antike Vorbild ist dabei ganz unverkennbar, trotzdem ja die mittelalterlichen Tonarten sich keineswegs mit den antiken decken. Wenn z. B. Hermannus Contractus das Dorische als gewichtig und edel, das Phrygische als hitzig und sprunghaft, das Hypodorische als süſstönend, das Hypolydische als klagend bezeichnet,³) so stimmen gerade die beiden Haupttonarten Dorisch und Phrygisch hinsichtlich ihrer *virtus* mit den antiken überein; auch schimmert beim Hypodorischen der liebliche, beim Hypolydischen der threnodische Charakter der entsprechenden antiken Tonart noch deutlich hindurch.⁴) Der Verfasser der Alia musica beruft sich bei der Besprechung des fünften Kirchentons sogar direkt auf die Autorität Platos.⁵)

---

¹) C. 12 (G II, 246 b): attendendum praeterea, quod, cum praedicta lex et certa regula disposita sit tonorum cursibus, plerique novi modulatores, id tantum attendentes, ut pruritum aurium faciant, saepissime eam confundunt communemque cantum faciunt, uni videlicet melodiae cursum duorum tonorum tribuentes.

²) C. 19 (G II, 171 b): si ... cuius tropi melos assumitur, quamdiu ipsum cantatur, principales eius chordae in toto monochordo ius et regimen atque ducatum sibi vindicantes ceteris omnibus quasi caritative servituti subiectis unanimiter principantur.

³) G II, 148 a.

⁴) Vgl. Lehre vom Ethos 82; 92 ff.

⁵) G I, 143 a. Die hier dem Lydischen zugewiesene Sonderstellung scheint mir nicht ohne Bedeutung. Entsprechend dem antiken ist auch das

Als das System der Tonarten mit ihren charakteristischen Eigentümlichkeiten fertig ausgebildet war, erkannte die Theorie — hier sehr stark im Gegensatze zur Praxis — Rangunterschiede zwischen den einzelnen Tönen nicht mehr an,[1]) sondern behandelte alle in derselben ausführlichen Weise.

Wie die Griechen ihrer dorischen Skala eine besondere Würde und Vornehmheit zugesprochen hatten, so taten es auch, und zwar ganz offensichtlich unter der Einwirkung des antiken Vorbildes, die mittelalterlichen Theoretiker mit ihrer dorischen Tonart, trotzdem sie ihrer Konstruktion nach von der antiken grundsätzlich verschieden war. Man betrachtete die bevorzugte Stellung, die das Dorische in der praktischen Musik einnahm, und kombinierte damit die vielgerühmte Rolle dieser Tonart in der griechischen Kunst; beides schien ausgezeichnet miteinander übereinzustimmen. Gewichtiger Ernst und vornehme Würde sind nach Hermannus Contractus die Haupteigenschaften des Dorischen.[2]) Diese immer wieder betonte *gravitas* ist das richtige Seitenstück zu der $\sigma\varepsilon\mu\nu\acute{o}\tau\eta\varsigma$ der antiken $\Delta\omega\varrho\iota\sigma\tau\acute{\iota}$.[3]) Auf den ernsten Charakter der Tonart bezieht sich auch das häufig wiederholte Prädikat der *morositas,* das freilich nicht im antiken Sinn als „mürrische Pedanterie" aufzufassen ist, sondern lediglich den ernsten, gemessenen Gang dieser Melodien (im Gegensatze zu den *anfractus* des zweiten Tones) bezeichnet. Es erscheint häufig in Verbindung mit Prädikaten wie *curialis* (modern etwa mit „vornehm" zu übersetzen[4])) oder *terminalis* (Gegensatz zu *intonalis* beim achten Tone.[5])) Guido von Arezzo schreibt solchen

---

mittelalterliche Lydisch eine Durtonleiter $f—f^1$, die als erstes Tetrachord das alte Psalmodietetrachord $f—b$ aufweist. Wir haben also hier ein Zeugnis dafür, wie die alte Psalmodie und mit ihr das Durtonartengefühl bestimmend auf die Lehre von den Kirchentönen eingewirkt hat. Deutlich beweist dies auch eine Stelle bei Aurelianus, der die Bedeutung des dritten Plagaltones mit folgenden Worten hervorhebt (c. 15): a plagis enim triti sumunt originem (sc. psalmi), ab authentu sed proto finem recipiunt. Vgl. Fleischer, Neumenstudien 44 ff.; 55 ff.

[1]) Ein dem Guido zugeschriebener Traktat (G II, 57 b) sagt: quod itaque tropi vocantur protus, deuterus, tritus, tetrardus ... hoc fit positione monochordi, non pro dignitate.

[2]) G II, 148a; *nobilitas primi iuvat* in einem guidonischen Traktat G II, 61.

[3]) Vgl. Lehre vom Ethos 80.

[4]) *Morosa et curialis vagatio primi toni* Joh. Cotton. c. 16 (G II, 251a).

[5]) *Morosae et terminales vagationes primi toni* Joh. de Mur. Summ. mus. 22 (G III, 235a).

ernst einherschreitenden Melodien geradezu einen epischen Charakter zu.[1])

Da dieser erste Ton, wie bereits angedeutet wurde, in der Praxis weitaus die erste Stelle einnahm, so schliff sich allmählich auch bei den Theoretikern diese seine spezielle Charakteristik mehr und mehr ab. Die Tonart erhielt schließlich einen ziemlich farblosen Universalcharakter, der für alle möglichen Empfindungen die entsprechenden Ausdrucksmittel in sich schloß. Hier erwies sich der Einfluß der Praxis als stärker, als der der antikisierenden Spekulation. So nennt Ägidius Zamorensis den ersten Ton beweglich und zum Ausdruck aller Empfindungen brauchbar,[2]) und ähnlich drückt sich der schon öfter erwähnte Karthäuser aus, der seine Anwendung überall da fordert, wo es sich um die Erregung irgend welcher Affekte handelt.[3])

Der zweite Ton, der plagale des ersten, erhält seiner tiefen Lage halber einen ausgesprochen threnodischen Charakter zugewiesen. Schon Johannes Cottonius erwähnt den „rauhen Ernst" dieser Tonart,[4]) Johannes de Muris ihren sprunghaften und düsteren Grundzug.[5]) Noch deutlicher drückt sich Agidius Zamorensis aus: der zweite Ton ist ernst und klagend, da er sich für niedergeschlagene Stimmungen eignet, wie sie z. B. in den Klageliedern Jeremiä zum Ausdruck kommen.[6]) Er ist zugleich die Tonart der demütigen Bitte.[7])

Hat somit der zweite Ton mit dem ersten die Eigenschaft der *gravitas* gemein, so unterscheidet er sich doch von ihm in

---

[1]) Regul. de ign. cant. 6 (G II, 39b): unus in modum historiae recto et tranquillo feratur cursu. Daß hierbei der erste Ton gemeint ist, geht aus dem Zeugnis des Karthäusers bei C II, 448 hervor; vgl. auch C II, 107.

[2]) Ars mus. c. 13 (G II, 387a): notandum, quod primus tonus est mobilis et habilis et ad omnes secundum affectus aptabilis.

[3]) A. a. O.: primus tonus apud musicos ponitur motivus, id est habilis ad movendum, quod requirit materiam, per quam animus moveri possit ad varios effectus, et ergo communiter in historiis et saepe tanquam egregius permittitur advocatus.

[4]) *Rauca secundi gravitas* c. 16 (G II, 251a).

[5]) *Praecipites et obscurae gravitates secundi toni*, Summa mus. 22 (G III, 235b).

[6]) A. a. O.: secundus tonus est gravis et flebilis, quia convenientior tristibus et miseris, ut in threnis, hoc est lamentationibus Ieremiae. Vgl. den Karthäuser a. a. O.: secundus tonus tristis est et gravis et ad tristes materias maxime conveniens et idoneus.

[7]) *Per plagin proti orare vel petere aliquid possumus*, Guido bei C II, 107

sehr fühlbarer Weise durch seine charakteristische gewundene Melodieführung, die die Theoretiker häufig mit dem Ausdruck *anfractus* bezeichnen.[1]) Sie gab wohl hauptsächlich den Anlaſs zur Charakterisierung der Tonart als einer threnodischen, und Guido hat offenbar sie im Auge, wenn er von einer Gattung von Hörern redet, die sich wie wahnsinnig allerhand verwickelten und gewundenen Bewegungen hingeben.[2])

Gänzlich isoliert steht dagegen das Zeugnis des Hermannus Contractus, der das Hypodorische als lieblich (*suave*) bezeichnet.[3]) Wenn wir jedoch bedenken, daſs das ausgesprochen threnodische Ethos dieser Tonart erst in verhältnismäſsig später Zeit erscheint, während die früheren Zeugnisse entweder nur ganz allgemein die gravitas des Tones erwähnen oder sich allein mit seiner Melodieführung befassen, so läſst sich jener Widerspruch dadurch erklären, daſs zur Zeit des Hermannus eben der threnodische Charakter noch nicht allgemein empfunden wurde, er also hier seinem eigenen subjektiven Gefühle Ausdruck verlieh.

Der dritte Kirchenton, das Phrygische, berührt sich in seiner Charakteristik sehr nahe mit dem gleichnamigen antiken, von dessen ausgesprochen „enthusiastischem" Wesen[4]) manches auf ihn übergegangen ist. Die Anlehnung ist allerdings nur eine rein äuſserliche, denn tatsächlich entspricht er ja dem antiken, als würdevoll gepriesenen Dorisch, und auch der Grund, warum man ihm einen aufgeregten Charakter zuschrieb, ist von der antiken Anschauung durchaus verschieden. Er liegt nämlich in seiner Melodieführung, die wegen der auf den Halbtonschritt folgenden drei Ganztönen eine in Sprüngen sich bewegende Melodik erheischte.[5])

Trotzdem aber vermochte man sich dem Einflusse der antiken Tonart nicht zu entziehen. Engelbert spricht sogar von der phrygischen Provinz, deren Einwohner an Gesängen in dieser

---

[1]) Guido Reg. de ign. cant. 6 (G II, 39 b) und G II, 61.
[2]) Microl. 17 (G II, 20 b): alius ut amens in compositis et in anfractis vexationibus pascitur.
[3]) G II, 148 a.
[4]) Vgl. Lehre vom Ethos 84 ff.
[5]) Engelb. Admont. De mus. IV, 32: quia a fine suo post semitonium tres tonos habet ascendendo et descendendo, ideo a sua proprietate cantus ipsius decurrit per saltum potius quam gradatim.

Tonart wegen ihres stürmischen und ausgelassenen Charakters eine besondere Freude hatten.[1]

Schon frühe nahm das Phrygische seiner Sprünge in der Melodie halber eine charakteristische Sonderstellung ein. Schon Guido erwähnt diesen sprunghaften Zug ihrer Melodik,[2]) und Engelbert, der sich auf ihn beruft, leitet eben daraus den stürmischen, gewissermafsen aggressiven Charakter der Tonart her.[3]) Auch Hermannus Contractus nennt sie aufgeregt und springend,[4]) während Johannes Cottonius in dem schweifenden Ductus ihrer Melodik den Ausdruck ernster Entrüstung erblickt.[5]) Am ausführlichsten ist auch hierüber wiederum der Bericht des Ägidius Zamorensis, zugleich ein sehr lehrreiches Zeugnis für die Unbefangenheit, womit man die antike Tradition auf die mittelalterlichen Verhältnisse übertrug. Nachdem er in gewohnter Weise den feurigen Charakter und die Sprünge erwähnt hat, kommt er auf die Heilwirkungen gerade dieses Tones zu sprechen, die ja auch bei der antiken $\Phi \varrho \nu \gamma \iota \sigma \tau \iota$ eine grofse Rolle gespielt hatten,[6]) und bringt dabei wieder ganz nach antiker Weise unter Berufung auf Boëthius die Geschichte von Pythagoras und seiner musikalischen Behandlung des liebestollen Jünglings als Beleg vor. Ganz naiv wird dabei die Behauptung ausgesprochen, durch den dritten Kirchenton sei der Patient von seiner Tollheit geheilt, durch den zweiten aber zur Sanftmut gestimmt worden.[7]) Ebenfalls nach antikem Vorbild betont der mehrfach erwähnte Karthäuser den kriegerischen Charakter des Phrygischen, das überall angewandt werde, wo es sich um Heldentaten und Machtentfaltung handle.[8])

---

[1]) A. a. O. IV, 8: authentus deuterus ... vocatur ... phrygius a Phrygia provincia, in qua est Troia sita, cuius incolae illius toni cantibus tanquam impetuosis et laetioribus magis insistebant.

[2]) Microl. c. 14.

[3]) A. a. O. IV, 3.

[4]) *Incitatus vel saltans* a. a. O.

[5]) Mus. c. 16 (G II, 251a): *alios severa et quasi indignans persultatio tertii iuvat*; ihm folgt Joh. de Mur. Summ. mus. c. 22 (G III, 235b).

[6]) Vgl. Lehre vom Ethos 85.

[7]) Ars mus. c. 13 (G II, 387a): notandum, quod tertius tonus est severus, incitabilis, in cursu suo fortiores habens saltus; per hunc plures ad sanitatem excitantur. unde Boëthius dicit quod Pythagoras quendam adolescentulum per tertium tonum ad sanitatem excitavit, per secundum vero reddidit mitiorem. Noch ausführlicher bei Engelbert IV, 3.

[8]) A. a. O.: tertius tonus severus est et ad iram vel bella provocans.

Der schon mehrfach angeführte, dem Guido zugeschriebene Traktat, der überhaupt im Aufspüren geheimer Kräfte innerhalb des Tonartensystems grofse Geschicklichkeit beweist, schreibt dem Phrygischen sogar die Fähigkeit zu, den Wert und die Beschaffenheit der Herzen zu offenbaren.[1])

Bezüglich des Ethos des vierten, hypophrygischen Tones stimmen alle Zeugnisse miteinander überein. Er steht in einem gewissen Gegensatze zum dritten, insofern ihm die Fähigkeit zugeschrieben wird, die von jenem hervorgerufene Erregung wieder zu beschwichtigen, eine Fähigkeit, die, wie wir sahen, an der Pythagoras-Anekdote exemplifiziert wird. Während Hermannus Contractus, auch hier im Gegensatze zu den übrigen Gewährsmännern, ihm noch den Charakter schwermütigen Ernstes zuschreibt,[2]) setzt sich in späterer Zeit die Vorstellung von dem einschmeichelnden, ja oft geschwätzigen[3]) Grundzuge seines Wesens fest, wiederum ein Beweis dafür, welchen Wandlungen die mittelalterliche Tonartencharakteristik unter dem Einflufs einesteils der Praxis, andernteils der antikisierenden Theorie unterworfen war. In dem einschmeichelnden Ethos des vierten Kirchentons scheint die Weichlichkeit der antiken hypophrygischen (jonischen) Tonart wieder aufzuleben.[4]) Zusammenfassend äufsert sich auch hierüber der Karthäuser: der vierte Ton ist einschmeichelnd und am meisten für den Ausdruck demütigen Flehens geeignet; daher beginnen seine Melodien in ernster, gemessener Weise und eilen nicht alsbald in die Höhe.[5]) Völlig abseits steht dagegen wieder der guidonische Traktat, der in seiner phantastischen Weise dieser Tonart den Ausdruck glänzenden Lobpreisens zuweist.[6])

---

unde ipse congrue coaptatur illis materiis, ubi aliquid fortitudinis aut potentiae ostenditur. *Tertius iratus* auch bei Ad. de Fuld. Mus. II, 15 (G III, 356 b).

[1]) C II, 107: per deuterum dignitates vel qualitates animorum indicere possumus.

[2]) Modestus vel morosus, a. a. O.

[3]) *Adulatorius quarti sonus*, Joh. Cotton. Mus. c. 16 (G II, 251a); *est autem quartus tonus blandus et garrulus, adulatoribus maxime conveniens* Aeg. Zamor. a. a. O.; vgl. Joh. de Mur. Summ. mus. c. 22 (G III, 235 b); Ad. de Fuld. ibid. 256 b.

[4]) Vgl. Lehre vom Ethos 86 ff.

[5]) A. a. O.: quartus tonus est adulativus et maxime supplicanti idoneus. unde et morose egreditur et non statim in altum festinat.

[6]) A. a. O.: per plagin eiusdem deuteri magnifice aliquid extollere possumus.

In der fünften, lydischen Tonart tritt uns zum ersten Male eine Durskala entgegen. Auch in der altgriechischen Musik war das Lydische eine Durtonart gewesen, der man ein anmutiges, graziöses Ethos beigelegt hatte.[1]) Ganz ebenso verfuhr die Musikanschauung des Mittelalters, auch sie erblickte in der lydischen Tonart das musikalische Symbol von Heiterkeit und Anmut. Johannes Cottonius erwähnt den Charakter gemäfsigter Fröhlichkeit, der sich hauptsächlich aus dem unerwarteten Zurückkehren zur Finalis herleite,[2]) und Hermannus Contractus bezeichnet, diesmal in voller Übereinstimmung mit den übrigen, die Tonart geradezu als die Erzeugerin der Lust.[3]) Ausführlicher äufsert sich Ägidius Zamorensis, der diese Tonart besonders für geeignet hält, Bekümmernis und Angst zu verscheuchen und Gefallene und Verzweifelte wieder aufzurichten.[4]) Den fünften Ton gieb den Frohen, heifst es bei Adam von Fulda,[5]) und Johannes de Muris redet gar von dem ausschweifenden Charakter der Tonart.[6]) Der Karthäuser leitet diese weiche Anmut von dem der Tonart eigentümlichen *b molle* ab.[7]) Der guidonische Traktat endlich erblickt wiederum darin das Symbol der Betätigung des Menschen.[8])

Der sechste, hypolydische Kirchenton weist in seiner Charakteristik ganz unverkennbar auf seinen gleichnamigen antiken Vorgänger zurück. Die Griechen hatten ihrer hypolydischen Skala ein systaltisches Ethos zugewiesen, dessen Hauptmerkmal in der Vereinigung des Erotischen und des Threnodischen bestand.[9])

Beide Eigenschaften werden nun auch der entsprechenden mittelalterlichen Tonart beigelegt. Schon bei Guido von Arezzo erscheint sie als Erregerin der voluptas,[10]) eine Eigenschaft, die

---

[1]) Vgl. Lehre vom Ethos 93.
[2]) A. a. O.: alii modesta quinti petulantia ac subitaneo ad finalem casu moventur.
[3]) *Voluptuosus*, a. a. O.
[4]) A. a. O.: quintus tonus est modestus et delectabilis, tristes et anxios laetificans et dulcorans, lapsos et desperantes revocans.
[5]) Mus. II, 15 (G III, 356 b).
[6]) Joh. de Mur. Summ. mus. 22 (G III, 235 b): alii petulanti lascivia quinti mulcentur.
[7]) A. a. O.: quintus tonus modestus est et laetificans, id est multum dulcis propter b molle, quod ibi fieri consuevit.
[8]) A. a. O.: per tritum ... actio uniuscuiusque exprimitur.
[9]) Vgl. Lehre vom Ethos 67; 94.
[10]) Microl. c. 14.

Engelbert aus ihrer Melodieführung erklärt.¹) Eine zweite, zahlreichere Gruppe von Theoretikern dagegen betont mehr den threnodischen Charakter der Tonart, allen voran Hermannus Contractus, der sie als die Tonart der Klage bezeichnet.²) Auch Johannes Cottonius erwähnt diesen dem Weinen nahekommenden Charakter,³) den dann Ägidius nach seiner breitspurigen Weise weiter ausführt.⁴) Einer andern, der antiken Anschauung näher verwandten, Gedankensphäre entstammt das Zeugnis des Johannes de Muris, der von Leuten redet, die durch den sechsten Ton wie durch eine süfse Liebesklage oder wie durch den Gesang der Nachtigall bewegt würden.⁵)

Die Verwandtschaft mit der gleichnamigen antiken Tonart festzustellen, dazu mögen die Theoretiker wohl durch die altgriechische Tradition angeregt worden sein, obschon sie sich freilich der Sachlage nach auch hier in einem grofsen Irrtum befanden. Aber hier trat zugleich der Fall ein, dafs sich die musikalische Praxis mit der antiken Überlieferung in Übereinstimmung befand. Denn aus allem, was wir über die Melodieführung dieses Tones wissen, geht unzweideutig hervor, dafs unter allen mittelalterlichen Kirchentönen gerade der sechste es war, der sein Ethos aus dem Geiste der frühchristlichen Musik unmittelbar zugewiesen erhielt. Denn seine Zusammensetzung aus zwei Durtetrachorden und die sich daraus ergebende melodische Struktur weisen direkt auf die alte psalmodische Rezitation zurück, wie wir sie z. B. aus den Klageliedern Jeremiä kennen.⁶) Die *compunctio cordis*, welche die früheste christliche Musik unter allen Umständen beim Hörer hervorzurufen bestrebt war, schien eben durch diese Tonart am sichersten gewährleistet zu sein, da sie eben mit den Prinzipien der ältesten Psalmodie die meisten Berührungspunkte besafs. So wurde sie die threnodische Tonart κατ' ἐξοχήν, und das Ethos, das man bei ihren

---

¹) De mus. IV, 3 (G II, 340a): sextus ... habet saltus lenes et ita est voluptuosus.
²) *Hypolydius lamentabilis* a. a. O.
³) Alii lacrimosa sexti voce mulcentur, Mus. c. 16.
⁴) A. a. O.: sextus tonus est pius et lacrimabilis et conveniens illis, qui facile ad lacrimas provocantur.
⁵) Summa mus. c. 22 (G III, 235b): alii voce sexti veluti quadam dulci amantium querimonia vel sicut a cantu philomelae moventur.
⁶) Vgl. O. Fleischer, Neumenstudien II, 55 f.

Melodien empfand, erhielt nur eine festere wissenschaftliche Begründung, als man die Entdeckung machte, daſs auch die Griechen ihrer hypolydischen Tonskala einen ähnlichen Charakter zugeschrieben hatten.

Der siebente, mixolydische Ton trägt den Zeugnissen der Theoretiker zufolge einen durchaus heiteren, beinahe weltlich zu nennenden Charakter. Sein hauptsächlichstes Merkmal ist die leichte Beweglichkeit, die „Geschwätzigkeit",[1]) die Engelbert auf die zahlreichen und kurzatmigen Melodiekrümmungen dieser Tonart zurückführt.[2]) Johannes Cottonius spricht sogar geradezu von den theatralischen Sprüngen des Mixolydischen.[3])

Dieser heitere Grundzug läſst den Ton ganz besonders für das jugendliche Alter geeignet erscheinen. Bei den Griechen hatte bereits Aristoteles die ebenfalls Durcharakter tragende lydische Oktavengattung für die Jugenderziehung empfohlen und dabei gegen Platon polemisiert, der sie als zu weichlich verworfen hatte.[4]) Ein ganz ähnlicher Gedanke liegt den Ausführungen des Ägidius Zamorensis zu Grunde, wo es heiſst: der siebente Ton ist übermütig und angenehm und bringt mit seinen mannigfaltigen Sprüngen die Beweglichkeit des Jünglingsalters zum Ausdruck.[5]) Der siebente Ton gehört den Jünglingen, hatte schon Guido gelehrt,[6]) und auch in späterer Zeit weist der Karthäuser auf seinen übermütigen Charakter hin.[7]) In kirchlichem Sinn wird diese Charakteristik von dem mehrfach erwähnten guidonischen Traktat umgedeutet, der in dieser Tonart das Sinnbild der Seligkeit erkennt, jedoch der Seligkeit, der noch die Last des Fleisches anhaftet.[8]) Ja, er begibt sich noch tiefer in das Gebiet der christlichen Musiksymbolik hinein, wenn er diesen Ton als den preist, den wir vor allem wünschen

---

[1]) *Garrulitas tetrardi authenti*, Guid. Microl. c. 14; *quarti garrulitas placet* De inv. synemm. bei G II, 61; Hermann. Contract. a. a. O.

[2]) A. a. O.: septimus ... est garrulus propter multas et breves reflexiones, quas habet ille cantus.

[3]) Mus. c. 16: alii mimicos septimi saltus libenter audiunt.

[4]) Vgl. Lehre vom Ethos 93.

[5]) A. a. O.: septimus tonus est lascivus et iucundus, varios habens saltus, motus adulescentiae repraesentans.

[6]) *Septimus est iuvenum*, Guido bei Ad. de Fulda II, 15 (G III, 356a).

[7]) A. a. O.

[8]) A. a. O.: per tetrardum beatitudo exprimitur, sed quae adhuc carne gravatur.

und schätzen. Denn, so fährt er fort, er ist süfser denn alle anderen und, um symbolisch zu reden, wir gelangen, da durch den ersten bis sechsten Ton die Arbeit dieses Lebens angedeutet wird, wenn wir zum siebenten kommen, zu einem beschaulichem Leben, das freilich noch die Bürde des Fleisches zu tragen hat.[1])

Auch dem achten, hypomixolydischen Kirchenton wird der Charakter der Heiterkeit beigelegt.[2]) Freilich ist dieser Ausdruck der Freude weit gemessener, als beim siebenten, da nach Engelbert der Flufs seiner Melodik würdevoller und ruhiger ist.[3]) Auch Johannes Cottonius spricht von der Ehrbarkeit dieser Melodien,[4]) während Hermannus Contractus seinerseits den Hauptnachdruck auf den Ausdruck freudiger Bewegung legt.[5])

Im Gegensatz zum vierten authentischen wies man den vierten Plagalton dem Alter zu; er war der musikalische Ausdruck jener heiteren Ruhe des Gemüts, welche schon im Altertum den Weisen kennzeichnete.[6]) Auch diese Anschauung benutzt der guidonische Traktat wiederum zu einer breit ausgeführten Symbolik: da die Zahl Acht die Vertreterin der Überwindung von Kummer und Mühsal ist und die Klage nur dann zuläfst, wenn sie von der Liebe zum Höchsten eingegeben ist, so ist es schwierig und aufserdem töricht, diesen Ton zu einem

---

[1]) A. a. O.: *quem prae omnibus aliis partibus optamus et diligimus. dulcior etenim cunctis fertur et., ut figurate loquamur, cum a primo usque ad sextum labores huius vitae significentur, cum iam ad septimum venitur, in quandam transitur theoricam et contemplativam, sed quae adhuc carne gravatur.*

[2]) Guid. Microl. c. 14 (*suavitas*).

[3]) A. a. O.: *octavus suavior propter morosos et pauciores reflexus.* Ähnlich Aegid. Zamor. a. a. O.

[4]) Mus. 16: *alii decentem et quasi intonalem octavi canorem diligunt. Intonalis* ist der Gegensatz des dem ersten Tone beigelegten Prädikats *terminalis* (s. o. S. 235 Anm. 5). Damit ist ausgesprochen, dafs von diesen beiden Tonarten, die ja denselben Tonumfang besitzen, der achte mehr für den Anfang, der erste aber mehr für den Schlufs eines gröfseren Tonganzen geeignet war.

[5]) A. a. O.: *hypomixolydius iucundus vel exsultans.*

[6]) *Postremus est sapientium,* Guid. bei Ad. de Fuld. a. a. O.; der Karthäuser sagt a. a. O.: *octavus tonus est seniorum et est morosus et suavis.* Vgl. auch Joh. de Mur. Summ. mus. c. 22: *alii seriositatem octavi quasi generalem vel primam doctrinam prae ceteris libenter attendunt.*

klagenden Gesang zu verwenden.[1]) So ist denn diese Tonart das Symbol der ewigen Ruhe und Seligkeit.[2])

Wenn auch diese gesamte Tonartencharakteristik in letzter Linie von der entsprechenden antiken Theorie angeregt worden ist, so hat sie sich doch in ihrer Weiterentwicklung durchaus an die Praxis angeschlossen. In ihrer voll ausgebildeten Form stellt sie die Summe aller der Beobachtungen dar, welche die Theoretiker den Melodiegängen einer jeden Tonart gewidmet hatten. Aus allem bisher Gesagten geht deutlich hervor, daſs die Theorie trotz aller Rücksicht auf die antike Überlieferung hier durchaus selbständig vorgegangen ist. Sie hat es sich angelegen sein lassen, die jeder einzelnen Tonart eigentümliche Führung der Tonbewegung genau festzustellen und daraus die Gesetze für ihre praktische Verwendung abzuleiten.

Natürlich konnte ein derartiges System der Tonartencharakteristik nicht mit einem Schlage vollendet in die Erscheinung treten, sondern es konnte sich erst allmählich mit dem Erstarken des Bewuſstseins von den charakteristischen Eigentümlichkeiten einer jeden einzelnen Tonart herausbilden. Zur Zeit des Aurelianus Reomensis z. B., wo die ästhetische Forderung von der tonalen Einheit eines Tonstückes noch keineswegs allgemein durchgedrungen war, muſsten sich auch die Anschauungen über die *virtus* der einzelnen Tonarten noch durchaus im Flusse befinden. Auch in späterer Zeit begegnen uns noch, wie das Beispiel des Hermannus Contractus lehrt, da und dort Abweichungen von der allgemeinen Anschauung. Zwischen Alkuin, der die Tonarten zuerst erwähnt, und Guido von Arezzo, bei dem sich die ersten systematischen Ausführungen über ihre Charakteristika finden, liegen zwei Jahrhunderte der Entwicklung.

Ein Gesamtüberblick über diese Tonartencharakteristik offenbart uns einen grundsätzlichen Unterschied zwischen Dur- und Mollskalen, einen Unterschied, der für die Wandlung der kirchlichen Musikanschauung seit dem Eindringen des griechischen

---

[1]) A. a. O. 106: octava autem pars in omnibus perfecta est et transscendit labores vel aerumnas nec iam dedita est lamentis nisi his, qui amore superno fiunt. unde et difficile et ineptum est ex eodem modo fieri lamentabile carmen.

[2]) A. a. O. 107: *aeterna quies et beatitudo*. Die Handschrift gibt hier das unverständliche *habitudo*.

Oktoechos sehr bezeichnend ist. Die Durskalen weisen den Charakter der Anmut und Lieblichkeit auf; sie sind die Vertreter der Lebensfreude in den verschiedensten Schattierungen. Der ursprünglichen, auf der primitiven Psalmodie beruhenden Musikauffassung lag diese Empfindungssphäre durchaus fern; ihr asketischer Grundzug stand vielmehr in direktem Gegensatze zu einer derartigen Verwendung der Tonkunst. Und doch berühren sich jene Tonarten mit der Psalmodie insofern sehr nahe, als sie ja beide im Durtetrachord ihre Wurzel haben. Als letztes Überbleibsel aus jener frühesten Zeit, die unter Ablehnung aller rein musikalischen Wirkung die Musik lediglich als die untergeordnete Dienerin des Sprachtextes aufgefafst hatte, sahen wir das Hypolydische mit seinem threnodischen Ethos in die spätere Kunstanschauung hineinragen, die einzige Tonart von allen, in deren Charakterisierung sich scharfe Widersprüche zwischen den einzelnen Theoretikern geltend machen.[1]) Ein Blick auf die geschichtliche Entwicklung löst indessen diese Widersprüche ohne weiteres: die einen, die Minderzahl, vertraten den durchaus konsequenten modernen Standpunkt und stellten das Hypolydische mit den übrigen Durskalen in dieselbe Reihe, die Mehrzahl dagegen hielt unter der Nachwirkung der alten psalmodischen Tradition auch an deren Hauptcharakteristika fest. Im Grofsen und Ganzen aber zeigt das Ethos aller dieser Tonarten sehr deutlich, dafs der Kirchengesang im Laufe der Zeit den ursprünglich streng asketischen Charakter abstreift und dem vordem verbannten und verpönten Ausdruck der Lebensfreude Rechnung trägt. Die ursprüngliche Klage verwandelte sich zu Zeiten in jubelnden Übermut, der den richtigen Ausdruck für die Stimmung der ecclesia triumphans darstellte. Musikalisch dagegen ist von Bedeutung, dafs derselbe Charakter, den wir auch noch heute unserer Durskala beizulegen pflegen, bereits in der Kirchenmusik des Mittelalters zum Ausdruck gelangt.

Die Charakteristik der Mollskalen weist lange nicht dieselbe Einheitlichkeit auf. Von der Herrlichkeit und Würde des ersten Tones wissen uns die Theoretiker zwar sehr viel zu berichten, aber es bleibt mehr bei einer allgemein gehaltenen Lobpreisung. Eine so scharf ausgeprägte Charakteristik, wie bei den Durskalen, kommt nicht zustande. Dem stand schon die

---

[1]) S. o. S. 240 f.

Vielseitigkeit der Verwendung dieses Tones im Wege. Da weitaus die Mehrzahl aller Gesänge sich seiner bediente, so wurde er bald zum Spiegelbild des kirchenmusikalischen Ideals überhaupt. Weit schärfere Züge weist das Phrygische auf, an dessen Charakteristik ja, wie wir sahen, sowohl die praktische Erfahrung, als die antike Tradition mitgewirkt hat. Auch hier gelangt ein Element zum Ausdruck, das mit dem Musikideal der frühesten Kirche nicht vereinbar war: die Musik als Erregerin der Leidenschaft.

So liefern denn diese Gesänge in Tonarten, verglichen mit der alten Psalmodie, einen sehr lehrreichen Beleg für die Wandelbarkeit der ästhetischen Ideale. In der frühesten Zeit war der Musik nur ein eng begrenztes Stimmungsgebiet zugewiesen, in der späteren dagegen sehen wir sie bereits auf allen Stimmungsgebieten ihre volle Macht entfalten. Freilich hielt auch jetzt noch die Kirche an ihrem alten Grundsatze, daſs die Musik nur als ihre Dienerin Berechtigung habe, fest. Aber sie selbst war eine andere geworden, sie war aus der Knechtschaft zur Herrschaft emporgestiegen und hatte damit ihre Ansprüche und Bedürfnisse unendlich gesteigert. Die Zeiten, da die weltliche Musik noch eine so gefährliche Konkurrenz für sie bedeutete, waren vorüber; man konnte, ohne Schaden befürchten zu müssen, die mannigfachen Wirkungen dieser Kunst ruhig in den Dienst der Kirche stellen, und die Lehre von der Charakteristik der Tonarten zeigt deutlich, wie mit den höheren Zwecken der Kirche auch die Ansprüche an die Musik gewachsen waren.

Diese Lehre ist aber namentlich auch deshalb von hoher Wichtigkeit, weil sie, von einigen antiken Reminiscenzen abgesehen, vorwiegend auf praktischer Grundlage erwachsen ist. Weder die mathematische, noch die symbolisierende Spekulation haben an ihr irgendwelchen nennenswerten Anteil; auch die antike Theorie wurde nur herangezogen, wenn es sich um die Begründung von Beobachtungen handelte, die man bereits an der Praxis gemacht hatte. Wohl ist die griechische Lehre vom Ethos der Tonarten im allgemeinen vorbildlich gewesen, die Einzelausführung und zumal die hiebei neu auftauchenden Ansätze zu einer Melodiebildungslehre sind durchaus das geistige Eigentum der mittelalterlichen Theoretiker selbst.

Es ist denn auch nicht bei diesen einzelnen Ansätzen geblieben, vielmehr hat das Mittelalter für die Bildung von Melodien eine grofse Anzahl von Gesetzen aufgestellt, die an Mannigfaltigkeit den modernen Errungenschaften auf diesem Gebiete zum mindesten ebenbürtig sind, ja sie sogar in manchen Punkten an Feinheit überbieten. Auch diese Theorie steht vollständig auf dem Boden der Praxis und hält sich von allen Übergriffen auf aufsermusikalische Gebiete fern, sodafs wir hier eine eigentliche, selbständige Musikästhetik vor uns haben.

Wie bereits angedeutet wurde, bestimmte sich der Charakter der einzelnen Tonarten, dem antiken Vorbilde gemäfs, nach der Zusammensetzung der ihnen zu Grunde liegenden Tetrachorde. Über die verschiedenen Arten von Tetrachorden haben denn auch die Theoretiker eingehende Beobachtungen ästhetischer Natur angestellt.

Es handelte sich dabei natürlich in erster Linie um die verschiedene Aufeinanderfolge von Ganz- und Halbtönen innerhalb des Tetrachords. Hiebei zeigt sich denn sehr deutlich das Bestreben, im Anschlufs an die Praxis den Molltetrachorden den ästhetischen Vorrang vor den Durtetrachorden zuzuweisen. Aribo gelangt dabei zu folgendem Resultat:[1] die erste und vierte Art von Tetrachorden *(d e f g* und *g a b c)* ist im Gesange schöner, und gefälliger als die zweite und dritte *(e f g a* und *f g a b);* der Grund davon liegt darin, dafs jene beiden den Halbton in der Mitte haben und deshalb angenehmer klingen, während ihn die zweite am Anfang und die vierte[2] am Ende aufweist, was einen stumpferen und rauheren Eindruck hervorruft. Ganz folgerichtig nennt derselbe Autor das Tetrachord *f e d c* „von bäuerlichem Klange."[3]

Eine andere Reihe von Theoretikern behandelt die Tetrachorde nach ihrer tiefen oder hohen Stellung im Tonsystem. Hier finden sich zugleich Ansätze zu einer ästhetischen Behandlung der verschiedenen Stimmlagen, die eine Parallele zu der

---

[1] Bei Engelb. Adm. De mus. IV, 3 (G II, 340a): prima et quarta species diatessaron pulchriores et placidiores sunt in cantu, quam secunda et tertia: cuius ratio est, quia prima et quarta habent semitonium in medio et ideo suavius resonant, secunda habet semitonium in principio, quarta in fine et ideo surdius sonant et asperius.

[2] Der Widerspruch, der scheinbar in dieser Stelle liegt, löst sich dadurch, dafs Aribo beim vierten Tetrachord das erste Mal *b molle,* das zweite Mal aber *b durum* im Auge hat.

[3] *Rusticae sonoritatis* in der Tabelle bei G II, 214 f.

antiken Theorie von den drei τόποι φωνῆς bilden.¹) Aus derselben Anschauung heraus hatte man schon vorher, auch hierin dem Vorbilde der Alten folgend, die Tetrachorde nach den vier Klassen der *graves, finales, superiores* und *excellentes* unterschieden. Eine Erweiterung dieses Tonsystems nach oben oder unten vermied man aus ästhetischen Gründen. Johannes de Muris weifs von den „Erfindern der Musik" zu berichten, sie hätten auf den Gesang, der unter die gewöhnliche tiefe Lage herabgeht, keinen Wert gelegt wegen seines weichlichen und kraftlosen Charakters, ebenso hätten sie sich nicht um den übermäfsig hohen Gesang gekümmert seiner allzugrofsen Schwierigkeit halber, die noch dazu jedes Wohlklangs entbehre.²)

Für die Wahl der Stimmlage innerhalb der angeführten Grenzen ist in erster Linie der Charakter des dem Tonstücke zu Grunde liegenden Textes mafsgebend. Johannes Cottonius macht es dem Komponisten zur Pflicht, seinen Gesang so einzurichten, dafs er bei einem traurigen Stoff einen gedrückten, bei einem heiteren dagegen einen erhobenen Charakter aufweise.³) Speziellere Angaben über die ästhetische Wirkung der verschiedenen Stimmlagen finden sich da und dort bei den Theoretikern, ohne dafs sich jedoch eine so straffe Einheitlichkeit der Anschauungen herausgebildet hätte, wie in der antiken Lehre. So gesteht Wilhelm von Hirsau dem Tetrachord der tiefen Töne, als dem Quell aller übrigen, eine bevorzugte Stellung im Tonsysteme zu, wobei freilich zu bemerken ist, dafs er zu diesem Resultat nicht von der Praxis aus, sondern auf dem Wege mathematischer Spekulation gelangt.⁴) Berno dagegen steht vollständig

---

¹) Vgl. Lehre vom Ethos 73 f. Joh. de Mur. Summ. mus. c. 5 (G III, 200 b): quandoque dilatatur multum (sc. vox) et emittit sonum gravem, quandoque constringitur multum et reddit sonum peracutum, quandoque medio modo se habet, et reddit sonum acutum.

²) Ebenda: cantum quoque, qui est gravi gravior, postponebant propter sui mollitiem parum et nihil valentem ... similiter illum, qui est acuto acutior, non curabant propter intolerabilem eius laborem; in ipso etiam nulla dulcedo invenitur.

³) Mus. c. 18 (G II, 253 b): providendum est musico, ut ita cantum moderetur, ut in adversis deprimatur et in prosperis exaltetur.

⁴) Mus. c. 3 (G II, 156a): illud est, quod natura, immo naturae auctor, primo per quadrupla proferri voluit, dico autem tetrachordum gravium. ex hoc nimirum, quia cetera veluti fonte quodam derivantur, nomen principalitatis effectumque naturae mirabilem ab ipso mutuantur. Vgl. Joh. de Mur. Summ. mus. c. 14 (G III, 218a).

auf dem Boden der Praxis, wenn er dem Tetrachorde der finales eine solche Bedeutung beimißt, daß es geradezu den Urquell der Eigentümlichkeiten der verschiedenen Tonarten darstellt.[1]) Johannes de Muris wiederum spricht sich ganz besonders günstig über die hohe Tonlage aus, die auf das Ohr einen besonders lieblichen Eindruck mache;[2]) er nennt sie vollkommener als die tiefe, weil diese dem völligen Schweigen näher komme, gleichwie die langsame Bewegung dem Zustand der Ruhe; so gibt denn der Mensch, wenn er von den tiefen Tönen zu den hohen aufsteigt, bei den hohen stärkere Stimmäußerungen von sich, als bei den tiefen, und ergeht sich in zahlreicheren und intensiveren Bewegungen.[3]) Auch Johannes Cottonius erwähnt den leichtbeschwingten Charakter der *excellentes*.[4])

Aus allen diesen Zeugnissen, die bei der Beurteilung der verschiedenen Stimmlage von ganz verschiedenen Gesichtspunkten ausgehen, ergibt sich deutlich genug, daß die mittelalterliche Theorie den τόποι φωνῆς niemals dieselbe Wichtigkeit beigemessen hat, wie die antike. Für die Melodiebildungslehre haben sie jedenfalls zu keiner Zeit eine nennenswerte Bedeutung erlangt.

Von größter Wichtigkeit für die Melodiebildung ist dagegen die Lehre von den Intervallen. Es sind folgende: Ganzton, Halbton, große und kleine Terz, Quarte, Quinte und Oktave.

Dem Ganzton wird im Vergleich zum Halbton ein kräftigerer Klangcharakter nachgerühmt; er gilt als die legitime Art des Fortschreitens von einem Tone zum andern.[5])

Der Halbton bildet für die Theoretiker den Gegenstand sehr eingehender Erörterungen. Zunächst wird in Anlehnung

---

[1]) Prol. in tonar. c. 4 (G II, 65 b): inprimis tetrachordum finalium diligentius est intuendum, cui tanta quaedam naturalis sonorum inest virtus, ut ex quattuor chordarum eius origine omnis modorum seu tonorum potestas videatur procedere.

[2]) Bei C II, 221: vox acutior mulcet aures graciosius, sicut gracile corpus blanditur oculos iucundius.

[3]) Ibid. 392: vox acuta perfectior videtur quam gravis, quia gravis magis appropinquat silentio quam acuta, sicut motus gravis et lentus quieti magis quam velox, et cum idem homo procedit ascendendo a gravibus vocibus ad acutas, in acutis plures emittere videtur spiritus quam in gravibus, plures et fortiores facere motus.

[4]) Mus. c. 5 (G II, 235 b): item ab $\frac{a}{a}$ usque $\frac{d}{d}$ excellentes nominantur, eoquod etiam superacutas soni gracilitate excellant.

[5]) Hieron. de Morav. bei C I, 27.

an die antike Theorie immer wieder mit Nachdruck darauf hingewiesen, daſs er nicht etwa genau die Hälfte eines Ganztones betrage, vielmehr teile sich dieser in eine gröſsere *(apotome)* und in eine kleinere Hälfte *(diësis)*, deren Unterschied ein halbes Komma betrage.[1]) Engelbert bezeichnet den Halbton als ein sämtliche Konsonanzen unter einander verknüpfendes Band, weil durch seine Vermittlung ein sanftes Fortschreiten von Ton zu Ton erzeugt werde.[2]) Aber eben diese ihre Stellung machte die Halbtöne zu einem ganz besonders heikeln Punkt in der Melodiebildungslehre. Namentlich ihre Verbindung mit den Ganztönen verlangte von den Komponisten die gröſste Aufmerksamkeit. Odo von Clugny, dessen feinsinnige Beobachtungen seine Schrift für die Geschichte der Musikästhetik so überaus wertvoll machen, gibt hierüber sehr gründliche Vorschriften. Nach ihm hat der Halbtonschritt die Aufgabe, eine „ungefüge" Aufeinanderfolge von Ganztönen (d. h. die Tritonusfolge) zu vermeiden. Seine Bestimmung ist, überall, wo zwei Ganztöne einander unmittelbar folgen, durch sein Eintreten den Gesang in den richtigen Bahnen zu halten, damit nicht allzuviele Wiederholungen der Ganztonschritte Überdruſs erregen oder allzuweite Schritte der Melodie einen Misklang erzeugen. Auf der andern Seite aber dürfen auch niemals zwei Halbtöne direkt aufeinanderfolgen, damit diese Würze des Gesanges nicht durch übermäſsigen Gebrauch, gleichwie ein Übermaſs von Salz, das Gefühl der Bitterkeit erzeugen.[3])

So verlangt denn das ästhetische Gefühl des Mittelalters, daſs bei einem gröſseren Tonkomplex der Halbton nicht an den beiden äuſseren Enden, sondern in der Mitte liege. Ausnahmen

---

[1]) Joh. Cotton. Mus. c. 8 u. ö. Ausführlich z. B. Engelb. Adm. II, 21 (G II, 313 f.).

[2]) Ibid. II, 26 (G II, 317 a): est autem semitonium vinculum et coniunctio media omnium consonantiarum, quia ipso mediante fit quasi media respiratio et lenis reflexio de tono ad tonum et continuatio consonantiarum.

[3]) G I, 267 f.: illud autem de tonis et semitoniis notandum est, quod semitonius nunquam patitur, ut inconcinni toni absque eius medietate iungantur, sed excepto semitonio primo, quod super se non habet nisi primum tonum, ubique post duos tonos semitonius vocis moderator occurrit, ne vel nimiae repetitiones fastidium generent vel plures hiatus et extensiones vocum dissonantiam praestent. semitonii quoque, id est geminati, nusquam inveniuntur, ne, quia ad moderandum et condiendum cantum excogitati sunt, dum plus, quam congruit, indiscrete ponuntur, in morem superflui salis amaritudinem faciant.

von dieser Regel, und zwar solche, die gut klingen, sind selten.[1]) Auch später, nach dem Aufkommen des Hexachords, wird auf die Lage des Halbtonschrittes in der Mitte hingewiesen. Johannes de Muris beruft sich dabei auf den aristotelischen Satz, dafs die Kunst Nachahmerin der Natur sei: überall im menschlichen Körper seien die weichen Teile in der Mitte verschlossen, und da der Halbton ebenfalls weicher sei als die anderen, so dürfe er nur in deren Mitte auftreten.[2])

So sind denn die Halbtonschritte zwar mit Vorsicht zu gebrauchen, aber trotzdem für die Bildung der Melodien unentbehrlich. Schon in den Scholien zur Musica enchiriadis heifst es: die Halbtöne drücken, wenn sie am richtigen Orte stehen, den übrigen den Stempel ihrer Eigenart auf und erhalten den Gesang in der Anmut des Wohlklangs, stehen sie aber nicht am richtigen Orte, so tragen sie Mifsklänge in die Melodie hinein.[3]) Der Autor der Musica enchiriadis selbst erblickt in der richtigen Verbindung von Ganz- und Halbtönen geradezu das Herz und die Seele der Melodie.[4]) Auch Marchettus von Padua sagt, die Halbtöne seien deshalb „erfunden" worden, damit wir durch kolorierte Dissonanzen und die in ihnen liegende Schönheit zu vollkommeneren und befriedigenderen Konsonanzen im Gesange gelangen.[5])

Die grofse und kleine Terz hat hinsichtlich ihrer ästhetischen Wirkungen keiner der Theoretiker behandelt. Um so eingehender beschäftigte man sich dagegen nach dieser Richtung hin mit der Quart. An der hohen Bedeutung, die diesem Intervall beigelegt

---

[1]) Odo bei G I, 278 b: unum quidem vel duos tonos absque semitonio, quam semitonium absque tono in consonantia poni magis sonoritati et auctoritati placet ... quoscumque autem modos syllabarum semitonio fieri diximus, decentius quam [hs. ac] frequentius fieri confirmamus.

[2]) Summ. mus. c. 7 (G III, 203 b): in naturalibus ... sic est, quod membra mollia in medio sunt locata et intra reclusa ... et cum semitonium mollem habeat sonum reliquarum aliarum notarum, in medio illarum potius, quam in extremitate locatur.

[3]) Bei G I, 175 a: suo loco posita et suam sonis proprietatem tribuunt et in concordiae suavitate cantilenam continent; non suo autem loco posita dissentire faciunt mela.

[4]) Ibid. 211 a: ipsum ... semitonium quodammodo cor atque animus efficitur cantilenae.

[5]) Lucidar. II, 5 (G III, 73): semitonia fuerunt in musica adiuventa, ut per dissonantias coloratas, seu cuiusdam placitae pulchritudinis ipsarum ad perfectiores seu pulchriores in cantu consonantias veniamus.

wurde, zeigt sich am deutlichsten die Einwirkung der altgriechischen Theorie, deren ganzes System ja auf der Verbindung von Tetrachorden beruhte. Schon Aurelianus spricht von der Quart als einem der vornehmsten Intervalle und bezeichnet sie als ein Grundelement aller Musik.[1]) Sie mufste sich allerdings später mit der Quint in diesen Vorrang teilen, aber noch Johannes Cottonius z. B. sagt, sie erzeuge eine weit schönere Melodie als jene.[2])

Wie die Quart, so verdankte auch die Quint ihr Ansehen der Nachwirkung der altgriechischen Theorie. Allein die ihr zu Grunde liegenden einfacheren Zahlenverhältnisse verschafften ihr schon früh eine höhere Geltung, zumal in den Augen solcher Theoretiker, die eifrige Anhänger der Zahlenspekulation waren. So hoch die Dreizahl, sagt Marchettus, über der durch Zwei teilbaren Vierzahl steht, so hoch steht die Quint über der Quart; ihr Klang mit seiner Dreiteilung ist angenehmer und befriedigt das Gehör mehr, als die Quart mit ihrer Vierteilung.[3])

Johannes de Muris gibt von den drei vollkommenen Konsonanzen der Oktav den Vorzug vor den beiden übrigen und der Quint den Vorzug vor der Quart,[4]) durchaus auf Grund arithmetischer Beweisführung. Aus demselben Grunde nennt Engelbert die Oktav die offenkundigste und angenehmste Konsonanz.[5])

Guido und seine Nachfolger betrachteten die Oktav als ein aus Quart und Quint zusammengesetztes Intervall.[6]) Der achte Ton gilt ihnen als eine blofse Wiederholung des ersten, gleichwie nach Ablauf von sieben Tagen derselbe Wochentag wieder-

---

[1]) Mus. disc. c. 6: symphonia diatessaron, quae princeps est et quodammodo vim obtinens elementi. Diatessaron elementum est totius musicae Remig. Altis. bei G I, 67a.

[2]) Mus. c. 19 (G II, 255a): diatessaron multo dulciorem melodiam facit.

[3]) Luc. VI, 3 (G III, 85a): ternarius numerus (est) quaternario, qui est reducibilis ad binarium, perfectior et per consequens consonantia, quae per divisionem ternariam in monochordo seu in aliis corporibus sonoris reperitur, quae est diapente; fit enim diapente sonus suavior et auditu amicabilior in suarum partium divisione ternaria, quam diatessaron in suarum partium quaternaria.

[4]) Bei C II, 204: ultimae ... voces diatessaron ... dulcem reddunt consonantiam, diapente dulciorem, diapason dulcissimam.

[5]) II, 3 (G II, 300b): manifestissima et delectabilissima est consonantia diapason.

[6]) Microl. c. 5: diapason est, in qua diatessaron et diapente iunguntur.

kehrt,[1]) und am Schlusse seiner Polemik gegen die Verfechter der Daseia-Notation bemerkt Guido: kein Ton stimmt aufser dem achten mit dem andern in vollkommener Weise überein.[2])

Wichtiger als diese ästhetischen Erörterungen über die Rangordnung der verschiedenen Konsonanzen ist die Lehre von der Gliederung eines Musikstückes in seine einzelnen Abschnitte. Bewundernswert ist der Scharfblick und die Folgerichtigkeit, womit hier die Theoretiker, allen voran Odo, das innere Leben eines Gesangsstückes und das Zusammenwirken der Faktoren verfolgen, die es bestimmen.

Odo gibt ein vollständiges Gliederungssystem der mittelalterlichen Melodik. Charakteristisch ist dabei von vornherein, dafs er Analogien aus der gesprochenen Rede heranzieht. Derartige Beziehungen zur antiken Rhetorik und Grammatik sind ja überhaupt in der mittelalterlichen Musiktheorie nicht eben selten, in der Melodiebildungslehre Odos dagegen wirkt noch ein weiteres, der praktischen Sphäre angehörendes Moment nach, nämlich die Erinnerung daran, dafs die Wurzel alles mittelalterlichen Gesanges eben die Sprache ist. Es heifst hier:[3]) wie in der gesprochenen Rede zwei oder mehr Buchstaben eine Silbe ausmachen, oder auch manchmal ein einziger als eine Silbe gilt, so wird auch in der Musik bald ein einzelner Ton als ein selbständiges Melodieglied empfunden, bald machen mehrere Töne, die miteinander zusammenhängen, eine Konsonanz aus, eine Erscheinung, die wir sehr wohl mit dem Ausdruck „musikalische Silbe" bezeichnen können.

Die Parallele mit der Grammatik zeigt deutlich, dafs Odo unter diesen musikalischen Silben die letzten charakteristischen Glieder einer kunstmäfsigen Gesangsmelodie versteht, die fest zur Einheit der Ausdrucksbedeutung zusammengefafst sind. Die Parallele mit unserem modernen musikalischen „Motiv" liegt sehr nahe, nur müssen wir stets im Auge behalten, dafs es sich hier

---

[1]) A. a. O.: etsi plures sint vel fiant, non est aliarum adiectio, sed renovatio earundem et repetitio.

[2]) A. a. O. fin.

[3]) Dial. de mus. bei G I, 275: sicut duae plerumque litterae aut tres aut quattuor unam faciunt syllabam sive sola littera pro syllaba accipitur, ita quoque et in musica plerumque sola vox per se pronuntiatur, plerumque duae aut tres vel quattuor cohaerentes unam consonantiam reddunt, quod iuxta aliquem modum musicam syllabam nominare possumus.

nicht um freie musikalische Gestaltung handelt, sondern um eine stetige Rücksichtnahme auf den Sprachtext.

Wie fernerhin, so fährt Odo fort, eine einzige Silbe oder ein Komplex von mehreren einen einheitlichen Redeteil von selbstständiger Bedeutung ergeben, so ergeben sich auch in der Musik aus einer oder mehreren solcher „Silben" gröfsere Melodieabschnitte von verschiedenem Tonumfange, die wir, da wir sie als melodische und rhythmische Einheiten empfinden, in entsprechender Weise „Melodieteile von selbständiger musikalischer Bedeutung" genannt haben.[1]) Die bereits angeführte Einschränkung vorausgesetzt, könnte man auf diese gröfseren Melodieglieder den modernen Ausdruck „Phrase" anwenden.

Diese Phrasen schliefsen sich nach Odo nun wiederum zu höheren Einheiten, den Distinktionen, zusammen. Die Definition Odos zeigt hier ganz deutlich, welche ausschlaggebende Rolle bei dieser ganzen Melodiebildungslehre die sprachliche Grundlage bildete. Denn unter Distinktion versteht er den Gesangsabschnitt, dessen Umfang durch die dem sprachlichen Ausdrucke genau folgende Stimme des Sängers begrenzt wird. Aus dem Sinne des Sprachtextes ergibt sich, ob eine Distinktion sich aus einer oder mehreren jener Phrasen zusammensetzt.[2]) Auch die Distinktionen sind somit noch nicht vollständig unabhängige Sätze, sondern Satzglieder, auch sie schliefsen sich wiederum in ganz analoger Weise, wie die übrigen Unterabteilungen, zu gröfseren Einheiten, den eigentlichen Formen des kirchlichen Gesanges, Versikeln, Antiphonen, Responsorien und dergl. zusammen.[3]) Charakteristisch für den Umstand, dafs die damalige Gesangspraxis noch im engsten Zusammenhange mit der Sprache stand, ist Odos Bemerkung, dafs auch innerhalb jener gröfseren Formen die „Phrasen", als die ersten Vertreter eines einheitlichen Sinnes-

---

[1]) A. a. O.: item sicut sola syllaba aut duae vel tres vel etiam plures unam partem locutionis faciunt, quae aliquid significat, ita quoque et una vel duae vel plures musicae syllabae tonum diatessaron diapente iungunt, quarum dum et melodium sentimus et mensuram intelligentes miramur, musicae partes, quae aliquid significant, non incongrue nominavimus.

[2]) A. a. O.: distinctio vero in musica est, quantum de quolibet cantu continuamus, quae ubi vox requieverit, pronuntiatur.

[3]) Aus Odos Worten geht diese Einteilung nicht ganz deutlich hervor, dagegen sagt Guido (Microl. 15): pars una vel plures distinctionem faciunt, id est congruum respirationis locum.

abschnitts innerhalb des Systems, als solche erkennbar sind und deutlich herausgefühlt werden.[1])

Mit dieser Melodiebildungslehre Odos, die von den Späteren in seinem Geiste folgerichtig weiter entwickelt wurde, ist die Kluft zwischen liturgischer Praxis und theoretischer Spekulation geschlossen. Hier haben wir ein ästhetisches System vor uns, das unmittelbar aus der Praxis abgeleitet ist. Die Grundsätze der ältesten christlichen Kirche, welche die Rücksicht auf den Sprachtext als oberste Norm für den Musiker aufgestellt hatte, sind gewahrt und doch gelangt daneben auch das rein musikalische Element zu seinem vollen Rechte. Denn als oberste Regel, der sich alle Einzelvorschriften unterzuordnen haben, stellt Odo den Satz auf: machen wir von allen diesen Regeln nur insoweit Gebrauch, als wir die Forderungen des Wohlklanges nirgends hintansetzen, denn dieser ist das oberste Gesetz der gesamten musikalischen Kunst.[2]) Diese Worte zeigen zur Genüge, dafs sich unter den Theoretikern doch so mancher befand, der in einem Tonstücke nicht blofs ein Rechenexempel, sondern wirklich eine künstlerische Schöpfung erblickte.

Auch in seinen sonstigen Vorschriften offenbart Odo einen gesunden ästhetischen Sinn. So stellt er die Forderung auf, dafs allzuhäufige Wiederholungen als zu monoton zu vermeiden seien, und zwar kommt er darauf zu sprechen sowohl bei Gelegenheit der einfachen Tonwiederholung, als auch bei der Verwendung der *partes musicae*.[3]) Aber auch allzugrofse Ungleichheit der einzelnen Glieder will er vermieden wissen. Nur die Symmetrie aller Glieder gewährleistet die volle künstlerische Wirkung; wo sie fehlt, wird der Gesang sowohl für den Vortragenden, als auch für den Hörer unerquicklich, wo sie vorhanden ist, schwindet die Schwierigkeit für den Sänger und erhöht sich der Genufs des Hörers.[4]) Freilich hat Odo dabei das ganz richtige Bewufstsein,

---

[1]) A. a. O. I, 276a: item sicut una pars locutionis aut duae vel plures sensum perficiunt et sententiam integram comprehendunt, ita una, duae vel plures ex his musicae partibus versiculum, antiphonam vel responsorium perficiunt nec tamen suorum numerorum significationem amittunt.

[2]) A. a. O. I, 278a: omnimodis hoc observandum est, ut his regulis ita utamur, quatenus euphoniam nullatenus offendamus, cum huius artis omnis intentio illi servire videatur.

[3]) A. a. O. I, 277b.

[4]) A. a. O.: tanta ... dissimilitudo hoc argumento fieri potest, ut eunden cantum paene alium reddere videatur et difficilis sit cantus et minus delectans.

dafs sich durch die blofse Aufstellung von Schulregeln noch lange kein vollkommenes Tonstück erzielen läfst, sondern dafs die letzte Entscheidung doch bei dem künstlerischen Urteile des Musikers und bei dem Geiste der zeitgenössischen musikalischen Praxis liegt.[1])

Alle diese Sätze muten uns ganz modern an. Sie beweisen, dafs im Mittelalter trotz der von der griechischen Theorie ausgehenden Spekulation und trotz aller grübelnden Mystik dennoch da und dort der rein künstlerische Sinn sich Durchbruch verschaffte und der Musik als solcher zu ihrem Rechte verhalf. Gerade Odo ist hiefür eines der lehrreichsten Beispiele; leider ist seine Lehre in späterer Zeit doch nicht dem Schicksal entgangen, von mystischen Spekulationen teilweise überwuchert zu werden.

Denselben feinen Sinn verrät Odo in der Behandlung der einzelnen Stufen dieser Gliederung.[2]) Für die Bildung der einzelnen Syllabae kommen für ihn nur die fünf Tonschritte in Betracht, die sich innerhalb des Konsonanz-Verhältnisses halten, also grofse und kleine Sekunde, Terz, reine Quart und Quint; ein Unterschied zwischen auf- und absteigenden Tongängen wird nicht gemacht. Wohl aber sind diese Tonschritte untereinander ihrer ästhetischen Wirkung nach sehr verschieden.

Was der Halbton dabei für eine Rolle spielte, ist bereits erörtert worden. Von Interesse ist, dafs Odo noch eine besondere Verwendung des Halbtonschrittes anführt: er unterscheidet nämlich vom einfachen Halbtonschritt den Schritt, worin eine der beiden Stufen wiederholt wird (also *e f f, e e f* usw.) — ganz augenscheinlich eine Reminiszenz an die alte psalmodische Rezitation. Aber auch diese Tonkombination wird nicht als selbständige Silbe empfunden, auch hier fällt dem Halbtonschritt nur die Rolle des Vermittlers zwischen zwei andern Tongruppen zu. Es entsteht auf diese Weise ein Aneinanderreihen der Silben durch das Bindeglied jener Halbtonkombinationen, und Odo bemerkt

---

si eius syllabas et partes ac distinctiones similes feceris, eius difficultatem tolli et dulcedinem augeri videbis, quod maxime pueris convenit.

[1]) A. a. O.: qualiter autem ipsi motus dispertiuntur in syllabas, cantorum iudicio et usui praetermitto.

[2]) Vgl. U. Kornmüller, Die Choralkompositionslehre vom 10.—13. Jahrhundert, Monatshefte für Musikgesch. IV, 1872, S. 57 ff., und O. Fleischer, Neumenstudien II, 88 ff.

ausdrücklich, diese Auffassung derartiger Tongruppen ergebe sich nicht allein aus verstandesmäfsiger Überlegung, sondern sie komme auch dem Lernenden am meisten zu Gute.[1])

Was fernerhin die den Umfang eines Ganztons überschreitenden Tongänge betrifft, so sind hierfür vor allem zwei Hauptregeln zu beachten: einmal, dafs die Aufeinanderfolge von Ganz- und Halbtönen so geschieht, dafs niemals mehr als zwei Ganztonschritte aufeinanderfolgen, und zweitens, dafs, je gröfser der Umfang des zu durchmessenden Intervalls ist, desto mehr Vorsicht bei seiner Wiederholung geboten ist. So geniefst z. B. der Quartensprung der traditionellen Wertschätzung dieses Intervalls halber besonderes Ansehen, aber ein allzuhäufiger Gebrauch davon ist dem Sänger nicht gestattet.[2])

Bezüglich der innerhalb eines Quartenintervalls auf- und absteigenden Tonbewegungen ist wiederum die Reihenfolge der Ganz- und Halbtöne mafsgebend; auch hier erhalten die Fortschreitungen, welche den Halbtonschritt in der Mitte haben, den Vorzug vor denen, die mit einem solchen beginnen oder gar schliefsen.[3]) Dasselbe gilt von den Tongängen, die sich innerhalb der verschiedenen Gattungen der Quint bewegen. Nicht alle Gattungen dieser beiden Intervalle sind von gleicher Brauchbarkeit, vielmehr steht bei der Quart die dritte ($f-h$), bei der Quint aber die zweite und dritte an Wohlklang weit hinter den übrigen zurück.[4]) Die Grundlage aller dieser Anschauungen bildet die Tendenz, den Tritonus zu vermeiden, in dessen Ver-

---

[1]) A. a. O. 277 b: nobis autem melius placet, ut omnes hi motus ita disponantur in syllabas, quatenus ipsae syllabae sive uno sive duobus sive ternis contineantur motibus, quod et rationi commodius et discentibus probatur utilius. et quotiens huiusmodi continuationes inveniuntur, multiplicationes potius dicendae sunt syllabarum.

[2]) Odo a. a. O. 279 a: cum autem vox ad quartam a se coniungitur, propter diatessaron dignitatem omnibus superiorum syllabarum modulis decoratur. sed sicut de ea, quae est ad tertiam, diximus, ita quoque de hac perhibemus. quare quantum ea, quae fit tono vel semitonio, aut ea, quae fit duobus tonis, aut tono et semitonio, videtur expansior, tantum multiplicatione ac replicatione rariore contenta est.

[3]) So schon bei Hucbald G I, 124; vgl. Aribo ibid. II, 212 b.

[4]) Arib. a. a. O.: prima et secunda et quarta spissa diatessaron species intensa et remissa bene sonat, sed tertia surdius. ex eodem genere spissitudinis quarta species formalis in diapente, et prima ac quarta naturalis satis sunt euphoniae et intensae et remissae.

dammung die Theoretiker sich gegenseitig überbieten.[1]) Nur der Quintensprung wird von diesem Verbote nicht berührt.

Aber nicht nur für die Zusammensetzung einzelner Töne zu Silben, sondern auch für das Verhältnis derartiger Tongruppen untereinander werden ausführliche Normen festgesetzt. Nach Guido ist ganz besonders darauf bei der Anordnung der Neumen zu achten, daſs sie sowohl nach der Zahl als nach der Dauer ihrer Töne einander entsprechen; auch hier ist somit die symmetrische Gliederung oberstes Gesetz.[2]) Aus der rein arithmetischen Musiklehre ist bekannt, welche grundlegende Rolle die Zahlenverhältnisse 1:2, 2:3 und 3:4 spielten; hier können wir somit eine Nachwirkung dieses ihres Ansehens auch auf rein ästhetischem Gebiete feststellen. Doch erwies sie sich hier keineswegs als so stark, daſs die Rücksicht auf die arithmetischen Proportionen das rein ästhetische Element in den Hintergrund gedrängt hätte. Dies zeigt sich alsbald bei den Vorschriften, die über die Verbindung von springenden und stufenweise fortschreitenden Neumen gegeben werden. Hier kommt es hauptsächlich darauf an, innerhalb der symmetrischen Gliederung für die entsprechende Abwechslung zu sorgen, damit, wie Aribo sagt, der Reiz eines Tonstückes ein dreifacher sei, erstens ein rein melodischer, der das Ohr ergötze, zweitens ein den Verstand befriedigender (durch die richtige Anordnung der einzelnen Abschnitte), drittens endlich müsse er sich durch die schöne Abwechslung zwischen den sechs Konsonanzen geltend machen.[3])

---

[1]) Arib. a. a. O.: *secunda et tertia (sc. species diapente) propter innominati tritoni raucedinem melibeis et ululis delegentur.*

[2]) Microl. c. 15: *summopere caveatur talis neumarum distributio, ut cum neumae tum eiusdem soni repercussione, tum duorum aut plurium connexione fiant, semper tamen aut in numero vocum aut in ratione tenorum neumae alterutrum conferantur et respondeant, nunc aequae aequis, nunc duplae vel triplae simplicibus atque alias collatione sesquialtera vel sesquitertia.* Die Form *tonorum*, die an dieser Stelle, wie an der entsprechenden bei Aribo (G II, 226b), steht, gibt keinen befriedigenden Sinn. Die richtige Lesart ist aus dem Kommentar Aribos zu erkennen, der so erläutert (ibid. 227a): *tenor dicitur mora vocis, qui in aequis est, si quattuor vocibus duae comparantur et quantum sit numerus duarum minor, tantum earum mora sit maior.* Darnach ist *tenorum* zu lesen = Dauer der Töne.

[3]) A. a. O. 213a: *... ut laudabilis similitudo vel dissimilitudo discernere scientibus commendetur, qui non solum hoc, sed neumarum proportionem requirant, ut triplex sit suavitas, una cantionis, quae comprobetur ab auriculis,*

Aus dem Gesagten ergibt sich als eines der wichtigsten Gesetze für die Melodiebildung der mittelalterlichen Kirchenmusik, dafs die Intervalle der Quart und Quint, als die wichtigsten beim Gesange,[1]) den Rahmen bilden, innerhalb dessen sich die übrigen Tonbewegungen ergehen. Es ergibt sich aber auch zugleich, dafs die Tonsprünge höchstens eine Quint betragen und um so vorsichtiger zu verwenden sind, je gröfser ihr Intervall ist. Der Sprung über drei Ganztöne hinweg ist des Tritonus halber verpönt, desgleichen alle kombinierten Tonfortschreitungen, die einen solchen ergeben würden.

Man sieht, die Theoretiker haben ganz richtig herausgefühlt, dafs in der Gesangspraxis die Tonsprünge eine ganz andere Rolle spielen, als z. B. beim Instrumentenspiel; sie treten weit seltener auf, und wenn sie erscheinen, so zeigt sich alsbald die Tendenz, durch Umbiegen der Melodie und stufenweises Zurückgehen den Sprung gewissermafsen wieder auszugleichen. Einem Quintensprung z. B. kann in derselben Richtung überhaupt keine Tonbewegung mehr folgen, hier ist das Zurückbiegen der melodischen Kontur unerläfslich.

War bei der Bildung und Verbindung der einzelnen Neumen dem rein melodischen Elemente bereits ein breiter Raum vergönnt gewesen, wenn auch der sprachliche Untergrund noch überall erkennbar durchschimmert, so führt uns die Lehre von den Distinktionen wieder nahe an die Grenze des sprachlich-grammatikalischen Gebietes. Schon Hucbald vertritt die Anschauung, dafs die Gesangsmelodie in derselben Weise gegliedert werde, wie die Prosarede, da ja das beiden gemeinsame Atemholen von selbst die Teilung in einzelne Unterglieder bedinge.[2]) Die Ausdrücke Kolon und Komma sind von der Rhetorik direkt in die Musiktheorie herübergenommen.[3])

Das Wort *distinctio* selbst kommt bei den Theoretikern in zweierlei Bedeutung vor. Die einen halten den eigentlichen Sinn des Wortes fest und verstehen darunter den Einschnitt in der Melodie selbst; den andern gilt die Distinktion als der durch

---

secunda proportionis vocum et neumarum ac distinctionum, quae delectatio est rationis; tertia pulchrae similitudinis ac dissimilitudinis sex consonantiarum.

[1]) A. a. O. 201b: quae in cantilenis pollent praecipue.

[2]) Bei G I, 125a: eodem modo distinguitur cantilena, quo et sententia; quippe tenor spiritus humani per cola et commata discurrendo requiescit.

[3]) Vgl. Mus. enchir. 9 (G I, 159b).

zwei solche Einschnitte begrenzte Melodieabschnitt.¹) Doch ist die erste Bedeutung die gebräuchlichere geworden.

Diese Lehre von den Distinktionen galt nicht nur für die accentischen Gesänge, aus denen sie ursprünglich erwachsen war, sondern, wie Guidos Hinweis auf die Hymnen des Ambrosius zeigt,²) auch für die rein concentischen. Hier wurde sie der Ausgangspunkt für die Kadenzenlehre. Denn die mittelalterlichen Theoretiker waren sich dessen wohl bewußt, daß eine sinngemäße Kadenzierung für die Übersichtlichkeit und richtige Gliederung einer Melodie eine unabweisbare Forderung sei.³) Nur eine durch Kadenzen wohlgegliederte Melodie verdient überhaupt diesen Namen, nur sie ist für die Kunst verwendbar und verschafft dem Hörer einen ästhetischen Genuß.⁴)

Den Hauptpunkt in der Distinktionenlehre bildet die Stellung der Finalis, auf die wir im folgenden näher einzugehen haben werden. Vorher aber sei noch einer Stelle bei Guido Erwähnung getan, die sich beinahe wie ein Kapitel aus einer modernen Formenlehre ausnimmt, da sie im Anschluß an die Distinktionen wertvolle Aufschlüsse über die Kunst des Variierens im Mittelalter gibt.⁵) Die Stelle bezieht sich auf die rein melodischen (concentischen) Gesänge, bei denen eine straffe Gliederung nach

---

¹) Beide Bedeutungen finden sich bei Odo; vgl. G I, 257 b: distinctiones, in quibus repausamus in cantu et in quibus cantum dividimus und ibid. 276 a: distinctio ... est, quantum de quolibet cantu continuamus, quae, ubi vox requieverit, pronuntiatur.

²) Microl. c. 15.

³) Odo a. a. O. 280 a f.: omne quod dividitur, facile capitur tam usu quam sensu; quod vero indivisum, idem est et confusum magisque mentem confundit et ignorantiae tenebris involvit, quam aliqua doctrina imbuat aut scientiae luce expeditam faciat. atque haec causa est, propter quam et syllabae et partes ac distinctiones etiam in musica excogitatae sint.

⁴) Die mit aristotelischen Reminiscenzen versehenen Worte bei Engelbert (De mus. VI, 38, G II, 365 b) lauten: est autem cantus artificialiter regulatus ad hoc inventus et institutus, ut delectet audientes et auditum ... sicut in ceteris sensibus et sensibilibus delectatio fit ex perceptione et perceptio ex distinctione, ita et in cantu et eius auditu non fit delectatio, nisi cantus bene percipiatur, nec poterit bene percipi, nisi recte distinguatur.

⁵) Microl. c. 15: oportet ergo ut more versuum distinctiones aequales sint et aliquotiens eaedem repetitae aut aliqua vel parva mutatione variatae, et cum plures fuerint duplicatae, habentes partes non nimis diversas et quae aliquotiens eaedem transformentur per modos, aut similes intensae vel remissae inveniantur.

gleichen Abschnitten möglich ist, nicht auf die accentischen (Guido nennt sie *quasi prosaici cantus*[1]), die wegen der Rücksichtnahme auf die sprachliche Textgrundlage eine derartige Gliederung ausschließen. Mit richtigem Gefühle stellt hier Guido als Hauptgrundlage aller eurhythmischen Melodiebildung den Satz auf, daſs das hauptsächlichste Kennzeichen einer klaren und faſslichen Melodie nicht in ihren Tonbewegungen, sondern in der Beschaffenheit ihrer Kadenzen zu suchen ist. Abgesehen davon, daſs sich die durch die Kadenzen voneinander getrennten Abschnitte ihrem Umfange nach entsprechen müssen, ist die Symmetrie der Glieder noch dadurch zu verstärken, daſs die Kadenzen selbst bei der Wiederholung in ihrer charakteristischen Fassung sofort kenntlich sind. Die melodischen Phrasen innerhalb der Abschnitte dürfen in freierer Weise behandelt werden, wenn auch natürlich der melodische Grundcharakter auch hierin gewahrt bleiben muſs. Dieser Punkt ist deshalb von hoher Wichtigkeit, weil hier zum ersten Male die ästhetische Bedeutung des Variationsprinzips hervorgehoben und dem Sänger als ein wirksames Ausdrucksmittel empfohlen wird. Das freie Verändern einzelner Melodiephrasen bei gleichbleibendem Grundcharakter erhöht den ästhetischen Reiz des Ganzen.

Wenn Guido ferner in der Mitte der einzelnen Glieder gröſsere Freiheit gestattet, als am Ende, wo ihm die Symmetrie über alles geht, so stellt er damit ein weiteres Gesetz auf, das ebenfalls in moderner Zeit, sowohl in der Volks- als in der Kunstmusik seine Geltung noch nicht verloren hat, nämlich das, daſs der Abschluſs eines melodischen Ganzen für den Komponisten die gröſste Wichtigkeit besitzt; mithin daſs er auf die richtige symmetrische Kadenzierung sein Hauptaugenmerk zu richten hat. Hier, an den Schlüssen der Melodieglieder, ist er an die Gesetze der Eurhythmie gebunden, während in der Mitte seiner Phantasie weit gröſsere Freiheit verstattet ist. Diesem Punkt haben denn auch die mittelalterlichen Theoretiker von Anfang an ihre besondere Aufmerksamkeit zugewandt.

Die Scheidung der Gesänge in Anfangs-, Mittel- und Endpartien ist den Theoretikern ganz geläufig. Sie hat ihre Wurzel in der zur Genüge bekannten Zahlenspekulation. Wo ein Anfang ist und ein Ende, sagt Berno, muſs auch eine Mitte sein, damit

---

[1]) Ibid.

man vom Anfang durch die Mitte zum Ende gelange.¹) Aber der Schluſs ist von allen drei Teilen der wichtigste; denn hier tritt die Lehre von den Tonarten in ihre Rechte, die Hauptgrundlage aller Melodiebildung. Aribo gibt die Weisung, man solle niemals ein oberflächliches Urteil über die Tonarten abgeben, sondern zuerst den Schluſs, von dem alle Beurteilung des Singens abhängt, abwarten, damit man nicht, wenn man vor dem Schlusse die Tonart genannt hat, durch den Schluſs selbst widerlegt wird und bereut, nicht geschwiegen zu haben.²) Auch Engelbert nennt den Schluſs den hauptsächlichsten Teil, weil jede Tonart von ihm erst ihre eigentümliche Art empfängt.³) Johannes Cottonius fügt sogar noch hinzu, die Musiker achten deshalb ganz besonders auf den Schluſs, weil bei Ausführung aller Dinge die Erwägung des Endes allein die Weisen von den Toren unterscheidet,⁴) und noch Johannes de Muris spricht von der höheren Bedeutung des Schlusses, da man am Anfang und an der Mitte einen Gesang weit weniger erkennen könne, als am Schlusse.⁵)

In unlöslichem Zusammenhange hiemit steht die führende Rolle der Finalis innerhalb ihrer Tonart. Guido bemerkt, trotz der Freiheit, die der Melodieführung im allgemeinen verstattet sei, besitze doch der den Gesang beschlieſsende Ton die höchste Bedeutung. Denn er habe einen Klang von längerer Dauer und gröſserer Eindringlichkeit. Die vorhergehenden Töne aber werden ihm dermaſsen angepaſst, daſs es den Eindruck macht, als empfingen sie von jenem ihre eigentümliche Färbung; müssen sie doch zu ihm im Verhältnis von einer der sechs Konsonanzen stehen.⁶) An anderer Stelle sagt er geradezu, das ganze Wesen

---

¹) Prol. in tonar. 4 (G II, 65 b).
²) Mus. b. G II, 251 b: ne quis de tonis temere iudicet, sed potius finem, in quo omne canendi iudicium pendet, providus exspectet, ne, si ante tempus tonum edixerit, fine dicta eius refutante poeniteat eum non tacuisse.
³) Mus. VI, 24 (G II, 354 a): finis est principalissima pars cantus in suo tono, idcirco quod omnis tonus musicus speciem sumit a fine.
⁴) Mus. c. 11 (G II, 243 b): nec incongrue hoc musicorum providentiae visum est, uti modorum considerationem fini attribuerent, cum in gerendis rebus sola finis consideratio sapientes ab incautis secernat.
⁵) Summa mus. c. 16 (G III, 222 a).
⁶) Microl. c. 11: cum autem quilibet cantus omnibus vocibus et modis fiat, vox tamen, quae cantum terminat, obtinet principatum; ea enim et diutius et morosius sonat. et praemissae voces, quae tantum exercitatis patent, ita ad eam adaptantur, ut mirum in modum quandam ab ea coloris faciem ducere

eines Gesanges hänge von den Finales ab,[1]) ähnlich wie nach Wilhelm von Hirsau die Finalis es ist, die alles beherrscht, gliedert und den Maſsstab für die Beurteilung des Ganzen abgibt.[2])

Diese führende Stellung der Finalis zeigt sich aber nicht allein am Abschluſs eines ganzen Tonstückes, sondern auch am Schluſs der einzelnen Distinktionen. Bereits Odo bemerkt, es sei eine ganz allgemein giltige Schulregel, daſs verschiedene Distinktionen mit dem Tone, der für die Tonart maſsgebend ist, schlieſsen müssen; denn der Tonart gehört ein Gesang am meisten an, der seine Distinktionen zueilen.[3]) Ja selbst der Anfang eines Stückes steht, wenn auch nicht so entschieden, unter der Herrschaft der Finalis. Es kommt öfter vor und ziemt sich besser, daſs ein Stück auch mit dem Schluſston beginne, sagt Odo.[4]) Selbst wenn die Finalis an solchen signifikanten Stellen nicht selbst eintreten sollte, so äuſsert sie doch ihren Einfluſs darin, daſs die in diesem Falle zur Verwendung gelangenden Töne zu ihr in einem ganz bestimmten Konsonanzverhältnis (Quart oder Quint) stehen müssen.[5])

Nächst dem Schlusse spielt in der mittelalterlichen Melodiebildungslehre der Anfang der Tonstücke die wichtigste Rolle. Auch hier galt, wie wir gesehen haben, ursprünglich durchaus die Regel, daſs eine Komposition mit der Finalis ihrer Tonart auch zu beginnen habe. Doch wurde diese Regel schon im 11. Jahrhundert dahin erweitert, daſs für den Anfang eines Gesanges alle Töne verwendbar sein sollten, die zu seiner Finalis in irgend einem der genannten Konsonanzverhältnisse stünden. Damit war nun allerdings dem Komponisten ein Maſs von Freiheit in der Auswahl der Anfangstöne zugestanden, das einer Auf-

---

videantur. per supradictas nempe sex consonantias voci, quae neumam terminat, reliquae voces concordare debent.

[1]) *Tota vis cantus ad finales respicit*, G II, 53 b.

[2]) Mus. c. 5 (G II, 157 b): a finali reguntur omnia, disponuntur et diiudicantur.

[3]) A. a. O. I, 257 b: plures autem distinctiones in eam vocem, quae modum terminat, debere finiri magistri tradunt ... ad eum denique modum magis cantus pertinet, ad quem suae distinctiones amplius currunt.

[4]) A. a. O.: *et principia saepius et decentius in eadem voce, quae cantum terminat, inveniuntur*. Zusammenfassend Guid. Microl. c. 11: *voci vero, quae cantum terminat, principatum eius cunctarumque distinctionum fines vel etiam principia opus est adhaerere.*

[5]) Engelb. Adm. De mus. IV, 41 (G II, 367 a).

hebung des ursprünglichen Gesetzes gleichkommt, und man wird dabei unwillkürlich an die Parallele zur antiken Rhythmik erinnert, die ja dem Versanfang ebenfalls weit gröfsere Freiheiten zugestand, als dem Schlufs.[1]) Das letzte Wort sprach hier nicht die Theorie, sondern die Praxis, indem sie für die einzelnen Tonarten ganz bestimmte Anfangsnoten festsetzte.[2])

Weit mehr Gesetzmäfsigkeit, als in der Behandlung des Anfangstones, herrscht in der des sog. Reperkussionstones, der für jede Tonart ein für allemal festgestellt ist und nächst der Finalis das Haupterkennungszeichen einer Tonart abgibt. Seine Stellung zur Finalis ist für den authentischen oder plagalen Charakter einer Tonart von ausschlaggebender Bedeutung; in den authentischen Melodien bildet er den Mittelpunkt der oberen Hälfte des gesamten Tonumfangs, in den plagalen dagegen den Gipfelpunkt der Melodie überhaupt. Odo sowohl als Guido bemerken ausdrücklich, dafs jeder Gesang, der die Quint über der Finalis drei- oder viermal berührt, als authentisch anzusehen ist, während sich die plagalen Melodien in den „unteren Regionen" bewegen und jenen Quintensprung nur in den seltensten Fällen gestatten.[3]) Bei den authentischen Melodien spielt der Reperkussionston sogar eine noch wichtigere Rolle, als die Finalis selbst, insofern diese nur am Anfang und Schlusse berührt wird, während in den Mittelpartien, besonders auch bei den Schlüssen der Distinktionen, der Reperkussionston das Zentrum aller Tonbewegungen bildet.[4]) Bei den plagalen Melodien dagegen wird diese Rolle des Angelpunktes der gesamten Melodieführung von der Finalis selbst übernommen.[5]) Auch in der Art und Weise,

---

[1]) Vgl. Lehre vom Ethos S. 124 f.

[2]) Vgl. O. Fleischer, Neumenstudien II, 91.

[3]) Vgl. Joh. Cotton. Mus. 12 (G II, 245 b): nec est mirandum, quod plagales minorem ascendendi licentiam habent quam authenti, quia plagales semper in inferioribus morari debent et perraro a finali ad quintam ascendere. nam et Odo ... et a Guidone in fine tractatus sui comprobatur cantum, qui a finali ascendens quintam ter vel quater repercutit, authento deputat.

[4]) Auch *affinalis* genannt; vgl. Fleischer a. a. O. 90.

[5]) Das Gefühl für den Unterschied von Authentisch und Plagal entwickelte sich zu einer solchen Stärke, dafs man bereits zur Zeit des Elias Salomo das Grenzgebiet des beiderseitigen Tonumfanges genau feststellte. Elias Salomo unterscheidet nämlich zwischen *fines*, den eigentlichen Finalen, und *regulae*, die eine Terz über jenen liegen (Scient. art. mus. c. 28). Dieselbe Bedeutung haben die *claves finales* und *discretivae* bei Joh. de Mur. Summ.

wie am Anfang der Reperkussionston erreicht und am Schlusse wieder von ihm zur Finalis übergegangen wird, liegt ein Hauptmittel zur Erkennung der Tonarten.

Diese Konkurrenz zwischen Finalis und Reperkussionston ist historisch sehr bedeutsam; stellt sie doch gewissermafsen den praktischen Niederschlag des Antagonismus zwischen accentischen und concentischen Elementen in der mittelalterlichen Kunstübung dar. Während die Finalis, wie überhaupt die gesamte Lehre von den Tonarten, auf rein musikalischem Boden beruht, ist der Reperkussionston noch der Vertreter jener ursprünglichen accentischen Weise, welche die ersten Kirchenväter als das Ideal aller geistlichen Musik gepriesen hatten.

Wir sehen, die mittelalterliche Melodiebildungslehre ist das Stück mittelalterlicher Kunstlehre, das auch den heutigen Anschauungen gegenüber noch Stand hält. Die Theoretiker, allen voran Odo und Guido, entwickeln hier, ganz im Gegensatze zu ihren andern, in griechischen Anschauungen wurzelnden Theoremen, ihr System aus dem lebendigen Geiste der Praxis heraus. Ihre Ausführungen fesseln nicht allein durch ihre Reichhaltigkeit und durch ihren Feinsinn; sie beweisen auch, dafs diese Männer über die ästhetischen Grundlagen aller Melodiebildung nachgedacht und der Hauptsache nach mit feinem Instinkt das Richtige getroffen haben.

Aber noch ein zweites Moment ist es, das an ihren Ausführungen hohes Interesse erweckt, ein Moment, das uns in den Werdegang der christlich-mittelalterlichen Tonkunst überhaupt einen Einblick gewährt. Wir haben als die älteste Form der christlichen Musik die Psalmodie kennen gelernt, der dann allmählich concentische, sei es aus der altgriechischen Tonkunst oder aus der Nationalmusik der einzelnen Völker übernommene, Elemente an die Seite traten. Eine neue Tonkunst entstand, die in ihren Grundlagen mit der endgiltigen Anerkennung der Tonarten bereits feststand und auch die alte Psalmodie erheblich modifizierte.

Die Melodiebildungslehre, so wie sie sich uns in den Schriften der Theoretiker darstellt, bezeichnet ein mit Glück durchgeführtes Kompromifs zwischen Altem und Neuem. Noch er-

---

mus. c. 18: über den *claves discretivae* liegt der Bereich der authentischen, unter ihnen das Gebiet der plagalen Melodien.

weisen sich die Prinzipien der altehrwürdigen Psalmodie als wirksam, zumal in der Lehre vom Reperkussionston und von den Kadenzen, die noch ganz deutlich auf den engen Zusammenhang der Gesangskunst mit der Sprache in jener Zeit hinweist; auch innerhalb der Distinktionen richten sich die einzelnen Tonverbindungen nach der Anordnung des Sprachtexts. Aber auf dieser, von der alten Psalmodie übernommenen Grundlage wird zugleich der Entwicklung des concentischen, also rein musikalischen Elements reichlicher Raum gewährt. Die Musik löste sich aus der untergeordneten Stellung in der Psalmodie, die in ihr vielfach nur ein Mittel zum Auswendiglernen der Gesangstexte erblickt hatte, los und strebte nach freierer, selbständiger Entfaltung ihrer Ausdrucksmittel. Den Anstofs zu dieser folgenschweren Entwicklung gab das Eindringen concentischer, aus der griechischen Musik stammender Elemente; die Gesetze jedoch, welche die Theoretiker für die Melodiebildung aufstellten, beweisen, dafs die musikalische Praxis, aus der sie abgeleitet sind, von Anfang an ihre eigenen, selbständigen Bahnen einschlug. Im Gegensatze zu den vielen, teils gelehrten, teils mystischen Grübeleien, die sich in den theoretischen Schriften finden, haben wir hier ein Gebiet vor uns, auf dem Theorie und Praxis wirklich Hand in Hand gehen. Und darum sind auch die ästhetischen Prinzipien, die sich in dieser Melodiebildungslehre offenbaren, für die Geschichte der musikalischen Ästhetik von hervorragendem Interesse. Dafs diese Prinzipien von den Theoretikern erkannt und in einer Weise gewürdigt worden sind, die auch vor der modernen Kritik standhält, macht ihrem musikalischen Feingefühl und ihrem Scharfsinn in gleicher Weise Ehre.

Register.

Adam von Fulda 141, 145, 149, 167, 177, 240.
Aegidius Zamorensis über das Ethos der Tonarten 236, 238, 240, 241, 242.
Agobardus 92, 127.
Alfarabi 169.
Alia musica 184, 186, 189, 234.
Alkuin 135, 226, 244.
Allegorie bei Philo 36; den Kirchenvätern 107 ff.
Altgriechische Musik, Beziehungen zur mittelalterlichen 2, 102 ff., 107 f., 125.
Alypius 133.
Amalarius 99, 127.
Ambrosius 3, 7, 81 (Sphärenharmonie), 103, 109, 115, 120, 145, 222, 260.
Amelius, Neuplatoniker 51.
Anamnesis, platonische, bei der Musik 58 f., 62.
Anfang eines Tonstückes, ästhetische Bedeutung 263 f.
Aufractus 237.
Antiphonengesang, allegorisch ausgedeutet 113; „unechte" Antiphonen 230.
Apuleius 133.
Arabische Einflüsse 143, 169, 175.
Archytas, Echtheit seiner Schriften 28.
Aribo Scholasticus 144; Hauptvertreter der Symbolik 169, 171, 183, 231, 247, 258, 262.
Aristides Quintilianus 28, 65, 131, 177, 189.
Aristoteles 11 f., 22, 44, 48, 73, 94, 137, 143, 149, 152, 153, 154, 163, 164, 169, 176, 242, 251.

Aristoxenus 56, 65, 138, 195.
Arnobius 219, 221.
Arnulphus 144.
Artes liberales 71, 131 (Varro), 138 (Boëthius).
Asketischer Charakter der mittelalterlichen Musikästhetik 10; Beziehungen zur neupythagoreischen Lehre 27; zu Porphyrius 53; in der Lehre der Kirchenväter 83 f.
Asklepiades, Arzt 162.
Athanasius, Bedeutung für das griechische Mittelalter 79, 121, 212, 219, 220.
Augustin 7 f., 11, 69 f, 78 f., 89, 91, 93, 103, 112 f., 114, 115 f., 118, 126, 133 (Quelle Cassiodors), 174 (Einfluß auf die Theoretiker), 156, 201, 208 (iubilus), 214, 217 (Instrumentensymbolik), 218, 220, 222.
Aulos 211, 213.
Aurelianus Reomensis 17, 132; Nachahmer Cassiodors 135; Künste des Quadruviums 138; Musik der Engel 144; Bedeutung des Textes 147; Harmonie des Weltalls 153; Zahl Acht 186; über die Tonarten 227 ff.; 232, 252.
Authentische und plagale Tonarten: Allegorie 172, 179, 191; Charakteristik 231 ff.; Reperkussionstöne 264.
Autor des blühenden Baumes 169, 175.
Averroës 169.
Avicenna 169.

Bach, J. S. 16, 28, 173.
Balsamon 196.

Basilius d. Gr. 86, 102, 103, 110, 126, 217, 218.
Beda 77, 99.
Benedikt, der hl. 76.
Berno von Reichenau 147, 171, 181, 182, 248, 261.
Besessenheit, durch Musik geheilt 101 f., 157 f.
Boëthius 6, 8, 16; Verhältnis zu den Neupythagoreern 35, seine Theorie 136 ff., Quellen und Standpunkt 136 f.; keine Beziehungen zur christlichen Musik 137; hohe Bedeutung der Musik 141; Einfluß auf das Mittelalter 149, 152, 159, 160, 162; Lehre von der musica mundana, humana und instrumentalis 164 ff., 177; die Tonarten 226, 228, 233, 238.
Bruno Carthusiensis 113, 217.
Buxtehude, Dietr. 35.
Byzantinische Musik 105, 129 f.

Canere und cantare 101.
Canticum vetus und novum 114.
Cassiodor 6, 8, 16; Verhältnis zu den Neupythagoreern 35; seine Theorie 132 ff.; Psalmenkommentar 133; Quellen 133; die sechs Konsonanzen 134; Verwechslung von $\dot{\alpha}\varrho\mu o\nu\iota\alpha$ und $\tau o\nu o\varsigma$ 134; Ziele und historische Bedeutung seiner Musiklehre 135; Musik als Kunst der zahlenmäßigen Bewegung 139; Einfluß auf das Mittelalter 149, 152, 156 f., 162, 200, 207, Instrumentensymbolik 217, 219; die Tonarten 226, 228.
Censorinus 130, 132, 133.
Chrodegang von Metz 196.
Clemens von Alexandrien 76, 80, 95, 103, 211, 213.
Compunctio cordis 12, 27, 84 f., 100, 164, 195, 241.
Cymbeln 213, 218.

Dämonen 26, 54 (Porphyrius), 57 f. (Schrift von den Mysterien), 101 f. (Kirchenväter), 158 (Theoretiker), 181.

David 87 f., 92, 97, 108, 114, 213.
David und Saul 100, 101, 158, 216.
Demokrit 56.
Diaphonien 134.
Diatonik 52.
Didymus von Alexandrien 95.
Differentiae 228 f.
Distinktionen 254, 259 f.
Dorische Tonart 234, 235 f., 245.
Dunstanus 201.
Dur und Moll im Mittelalter 225, 244 f., 247.
Durandus 208.

Échecs amoureux 34, 154, 171.
Ekstase, bei Philo 41 f.; Plotin 49; Porphyrius 54; Iamblichus 57 f.; den Kirchenvätern 100 f.
Elias Salomo 144, 185, 231.
Encyklische Wissenschaften 20; bei Philo 37.
Engel 26; ihre Musik 78, 144 f.; beim Gottesdienst gegenwärtig 78.
Engelbert von Admont 160 f., 237, 238, 241, 242, 243, 250, 252, 262.
Ephrem 206.
Essener 36.
Ethos, Lehre vom 9, 11, 13, 16, 18; bei den Neupythagoreern 25, 51 (Plotin); von den Kirchenvätern fortgesetzt 78, 95 f., 125; von den Theoretikern übernommen 149 ff., 229 f., 246.
Euklid 133.
Eusebius 107, 110, 194, 214.
Euthymius Zigabenus 97, 110.

Fétis 3.
Finales, ihre Vierzahl 183, 234; ästhetische Bedeutung 262 ff.
Fleischer, O. 105, 130, 190, 204, 210.
Flöten 157, 211.
Franciscus Niger 173.
Frauen, ihr Gesang in der Kirche 88.

Ganztonschritt 249, 257.
Gaudentius 134.

Gesinnung beim Singen 67 (Neuplatoniker), 90 f. (Kirchenväter).
Gevaert 2.
Gottesdienstliche Aufgabe der Musik bei den Neupythagoreern 26 f.; bei Porphyrius 52 f.; in der Schrift von den Mysterien 59 f.; bei den Kirchenvätern 83 ff.
Grammatik, Beziehungen zur Musik 174, 253, 259.
Gregor, der hl. 3, 208, 215, 220.
Gregor von Nazianz 200, 206.
Gregor von Nyssa, Kunstlehre 73 f.; musikalische Philosophie 79 f.; Musik des Weltalls 81; Vokal- und Instrumentalmusik 111, Symbolik 221.
Guido von Arezzo 153, **169**, 175, **233**, 235, 237, 238, 240, 242, 244, 252; Melodiebildung 258; Distinktionen 260; Variation 260 f.; Stellung der finalis 262; des Reperkussionstones 264.

Hagiopolites 227.
Halbtonschritt 249 ff., 256.
Hermannus Contractus 185, 233, 234, 235, 237, 238, 239, 240, 241, 243.
Hexachord 184, 251.
Hieronymus 87, 102, 103, 109.
Hilarius 91, **108**, 203, 207 (iubilus), 216, 222.
Hippolytus 107, 214, 215.
Hirmusgesänge 204 f.
Holzer, E. 131, 133, 135.
Hucbald 198, 259.
Hymnodie 83, 125, 193, **201 ff.**
Hypodorische Tonart 227, 234, **236** f.
Hypolydische Tonart 227, 234, **240** ff., 245.
Hypomixolydische Tonart 243 f.
Hypophrygische Tonart 227, **239** f.

Iamblichus 31, 55 ff.; Pythagoras-Anekdoten 56; Zahlensymbolik 56; theurgischer Beruf der Musik 57; Ekstase 57 ff.; Vorbild des Synesius 74.

Ignatius 145.
Inkantation 20.
Instrument, der Mensch als I. Gottes 41 (Philo), 57 f. (Iamblichus), 101 (Kirchenväter), 109, 212.
Instrumente, allegorisch ausgedeutet 109 f., **211 ff.**; Stellung der Kirche zu ihnen 210 f., 222 f.
Isidor von Pelusium 96.
Isidor von Sevilla 101, 118, 132; benützt Cassiodor 135, 153, 156, 198.
Iubilationen 207 ff.
Johannes Chrysostomus 76, 80, 87, 88, 93, 98, 102, 103, 198, 206, 207, 212, 213, 219, 221.
Johannes Cottonius 148, 151, 153, 156, 160, 161, 167, 233, 236, 238, 240, 241, 242, 243, 248, 249, 252, 262.
Johannes de Grocheo 104, 134, 145, 154, 168.
Johannes de Muris 146, 151, 157, 162, 168, 170, 178 f., 185 f., 187, 188, 189; symbolisches Schema 191; über die Tonarten 236, 240, 241; die Tetrachorde 248, 249; Melodiebildung 251, 252, 262.
Johannes Gallicus 174.
Johannes Keckius 147, 196.
Johannes Klimakus 206.
Johannes Moschos 102.
Johannes Tinktoris 145, 154, 168.
Jüdisch-griechische Philosophie 35 ff.
Justinus Martyr 196.

Kadenzen, ästhetische Bedeutung 260, 261, 266.
Karl d. Gr. 226 ff.
Karthäusermönch, der; über das Ethos der Tonarten 236, 238, 239, 240, 242.
Kathartische Wirkung der Musik 20; bei den älteren Pythagoreern 23; den Neupythagoreern 26 f.; Iamblichus 57.
Kirchenmusik, ihre Aufgabe bei den Kirchenvätern 87; bei Augustin 89;

Gegensatz zur weltlichen Musik bei Porphyrius 52 f.; Proklus 64; den Kirchenvätern 75 f.; Augustin über die K. 89; die Theoretiker 144 ff.

Kirchentonarten 103, 177, 183, 186, 191; Verhältnis zu den antiken 226 ff.; Zeit der Einführung im Abendland 227 f.; Einfluſs der antiken Ethoslehre 229 f.; schwankender Charakter 230 f.; authentisch und plagal 231 f.; innere Konstruktion 232 ff.; virtus der toni 234; die einzelnen Tonarten 235 ff.; Verhältnis von Dur und Moll 244 ff.; Bedeutung der finales 262 ff.

Kirchenväter, Bedeutung für die Musikästhetik 4 f.; wissenschaftliche Tendenzen 69 ff.; Verhältnis zum Neuplatonismus 70 f.; die Künste 72 ff.; antike Elemente 73 ff.; groſse Bedeutung der Tonkunst 75; Polemik gegen die weltliche Musik 76 ff.; Anlehnung an die hl. Schrift 77; Fortsetzung der antiken Ethoslehre 78; Sphärenharmonie 80; moralitas artis musicae 83; compunctio cordis Endziel der Musik 84; asketischer Charakter ihrer Ästhetik 84 ff.; Bedeutung des Textes 88 ff.; der Gemütsverfassung 90 f.; der Lebensführung 91; Milderung der Askese 92 ff.; Spuren der drei antiken Stilarten 94 f.; Ekstase 100; apotropäische Kraft der Musik 101; Verhältnis zur altgriechischen Musik 102 ff.; Symbolik 105 ff.; orientalische und griechische Einflüsse 106; Allegorien 107 ff.; Zahlensymbolik 114 ff.; Resultate 124 ff.

Kithara 213, 215 ff.
Klagelieder Jeremiä 198, 236, 241.
Klanggeschlechter, die antiken, im Mittelalter 149 ff.
Konsonanzen, die drei vollkommenen, bei den Pythagoreern 22; Proklus 63; bei den Kirchenvätern 79; die „himmlischen K." bei Othlo 117; Zahlensymbolik der 4 K. 119 f.; die 6 Konsonanzen Cassiodors 133 f.; Allegorien Aribos 172 f.; des Joh. Gallicus 174; in der Melodiebildung 249 ff.

Künste bei Nicomachus 29 f.; Philo 37 ff.; Plotin 44 f.; Proklus 61 f.; den Kirchenvätern 71 f.; den Theoretikern 140 f.

Kunst als Nachahmerin der Natur 37, 45, 73, 163, 182, 251.

Lebensführung des Sängers 91.
Lichtenthal, Peter 163.
Lydische Tonart 234 f., **240**; im Altertum 242.

Magische Wirkungen der Musik bei Plotin 49 ff.; bei Porphyrius 54; Iamblichus 57; Proklus 64.
Makarius 201.
Makrobius 132.
Makrokosmus und Mikrokosmus, Beziehungen zur Musik 13; bei den Neupythagoreern 24 f.; bei Philo 39 f.; Porphyrius 52; Proklus 62; Boëthius 136; die Theoretiker 152 ff., 165; Allegorien 173 f.
Mantik, Beziehungen zur Musik bei den älteren Pythagoreern 23; bei Porphyrius 54.
Marchettus von Padua 3, 170, 174 f., 177, 187, 251, 252.
Martianus Capella 130, 132, 150, 171, 229.
Medizinische Wirkungen der Musik, bei den älteren Pythagoreern 23; den Kirchenvätern 100; den Theoretikern 162 f., 238.
Melodiebildungslehre im Mittelalter 246 ff.; die Tetrachorde 247 ff.; die 6 Konsonanzen 249 ff.; Gliederungssystem Odos 253 ff.; Distinktionen 259 ff.; Variationsprinzip 261; Anfangs-, Mittel- und Endpartien 261 ff.; Rolle der Finalis 262 ff.; des Reperkussionstons 264 f.; Kritik 265 f.

Methodius 81, 84, 116; Parthenion 203 f.
Mixolydische Tonart 242 f.
Moralitas artis musicae 11, 83 (Kirchenväter), 125, 159 (Theoretiker), 163, 193.
Motiv, musikalisches 253.
Musen 118; Allegorisierung 171 ff., 188.
Musica enchiriadis 139, 155, 170, 251.
Musica mundana, humana und instrumentalis 164 ff., 179, 181, 191.
Musik als encyklopädische Wissenschaft bei den Neupythagoreern 20; bei Philo 37 f.; Proklus 61; Boëthius 138.
Musik als Kunst der Bewegung 11, 78 f. (Augustin), 115 (ders.), 138 (Boëthius), 152 (die Theoretiker), 163.
Μουσικός, bei Plotin 46; Proklus 62.
Musiktheorie, Gegensatz zur Praxis 6 f., 65 ff. (am Ende des Altertums), 129 ff., 165 f., 192.
Mutianus 133.

Nemesius 74 f., 212.
Neuplatoniker 8, 14, 43 ff., s. Plotinus, Porphyrius, Iamblichus, Proklus; Rückblick 65.
Neupythagoreer 8, 14, 21 ff.; Zahlensymbolik 24 f.; Ethoslehre 25; religiöser Grundcharakter ihrer Lehre 26.
Nicephorus 194.
Nicomachus von Gerasa 28 ff.; Einteilung der Wissenschaften 29; arithmetische Theologie 30 f.; Zahlensymbolik 31; Proklus als Verehrer des N. 61; Quelle Cassiodors 133; des Boëthius 136; Einfluß auf das Mittelalter 139, 177, 178, 189.
Nilus 200, 202.

Odo von Clugny 17, 144, 151, 233; über den Halbtonschritt 250; über die Gliederung der Gesänge 253 ff.;

Wohlklang oberstes Gesetz 255; über die finales 263; den Reperkussionston 264.
Oktave 63 (Proklus), 172, 174, 186, 187, 252 f.
Oktavengattungen, die antiken 135, 152, 162, 225, 228 f., 230, 234, 235, 237, 239, 240, 241.
Oktoechos der Griechen 148, 225, 245.
Orgel 218, 220, 221 f.
Orient, steht der antiken Ästhetik näher als der Occident 79, 80, 99, 104 f., 126, 205, 223, 227.
Orpheus und Eurydice, Allegorie 170.
Othlo 116.

Palestrina 87.
Pambo, Abt 202.
Panakes, Neupythagoreer 28.
Pantomimus 75.
Paraphonien 134.
Partes musicae 254 f.
Pauken 211, 212, 218, 220 f.
Petrus Chrysologus 215.
Philo von Alexandria 35 ff.; Allegorie 36; allgemeine Kunstlehre 37; Aufgabe der Musik 37 f.; Zahlensymbolik 40 f.; Ekstase 41 f.; Beziehungen zu den Kirchenvätern und Neupythagoreern 42; Einfluß auf die Kirchenväter 106.
Philodem 8.
Philolaos 182.
Phrase, musikalische 254.
Phrygische Tonart 234, 237 ff., 246.
Platon 11, 39, 44, 46, 48, 58, 61, 63, 94, 137, 143, 150, 176, 183, 213, 234, 242.
Plotinus 43 ff.; Lehre vom Schönen 43—45; Stellung der Musik darin 45 f.; Bedeutung seiner Lehre 47 f.; Ekstase 49; magische Wirkungen der Musik 49 ff.; die Musik als theurgische Kunst 59 f.
Plutarch 65.
Porphyrius 52 ff.; Stellung zu Plotin 52; asketischer Charakter seiner

Ästhetik 52; Brief an Anebon 54; Stellung zum Volksglauben 54 f.
Potentiae der Musik 162.
Proklus 61 ff.; Stellung zu seinen Vorgängern 61 f.; Symbolik 63; Theatermusik 64; Bedeutung 64 f.
Proklus, Kirchenvater, über die Psalmodie 95.
Prosper von Aquitanien 113, 217, 220.
Psalm und Lied, Psalmlied und Liedpsalm 107, 108, 110.
Psalmodie 10, 67, 83, 84 (Mittel zum Auswendiglernen der Texte), 93, 95, 97, 103, 121, 124, 160, 194 ff.; ihr Vortrag 196 ff.; Nutzen 199, 225 ff., 241, 245, 246, 265.
Psalterium 120, 183, 188, 211, 212, 215 ff., 218 f.
Pseudo-Aristoteles 180.
Psellus, Michael 81.
Pseudo-Justinus 95.
Ptolemaeus 133, 169.
Pythagoras, geistiges Haupt der Neupythagoreer 20 f.; Anekdoten 56, 100, 238; die Seele als Quadrat 182.
Pythagoreer 13, 21 ff., 184, 187, 189.

Quadruvium 15; bei Nicomachus 30, 32; bei Boëthius 138, 163.
Quarte 63 (Proklus), 172, 174, 183, 251 f., 256, 257, 259, 263.
Quinte 63 (Proklus), 172, 174, 252, 256, 257, 258, 259, 263.

Rabanus Maurus 82, 114, 219.
Regino von Prüm 153, 166, 170, 171, 185, 230, 232.
Remigius Altisiodorensis 132, 148, 150, 229 f.
Reperkussionstöne 234, 264 f., 266.
Rhetorik, Beziehungen zur Musik 49 (Plotin), 173 (Franciscus Niger), 174, 187, 195, 253, 259.
Riemann, H. 226.
Rufinus 217.
Rupert von Deutz 72, 77, 121.

Schluſs eines Tonstücks, ästhetische Bedeutung 261 f.
Scholastik 142 f., 153, 167.
Schrift von den Mysterien (Iamblichus) 57 ff.
Scotus Erigena 167.
Sextus Empiricus 8.
Silben, musikalische 253 f., 256.
Socrates, Kirchenvater 194.
Sophisten 8, 104.
Sphärenharmonie 13; bei Philo 39; Plotin 48; Proklus 61; den Kirchenvätern 80 f.; den Theoretikern 153 f., 165; gegen Ende des Mittelalters 168.
Stilarten, die drei antiken, ihre Spuren im Mittelalter 94 f.
Stimmliche Veranlagung, beim Singen Nebensache 87 (Hieronymus).
Stoiker 170.
Symbolik, bei den Pythagoreern 14; bei Proklus 63; den Kirchenvätern 105 ff.; bei Boëthius 136; den Theoretikern 141 f.
Symmetrie innerhalb eines Tonstückes 255, 258, 261.
Synesius, Kunstlehre 74.
Syrinx 211.
Systaltisches Ethos 94, 240.

Terz, groſse und kleine 251, 256.
Tetrachorde, ihr verschiedenes Ethos 247 f.
Text, seine Bedeutung für die Kirchenväter 85 ff., 88 ff.
Theater und Zirkus bei den Kirchenvätern symbolisch ausgedeutet 76.
Theatralische und religiöse Musik 64 (Proklus); Gegensatz beider bei den Kirchenvätern 75 f.
Theodoret 73, 96.
Theologumena arithmetica 24, des Nicomachus 29 ff.; des Iamblichus 55.
Theophrast 132, 162.
Theoretiker 129 ff.; Verhältnis zur neupythagoreischen und neuplatonischen Philosophie 130 f.; Varro

131 f.; Cassiodor 132 ff.; Boëthius 136 ff.; die Musik im Quadruvium 138; Bedeutung der Zahl 139; die Musik als Wissenschaft 139 f.; dominierende Stellung 140 f.; drei Richtungen innerhalb der Ästhetik 142; Musik Dienerin der Kirche 144; Beziehungen zu den Kirchenvätern 147 f.; Fortsetzer der antiken Ästhetik 149 ff.; die antiken γένη 149 ff.; Musik des Weltalls 152 f.; Sphärenharmonie 153 f.; Bedeutung der Zahl 154; ethische Macht der Musik 156 ff.; Rücksicht auf das jeweilige Publikum 159 f.; das Textwort 161 f.; Musik als Heilmittel 162 f.; musica mundana, humana und instrumentalis 164 ff.; naturalis und artificialis 166 f.; Symbolik 168 ff.; arabische Einflüsse 169; die verschiedenen Allegorien 170 ff.; Zahlensymbolik 175 ff.; im Volks- und Kinderlied 190.

Therapeuten 36.
Theurgische Bedeutung der Musik bei Plotin 50; Porphyrius 54; Schrift von den Mysterien 59 f.; Proklus 64.
Thomas von Aquino 70. 73.
Threnodisches Ethos 195, 197 f., 234. 236 f., 240 f., 245.
Tonus currens 225.
Τόποι φωνῆς 248 f.
Transpositionsskalen, die antiken 134, 230.
Tritonus 174, 250, 257, 259.
Trompeten 211, 218, 219, 221.
Troparien 204 f.

Variationsprinzip im Mittelalter 262.
Varro, M. Terentius 131, 134, 137, 149, 152, 156.
Virgil 119, 177, 185.
Virtus der Musik 169; der toni 234.

Wagner, P. 226.
Walafrid Strabo 218.
Walther von Odington 139.
Weissagung und Musik 50 (Plotin).
Wiederholungen, allzuhäufige 255.
Wilhelm von Hirsau 182, 234, 248, 263.
Wolf, J. 104.

Ὑπόψαλμα 210.

Zahl, Bedeutung bei den Pythagoreern 13; metaphysische Ausdeutung bei den Neupythagoreern 24; gerade und ungerade Zahlen 177, 231.
Zahlen: Eins 22, 31, 178; Zwei 22, 31, 178; Drei 32, 118, 177, 179 ff., 252; Vier 22, 32, 41, 118 f., 181 ff., 252; Fünf 22, 33, 183 f.; Sechs 33, 184; Sieben 22, 33 f., 41, 115, 119, 184 ff.; Acht 34, 176, 186 f., 243; Neun 22, 34, 187 f.; Zehn 22, 34, 40, 120, 183, 188, 218 f.; Elf 189; Zwölf 189; Neunzehn 189; Achtundzwanzig und Sechsunddreifsig 189.
Zahlensymbolik, bei den älteren Pythagoreern 22; den Neupythagoreern 24 f.; bei Nicomachus 30 f.; Philo 40; Iamblichus 56; den Kirchenvätern 114 ff.; den Theoretikern 175 ff.
Zonaras 204.

Berichtigungen.

S. 10, Zeile 10 v. u. lies „einer".
S. 64, „ 15 v. o. „ „könne".
S. 73, „ 17 v. o. „ „dieser".
S. 75, Anm. 1, Z. 6 v. u. lies „$\dot{α}νδρείαν\ ποιεῖν$".
S. 87, Zeile 6 v. o. lies „längst".
S. 174, „ 15 v. u. „ „Verhältnissen".
S. 196, „ 2 v. o. „ „die".

www.ingramcontent.com/pod-product-compliance
Lightning Source LLC
Chambersburg PA
CBHW021656230426
43668CB00008B/645